江苏历代文化名人传·马相伯

孙钦香 著

江苏文库

研究编

江苏历代文化名人传

江苏文脉整理与研究工程

江苏人民出版社

图书在版编目（CIP）数据

江苏历代文化名人传. 马相伯 / 孙钦香著. --南京：
江苏人民出版社,2024.3
ISBN 978 - 7 - 214 - 28202 - 6

Ⅰ.①江…　Ⅱ.①孙…　Ⅲ.①文化-名人-列传-江
苏②马相伯(1840—1939)-传记　Ⅳ.①K825.4
②K825.46

中国国家版本馆 CIP 数据核字(2023)第 122803 号

书　　　名	江苏历代文化名人传·马相伯
著　　　者	孙钦香
出 版 统 筹	张　凉
责 任 编 辑	周晓阳
责 任 监 制	王　娟
装 帧 设 计	姜　嵩
出 版 发 行	江苏人民出版社
地　　　址	南京市湖南路 1 号 A 楼,邮编:210009
照　　　排	江苏凤凰制版有限公司
印　　　刷	苏州市越洋印刷有限公司
开　　　本	718 毫米×1 000 毫米　1/16
印　　　张	21.25　插页 4
字　　　数	280 千字
版　　　次	2024 年 3 月第 1 版
印　　　次	2024 年 3 月第 1 次印刷
标 准 书 号	ISBN 978 - 7 - 214 - 28202 - 6
定　　　价	79.00 元

(江苏人民出版社图书凡印装错误可向承印厂调换)

江苏文脉整理与研究工程

总主编

信长星　　许昆林

学术指导委员会

主　　任　周勋初

委　　员（按姓氏笔画排序）

冯其庸　邬书林　张岂之　郁贤皓　周勋初

茅家琦　袁行霈　程毅中　蒋赞初　戴　逸

编纂出版委员会

主　　编　张爱军　徐　缨

副主编　梁　勇　赵金松　章朝阳　樊和平　莫砺锋

编　　委　（按姓氏笔画排序）

马　欣　王　江　王卫星　王月清　王华宝
王建朗　王燕文　双传学　左健伟　田汉云
朱玉麒　朱庆葆　全　勤　刘　东　刘西忠
江庆柏　许佃兵　许益军　孙　逊　孙　敏
孙真福　李　扬　李贞强　李昌集　佘江涛
沈卫荣　张乃格　张伯伟　张爱军　张新科
武秀成　范金民　尚庆飞　罗时进　周　琪
周　斌　周建忠　周新国　赵生群　赵金松
胡发贵　胡阿祥　钟振振　姜　建　姜小青
贺云翱　莫砺锋　徐　俊　徐　海　徐　缨
徐之顺　徐小跃　徐兴无　陶思炎　曹玉梅
章朝阳　梁　勇　彭　林　蒋　寅　程章灿
傅康生　焦建俊　赖永海　熊月之　樊和平

分卷主编　徐小跃　姜小青（书目编）
　　　　　周勋初　程章灿（文献编）
　　　　　莫砺锋　徐兴无（精华编）
　　　　　茅家琦　江庆柏（史料编）
　　　　　左健伟　张乃格（方志编）
　　　　　王月清　张新科（研究编）

出版说明

　　江苏文化源远流长、历久弥新,文化经典与历史文献层出不穷,典藏丰富;文化巨匠代有人出、彪炳史册,在中华民族乃至整个人类文明的发展史上有着相当重要的地位。为科学把握江苏文化的内涵与特征,在新时代彰显江苏文化对中华文化的贡献,江苏省委、省政府决定组织实施"江苏文脉整理与研究工程",以梳理江苏文脉资源,总结江苏文化发展的历史规律,再现江苏历史上的文化高地,为当代江苏构筑新的文化高地把准脉动、探明趋势、勾画蓝图。

　　组织编纂大型江苏历史文献总集《江苏文库》,是"江苏文脉整理与研究工程"的重要工作。《文库》以"编纂整理古今文献,梳理再现名人名作,探究追溯义化脉络,打造江苏文化名片"为宗旨,分六编集中呈现:

　　(一)书目编。完整著录历史上江苏籍学人的著述及其历史记录,全面反映江苏图书馆的图书典藏情况。

　　(二)文献编。收录历代江苏籍学人的代表性著作,集中呈现自历史开端至一九一一年的江苏文化文本,呈现江苏文化的整体景观。

　　(三)精华编。选取历代江苏籍学人著述中对中外文化产生重要影响、在文化学术史上具有经典性代表性的作品进行整理,并从中选取十余种,组织海外汉学家翻译成各国文字,作为江苏对外文化交流的标志性文化成果。

　　(四)方志编。从江苏现存各级各类旧志中选择价值较高、保存较好的志书,以充分发挥地方志资治、存史、教化等作用,保存江苏的地方文献与历史文化记忆。

（五）史料编。收录有关江苏地方史料类文献，反映江苏各地历史地理、政治经济、文化教育、宗教艺术、社会生活、风土民情等。

（六）研究编。组织、编纂当代学者研究、撰写的江苏文化研究著作。

文献、史料、方志三编属于基础文献，以影印方式出版，旨在提供原始文献，以满足学术研究需要；书目、精华、研究三编，以排印方式出版，既能满足学术研究的基本需求，又能满足全民阅读的基本需求。

"江苏文脉整理与研究工程"工作委员会

江苏文库·研究编编纂人员

主　编

王月清　张新科

副主编

徐之顺　姜　建　王卫星　胡发贵　胡传胜　刘西忠

一脉千古成江河

——江苏文库·研究编序言

樊和平

"江苏文脉整理与研究工程"是江苏文化史上继往开来的一个浩大工程。与当下方兴未艾的全国性"文库热"相比,江苏文脉工程有三个基本特点:一是全面系统的整理;二是"整理"与"研究"同步;三是以"文脉"为主题。在"书目编—文献编—精华编—史料编—方志编—研究编"的体系结构中,"研究编"是十分独特的板块,因为它是试图超越"修典"而推进文化传承创新的一种学术努力。

"盛世修典"之说不知起源于何时,不过语词结构已经表明"盛世"与"修典"之间的某种互释甚至共谋,以及由此而衍生的复杂文化心态。历史已经表明,"修典"在建构巨大历史功勋的同时,也包含内在的巨大文化风险,最基本的是"入典"的选择风险。《四库全书》的文化贡献不言自明,但最终其收书的数量竟与禁书、毁书、改书的数量大致相当,还有高出近一倍的书目被宣判为无价值。"入典"可能将一个时代的局限甚至选择者个人的局限放大为历史的文化局限,也可能由此扼杀文化多样性而产生文化专断。另一个更为潜在和深刻的风险,是对待传统的文化态度。文献整理,尤其是地域典籍的整理,在理念和战略上面临的最大考验,是以何种心态对待文化传统。当今之世,无论对个体还是社会,传统已经不仅是文化根源,而且是文化和经济发展的资源甚至资本。然而一旦传统成为资源和资本,邂逅市场逻辑的推波助澜,就面临沦为消费和运作对象的风险,从而以一种消费主义和工具主义的文化态度对待文化传统和文献整理。当传统成为消费和运作的对象,其文化价值不仅可能被误读误用,而且也可能在对传统的消费中使文化坐吃山空,造就出文化上的纨绔子弟,更可能在市场运作中使文化不断被糟蹋。"江苏文脉整理与研究工程"的"整理工程"以全面系统的整理的战略应对可能存在的第一种风险,即入典选择的风险;以"研究工程"应对第二种可能的风险,即消费主义与工具主义的风险。我们不仅是既往传统的继承者,更应当是未来传统的创造者;现代人的使命,不仅是继承优秀传统,更应当创造新的优秀传统,这便是传统的创造性转化与创新性发展的真义。诚然,创造传统任重道远,需要经过坚忍不拔的卓越努力和大浪淘沙般的历史积淀,但对"江苏文脉整理与研究工程"而言,无论如何必须在"整理"的同时开启"研究"的千里之行,在研究中继承和发展传统。这便是"研究编"的价值和使命所在,也是"江苏文脉整理与研究工程"在"文库热"中于顶层设计层面的拔群之处。

一 倾听来自历史深处的文化脉动

20 世纪是文化大发现的世纪,20 世纪以来西方世界最重要的战略,就是文化战略。20 世纪 20 年代,德国社会学家马克斯·韦伯的《新教伦理与资本主义精神》,揭示了西方资本主义文明的文化密码,这就是"新教伦理"及其所造就的"资本主义精神",由此建构"新教伦理＋资本主义"的所谓"理想类型",为西方资本主义进行了文化论证尤其是伦理论证,奠定了 20 世纪以后西方中心论的文化基础。20 世纪 70 年代,哈佛大学教授丹尼尔·贝尔的《资本主义文化矛盾》,揭示了当代资本主义最深刻的矛盾不是经济矛盾,也不是政治矛盾,而是"文化矛盾",其集中表现是宗教释放的伦理冲动与市场释放的经济冲动分离与背离,进而对现代西方文明发出文化预警。20 世纪 70 年代之后,亨廷顿的《文明的冲突与世界秩序的重建》将当今世界的一切冲突归结为文明冲突、文化冲突,将文化上升为西方世界尤其是美国国家战略的高度。以上三部曲构成西方世界尤其是美国文化帝国主义的国家文化战略,正如一些西方学者所发现的那样，时至今日，文化帝国主义被另一个概念代替——"全球化"，显而易见，全球化不仅是一种浪潮，更是一种思潮，是西方世界的国家文化战略。文化虽然受经济发展制约甚至被经济发展水平所决定，但回顾从传统到现代的中国文明史，文化问题不仅逻辑地而且历史地成为文明发展的最高最难的问题，正因为如此，文化自信才成为比理论自信、道路自信、制度自信更具基础意义的最重要的自信。

在全球化背景下，文脉整理与研究具有重大的国家文化战略意义，不仅必要，而且急迫。文化遵循与经济社会不同的规律，全球化在造就广泛的全球市场并使全球成为一个"地球村"的同时，内在的最大文明风险和文化风险便是同质性。全球化催生的是一个文化上的独生子女，其可能的镜像是：一种文化风险将是整个世界的风险，一次文化失败将是整个人类的文化失败。文化的本质是什么？梁漱溟先生说，文化就是人的生活的根本样法，文化就是"人化"。丹尼尔·贝尔指出，文化是为人的生命过程提供解释系统，以对付生存困境的一种努力。据此，文化的同质化，最终导致的将是人的同质化，将是民族文化或西方学者所说地方性知识的消解和消失；同时，由于文化是人类应对生存困境的大智慧，或治疗生活世界痼疾的抗体，它所建构的是与自然世界相对应的精神世界和意义世界，文化的同质性将导致人类在面临重大生存困境时智慧资源的贫乏和生命力的苍白，从而将整个人类文明推向空前的高风险。应对全球化的挑战和西方文化帝国主义的国家战略，"江苏文脉整理与研究工程"是整个中华民族浩大文化工程的一部分和具体落实，其战略意义决不止于保存文化记忆的自持和自赏，在这个全球化的高风险正日益逼近的时代，完整地保存地方文化物种，认同文化血脉，畅通文化命脉，不仅可以让我们在遭遇全球化的滔滔洪水之时可以于故乡文化的山脉之巅"一览众山小"地建设自己的精神家园和文化根据地，而且可以在患上全球化的文化感冒甚至某种文化瘟疫之后，不致乞求"西方药"来治"中国病"，而是根据自己的文化基因和文化命理，寻找强化自身的文化抗体和文化免疫力之道，其深远意义，犹如在今天经过独生子女时代穿越时光隧道，回首当年我们的"兄弟姐妹那么多"

和父辈们儿孙满堂的那种天伦风光,不只是因为寂寞,而且是为了中华民族大家庭的文化安全和对未来文化风险的抗击能力。

"江苏文脉整理与研究工程"是以江苏这一特殊地域文化为对象的一次集体文化自觉和文化自信,与其他同类文化工程相比,其最具标识意义的是"文脉"理念。"文脉"是什么? 它与"文献"和文化传统的关系到底如何? 这是"文脉工程"必须解决的基本问题。

庞朴先生曾对"文化传统"与"传统文化"两个概念进行了审慎而严格的区分,认为"传统文化"可能是历史上曾经存在过的一切文化现象,而"文化传统"则是一以贯之的文化道统。在逻辑和历史两个维度,文化成为传统都必须同时具备三个条件:历史上发生的,一以贯之的,在现实生活中依然发挥作用的。传统当然发生于历史,但历史上发生的一切,从《道德经》《论语》到女人裹小脚,并不都成为传统,即便当今被考古或历史研究所不断发现的现象,也只能说是"文化遗存",文化成为传统必须在历史长河中一以贯之而成为道统或法统,孔子提供的儒家学说,老子提供的道家智慧,之所以成为传统,就是因为它们始终与中国人的生活世界和精神世界相伴随,并成为人的生命和生活的文化指引。然而,文化并不只存在于文献典籍之中,否则它只是精英们的特权,作为"人的生活的根本样法"和"对付生存困境"的解释系统,它必定存在于芸芸众生的生命和生活之中,由此才可能,也才真正成为传统。《论语》与《道德经》之所以成为传统,不只是因为它们作为经典至今还为人们所学习和研究,而且因为在中国人精神的深层结构中,即便在未读过它们的田夫村妇身上,也存在同样的文化基因。中国人在得意时是儒家,"明知不可为而偏为之";在失意时是道家,"后退一步天地宽";在绝望时是佛家,"四大皆空",从而建立了与自给自足的自然经济结构相匹合的自给自足的文化精神结构,在任何境遇下都不会丧失安身立命的精神基地,这就是传统。文化传统必须也必定是"活"的,是在现实中依然发挥作用的,是构成现代人的文化基因的生命因子。这种与人的生活和生命同在的文化传统就是"脉",就是"文脉"。

文脉以文献、典籍为载体,但又不止于文献和典籍,而是与负载它的生命及其现实生活息息相关。"文脉"是什么?"文脉"对历史而言是

"血脉"，对未来而言是"命脉"，对当下而言是"山脉"。"江苏文脉"就是江苏人的文化血脉、文化命脉、文化山脉，是历史、现在、未来江苏人特殊的文化生命、文化标识、文化家园，以及生生不息的文化记忆和文化动力。虽然它们可能以诸种文化典籍和文化传统的方式呈现和延续，但"文脉工程"致力探寻和发现的则是跃动于这些典籍和传统，也跃动于江苏人生命之中的那种文化脉动。"江苏文脉整理与研究工程"的最大特点就在于它是"文脉工程"而不是一般的"文化工程"，更不是"文库工程"。"文化工程""文库工程"可能只是一般的文化挖掘与整理，而"文脉工程"则是与地域的文化生命深切相通，贯穿地域的历史、现在与未来的生命工程。

　　"江苏文脉整理与研究工程"是"整理"与"研究"的璧合，在"研究工程"中能否、如何倾听到来自历史深处的文化脉动，关键是处理好"文献"与"文脉"的关系。"整理工程"是对文脉的客观呈现，而"研究工程"则是对文脉的自觉揭示，若想取得成功，必须学会在"文献"中倾听和发现"文脉"。"文献"如何呈现"文脉"？文献是人类文明尤其是人类文化记忆的特殊形态，也是人类信息交换和信息传播的特殊方式。回首人类文明史，到目前为止，大致经历了三种信息方式。最基本也是最原初的是口口交流的信息方式，在这种信息方式中，信息发布者和信息传播者都同时在场，它是人的生命直接和整体在场并对话的信息传播方式，是从语言到身体、情感的全息参与，是生命与生命之间的直接沟通，但具有很大的时空局限。印刷术的产生大大扩展了人类信息交换的广度和深度，不仅可以以文字的方式与不在场的对象交换信息，而且可以以文献的方式与不同时代、不同时空的人们交换信息，这便是第二种信息方式，即以印刷为媒介的信息方式或印刷信息方式。第三种信息方式便是现代社会以电子网络技术为媒介的信息方式，即电子信息方式。文献与典籍是印刷信息方式的特殊形态，它将人类文化史和文明史上具有特殊价值的信息以印刷媒介的方式保存下来，供后人学习和研究，从而积淀为传统。文字本质上是人的生命的表达符号，所谓"诗言志"便是指向生命本身。然而由于它以文字为中介，一旦成为文献，便离开原有的时空背景，并与创作它的生命个体相分离，于是便需要解读，在解读中便可能发生误读,但无论如何,解读的对象并不只是文字本身,而是文字背后的生命现象。

文献尤其是典籍是不同时代人们对于文化精华的集体记忆,它们不仅经受过不同时代人们的共同选择,而且经受过大浪淘沙的历史洗礼,因而其中不仅有创造它的那个个体或文化英雄如老子、孔子的生命表达,而且有传播和接受它的那个民族的文化脉动,是负载它的那个民族的文化生命,这种文化生命一言以蔽之便是文化传统。正因为如此,作为集体记忆的精华,文献和典籍是个体和集体的文化脉动的客观形态,关键在于,必须学会倾听和揭示来自远方的生命旋律。由于它们巨大的时空跨度,往往不能直接把脉,而需要具有一种"悬丝诊脉"的卓越倾听能力。同时,为了把握真实的文化脉动,不仅需要对文献和典籍即"文本"进行研究,而且需要对创造它们的主体包括创作的个体和传播接受的集体的生命即"人物"进行研究。正如席勒所说,每个人都是时代的产儿,那些卓越的哲学家和有抱负的文学家却可能成为一切时代的同代人。文字一旦成为文献或典籍,便意味着创作它的个体成为一切时代的同代人,但无论如何,文献和它们的创造者首先是某个时代的产儿,因而要在浩如烟海的文献和典籍中倾听到来自传统深处的文化脉动,还需要将它们还原到民族的文化生命之中,形成文化发展的"精神的历史"。由此,文本研究、人物研究、学派流派研究、历史研究,便成为"文脉研究工程"的学术构造和逻辑结构。

二 中国文化传统中的江苏文脉

江苏文脉是中国文化传统的一部分,二者之间的关系并不只是部分与整体的关系,借助宋明理学的话语,是"理一"与"分殊"的关系。文脉与文化传统是民族生命的文化表达和自觉体现,如果只将它们理解为部分与整体的关系,那么江苏文脉只是中国文化传统或整个中华文化脉统中的一个构造,只是中华文化生命体中的一个器官。朱熹曾以佛家的"月映万川"诠释"理一分殊"。朗月高照,江河湖泊中水月熠熠,此番景象的哲学本真便是"一月普现一切水,一切水月一月摄"。天空中的"一月"与江河中的"一切水月"之间的关系是"分享"关系,不是分享了"一月"的某一部分,而是全部。江苏文脉与中国文化传统之间的关系便是"理一分殊",中国文化传统是"理一",江苏文脉是"分殊",正因为如此,关于江苏文脉的研究必须在与整个中国文化传统的关系中整体性地把握和展开。其中,文化与地域的关系、江苏文化在中华文化发展中的贡献和地位,是两个基本课题。

到目前为止的一切人类文明的大格局基本上都是由以山河为标志的地理环境造就的,从轴心文明时代的四大文明古国,到"五大洲四大洋"的地理区隔,再到中国山东—山西、广东—广西、河南—河北,江苏的苏南—苏北的文化与经济差异,山河在其中具有基础性意义。在这个意义上,可以将在此以前的一切文明称为"山河文明"。如今,科技经济发展迎来一个"高"时代:高铁、高速公路、电子高速公路……正在并将继续推倒由山河造就的一切文明界碑,即将造就甚至正在造就一个"后山河时代"。"后山河时代"的最后一道屏障,"山河时代"遗赠给"后山河时代"的最宝贵的文明资源,便是地域文化。在这个意义上,江苏文脉的整理与研究,不仅可以为经过全球化席卷之后的同质化世界留下弥足珍贵的"文化大熊猫",而且可以在未来的芸芸众生饱尝"独上高楼,望尽天涯路"的孤独之后,缔造一个"蓦然回首"的文化故乡,从中可以乌瞰文化与世界关系的真谛。江苏独特的地域环境与江苏文化、江苏文脉之间的关系,已经不是所谓"一方水土一方人"所能表达,可以说,地脉、水脉、山脉与江苏文脉之间的关系,已经是一脉相承。

我们通过考察和反思发现,水系,地势,山势,大海,是对江苏文脉尤其是文化性格产生重大影响的地理因素。露水不显山,大江大河入大海,低平而辽阔,黄河改道,这一切的一切与其说是自然画卷和自然事件,不如说是江苏文脉的大地摇篮和文化宿命的历史必然,它们孕生和哺育了江苏文明,延绵了江苏文脉。历史学家发现,江苏是中国唯一同时拥有大海、大江、大湖、大平原的省份,有全国第一大河长江,第二大河黄河(故道),第三大河淮河,世界第一大人工河大运河,全国第三大淡水湖太湖,全国第四大淡水湖洪泽湖。江苏也是全国地势最低平的一个省区，绝大部分地区在海拔 50 米以下，少量低山丘陵大多分布于省际边缘，最高峰即连云港云台山的玉女峰也只有 625 米。丰沛而开放的水系和低平而辽阔的地势馈赠给江苏的不只是得天独厚的宜居，更沉潜、更深刻的是独特的文化性格和文脉传统，它们是对江苏地域文化产生重大影响的两个基本自然元素。

不少学者指证江苏文化具有水文化特性，而在众多水系中又具长江文化的特性。"水"的文化特性是什么？"老聃贵柔"，老子尚水，以水演绎世界真谛和人生大智慧。"天下莫柔弱于水，而攻坚强者莫之能胜。"柔弱胜刚强，是水的品质和力量。西方文明史上第一个哲学家和科学家泰勒斯向全世界宣告的第一个大智慧便是：水是万物的始基。辽阔的平原在中国也许还有很多，却没有像江苏这样"处下"。老子也曾以大海揭示"处下"的智慧："江海所以能为百谷王者，以其善下之，故能为百谷王。"历史上江苏的文化作品、江苏人的文化性格，相当程度上演绎了这种"水性"与"处下"的气质与智慧。历史上相当时期黄河曾经从江苏入海，然而黄河改道、黄河夺淮，几番自然力量或人力所为，最终黄河在江苏留下的只是一个"故道"的背影。黄河在江苏的改道当然是一个自然事件或历史事件，但我们也可能甚至毋宁将它当作一个文化事件，数次改道，偶然之中有必然，从中可以发现和佐证江苏文脉的"长江"守望和江南气质。不仅江苏的地脉"露水不显山"，而且江苏的文化作品，江苏人的文化性格，一句话，江苏文脉，也是"露水不显山"，虽不是"壁立千仞"，却是"有容乃大"。一般说来，充沛的水系，广阔的平原，往往造就自给自足的自我封闭，然而，江苏东临大海，无论长江、淮河，还是历史上的黄河，都从这里入大海，归大海，不只昭示江苏的开放，而且演绎江苏文化、江苏文脉、江苏人海纳百川的博大和静水深流的仁厚。

黄河与长江好似中华文脉的动脉与静脉，也好似人的身体中的任督二脉，以长江文化为基色的江苏文化在中华文脉的缔造和绵延中作出了杰出贡献。有学者指出，在中国文明史上，长江文化每每在黄河文化衰弱之后承担起"救亡图存"的重任。人们常说南京古都不少为小朝廷，其实这正是"救亡图存"的反证，"天下兴亡，匹夫有责"的口号首先由江苏人顾炎武喊出,偶然之中有必然。学界关于江苏文化有三次高峰或三次大贡献,与两次大贡献之说。第一次高峰是开启于秦汉之际的汉文化,第二次高峰是六朝文化,第三次高峰是明清文化。人们已对六朝文化与明清文化两大高峰对中国文化的贡献基本达成共识,但江苏的汉文化高峰及其贡献也应当得到承认,而且三次文化高峰都发生于中国社会的大转折时期,对中国文化的承续作出了重大贡献。在秦汉之际的大变革和大一统国家的建构中,不仅在江苏大地上曾经演绎了波澜壮阔的对后来中国文明产生深远影响的历史史诗,而且演绎这些历史史诗的主角刘邦、项羽、韩信等都是江苏人,他们虽然自身不是文化人,但无疑对中国文化产生了深远影响。董仲舒提出"罢黜百家,独尊儒术"的主张,奠定了大一统的思想和文化基础,他本人虽不是江苏人,却在江苏留下印迹十多年。江苏的汉文化高峰对中国文化的最大贡献,一言概之即"大一统",包括政治上的大一统和思想文化上的大一统。六朝被公认为中国文化发展的高峰,不少学者将它与古罗马文明相提并论,而六朝文化的中心在江苏、在南京。以南京为核心的六朝文化发生于三国之后的大动乱,它接纳大量流入南方的北方士族,使南北方文化合流,为保存和发展中国文化作出了杰出贡献。明朝是中国历史上第一次在南京,也是第一次在江苏建立统一的帝国都城,江苏的经济文化在全国处于举足轻重的地位,扬州学派、泰州学派、常州学派,形成明清时代中国文化的江苏气象,形成江苏文化对中国文化的第三次重大贡献。三大高峰是江苏的文化贡献,在重大历史转折关头或者民族国家危难之际挺身而出,海纳百川,则是江苏文化的精神和品质,这就是江苏文脉。也正因为如此,江苏文化和江苏文脉在"匹夫有责"的担当精神中总是透逸出某种深沉的忧患意识。

　　江苏文脉对中国文化的独特贡献及其特殊精神气质在文化经典中得到充分体现。中国四大文学名著,其中三大名著的作者都来自江苏,这就是《西游记》《红楼梦》《水浒》,其实《三国演义》也与江苏深切相关,虽然罗贯中不是江苏人,但却以江苏为重要的时空背景之一。四大名著中不仅有明显的江苏文化的元素,甚至有深刻的江苏地域文化的基因。《西游记》到底是悲剧还是喜剧?仔细反思便会发现,《西游记》就

一脉千古成江河

009

是文学版的《清明上河图》。《清明上河图》表面呈现一幅盛世生活画卷,实际却是一幅"盛世危情图",空虚的城防,懈怠的守城士兵……被繁华遗忘的是正在悄悄到来的深刻危机。《西游记》以唐僧西天取经渲染大唐的繁盛和开放,然而在经济的极盛之巅,中国人的精神世界却空前贫乏,贫乏得需要派一个和尚不远万里,请来印度的佛教,坐上中国意识形态的宝座,入主中国人的精神世界。口袋富了,脑袋空了,这是不折不扣的悲剧。然而,《西游记》的智慧,江苏文化的智慧,是将悲剧当作喜剧写,在喜剧的形式中潜隐悲剧的主题,就像《清明上河图》将空虚的城防和懈怠的士兵淹没于繁华的海洋一样。《西游记》喜剧与悲剧的二重性,隐喻了江苏文脉的忧患意识,而在对大唐盛世,对唐僧取经的一片颂歌中,深藏悲剧的潜主题,正是江苏文脉"匹夫有责"的担当精神和文化智慧的体现。鲁迅说,悲剧将人生的有价值的东西毁灭给人看。《西游记》是在喜剧形式的背后撕碎了大唐时代人的精神世界的深刻悲剧。把悲剧当作喜剧写,喜剧当作悲剧读,正是江苏文化、江苏文脉的大智慧和特殊气质所在,也是当今江苏文脉转化发展的重要创新点所在。正因为如此,"江苏文脉研究"必须以深刻的哲学洞察力和深厚的文化功力,倾听来自历史深处的江苏文化的脉动,读懂江苏,触摸江苏文脉。

三 通血脉,知命脉,仰望山脉

江苏文化的巨大魅力和强大生命力,是在数千年发展中已经形成一种传统、一种脉动,不仅是一种客观呈现的文化,而且是一种深植个体生命和集体记忆的生生不息的文脉。这种文化和文脉不仅成为共同的价值认同,而且已经成为一种地域文化胎记。在精神领域,在文化领域,江苏不仅有灿若星河的文学家,而且有彪炳史册的思想家、学问家,更有数不尽的才子骚客。长江在这片土地上流连,黄河在这片土地上改道,淮河在这片土地上滋润,太湖在这片土地上一展胸怀。一代代中国人,一代代江苏人,在这里缔造了文化长江、文化黄河、文化淮河、文化太湖,演绎了波澜壮阔的历史诗篇,这便是江苏文脉。

为了在全球化时代完整地保存江苏文脉这一独特地域文化的集体记忆,以在"后山河时代"为人类缔造精神家园提供根源与资源,为了继承弘扬并创造性转化、创新性发展中国优秀传统文化,2016年江苏启动了"江苏文脉整理与研究工程"。根据"文脉"的理念,我们将研究工程或"研究编"的顶层设计以一句话表达:"通血脉,知命脉,仰望山脉。"由此将整个工程分为五个结构:江苏文化通史,江苏历代文化名人传,江苏文化专门史,江苏地方文化史,江苏文化史专题。

"江苏文化通史"的要义是"通血脉",关键词是"通"。"通"的要义,首先是江苏文化与中国文明的息息相通,与人类文明的息息相通,由此才能有民族感或"中国感",也才有世界眼光,因而必须进行关于"中国文化传统中的江苏文脉"的整体性研究;其次是江苏文脉中诸文化结构之间的"通",由此才是"江苏",才有"江苏味";再次是历史上各个重要历史时期文化发展之间的"通",由此才能构成"史",才有历史感;最后是与江苏人的生命与生活的"通",由此"江苏文脉"才能真正成为江苏人的文化血脉、文化命脉和文化山脉。达到以上"四通","江苏文化通史"才是真正的"通"史。

"江苏文化专门史"和"江苏文化史专题"的要义是"知命脉",关键词是"专",即"专门"与"专题"。"江苏文化专门史"在框架上分为物质文化史、精神文化史、制度文化史、特色文化史等,深入研究各类专门史,总体思路是系统研究和特色研究相结合,系统研究整体性地呈现江苏历史上的重要文化史,如哲学史、文学史、艺术史等,为了保证基本的完整性,我们根据国务院学科分类目录进行选择;特色研究着力研究历史上具有江苏特色的历史,如民间工艺史、昆曲史等。"江苏文化史专题"着力研究江苏历史上具有全国性影响的各种学派、流派,如扬州学派、泰州学派、常州学派等。

"江苏地方文化史"的要义是"血脉延伸和勾连",关键词是"地方"。"江苏地方文化史"以现省辖市区域划分为界,13市各市一卷。每卷上编为地方文化通史,讲述地方整体历史脉络中的文化历史分期演化和内在结构流变,注重把握文化运动规律和发展脉络,定位于地方文化总体性研究;下编为地方文化专题史,按照科学技术、教育科举、文学语言、宗教文化等专题划分,以一定逻辑结构聚焦对地方文化板块加以具体呈现,定位于凸显文化专题特色。每卷都是对一个地方文化的总结和梳理,这是江苏文化血脉的伸展和渗入,是江苏文化多样性、丰富性的生动呈现和重要载体。

"江苏历代文化名人传"的要义是"仰望山脉",关键词是"文化"。它不是一般性地为江苏历朝历代的"名人"作传,而只是为文化意义上的名人作传。为此,传主或者自身就是文化人并为中国文化的发展、为江苏文脉的积累积淀作出了重要贡献;或者虽然自身主要不是文化人而是政治家、社会活动家等,但对中国文化发展具有重大影响。如何对历史人物进行文化倾听、文化诠释、文化理解,是"文化名人传"的最大难点,也是其最有意义的方面。江苏历史上的文化名人汗牛充栋,"文化名人传"计划为100位江苏文化名人作传,为呈现江苏文化名人的整体画卷,同时编辑出版一部"江苏文化名人辞典",集中介绍历史上的江苏文化名人1000位左右。

一脉千古成江河,"茫茫九派流中国"。江苏文脉研究的千里之行已经迈出第一步,历史馈赠我们一次千载难逢的宝贵机遇,让我们巡天遥看,一览江苏数千年文化银河的无限风光,对创造江苏文化、缔造江苏文脉的先行者们献上心灵的鞠躬。面对奔涌如黄河、悠远如长江的江苏文脉,我们惟有以跋涉探索之心,怵惕敬畏之情,且行且进,循着爱因斯坦的"引力波",不断走近并播放来自江苏文脉深处的或澎湃,或激越,或温婉静穆的天籁之音。

我们一直在努力;

我们将一直努力!

目　录

绪　言

马相伯,原名志德,学名斯藏,又名钦善、建常,后改名良,字相伯（又作湘伯或芗伯）,后半生以字行,教名若瑟(Joseph),亦名若石,晚号华封老人。1840 年 4 月 7 日(清道光二十年三月初六日)在江苏省丹徒县(今属镇江)一户天主教家庭出生,1939 年 11 月 4 日,在躲避战乱、滞留越南谅山期间,因病抱憾离世,得年一百。

1840 年,出生之年,为中国近代史的起始点;1939 年,辞世之年,是日本大举侵华,形势颇为危急的一年。近百年来,国难日渐深重,鸦片战争、甲午战争、八国联军侵华、日本侵华……为挽救接连不断的危机,一批批有识之士致力于富国强兵、开通民智、救亡图存。洋务运动、戊戌变法、清末新政、辛亥革命、五四运动、抗日救亡……这些大危机、大事件使得中国近代历史成为一"急剧变动和变革的时代",其波澜之壮阔,变化之奇诡,诚为前代历史所未有。李鸿章曾称此为"数千年一大变局"①。对此,唐德刚也曾说:"从社会经济史的角度来看,我们鸦片战争以前的中国史,几乎是千年未变;而鸦片战后,则几乎十年一变。"②

孟子曾说"知人论世",教诲我们如要知其人便须论其世。对此,梁启超曾通过区分列传与专传的不同来阐发"论世"之重要。他指出"理

---

① 李鸿章:《筹议制造轮船未可裁撤折》(1872 年 6 月 20 日)。而梁启超在《李鸿章传》中用"此三千年一大变局也"。(见氏著《李鸿章传》,北京:商务印书馆 2019 年版,第 62 页。)马相伯在 1908 年亦曾将中国比拟为大海中一方舟,并言:"时至今日,而三千年间未闻之巨飓,复从乘之。"(参见李天纲编《马相伯卷(中国近代思想家文库)》,北京:中国人民大学出版社 2014 年版,第 66 页。)

② 唐德刚:《晚清七十年》(一),台北:远流出版事业股份有限公司 1998 年版,第 161 页。

想专传"应该是"以一个伟大人物对于时代有特殊关系者为中心,将周围关系事实归纳其中,横的竖的,网罗无遗",如此一来,"此种专传,其对象虽止一人,而目的不在一人。择出一时代的代表人物,或一种学问一种艺术的代表人物,为行文方便起见,用作中心。"①至于"理想专传"的具体做法,其弟子吴其昌曾言:"暂时把我的神魂,钻入这个人的时代,并立于这个人的环境,透视了这个人的情绪、性格,然后能作亲切有味的描写、客观无私的综述,并且才可成功一部鲜活的信史。"②此法诚为撰写名人传记应遵循之良法。秉此宗旨,《马相伯传》的撰写自然离不开中国近代史的一系列重大事件。此外,上海、南京、镇江作为中国近代史上较早受西方文化影响之地,也深深地雕刻着马相伯一生的言行轨迹。镇江一带是中国较早出现天主教传教的地区,马家信教历史颇为久远,马相伯出生不久便领天主教洗礼,虽曾离会参政,后重返教会,晚年信仰弥坚,被誉为"现代的徐光启";上海作为"五口通商口岸"之一,更是较早较深地浸染于西方文化,是马相伯少年求学、成长之地,也是其晚年安居、坚守信仰、矢志救国之地;南京作为江南重镇,是清两江总督所在地,辛亥革命后,马相伯积极参与南京光复、临时政府筹建……可见,作为自古以来的钟灵毓秀、人杰地灵之地,尤其是近代以来领风气之先者,江苏无疑是成就马相伯一生宏伟志业的不可忽视的地理因缘,源远流长的江苏文脉中求真务实、敢为天下先、忧国忧民等精神亦是马相伯一生奋斗的文化底蕴。

马相伯生于 1840 年,殁于 1939 年,一生处在被称作"历史三峡"③的近代中国急剧变动时期,历经家国动荡,备尝艰辛,早年接受耶稣会士的教育训练,学识渊博,眼界开阔,壮年时积极投身洋务运动,参与维新变法、清末立宪,民国时期积极参政议政,为国事奔走不已,晚岁舍家捐资,兴办新式教育,近百岁高龄,呼吁国人团结抗日,组织抗日团体。

---

① 梁启超:《中国历史研究法补编·分论一:人的专史》,上海:商务印书馆 1930 年版,第 54 页。
② 吴其昌:《梁启超传》,北京:台海出版社 2019 年版,第 2 页。
③ 唐德刚对"历史三峡"的说法,如下:"在西方文明挑战之下,我们的传统制度被迫作有史以来'第二次政治社会制度大转型'……这次惊涛骇浪的大转型,笔者名之曰'历史三峡'"(参见氏著《晚清七十年》(一),台北:远流出版事业股份有限公司 1998 年版,第 36 页)。

诚如近代著名诗人柳亚子所说"一老南天身是史",可以说"相伯老人的人生大书乃是一部微缩的中国近代史"①。对此,《马相伯集》的编者曾说:"马相伯属于中国'近代'的同龄人。他于1840年4月在江苏镇江出生,正值中英鸦片战争发生,而当1939年11月,他因抗日战争被迫在越南谅山渡过年余流亡生活后,以百岁高龄去世,又逢世界反法西斯战争开始。那百年间,中国多灾多难,内外事变纷陈交迫。马相伯不仅亲历了从帝国到民国的种种巨变,而且自壮年至暮年,一直为中国走出中世纪而矢志不移,在政治、教育和宗教等领域,都留下过自己的足迹。"②

俗话说"时势造英雄",亦如马相伯入室弟子张若谷所言:"安平之世,不产豪杰,以无特殊机会可乘,又无伟大事功可见耳! 中国近当危微之世,故不乏应运救时之豪杰伟人。"③身处近代中国危微忧患之世,一批批救世救国的豪杰英雄应运而生,他们无不悲叹国家之衰微,悲悯人民之闭塞,纷纷奋起寻觅救国图存、自强独立之路,积极投身办实学、兴教育、倡新学的事业。马相伯无疑属于这群豪迈伟岸之士,他生于忧患动荡年代,亦在民族危难、时代动荡中离世,从生到死始终与家国命运交织一起,饱经忧患与沧桑,曾自言"在国家忧患中成长着"④,却自始至终保有爱国之心、自强之志,曾自言"我们救国是本天职"⑤。

青年时期因不满当时耶稣会士的欺侮和不公待遇,更是为了国家独立富强和人民安居乐业,他积极投身晚清洋务运动,甘心做幕僚,调查轮船招商局账目,协助朝鲜王朝改革,赴美借款筹办海军,考察欧洲;因亲见晚清政府的腐败无能,转而捐资兴学,先后创办震旦学院和复旦公学,培养人才,心心念念在教育救国;同时积极倡导宪政和民治,民国成立后,年虽古稀,再度从政,主张信教自由,反对以孔教为国教,提倡天主教中国化,因不满复辟和武人政治,只好再次南下退隐,天主教信仰弥坚;人生最后十年,遭遇日本大举侵华,不顾年迈体衰,奔走抗日,被亲切称为"爱国老人""百岁青年"。马相伯一生自强不息,坚忍不拔,

---

① 柳和城:《〈马相伯先生年谱〉背后的故事》,载《世纪》2008年第6期,第42页。
② 朱维铮主编:《马相伯集》,"编者例言",上海:复旦大学出版社1996年版,第1页。
③ 张若谷:《马相伯先生年谱》,"自序",上海:商务印书馆1939年版,第1页。
④ 朱维铮主编:《马相伯集》,"编者例言",上海:复旦大学出版社1996年版,第1045页。
⑤ 朱维铮主编:《马相伯集》,"编者例言",上海:复旦大学出版社1996年版,第1026页。

为国为民,鞠躬尽瘁,将苦难化作寻求光明之动力,心甘情愿做一只"叫了一百年的狗",只为"叫醒中国"。在马相伯晚年寿辰及逝世后,学界、政界纷纷撰文表达崇敬、爱戴与哀悼。现摘录二则,以见先生之高风亮节。

弟子于右任在马相伯98岁寿诞的贺词中说:"马先生是一个世界学者,但马先生一生,则无时无刻不为国家民族努力。其从政佐幕时期,既自出其所学,以努力于国家民族。其创办学校时期,复传授其学,以教导吾人努力于国家民族。即在今日98岁之高年,亦尚在其老当益壮之精,勉励吾人、领导吾人努力于国家民族。"①

1939年11月6日,《中央日报》刊发《敬悼马相伯先生》社论,称马相伯一生历经无数变革,"处变者有不变之数原则:一为国家民族之至上,一为人与群之仁爱,一为崇科学求进步,一为正义克制强权。先生守此四者,教其徒,启其国人。百年之中,先生于国家于社会,无赫赫之功,然先生之精神,所以化民成俗者,巍巍乎无得而名焉。先生是思想家,是宗教家,是教育家,是政治家,百年之中,学足以融会中西,识足以贯通古今,世界各国,无足拟于先生。先生在国家之贡献,在思想,在学术,尤在行事。先生毕生精神特殊之点,最足以风世与针对时弊者,在其少年的活力;这种活力,不以年寿而殊,不以时地而异。"②

可见,人生百年,马相伯一生命运始终与国家民族的兴衰荣辱血脉相连,无愧为国家的良心、民族的脊梁。张若谷曾称赞他:"幼而勤读,长而深思,少而登仕,壮而远游,老而兴学,届息踵之年,而犹强起匡时。抱悲天悯人之愿,以培植人才为己任。其为学也,于中国经史,既无不通,于欧西诸哲之学,亦无不谙。而又笃信宗教,谭思潜修,有中正之行,大雄之辩,肫肫之仁,切切之诲。"③此言诚不虚。据此,固然可称马相伯是"近代中国天主教耶稣会神父,政治活动家,教育家,震旦学院、复旦公学(今复旦大学的前身)创办人,也是辅仁大学的创办人之一"④,

① 于右任:《为国家民族祝马先生寿》,转引自宗有恒、夏林根《马相伯与复旦大学》,太原:山西教育出版社1996年版,第229页。
② 《敬悼马相伯先生》,载《中央日报》1939年11月6日(社论)。
③ 张若谷:《马相伯先生年谱》,"自序",上海:商务印书馆1939年版,第1—2页。
④ 马相伯口述,王瑞霖笔录:《一日一谈》,"出版说明",王红军校注,桂林:漓江出版社2014年版,第1页。

马相伯胸像（复旦大学校园内）

亦应称他为"思想家、学问家、爱国志士、民族精魂"，确实"先生是思想家，是宗教家，是教育家，是政治家，百年之中，学足以融会中西，识足以贯通古今，世界各国，无足拟于先生"①。对此，李天纲曾言："一百年间，大师辈出，以年龄论，生于 1840 年的马相伯正可以说是这鸦片战争后涌现出的几代伟人中的第一位大师……马相伯和他的学生们，夹在古今中外当中，既熟悉深厚的中国文化传统，又刚刚经受了西方文明的洗礼，这是他们的时代特权。他们奠定了中国新文化的传统，马相伯，真的是大师中的大师。"②

---

① 《敬悼马相伯先生》，载《中央日报》1939 年 11 月 6 日（社论）。
② 李天纲编：《马相伯卷（中国近代思想家文库）》，"导言"，北京：中国人民大学出版社 2014 年版，第 15—16 页。

第一章　天主教世家,生于忧患

马相伯出生在镇江丹徒一户世代信奉天主教的家庭,其家族的天主教信仰,据说可追溯至明末耶稣会士利玛窦来南京、镇江一带传教期间(1582—1610)。父亲、母亲均为天主教徒,马相伯一出生便领天主教洗礼,圣名若瑟。与传统中国家庭里"严父慈母"不同,马相伯家是"严母慈父",父亲除教授学生外,还是一名乡村行脚医生,有时也经商,性情温和善良,而母亲对孩子们的教育比较严格。马相伯5岁入私塾,学习天主教经典以及儒家四书五经。马相伯生于清道光二十年(1840),这是中国近代屈辱与忧患历史的开端之年。他曾自言:"即英人以鸦片战争陷我舟山之岁也"[①],言语中自觉地将个人身世的安危荣辱安放在动荡的大时代之中。

一、天主教世家

马相伯家族原本居住在江西乐平。据张若谷《马相伯先生年谱》考证,马家有迹可查的远祖可追溯到南宋末年江西乐平人马廷鸾(1222—1289),他是淳祐七年(1247)进士,官至右宰相。他的儿子便是鼎鼎大名的史学大家马端临(约1254—1323),字贯与,号竹洲,"咸淳中,漕试第一,元初起为柯山书院山长,后终于台州,儒学教授"[②],为马相伯的二

张若谷:《马相伯先生年谱》,上海:商务印书馆1939年版,第2页。
② 张若谷:《马相伯先生年谱》,上海:商务印书馆1939年版,第2页。

十世祖。马端临著有《文献通考》，全书 348 卷，与唐杜佑《通典》、南宋郑樵《通志》合称"三典"，是一部规模宏大的记述历代典章制度的著作，上自三代，下至南宋宁宗嘉定年间，分为田赋、钱币、户口、征榷、土贡、选举等 24 门，"皆分别述叙"，是研究古代典章制度变迁的重要参考书之一。马相伯出生在镇江丹徒马家村，而其原籍是镇江丹阳。因史籍缺载，马相伯的祖先们是在何时因何种原因从江西乐平迁至江苏丹阳已难考证，而祖先们的辉煌成就似乎在这个家族后来的生息绵延和辗转迁徙中，也逐渐被淡忘了。

"永嘉之乱""衣冠南渡"以来，丹阳、丹徒一带逐渐成为文教繁盛之地，为江南文化重镇之一。丹阳地处长江下游南岸，京杭大运河西南，交通极为便利，是长江流域的经济重镇和著名商埠，一直以来也是江南文教重地。特别是自北宋庆历年间（1041—1048）在夫子庙附近建立县学起，读书弦歌之声不断，代有人杰，与临县丹徒、金坛从北宋政和三年（1113）起即同属镇江府，闻名天下，"唐宋以来，屹为重镇。皇元一统，适当南北冠盖之会。是以上下千数百年，名公巨卿，鸿儒硕彦，项背相望。"①

丹徒为长江与京杭大运河的交汇处，处交通要地，东南邻丹阳，南邻金坛，西接句容。在春秋时期属吴国，名朱方，吴亡后归越，越广后归楚，更名为谷阳。秦始皇东巡，因信术士谷阳地有天子气之说，便命赭衣徒三千，断山疏淮，以败其势，故改名为丹徒，属会稽郡。汉代如旧，"故城即今江苏省镇江县东南之丹徒镇"；唐沿隋置润州，丹徒县属润州，治所即民国之镇江县治。② 宋元时期，丹徒先后升为镇江路及镇江府，明清时期，镇江府辖丹阳、丹徒和金坛三县。③

此外，丹阳、丹徒一带也是我国较早接受、传播和信仰西方天主教的地区之一，元朝时"也里可温教"（即元代天主教）便已在丹阳、丹徒等地广为流行。现代史学家陈垣曾据元至顺《镇江志》"户口"条目作过统

① （元）俞希鲁编纂：《至顺镇江志》下册，杨积庆、贾秀英点校，南京：江苏古籍出版社 1999 年版，第 709 页。
② 张若谷：《马相伯先生年谱》，上海：商务印书馆 1939 年版，第 1 页。
③ 薛玉琴、刘正伟：《（百年家族）马相伯 马建忠 马玉章》，石家庄：河北教育出版社 2002 年版，第 2 页。

计,指出,当时镇江"侨寓户三千八百四十五,中有也里可温二十三,是一百六十七户中,有也里可温一户也。口躯合计,一万三千五百三十,其中也里可温二百一十五,是六十三人中,有也里可温一人也"①。可见,当时"也里可温"在丹徒、丹阳等地已广泛流传。1598—1599 年左右,耶稣会传教士利玛窦在北上京城传教之前曾在南京、镇江一带驻足过一段时间②,进一步推动了天主教在该地区的传播和发展。

马相伯的先祖们便是在这样浓郁的天主教信仰环境中,成为天主教信徒的,其家族也成为世代信奉天主教家族。对此,马相伯曾在晚年的访谈性文章《一日一谈》中谈道:"我们家庭奉天主教由来很久,大约在利玛窦到中国来之后,我们的祖先便成为教徒。我的外公外婆也是奉天主教的。"③马相伯的父亲马松岩和母亲沈太夫人,更是虔敬的天主教教徒。马相伯出生后不久便接受天主教洗礼,成为一名天主教徒,教名若瑟(Joseph)。

家庭中的天主教信仰对马相伯后来的人生观、世界观的形成都产生过积极的影响。在晚年,他曾颇为自豪地指出自己之所以能够形成独立的人生观与世界观,"因为受了家庭的影响,对于人生观和世界观已能不为那时中国社会传统的见解和习染所拘束,中国人对儿童总是灌输其鬼神观念;平时往往以鬼怪之说,恐吓儿童,又因为他们无论吉凶祸福都要求神拜庙,不知不觉地就把儿童小小的心灵弄成一种愚昧无知、盲从迷信的状态,我幸而没受过这种摧残。所以我对于当时士大夫所视为神圣不可侵犯的天子,看得也很平常,我因宗教的启瀹,又知道天子也和我们一样,同为造物所造,同是有生有死,在上帝之前,同是平等,并没有什么神奇。至于黄金、玉带,我更看得平常"④。可见,正是因为受到来自家庭的天主教信仰的影响,马相伯从小就摆脱了旧时一般中国人常有的愚昧无知、盲从迷信的毛病,也因自小受到上帝面前人

---

① 陈垣:《元也里可温教考》,《陈垣集》,北京:中国社会科学出版社 2000 年版,第8 页。
② [法]裴化行:《利玛窦神父传》上册,管震湖译,北京:商务印书馆 1998 年版,第253 页。
③ 马相伯口述,王瑞霖笔录:《一日一谈》,"我的孩童时代与宇宙观与家教",王红军校注,桂林:漓江出版社 2014 年版,第 132 页。
④ 马相伯口述,王瑞霖笔录:《一日一谈》,"我的孩童时代与宇宙观与家教",王红军校注,桂林:漓江出版社 2014 年版,第 133 页。

人平等信念的熏陶,较早地破除了当时传统士大夫对天子(皇帝)的无比崇拜,逐渐意识到天子(皇帝)也与我们普通人一样,在上帝面前,都是平等的,并没有什么神奇可言;也逐渐养成看淡功名利禄、金银钱财的气魄和心胸,以及独立自主的人格和平等待人的观念。因此,马相伯才说:"我后来的人生观与世界观,皆从这时顺着这种倾向发展出来。"①

正是因为在这种平等亲和的家庭信仰氛围中成长起来,马相伯也才能逐步形成独立不依的关于是非对错的判断。他曾回忆自己在家乡读私塾时的一件小事,藉此批评私塾先生的迂腐和当时私塾教育的腐化败落。"有一次,我们江苏考试,某县童生做了一篇清顺的八股文,文为嘉庆皇帝所赏识,遂传旨各省都学部院,命以后诸生做八股文,均应以此文为楷模。先生给我讲这篇文章时,提到这种故事,我便很好奇地问:'皇帝也懂得做八股文?'先生大骂道:'胡说! 皇帝无所不能,无所不知,何况八股文?'"私塾先生想当然地认为嘉庆皇帝既然是皇帝,自然是无所不知的,八股文自然也是会做的,这样盲目崇拜天子的迂腐看法显然与马相伯心中坚持"上帝面前,人人平等"的信念,产生了很大的冲突,这就解释了为何他"在私塾读书时,常常对于皇帝发生疑问",而教书先生总是骂他。②

二、"慈父严母"

马相伯父亲马松岩,字岳熊,号锦华,信仰天主教,"以布衣授徒,兼通医学,乐善好施"③。马相伯后来曾回忆起父亲为什么会成为一名医生,"父亲年十四岁时便屡弱多病,因研究医学,廿七岁身体重新健康起来,遂在镇江行医"④。据黄书光转述马相伯孙女马玉章先生的介绍,曾

---

① 马相伯口述,王瑞霖笔录:《一日一谈》,"我的孩童时代与宇宙观与家教",王红军校注,桂林:漓江出版社 2014 年版,第 133 页。

② 马相伯口述,王瑞霖笔录:《一日一谈》,"说谎",王红军校注,桂林:漓江出版社 2014 年版,第 128 页。

③ 张若谷:《马相伯先生年谱》,上海:商务印书馆 1939 年版,第 3 页。

④ 马相伯口述,王瑞霖笔录:《一日一谈》,"我的幼年",王红军校注,桂林:漓江出版社 2014 年版,第 28 页。

祖父马松岩常常推着独轮车在乡间既行医又经商,独轮车一边放一药箱,另一边则挂上装有布料等小商品的袋子,有时被戏称为"卖布郎中"。最令乡人称赞的是,他行医时认真负责,有时还免费送诊,医德高尚。①

无疑,父亲善良温和的品行对马相伯性情和品质的养成产生了十分积极的影响,他曾在《一日一谈·我的幼年》中饱含深情地回忆道:"他的心非常慈善,对于贫穷人家,一律送诊,分文不取。遇有害疥疮痛疽等症的,亲手替他洗涤、敷药、包扎,我小时候看见了便恶心,他却处之怡然,一点也不怕龌龊,其惜老怜贫如此!"②可见,马相伯对父亲宽厚仁慈的品质一直是念念不忘、铭记在心的,而且与父亲的宽仁相对比,对自己当时心怀厌恶的态度作了深刻的反省和批判。

马相伯的母亲沈太夫人也是一位虔敬的天主教教徒,她为人贤淑达理,对子女的教育非常严格,这样的家庭氛围与传统中国治家格言中所谓的"严父慈母"是截然不同的。关于这一点,马相伯也曾回忆道:"我小时,母亲教导我极为严厉,对于我的一举一动,一言一行,都不肯忽视。譬如,同人说话,绝不许加人以恶声,世俗的爷娘看见自家的小儿会开口骂人,便欣欣喜色;我的母亲则不然,口出恶声,在所厉禁。在桌子上和大人一块吃饭时,坐位不得侵占人家的地方,拣菜不许越过自己面前的菜蔬,若果要吃对面那一边的菜,一定要请大人代拣。到了外婆家里,母亲必每日照常课我一定的功课,如读生书几页,熟书几卷,临若干字,等等,功课完了之后,才准出去玩耍。若果有什么不是,母亲必定要加以督责。"相对于母亲的严格管教,在马相伯心目中,外婆和父亲温和、慈爱多了,他说:"母亲对我虽厉害,但外婆对我却是恩爱逾常,每逢母亲要责罚我时,外婆便出来庇护我,母亲也无可奈何。不但外婆对我好,就是父亲也是很温和的,不像母亲那样严厉。因此,我也就不怕他,他被我弄得无法时,还有时轻轻对母亲说:你给我管管孩子罢!其慈爱便可想见。"可见,在家中,母亲相对严厉,父亲反而慈爱,这便是马

---

① 黄书光:《国家之光 人类之瑞——复旦公学校长马相伯》,济南:山东教育出版社2004年版,第5页。
② 马相伯口述,王瑞霖笔录:《一日一谈》,"我的幼年",王红军校注,桂林:漓江出版社2014年版,第28页。

相伯自己说的"严母慈父"。①

母亲的严格管教确实对马相伯良好品行的养成产生了重要的影响，他曾回忆说："我因母亲督教甚严，却养成一种严肃的克己观念，后来处世接物之不肯薄待他人或对人无礼，皆在此时种下了因子。"②正是母亲的严格管教，使得马相伯从小就养成了严于律己的好品行。当时在私塾里，虽然他年纪是最小的，然而遇到事情，总是会被推为"学童领袖"，理由"一来是因为我好出主意；二来是我本着我所受的家庭的严肃教育，律己律人；三来是大家皆服从我的指挥，我那时对同学的第一个戒律就是不许骂人，第二是不许打人"③。此外，钱智修曾说："沈太夫人贤明识大义，自佐松岩公以经商起家，奉身俭约，而能与戚友通有无。既知其不能偿，则并债券焚之，以免贻累"，而马相伯生平"疏财好义，屡输巨资于慈善事业而不居其名"，大概"受太夫人之教也"④。

马相伯兄弟五人，"夭者二而存者三"，长兄马建勋，"见知于曾国荃，曾任淮军粮台，"⑤即主管淮军军粮钱草的军需长官，曾与太平军作战，对全家尤其是两位弟弟照顾有加。马相伯居次。弟弟名建忠，学名马斯才，字眉叔，曾与马相伯同在徐汇公学读书，"昆季齐名，慧声日起"，兄弟间友爱互助，后来游学法国，精研法律学和政治学，留心经世济民之实务。曾有学者指出："私人幕僚制在（同治）中兴期间特别盛行"，而"私人幕僚是一种兼有旧学、法律、军事或者财政能力的人"⑥。马建忠这位精通西语、兼通洋务的人才归国后，自然受到重视，应时任直隶总督李鸿章的邀请，成为李的幕僚，颇为李赏识和器重。此外，马建忠还著有《马氏文通》《适可斋记言记行》二书。《清史稿》有传称："马

① 马相伯口述，王瑞霖笔录：《一日一谈》，"我的孩童时代与宇宙观与家教"，王红军校注，桂林：漓江出版社2014年版，第132页。
② 马相伯口述，王瑞霖笔录：《一日一谈》，"我的孩童时代与宇宙观与家教"，王红军校注，桂林：漓江出版社2014年版，第132页。
③ 马相伯口述，王瑞霖笔录：《一日一谈》，"我的孩童时代与宇宙观与家教"，王红军校注，桂林：漓江出版社2014年版，第133页。
④ 钱智修：《马相伯先生九十八岁年谱》，转引自张若谷《马相伯先生年谱》，上海：商务印书馆1939年版，第194页。
⑤ 张若谷：《马相伯先生年谱》，上海：商务印书馆1939年版，第4页。
⑥ ［美］芮玛丽：《同治中兴：中国保守主义的最后抵抗（1862—1874）》，房德邻等译，北京：中国社会科学出版社2002年版，第116页。

建忠,字眉叔,江苏丹徒人,少好学,通经史,愤外患日深,乃专究西学,派赴西洋各国使馆学习洋务。"①可以说,马建忠是晚清洋务时期一位不可多得的中西文化兼通的匡时人才。

马相伯还有一位比他长四五岁的姐姐,在其幼年时姐姐极为照顾和疼爱他。有一次,马相伯病得奄奄一息,全家人万分焦急,正是靠着这位姐姐全天无休的悉心护理,才得以逐渐康复。为此,马相伯甚为感念姐姐的恩情,曾对姐姐说:"汝实为予重生之恩人。"②姐姐后来嫁到江苏青浦(今上海青浦区)世奉天主教的朱家,婚后生有二女四子,其中最著名的一个儿子是朱志尧(1863—1955),圣名尼格老,字宠德,号开甲,亦曾就读徐汇公学,后曾随二舅父马相伯出访欧美,戊戌变法时期创办《格致新报》,介绍和传播西方科学知识,后来又先后创办求新制造机器轮船厂、宝兴铁矿公司等,是清末民初著名的中国十大民族实业家之一。

总之,父亲仁慈宽厚,母亲督教颇严,兄弟和睦友善,姐姐善良友爱,尽管生逢乱世,但相对而言,马相伯的家庭是比较美满幸福的,他曾骄傲地说:"家庭生活,总算很圆满,儿童时代,尤其令我留恋。"③在动荡不安的时代大潮中,这个幸福的大家庭成为一处小小的却无比温暖和美满的所在。

三、生于忧患

马相伯生当忧患之世,如前述出生之年"即英人以鸦片战争陷我舟山之岁也",马相伯亦曾自言"阅两年有广州烧鸦片之役"(按,广州禁烟在 1839 年,此说恐有误)④。

15 世纪以来,世界局势已经悄然发生着巨变,大航海时代已然开

---

① 赵尔巽等:《清史稿》,《马建忠传》,北京:中华书局 1977 年版,第 12482—12484 页。
② 张若谷:《马相伯先生年谱》,上海:商务印书馆 1939 年版,第 16 页。
③ 马相伯口述,王瑞霖笔录:《一日一谈》,"我的孩童时代与宇宙观与家教",王红军校注,桂林:漓江出版社 2014 年版,第 132 页。
④ 张若谷:《马相伯先生年谱》,上海:商务印书馆 1939 年版,第 2 页。

始,特别是18世纪以来,欧洲工业革命如火如荼地展开,此时的景象是"自然力的征服,机器的采用,化学在工业和农业中的应用,轮船的行驶,铁路的通行,电报的使用,整个大陆的开垦,河川的通航,仿佛用法术从地下呼唤出来的大量人口——过去哪一个世纪料想到在社会劳动里蕴藏有这样的生产力呢?"[①]。

与此同时,在地球的另一边,尤其是在1683—1839年"盛清(High Ch'ing)阶段"[②]或者"镀金的时代"[③]过后,不幸的是,清王朝仍以"天朝大国"自居,仍奉行入关之初的"海禁"政策,来华的外国商船也只准停靠在澳门一带,虽在收复台湾后,曾一度开放海禁,设澳门、漳州、宁波等为对外通商口岸,但在1757年又下令只准在广州一处通商。总体而言"在19世纪前期的中国,从观念和心理上说,英、法、美与中国的距离仍极遥远……中国与西方的唯一接触点是广州受管制的贸易",而且"与荷兰在日本长崎的贸易不同,在广州的接触并未成为西方思想影响的传输渠道",因此彼时的大清王朝"出于自我抉择和完全的自我欣赏而孤立于世的儒教中国,无法得知即将发生的一切"[④]。由此造成的恶劣影响便是19世纪以来清帝国不仅昧于世界大势,而且日益抱残守缺,不思进取,即便是在19世纪中叶爆发了第一次鸦片战争,但清政府依然故我,错失了第一次鸦片战争后十多年的改革自新机会,直到1860年第二次鸦片战争结束后,清政府内部才有了追求富强的洋务运动,而政治体制的改革却要等到19世纪末20世纪初。

在清王朝大梦未醒之前,18世纪末19世纪初,此时已经历过"光荣革命"和工业革命的大英帝国正在世界各地拓展自己的殖民地,逐渐形成了一个"日不落帝国",但在对华贸易中,却出现了巨大的逆差,大量

① 《马克思恩格斯选集》第一卷,北京:人民出版社1995年版,第277页。
② Frederic Wakeman Jr., "High Ch'ing, 1683—1839", in James B. Crowley, ed., *Modern East Asia: Essays in Interpretation* (New York: Harcourt, Brace and World, 1970), 1—28. 这个说法亦可参见他的另一著作,[美]魏菲德:《洪业——清朝开国史》,陈苏镇、薄小莹等译,南京:江苏人民出版社1998年版。
③ [美]孔飞力:《叫魂——1768年中国妖术大恐慌》,陈兼、刘旭译,上海:上海三联书店1999年版,第32—62页。
④ [美]柯文:《在传统与现代性之间:王韬与晚清改革》,雷颐、罗检秋译,南京:江苏人民出版社2006年版,第2页。

的白银流入中国。为了扭转对华贸易逆差,英国开始向中国走私毒品鸦片,从中获取暴利,这一无耻的鸦片市场完全改变了此前中英贸易差额的情况。

鸦片原产于南洋、印度、波斯、土耳其等地,明朝末年曾作为一种药物,被列为藩属"贡品"。清朝初年,南方沿海开始出现"竹管哝烟"之陋习,顺康年间(1644—1722)出台禁烟令,得到严格执行,但嘉道年间(1796—1850)由于清政府盛世不再,衰败之象渐露,此时朝纲不振,地方官吏贪污腐化现象严重,鸦片禁令便形同虚设。同时,鸦片贸易越来越兴旺,导致鸦片日多,华人吸食者渐众,朝廷虽也屡次禁止,但没有效果,鸦片之祸,已呈现愈禁止愈严重的态势。

为厉行禁烟令,更为杜绝鸦片吸食之祸,清道光十八年(1838)冬,皇帝派时任湖广总督的林则徐为钦差大臣,赴广东查禁鸦片,因广东为鸦片进口之地。次年①,林则徐到任后,雷厉风行,严行查缴鸦片2万余箱,在虎门海口,当众全部予以销毁,并下令"绝其贸易",驱逐英人出境。"虎门销烟"成为英国入侵中国的借口,此是暴风雨即将到来的前夜。

马相伯在1840年4月17日出生。同年6月,英军舰船47艘、陆军4 000人在海军少将懿律(Anthony Blaxland Stransham)、驻华商务监督义律(Charles Elliot)率领下,陆续抵达广东珠江口外,封锁海口,进攻广州,受阻后沿海岸北上,7月5日攻陷浙江定海(今舟山市),8月9日抵达天津大沽口,威胁北京。迫于兵威,道光帝将林则徐革职,改派琦善为钦差大臣南下广州谈判。

1841年初,因不满英国提出的苛刻条件,道光皇帝下诏对英宣战,将当时的钦差大臣琦善革职,另派奕山、杨芳等赴广东指挥作战。不幸的是,5月24日,广州失陷,英军沿海北上,陆续攻破厦门、定海、镇海(今属宁波)、宁波等地。1842年6月16日英军发起"吴淞之战",后溯长江上犯,7月21日,发起"镇江之战",攻陷镇江城,8月4日,英国军

---

① 据此,唐德刚将鸦片战争定为1839—1842年,参见氏著《晚清七十年》,长沙:岳麓书社1999年版,第20页。

舰紧逼南京下关,8月29日,签订《南京条约》,规定除赔偿英国财产外,割让香港岛给英国,同时开放广州、福州、厦门、宁波、上海五处为通商口岸。《南京条约》是后来蚕食中国大部分主权的一系列不平等条约中的第一个,"标志着中国不平等条约体系与殖民地半殖民地屈辱的开始。"①第一次鸦片战争是中国历史的一大转折点,是中国近代史的开端,"从此,世界进入了中国,中国也开始逐步进入了近代世界"②。

1840—1842年第一次中英鸦片战争对马相伯幼年生活造成了实实在在的苦难。马相伯甫一出生便与忧患相随,曾言:"吾生于道光二十年到二十二年鸦片之战,与英人订约南京,恰是三岁。"③家国飘零、丧权辱国的凄苦之情溢于言表。

1842年,英国侵略者攻陷吴淞,直取镇江,紧逼南京。侵略者一路烧杀抢掠,无恶不作。马相伯一家为避战乱,只好躲避到山中,从此备尝战火离乱之苦。不久,卖国协议签订,英国罢兵,马相伯父母先行回城查看,留下一个乡里妇人照顾他。当时幼小的马相伯正处于断乳期,"时天花盛行,先生将结痂而复发,势剧甚,"④差一点丧命,幸亏有姐姐不分昼夜、辛辛苦苦地照顾,才得以存活下来,因此马相伯称姐姐是他的"重生之恩人"。

1840—1842年,英国发动的这场侵略中国的鸦片战争,是强行用坚船利炮打开了古老中国的大门,打碎了沉睡中国"天朝上国"的美梦,此后内忧外患、动荡不安。战争之残酷和杀伐不仅对战时的成年人造成了极大的伤害和恐慌,对不谙世事的孩童也潜移默化地产生了较深的影响。

受战乱惊扰而萌发保家卫国的志愿,对生活在战争年代的孩子们来说是常有的事。据张若谷《马相伯先生年谱》记载,小时候马相伯便

① 马平安:《晚清大变局》,北京:新世界出版社2016年版,第31页。
② 马平安:《晚清大变局》,北京:新世界出版社2016年版,第32页。
③ 陈乐素:《相老人八十年之经过谈》,转引自张若谷《马相伯先生年谱》,上海:商务印书馆1939年版,第10页。
④ 钱智修:《马相伯先生九十八岁年谱》,转引自张若谷《马相伯先生年谱》,上海:商务印书馆1939年版,第15页。

喜欢"指挥带兵打仗"。1847年,马相伯8岁,每天私塾一放学,便"喜与诸学童戏于郊野,或拟兵操,或分主客相争战"。马相伯自小受宗教规矩和母亲严格的教诲,举止像个大人,于是被推举为首领。此时,只见狼烟四起,"战事"迫在眉睫,小小的马相伯挺立在"战场",指挥若定,"令出准行",即便是比马相伯年龄略大的孩子,也都奉令而行。又因模拟战争双方打斗时,小孩子们互相投掷砖瓦,往往会伤人,马相伯就嘱咐大家只许扔掷泥巴,凡是身上沾着泥巴就是失败,成为伤员,由战胜者抢回做俘虏。战火平息,最后马相伯高坐坟山顶,论功行赏,大家也都心悦诚服。① 可见,第一次鸦片战争,不仅切实对马相伯的幼年生活造成极大的磨难,也促使马相伯自小便产生保家卫国、参军抗敌之壮志。因此,朱维铮曾说:"历史学家通常把这次'鸦片战争'看作中国走向'近代'的开端。从这个意义来说,马相伯就是中国'近代'的同龄人。"②

马相伯晚年曾对这一中国近代史开端的重大历史事件有一评论,指出:"中国人向来不懂外交,不谙洋务。林则徐不过心好一些,也是不十分懂得洋务的。禁鸦片一事,他只知道和英国商人闹,而不想和英国政府交涉,后来引起战争,也只可以说是和英国商人开战。"③字里行间对当时国人因为不懂外交而招致这场战争颇为悲愤和不满。当时清王朝朝野上下仍处在传统朝贡体系的旧世界秩序之内,完全没有近代外交的观念,这种情况一直持续到1861年总理各国事务衙门的设立才有所改变,"鸦片战争之前,清政府没有近代意义上的外交……这种状况一直延续到第二次鸦片战争结束才真正开始发生变化"。④

---

① 钱智修:《马相伯先生九十八岁年谱》,转引自张若谷《马相伯先生年谱》,上海:商务印书馆1939年版,第33页。
② 朱维铮:《近代中国的历史见证——百岁政治家马相伯》,转引自朱维铮主编《马相伯集》,上海:复旦大学出版社1996年版,第1171页。
③ 凌其翰记,马相伯口述:《六十年来之上海》,转引自张若谷《马相伯先生年谱》,上海:商务印书馆1939年版,第6—7页。
④ 马平安:《晚清大变局》,北京:新世界出版社2016年版,第75—76页。

四、接受私塾教育

英国战舰沿着长江溯流而上,马相伯一家为躲避战乱而暂时逃亡山中,但《南京条约》签订,战事结束后,生活渐渐恢复如往常。有学者甚至指出:"19世纪40年代早期的一些事件——鸦片战争、中英《南京条约》、上海及其他几个沿海城市开放外贸——几乎没有打扰内地中国人的生活。即便是在1848年,也无法得出这些将影响中国人生活的结论。"①

1844年,马相伯年仅5岁,父母便将他送入私塾读书。马相伯先读"教中经典,以次及四子书"②。"教中经典"自然是指天主教经典《圣经》,由母亲在家中亲授;四子书即儒家经典著作《大学》《中庸》《论语》《孟子》,是宋元以后中国读书人必读经典,由塾师教授。由此可见,马相伯与19世纪中叶出生的同代人一样,开蒙时接受私塾教育,也是要读儒家经典,接受正统的儒家教育的,但不同的是,因其世代信仰天主教的祖风家风,不仅要熟读儒家经典,也要阅读《圣经》。在19世纪中叶后的中国,他能进入西方天主教会兴办的学校学习,可以说是他天主教家庭的特殊背景决定的。

当时私塾先生的教育方法过于死板,教育内容又不顾及小朋友的心智、情感接受能力,直至晚年,马相伯仍对私塾里的传统经学教育颇为不满。他曾在《经学与"月亮"》一文里颇为激烈地说:"中国的经学真正害死人!我从小的时候,有一位经学家时时为我讲解经书,常常为了一个字,引经据典讲了两个钟头。他把从前各家对于这个字的解释一句一句地背将出来,甚至连这些经学家的名字都说得一点不错,却是对于我一点也不发生好影响。他两钟头口讲指画地累得要死,我却不耐

---

① [美]柯文:《在传统与现代性之间:王韬与晚清改革》,雷颐、罗检秋译,南京:江苏人民出版社2006年版,第7页。

② 钱智修:《马相伯先生九十八岁年谱》,转引自张若谷《马相伯先生年谱》,上海:商务印书馆1939年版,第17页。

烦地告诉他,即使先生所背的这些经解都不错,究于我有什么益处呢?"[1] 终其一生,马相伯对中国传统儒家文化始终保持一种较为客观的理性的审视和批判态度,绝不盲从儒家经典或者迷信儒家学说,特别是对民国初年袁世凯倒行逆施,重新规定中小学读经,定孔教为国教的做法,马相伯更是极力批判。当然,长达七年的私塾经学教育,还是为马相伯在中国传统学问的修养方面打下了坚实的基础,日后他一度在上海依纳爵公学(徐汇公学)[2]担任经学助理教师。

1848年,马相伯9岁,据其在《儿童时代的幻想与儿童教育》中回忆,自己当时极为喜欢观天象,富有幻想,但刻板、陈旧的旧时私塾教育并不尊重也从不鼓励儿童的好奇探索与勤学好问。他回忆道:"我在儿童时代最喜欢仰观天象,并且喜欢追求天象的根源。当万里无云的天光之下,我总喜欢观看月亮。"他常常会向长辈提许多问题,如"月亮是活的吗?月儿生在哪里?等到了月初三四或者二十四五时,又要问为什么只有半个了呢?"但不幸的是,这些问题十有八九都会招致长辈或私塾先生们的呵斥,不然,就用胡编乱造的话来回答,比如说"为什么只有半个月亮呢?",大人们的回答往往是"被老虎吃掉了"等等。[3] 对这些敷衍了事、漫不经心的回答,马相伯自然是极为不满意的。

结合自己童年时代的幻想以及长辈对待这些幻想的不耐烦态度,马相伯进而谈到儿童教育问题,他首先说自己后来"研究天文学的兴趣,便是从这儿童时代所发生的许多幻想发展出来的",可见"富于幻想力的儿童便是他的天才之萌芽"。据此,马相伯对抑制儿童好奇心或好动天性的教育格外痛恨,他指出:"不过世间为父母和教师的,尤其是中国儿童的父母和教师,不知道戕折了好多儿童的天才或天才的儿童。他们对于儿童的好奇心或好动的倾向,以及时时发问的兴趣,每每报之以厉声厉色,使儿童惧怕;或则以谎言欺骗儿童,结果就把儿童这种天

---

① 马相伯口述,王瑞霖笔录:《一日一谈》,"经学与'月亮'",王红军校注,桂林:漓江出版社2014年版,第111页。

② 徐汇公学创办于1850年,被誉为"西洋办学第一校",是天主教在上海设立的著名学校之一。这所学校先后培养了马相伯、马建忠、李问渔、潘谷声、翁文灏等一批中国近代名人。

③ 马相伯口述,王瑞霖笔录:《一日一谈》,"经学与'月亮'",王红军校注,漓江出版社2014年版,第109页。

才或幻想毁灭了。"于是,他在《儿童时代的幻想与儿童教育》一文中诚恳地向做父母或幼稚园及小学教师的人提出以下忠告:(一)十分小心地培养儿童的幻想力,利用他们这种幻想力发展他们创造的天才;(二)对于儿童的发问绝对不可表示丝毫憎恶的态度,不可有丝毫憎恶的心情,应当小心地解答他们的问题,甚至,在成人为极无理由的问题,都要设法指导他们;(三)父母和教师对于儿童的说话一点不可造次,要处处诚实不欺,更不可用鬼神的话来恐吓他们;(四)不要用食物的赐予或禁止为赏罚儿童的工具,因为这末一来,便种下他们后来争名夺利的祸胎。[1] 作为一名教育家,马相伯对爱护和发展孩子们的好奇心极为看重,即便在今天看来,这些言辞切切的忠告,仍闪烁着熠熠生辉的智慧光芒。

马相伯出生于天主教世家,早年家庭生活圆满,天主教信仰特别是"上帝面前,人人平等"的观念,对其日后的政治思想产生了巨大影响,乃至晚年积极弘扬自由、平等、民治等现代政治观念,反对皇帝专制,拥护共和政体;由于生于鸦片战争忧患年代,其一生与中国近代屈辱历史紧密相关,其拳拳爱国之心,终其一生不曾改变;传统经学教育在当时已暴露出不少问题,1860 年左右,马相伯又曾在经学上用功,但"翻了一翻经学的注解,为了《诗经》上的'采采卷耳'四个字足足地写了三本书,他们这些注疏都是在书本上兜圈子,在字眼上打滚,不看还可以,看了反把人弄得头昏眼花。所以我毅然决然地把研究经学注疏的念头断了"[2]。曾经红极一时的乾嘉考证之学,发展至后来陷入文字游戏之中,难免引起有识之士的反思和批判。马相伯与同代人如冯桂芬、王韬、薛福成等早期改革者们略有不同。这些人"没有受到传统文化的禁锢,牢固地束缚在狭隘的中国传统上。相反,在西方文化影响的刺激下,在西方造成的政治、经济挑战(真实或想象的)面前,他们开始了一个文化上

---

① 马相伯口述,王瑞霖笔录:《一日一谈》,"经学与'月亮'",王红军校注,桂林:漓江出版社 2014 年版,第 109—110 页。

② 马相伯口述,王瑞霖笔录:《一日一谈》,"经学与'月亮'",王红军校注,桂林:漓江出版社 2014 年版,第 111 页。

的自我再估价过程"①。而马相伯没有经历这种"文化上的自我再估价过程",因为天主教文化早已在他家族中,也在他心中流淌着,"通过天主教,小小的马相伯即获得了'科学'与'民主'的最初启蒙。以后,他毕生提倡'科学'、呼吁民主都与早期天主教的熏陶有很大的关系。"②与同时代的大多数读书人相比而言,他的心灵和思想世界从一开始就是相对开放的。

另一方面,他也正因为天主教信仰的背景,与传统社会的主流始终保有紧张的关系,以至于后来逃离教会,参与洋务运动时,也常因其教会中人士的身份遭怀疑甚至诬陷。因此,李天纲曾说马相伯是夹在"圣"与"俗"、"中"与"外"之间,③其所生活的时代和社会,中西古今之争已成为一大事,此外,对他而言,还有天主教与中国社会现实的摩擦。

但七年私塾教育却也较好地培养了马相伯在中国传统经史方面的学问。马相伯虽出身天主教世家,但其成长与教育经历又使得他不同于同代人如何启、伍廷芳、容闳、黄胜等"口岸华人"们,"他们都来自广东南部——中国与西方接触最久的地区……他们从小在由西方人开办的中国学校学习,后到外国学院或大学深造,对中国学术和文学所知不多。"④

马相伯就是这样一个既不受限于中国传统文化,又对中国传统经史之学相当熟悉的人。在同代人只熟稔中国传统文化知识的时候,他因天主教家庭背景,早早打开了另一个认识自己和认识世界的窗口,这也是他后来偷偷跑到上海教会学习的背景和条件。而且,马相伯与同代人相比,一个最大的不同是,他寿命颇长,得以亲历戊戌变法、辛亥革命、清帝逊位、民国建立……"他的长寿,使他成为近现代中国历史不可

①[美]柯文:《在传统与现代性之间:王韬与晚清改革》,雷颐、罗检秋译,南京:江苏人民出版社2006年版,第178页。
②薛玉琴、刘正伟:《(百年家族)马相伯 马建忠 马玉章》,石家庄:河北教育出版社2002年版,第6页。
③李天纲:《信仰与传统——马相伯的宗教生涯》,转引自朱维铮主编《马相伯集》,上海:复旦大学出版社1996年版,第1227—1271页。
④[美]柯文:《在传统与现代性之间:王韬与晚清改革》,雷颐、罗检秋译,南京:江苏人民出版社2006年版,第50页。

爱国老人、百岁青年　马相伯(1840—1939)

多得的亲历者和记录者,堪称近现代中国历史的'活化石'"[1]。作为一名真正的"中国近代史的见证者",他的思考、学说和事迹更值得留意和研究。

① 马相伯口述,王瑞霖笔录:《一日一谈》,"出版说明",王红军校注,桂林:漓江出版社 2014 年版,第 4 页。

第二章　求学上海,成为神学博士

1842 年《南京条约》之后,"通商扩及五口,上海乃扶摇直上,顿成五口之王",①柯文曾提出"香港-上海走廊"概念,提出"沿海早期改革者"人物群体,并指出:"沿海改革者的大部分生涯在这两个地区渡过……他们深入细致地天天接触西方人、西方制度、西方行为方式,受到西方的文化和物质影响。"②应该说,柯文这一判断是准确的。对此,李天纲也曾说:"在清末西学为背景而出现的改革家中,马相伯当属最早的一批。"③1851 年,上海已经开埠通商将近十年。此时,年仅 12 岁的马相伯只身来到这里,在这个华夷共处之地,先在依纳爵公学(徐汇公学)求学十年,除学习中国传统文化之外,还学习法文、拉丁文、算术、音乐、绘画等学科。1862 年,进入徐家汇神学院初学院,成为耶稣会修士。1864 年顺利升入神学院大修院,用一年时间修完中国文学,后用两年时间专攻哲学,兼修自然科学特别是数学,后四年专心研习神学,1870 年,以"特优"成绩通过严格的耶稣会士考试,获得神学博士学位,并被祝圣为司铎。在上海求学的近 20 年时光里,马相伯不仅系统地接受了中西语言和文化的教育,也受到了自然科学特别是数学和天文学的训练,为以后的人生铺下了一块厚实而开阔的基石。

---

① 唐德刚:《晚清七十年》(二),台北:远流出版事业股份有限公司 1998 年版,第 19 页。
② [美]柯文:《在传统与现代性之间:王韬与晚清改革》,雷颐、罗检秋译,南京:江苏人民出版社 2006 年版,第 166 页。
③ 李天纲:《信仰与传统——马相伯的宗教生涯》,转引自朱维铮主编《马相伯集》,上海:复旦大学出版社 1996 年版,第 1227 页。

一、徐汇公学求学

1849 年六月间,突然大雨滂沱,江南各省瞬间变成一片泽国,等到秋天便颗粒无收,更惨的是,冬天出现了大规模的饥荒。当时,徐家汇主教(赵主教,法国人,名 Maresca)便"督率教士,提倡赈济",上海中外士绅和商人闻风响应,而法国领事孟的义(M. de Montigny)尤为积极踊跃。徐家汇附近居民中因天灾所迫,贫困至极,没有能力养育自家子弟者,只好将之送到天主堂,教士们见有俊秀可教的子弟便加以教育。[①]在此因缘际会之下,1850 年,依纳爵公学(又名徐汇公学)创立,这是上海最早的一所西式学校。据李天纲称:"此前,除马六甲、澳门和香港有新教传教士举办的西式学校之外,中国内地的西式中等学校以徐汇公学为最早。"[②]

该校校名用耶稣会的创始人依纳爵·罗耀拉(Loyola,1491—1556,即圣依纳爵)的名字命名,"耶稣会之首创者为西班牙武士罗耀拉"[③],其用意在于秉承和弘扬耶稣会的人文主义教育传统,注重语言(含国文、拉丁文、法文等)、文学、哲学、圣学等方面的人文知识教育。该校筹备时仅有 12 名学生,1850 年生源数增至 31 人,"且均优秀可教,乃一变临时收容,而为有组织之教导,为国储才,以复兴国族,正式成立学校,取名徐汇公学;奉耶稣会依纳爵为主保,故亦称依纳爵公学"。[④]

兴许是不满家乡旧式私塾教育的闭塞和落后,1851 年,年仅 12 岁的马相伯,竟然瞒着父亲和母亲,独自搭乘内河民船,走了整整十天十夜,只身一人来到了上海,先是投亲在他的姐夫朱家。晚年他不无自豪地回忆起这段独闯上海的经历,说:"父亲母亲都不晓得,自己积得几块

---

① [法]史式徽:《八十年来之江南传教史》,转引自张若谷《马相伯先生年谱》,上海:商务印书馆 1939 年版,第 42 页。

② 李天纲编:《马相伯卷(中国近代思想家文库)》,"导言",北京:中国人民大学出版社 2014 年版,第 3 页。

③ 江道源:《科学家与宗教家》,转引自张若谷《马相伯先生年谱》,上海:商务印书馆 1939 年版,第 86 页。

④ 李楚材:《帝国主义侵华教育史料》,"教会教育·徐汇中学校史",北京:教育科学出版社 1987 年版,第 201 页。

钱盘川,搭了内河民船,遂离开我那可爱的第二故乡(镇江)。"①经亲朋介绍,同年就进入刚刚成立一年的徐家汇依纳爵公学②。马相伯入学时学生已有40名,教员有4人。

来上海之前,马相伯已接受将近七年的私塾教育,通读儒家四书、五经,按照耶稣会的本土化政策,依纳爵公学除了研习西学之外,颇为重视经学教育。刚入学时,公学老师便问他:"向读书日几行?"对曰:"十二行。"老师便以每天十二行的速度教授他,谁知他很快便能背诵。老师非常惊奇,便逐渐增加到二十四行以至于六七十行,马相伯依然能够熟练背诵。③

同时,为了更好地融入当时的中国社会生活,虽以培养神职人员为目标,早期依纳爵公学允许学生参加清政府举办的科举考试,以博得功名。马相伯入学第二年,1852年,就曾赶赴南京参加江南乡试。这次乡试的"首题是'父母之年不可不知也'一章",但"出榜时候"却因太平天国运动的不断发展,闹得南京城沸沸扬扬,他也只好闷闷不乐地回到上海。④ 这年,弟弟马建忠也来到上海,亦入徐汇公学学习。

因其优异的经学修养,1853年,入学才两年,马相伯便被聘为公学校长、意大利籍耶稣会士晁德莅(Angelo Zottloi,1826—1902)⑤的国文助教。晁德莅非常喜爱中国文化,是一位汉学家,他曾真诚地说道:"人皆谓中国人寡情,余则认为中国人之感情,实较西洋人为丰厚也"⑥,晁德莅精通中国经典,一生心愿和努力就是把四书五经、诸子百家中的重

---

① 马相伯口述,王瑞霖笔录:《一日一谈》,"我的幼年",王红军校注,桂林:漓江出版社2014年版,第28页。

② 薛玉琴、刘正伟:《(百年家族)马相伯 马建忠 马玉章》,石家庄:河北教育出版社2002年版,第17页。

③ 凌其翰记,马相伯口述:《六十年来之上海》,转引自张若谷《马相伯先生年谱》,上海:商务印书馆1939年版,第46页。

④ 陈乐素:《相老人八十年之经过谈》,转引自张若谷《马相伯先生年谱》,上海:商务印书馆1939年版,第47页。

⑤ 晁德莅,本来是意大利那不勒斯耶稣会士,后转入法国耶稣会,1848年来到中国。1852—1874年,他"有15年是担任圣依纳爵公学的校长",是该公学的"真正创始人"。(参见阮仁泽、高振农主编《上海宗教史》,上海:上海人民出版社1992年版,第687页。)

⑥ 钱智修:《马相伯先生九十八岁年谱》,转引自张若谷《马相伯先生年谱》,上海:商务印书馆1939年版,第49—50页。

要著作翻译成一套拉丁文书写的《中国文化教程》,深受在校学生的欢迎。马相伯与晁德莅师生友谊尤为深厚,马相伯帮晁德莅讲授"四书五经",晁德莅更是细心地将西方学术传统教授给马相伯,因此李天纲指出:"马相伯之所以能够比其他学者更早地会通中西学问,这是一个很重要的原因。"①

于是,在后来的徐汇公学求学阶段(1853—1860),马相伯一边做学生,一边做老师,在中西学问素养方面得到了更快更好的成长。对这段宝贵的经历,他在晚年曾颇为自豪地回忆道:"当我十四岁时,已在学校任助教的职务,一面当学生,一面做先生。因为我的国文比较有点根底,本校各班的国文经学,都是我教,"正是这段教学相长的岁月,让马相伯自觉"比从前更有进步,更加切实"。②

早期徐汇公学不仅允许学生参加科举考试,而且在教育方法和某些教学内容方面也与中国传统私塾教育相近。1874—1875 年,一位《中国通讯》杂志的编者记录下了依纳爵公学一天教学的情况:"学生们用震耳的声音朗诵作品,每个学生反复大声读唱从未有人给他讲解过的课文。这里是学生在老师面前背书,背书时学生的头摇来摇去,甚至全身都左右摇摆起来。书法课也是比较重要的一课,因为学生识字的多少和写字笔法的挺秀,也经常是衡量一个人才学高低的标准。上讲解课时,老师讲解学生们已经背诵得滚瓜烂熟而几乎一句也不懂的渊博的古文。最后是作文课,学龄最高的学生学做奇特的八股文章。有一位进士与两位举人替他们修改作业,学生们很关心老师们的评语。"③可见,早期徐汇公学让学生摇头晃脑地背诵经典,要求学生练习书法,作文课上授学生做八股文,也会请已是进士或举人者来给学生批改作文。自然当时神父们也知道"这种中国的老式教学法不太理想,太限制约束了学生们的智力",但遗憾的是,他们也想不出哪种更"适当的方

---

① 李天纲编:《马相伯卷(中国近代思想家文库)》,"导言",北京:中国人民大学 2014 年版,第 3 页。

② 马相伯口述,王瑞霖笔录:《一日一谈》,"我的幼年",王红军校注,桂林:漓江出版社 2014 年版,第 28—29 页。

③ [法]史式徽:《江南传教史》第二卷,天主教上海教区史料译写组译,上海:上海译文出版社 1983 年版,第 289—290 页。

法",也不可能阻挡中国学生对科举考试的热情与参与。①

但这毕竟是一所天主教耶稣会士创办的西式学校,徐汇公学尽量安排和教授许多西方来的新知识,尽力将丰富的西学知识传授给学生们,特别是那些进步最快的学生。据晁德莅校长 1857 年报告,学校当时有 9 名中文老师,"中文一个学科几乎占了青年学生绝大部分时间;只有进步最快的学生才能加上其他学科,例如法文、唱歌、音乐、图画等等"。② 马相伯素来对语言有很强的领悟力,到 1854 年,已先后学习和掌握了法文、拉丁文等外语,为日后进一步学习哲学和神学打下了基础。日人泽村幸夫曾说:"先生以十五岁诵拉丁语及法兰西语,其学问欲特识! 噫! 先生在四万万中国人民中,诚可谓伟大人物矣。"③

1855 年,马相伯诵读古文,服膺苏东坡的文章及风度,表示"吾于古人最服膺苏子瞻之襟度。当时学者,无此风标",并指出:"学者宜有宏大高贵气象而后可谈移风易俗,治国平天下事业。以诮笑报复,为不世之功能,可与共天下事哉?"④

徐汇公学的办学方针与旧式私塾还是有一个极大的不同,这便是提倡开放式办学,教师们常常组织学生们走出校门,深入了解社会,这些校外考察学习活动大大拓宽了学生们的视野,丰富了他们的社会阅历。有一次,公学老师带领学生们参观停泊在上海港的外国兵舰,马相伯惊讶地发现其实这些"外国兵舰上的机械很简单,什么都没有,关于电的运用,那时完全没有。舰上的炮位既不能升降高低,也不能盘旋左右,更没有准头,和中国的土炮实在没有多大分别",马相伯通过这次近距离地观察外国兵舰的情况,意识到当时的中国虽然还没有兵舰,但如果能奋起直追,努力学习先进技术,相信中国的军事科技是一定能够迎

---

① [法]史式徽:《江南传教史》第二卷,天主教上海教区史料译写组译,上海:上海译文出版社 1983 年版,第 290 页。

② [法]史式徽:《江南传教史》第二卷,天主教上海教区史料译写组译,上海:上海译文出版社 1983 年版,第 98—99 页。

③ [日]泽村幸夫:《马良先生印象记》,转引自张若谷《马相伯先生年谱》,上海:商务印书馆 1939 年版,第 56 页。

④ 刘成禺:《相老人九十八年闻见口授录》,转引自张若谷《马相伯先生年谱》,上海:商务印书馆 1939 年版,第 59 页。

头赶上的。① 这种不甘落后、迎难而上并对祖国发展充满信心的见识出自一位十五六岁的少年，不恰恰说明，马相伯虽然年纪轻轻，却有一份清醒的头脑和一腔浓厚的爱国情？1858 年，他有一天读到《法文通史》课本，心情一直颇为悲愤，当时恰好驻上海法国领事打算聘请他为秘书，便谢绝不就。关于这件事，马相伯曾回忆说："我幼时便因国家忧患而感受痛苦，记得读《法文通史》课本中有对我国所下评语，讥刺我们这种民族，是无功来呼吸天地间的空气。"因此，当驻上海法国领事欲聘他为秘书时，他断然拒绝，说："我学法语，是为中国用的。"②马相伯自小而生的爱国之情、民族之情从来没有被淡忘，反而更加浓烈，"他的一生可以用'爱国'两个字来概括，但是爱中国，不等于爱清朝，他的国家观念是一种现实的、作为政治实体的国家观念"。③ 马相伯并未有传统士人"华夷尊卑""天朝独尊、四夷宾服"的陈腐观念，但对西方人的傲慢及其对中国人的污蔑，马相伯作为一个中国人是决不能接受，也决不能忍受的。

更为难得的是，徐汇公学的教学理念颇为开明，鼓励学生大胆提问，独立思考，与传统填鸭式的私塾教育大为不同，学生们提出的问题都能得到老师们的认真对待和耐心解答。据马相伯晚年记述，1858年，他与一位教拉丁文的老师谈论人性问题，当老师说道"人越怯懦，待人也越残酷"的时候，马相伯非常不解，因为按照常理，"残酷的人一定是暴戾恣睢的人。胆怯的人似乎不敢这样乱干罢？"老师便耐心地给他讲解"大英雄"与"胆小鬼"的区别，指出胆小的人"之所以胆小，十九因为做了许多'人非鬼责''天怒人怨'的勾当，他们在心田上时时刻刻都有一种恐怖，前后左右仿佛都有人在暗算他，遂不得不严加防备。这末一来，便成了天荆地棘，甚至至亲好友皆变成他的嫌疑犯，所以他抓到了他认为仇人的，或谋为不轨的，总是加以严刑峻罚，

---

① 凌其翰：《九三老人马相伯语录》，转引自张若谷《马相伯先生年谱》，上海：商务印书馆 1939 年版，第 44—45 页。
② 徐景贤：《马相伯先生国难言论集》，转引自张若谷《马相伯先生年谱》，商务印书馆 1939 年版，第 69 页。
③《先生》编写组编著：《先生》，北京：中信出版社 2012 年版，第 60 页。

大都要置之死地,不但要置之死地,并且要很残酷地结果人的性命"。对老师这样深入而详细的解释,马相伯自然是感动不已,禁不住又问道:"权奸大憝为什么要这样地残酷地诛戮异己呢?"老师又耐心地解释道:"权奸大憝,我们就拿甘心媚外的人说罢。他们甘心拜倒在敌国异族的脚下,但对于本国人民却又要以主人自居。就是说,他们做外国人的奴隶,便要叫本国人民做奴隶的奴隶,用中国古小说的一句话来说,就是叫百姓做个'与奴才为奴才的奴才'。若果老百姓不愿,那他们自然要以严刑峻罚随其后了!"①在 19 世纪 50 年代的中国,师生之间这样的平等而深入的对话,实属少见,这位老师的人品和学识诚为难得,马相伯作为一名学生敢于提问,勤于提问,也是一种颇为勇敢的举动。当时校长晁德莅曾不客气地指出"中国人少思想,应该多用些心思"②,校长的这段对中国人的批评就一直时刻提醒着马相伯一定要勤于思考,善于思考,绝不做思想的懒汉。

经过十年的正规学习与严格训练,马相伯在徐汇公学取得了令人骄傲的优异成绩。其中,中国古典文献课程(4 年),成绩优秀(with good results);拉丁文课程(2 年),成绩特优(with very good results)③。还多次因学业优秀而获得"文科奖赏"(1857 年)和"圣学奖赏"(1858 年、1859 年)殊荣。其中,"圣学奖赏",是指学习研究天主教教义而获得的奖赏,当时徐汇公学科目中有"圣学"一科,所用课本就是意大利天主教教士利玛窦所著《天主实义》。该书以"中士"与"西士"对话的问答形式,借助儒家"六经中上帝之说",巧妙地讲解天主教教义,书中对佛老多有抨击,从而能够引起多数儒家士大夫的兴趣和亲近感,使他们更容易接受天主教教义。

综上所述,徐汇公学丰富深厚的教学内容和多种多样的课程安排,使得在此求学的少年马相伯,扎实地掌握了丰厚的中西人文学科知识,

---

① 马相伯口述,王瑞霖笔录:《一日一谈》,"'怯懦'与'残酷'",王红军校注,桂林:漓江出版社 2014 年版,第 181—182 页。

② 凌其翰:《九三老人马相伯语录》,转引自张若谷《马相伯先生年谱》,上海:商务印书馆 1939 年版,第 77 页。

③《罗马档案:马相伯为何出走徐家汇》,转引自李天纲《心同东西》,上海:华东师范大学出版社 2001 年版,第 187 页。

养成了勤于思考和善于思考的习惯。而且,学校提倡开放式办学,鼓励组织学生们走出校门,也大大开阔了马相伯的人生视野和社会认知,帮助他积累了宝贵的社会生活经验。

二、忧患不断,家国再罹难

"晚清的历史基本上是一部内外交困、战乱频仍的历史"①,腐败丛生,积弊日甚,内忧外患,天灾人祸,纷至沓来。第一次鸦片战争结束不到十年,1851 年,由洪秀全、杨秀清等领导的太平军在广西金田起义,起义军迅速北上,一直打到长江边,然后向东进发。太平天国军队仅仅用了不到三年时间,便于 1853 年攻陷南京,改名为天京,定都于此。直到 1864 年太平天国失败,南京一直是其首都。而关于太平天国起义的兴起原因,曾有学者指出:"太平天国造反可能是世界史上规模最大的一次内乱。它的原因是复杂的。其中一些,诸如官吏腐败,赋税过重,地租过高等等,都是中国王朝衰败时的典型表现;而另一些原因,诸如人口迅速增长,由外贸引起的经济动荡等等,则是19 世纪后半期所特有的。"②

在太平军攻陷南京时,上海也不太平,1853 年 8 月,"红头闹事,不久占了上海",③"九月间上海大乱,流民会同 Trade 助兵为虐,初六夜,红党守城,四门禁止出入,围各衙门,大行抢掠,知县被杀,官军来申攻贼。童家渡圣堂被围,城内居民困苦,法兵击匪,极为奋勇。而我汇学当此干戈扰攘之时,盖未尝一日罢课也。"④此时,当上海内乱之际,马相伯和弟弟马建忠仍在徐汇公学读书。

所谓被"红头"占领,指的就是与太平军有联系的秘密会社"小刀

---

① [美]芮玛丽:《同治中兴:中国保守主义的最后抵抗(1862—1874)》,房德邻等译,北京:中国社会科学出版社 2002 年版,第 13 页。

② [美]柯文:《在传统与现代性之间:王韬与晚清改革》,雷颐、罗检秋译,南京:江苏人民出版社 2006 年版,第 32 页。

③ 凌其翰:《六十年来之上海》,转引自张若谷《马相伯先生年谱》,上海:商务印书馆 1939 年版,第 51 页。

④ 《徐汇公学大事记》,转引自张若谷《马相伯先生年谱》,上海:商务印书馆 1939 年版,第 51 页。

会"占领了上海华人区。"小刀会"原属"洪门",是华南会党"天地会"的一个支派,分为广东、福建及上海宁波本地人三大帮,而以广东帮最强。而"小刀会"之所以在此时为乱上海,乃是"由于洪、杨造反的成功,定鼎金陵,天下草莽英雄均大受鼓励,纷起效尤,造反响应"①。当时"小刀会"领导者刘丽川声明自己是洪、杨属下,是太平军的一支。1853 年 9月 4 日,小刀会一举占领嘉定城,7 日,刘丽川亲自率领,占领上海县城,不久,上海的青浦等几个城镇也被小刀会占领。起义军发布文告,表示要扫除贪官污吏,蠲免赋税钱粮。②

当时,上海人称此次起义活动为"红头造反"。马相伯晚年曾谈起,1854 年一天,一位"人品极好的"太老师"带我到上海租界某洋行内参观,这洋行里边大都是广东人,我的太老师一走到公事房门首,忽然大嚷:'反坯! 反坯! 国家的名器,好这样糟蹋的么? 他们都是反坯。'我弄得莫名其妙,后来听到'名器'二字,向四围细细一瞧,恍然大悟,原来门上的旋手,是小小而圆圆的水晶做成,很像五品顶戴官儿帽上的顶珠……怪不得老先生大大的生气,一时联想到五品官儿的大礼帽上边去,竟认为有意侮辱国家体面了。"③后来,马相伯对老先生的这一反应作出的解释是:"老先生嚷他们都是反坯,中间还有一种特别的原因,那时候,上海正闹刘丽川之乱,乱党头裹红巾为号,所以上海人称他们为红头。刘丽川是广东人,上海的蛋艇出身,红头中间广东人不少,老先生见洋行里都是广东人,就联想到红头,不知不觉地冲口而出,给他们两字的头衔'反坯'了。"④

这次上海小刀会的暴乱并未对马相伯在依纳爵公学的读书生活造成多大影响,而太平天国运动导致的一大因缘际会,便是马相伯长兄马建勋到李鸿章幕府中担任咨询和建议工作。1853 年,为抗击太平军,

---

① 唐德刚:《晚清七十年》(二),台北:远流出版事业股份有限公司 1998 年版,第 167 页。

② 中国科学院上海历史研究所筹备委员会编:《上海小刀会起义史料汇编》,上海:上海人民出版社 1958 年版,第 28 页。

③ 陈乐素:《相老人八十之经过谈》,转引自张若谷《马相伯先生年谱》,上海:商务印书馆 1939 年版,第 56—57 页。

④ 陈乐素:《相老人八十之经过谈》,转引自张若谷《马相伯先生年谱》,上海:商务印书馆 1939 年版,第 57 页。

曾国藩积极组建湘勇,马相伯长兄马建勋此时在李鸿章营幕中,参赞戎机。关于马建勋此时在李鸿章幕府中所起的重要作用,马相伯曾回忆道:"曾涤生(按,曾国藩)督兵江南,命李鸿章领兵复苏常。初曾视李不重,给李兵不过两营,兵亦乌合。予伯兄在李军中,说李改用洋枪,时两军皆以刀矛应战,李乃拓洋枪营为三千人。刘铭传破常州陈坤书,骑马绕城大呼,冲门而入,并不如平定洪杨各书所载,曾经若何苦战,盖奏事者张皇其辞也。"①

1854年,"红头"仍占据上海,马相伯曾亲眼见到苏松太道(按,清代兵巡道,管辖苏州、松江两府,驻地太仓州)蓝道从被"红头"追得仓皇逃窜。他说:"红头造反,其时南京先失守于洪杨,上海的城池便给'红头'占据了。苏松太道蓝道从带兵攻南门,他老人家蓝顶花翎,坐在四人抬的大轿里边,指手画脚,嘴里高声乱喊,不料城里红头大队忽地冲出来,四名轿夫为正当防卫他们的性命起见,把道台大人丢在路旁逃了。急得道台没法,从轿子里钻了出来舍命飞奔……"②将上海官员之平庸无能的丑态刻画得惟妙惟肖。

自从1853年秋小刀会占领上海,清政府派了两万军队,用了将近一年半的时间,才将小刀会起义镇压下去。1855年2月17日,刘丽川被捕杀,小刀会退出上海。自然马相伯对此期间地方官员的表现是极为不满的。他晚年曾说起:"记得洪杨的时候,有红头到上海,上海富人,如郁家等数巨室,也被迫的供给一切。可是事后,地方官反而参奏,说他们通敌,结果一个个都治罪了。"③平和的话语中包含了一种对当时地方官员的不满、嘲讽以及对当时生活在上海的富人们处境的同情。比马相伯同时代稍早的王韬当时亦生活在上海,也是这场内乱的见证者,他指出中国急需的是称职的军事将领和地方官员。④

————————

① 刘成禺:《相老人九十八年闻见口授录》,转引自张若谷《马相伯先生年谱》,上海:商务印书馆1939年版,第51页。
② 陈乐素:《相老人八十年之经过谈》,转引自张若谷《马相伯先生年谱》,上海:商务印书馆1939年版,第58页。
③ 陈乐素:《相老人八十年之经过谈》,转引自张若谷《马相伯先生年谱》,上海:商务印书馆1939年版,第59页。
④ 参见王韬《拟上曾制军书》《与某当事书》等书信,见氏著《弢园文新编》,李天纲编校,上海:中西书局2012年版,第188—207页。

第二章　求学上海,成为神学博士

031

1855年初,武昌、汉阳被攻下,1856年12月,终由湘军将领胡林翼(谥号文忠)带军收复。马相伯对胡林翼极为赞赏,他说道:"有清中兴功臣,曾(文正)、左(文襄)、胡(文忠)、李(文忠)均为一时豪杰之士。胡文忠气度局量在有清中兴诸大将中为最宽宏。当咸同之交,曾氏兄弟用兵皖鄂江赣各省,胡氏虚己以听,周旋于亲贵与诸将帅之间,其调和维持之功,实非局外人所能洞悉。即曾文正亦谓其进德之猛,实所罕观。惜其中年捐弃,不然其功业当在曾、左之上。"①

内乱不止,外患又起。1857年,英法联军合陷广东,1858年,英法联军继续北上攻陷天津大沽炮台,旋即与清廷签订《天津条约》。此时,太平军声势日盛,尽力东征。为避洪杨之乱,马相伯父亲不得不携全家辗转来到上海。② 这时,曾一度被击退的"红头"再次占领上海城,"川沙南汇失守,南翔宝山上海均被红头所占"。③

1859年,太平军将要抵达上海,此时幸好正有60万官军把太平军围困在南京。但好景不长,1860年2月,太平军再次强大起来,第二次击溃清政府的江南大营,连续攻陷杭州、丹阳、常熟、无锡等地,紧逼上海。此时依纳爵公学学生不得不暂避战乱。据记载,当时"太平军已抵沪,八月十七日,会长司铎令诸生赴董家渡④以避其锋。十八日午后,学生自董家渡赴洋泾浜渡江时,被太平军拘执,幸得脱。八月二十三日太平军退归苏州,学生照常上课"⑤。

1860年12月,由吴淞太道升江苏布政使的吴煦在沪筹办防务,雇用美国人华尔组织"洋枪队",同时又与驻上海的英、法国领事筹划"会同防剿",太平天国大军久攻不下,未能占领上海。

此时,1861年初,面对太平军愈来愈强大的势头,大清朝廷内部恭亲王奕䜣与其他几名大臣联合上书,指出:"发、捻交乘,心腹之害也;俄

① 陈乐素:《相老人八十年之经过谈》,转引自张若谷《马相伯先生年谱》,商务印书馆1939年版,第60页。
② 钱智修:《马相伯先生九十八岁年谱》,转引自张若谷《马相伯先生年谱》,上海:商务印书馆1939年版,第68页。
③ 凌其翰记,马相伯口述:《六十年来之上海》,转引自张若谷《马相伯先生年谱》,上海:商务印书馆1939年版,第68—69页。
④ 1848年,董家渡建成圣方济各主教坐堂。
⑤ 《徐汇公学大事记》,转引自张若谷《马相伯先生年谱》,上海:商务印书馆1939年版,第82页。

国壤地相接,有蚕食上国之志,腋肘之害也;英国志在通商,暴虐无人理,不为限制则无以自立,肢体之害也",据此制定了"发、捻为先,治俄次之,治英又次之"的策略①,这就是著名的"和戎平贼"的政策。

1861年冬,忠王李秀成再次攻克杭州、宁波等地,挥师进军上海。李秀成曾在徐家汇天主堂②驻军,马相伯目睹李秀成穿龙袍,行祈祷礼。对此,马相伯曾说:"予读书徐家汇时,太平天国忠王李秀成,提兵略杭、嘉、湖、苏、松、常、太地,曾驻军徐家汇,一宿即去。人尚和蔼,教堂及地方人民,亦无惊扰,忠王龙袍红巾,告示用印长尺余。予等年少,争出往观。清早祈祷,惊为奇事,乡人有曰:我等信上帝,念耶稣经,王爷何故也信上帝念耶稣经? 忠王闻之,一笑。"③

在所谓"康乾盛世"结束后,清政府衰败之象逐渐显露,内忧外患,接连不断。19世纪40年代第一次鸦片战争,英国军舰从广州一路北上至上海后,又沿着长江溯流而上,紧逼南京,签下中国近代历史上第一个屈辱条约《南京条约》。19世纪50年代,外患暂歇,内乱又起,太平天国运动在短短不到两年时间内

徐家汇天主堂,1910年落成

一路势如破竹,定都南京,后东征,攻陷江南数座城市,在江南各省造成极大的破坏。为避战乱,马相伯父亲携全家老小避难上海。与太平军定都南京同时,上海小刀会也趁机兴起,马相伯亲见上海守官仓皇出逃,为官一方,不能守土护民,马相伯内心相当愤慨。在此期间,外患又

---

① 《统计全局折》,转引自雷颐《李鸿章与晚清四十年》,太原:山西出版集团2017年版,第74页。

② 徐家汇天主堂原建于1851年,是一座希腊式教堂,奉圣依纳爵·罗耀拉为主保圣人,是上海地区第一座按西方建筑式样修造的教堂。徐家汇渐渐取代董家渡,成为江南教区的中心,建造了一系列教育、文化、慈善设施。如1847年建徐家汇藏书楼,1850年创办圣依纳爵公学,1862年创立耶稣会大修院(即神学院),1867年创立博物院和崇德女学,1873年建天文台,1904年建启明女中。

③ 刘成禺《相老人九十八年闻见口授录》,转引自张若谷《马相伯先生年谱》,上海:商务印书馆1939年版,第82页。

至,英法联军攻陷北京,火烧圆明园,为第二次鸦片战争,清政府被迫签订《北京条约》,战事才得以结束,清政府之昏庸无能再次暴露无遗。1860—1862 年间,太平军两次紧逼上海,马相伯所在徐汇公学人员亦曾为躲避战乱而一度离开校园,更为惊险的是,在逃难途中还被太平军逮个正着,幸好因全是学生,没有遭到为难。直到 1862 年底,上海战事终于结束。

三、入神学院,成为神学博士

据江道源《科学家与宗教家》记载,天主教耶稣会极为热衷办教育,"文艺复兴期间,赞助公教学术的天主教修会,对于学术最有功绩而最有贡献的,当首推耶稣会……此会对于中等以上教育最为尽力,因彼等欲养成多数人才,所设学校,各皆为学院。当十八世纪之初年,在该派势力以下之学校,有中等学校七百十二所,师范学校一百五十七所,大学二十四所。就教授科目而言,大学以神学为主,以哲学及自然科学为辅。中等学校则以文法、修辞学及古典为重。"①徐家汇神学院初学院便是由耶稣会在 1862 年 5 月 29 日创立,院长由马相伯极为敬佩的徐汇公学校长晁德莅担任。

不久,马相伯与其他 10 名学生因在徐汇公学读书时"天资聪明","则又兼攻法文、音乐、图画等科,有志修道者,于是即读拉丁文",成为徐家汇神学院初学院的第一届修士,这 11 名学生"专务神工,尤以看护病人或负伤者,为日常事工"②。

与此前徐汇公学的学制不同,耶稣会成立的初学院学制为两年。依据耶稣会会典规定,修士在两年学习期间,必须满足以下六项要求:一、按着圣依纳爵定的法则举行避神工,时间以 1 月左右为限;二、往医院中去服侍病人,时间也以 1 月左右为限;三、不带路费去朝拜圣堂;

---

① 江道源:《科学家与宗教家》,转引自张若谷《马相伯先生年谱》,上海:商务印书馆 1939 年版,第 86 页。

② [法]史式徽:《江南传教史》,转引自张若谷《马相伯先生年谱》,上海:商务印书馆 1939 年版,第 86 页。

四、在卑贱的职务上小心谨慎地操练自己;五、给儿童并愚鲁人讲解要理;六、讲道理,实地习练传教工作。[1]

据徐保和《耶稣会士》记载,这六条规定是耶稣会创始人"圣依纳爵在会典上开列"[2]的,集中体现了耶稣会神学教育的苦行精神,这种苦行精神对合格的修士来讲显然是十分必要的。对此,Jean Dessard曾在《耶稣会士怎样培养训练成功的》一文中指出:"比方现在有一个十八岁的青年,刚读完了他的学校课程,便到了一个耶稣会的初学院叩门请收录。他于是跨进了初学院的门槛,穿上了神贫的制服,一件半新半旧的黑袍子,在院的初学修道士们,便对他行兄弟般的抱见礼,来欢迎他。这初学修士要在初学院中住足两年,必须经过严格的训练。在初学期内,除了专务神修的功课外,别的学业,一概不研究。主任神师,每天给他教授一种关于神修工夫和会史的课程,这初学时期,也是传授将来怎样行使职务的时候,这就是圣依纳爵(耶稣会创办人)所说的试验时期。"[3]这种奉献和苦修的精神是成为一名合格的耶稣会士的必要条件。

为践行自己的信仰和选择,1862年夏,马相伯奉命"前往苏州、太仓等处,救护难民,扶伤疗病",但不幸染上伤寒重病,卧床六十余日,几乎不能起床。[4]初学院两年学制期满后,马相伯按照耶稣会的惯例珍重地发了初次圣愿——"神穷、贞洁、听命"。[5]

在初学院学习期间,马相伯开始学习"天文学","并且一方面研究西洋的数学,一面研究中国的数学,如开方、勾股等等,初学时甚为艰苦,中国算术中的开方中有所谓'赤方''王方',当时我简直莫名其妙,后来不知道在一本什么书上,看到这种算法,始得到理解。我得到会通中西数理的枢纽,心中异常快乐,真不知手之舞之,足之蹈之。"马相伯极为热爱数

① 徐保和:《耶稣会士》,转引自张若谷《马相伯先生年谱》,上海:商务印书馆1939年版,第87页。
② 徐保和:《耶稣会士》,转引自张若谷《马相伯先生年谱》,上海:商务印书馆1939年版,第87页。
③ Jean Dessard:《耶稣会士怎样培养训练成功的》,转引自张若谷《马相伯先生年谱》,上海:商务印书馆1939年版,第86—87页。
④ 张若谷:《马相伯先生年谱》,上海:商务印书馆1939年版,第84页,记为1861年。但据李天纲据《江南传教史》考证应该在1862年,参见朱维铮主编《马相伯集》,附录二《信仰与传统》注38,上海:复旦大学出版社1996年版,第1275页。
⑤ 张若谷:《马相伯先生年谱》,上海:商务印书馆1939年版,第88页。

学，一度为之发狂着迷，以至于"夜间睡觉的时候，仰视帐顶上，都隐隐约约、闪闪灼灼地出现了许多数目字，梦中也发现四处都是数目字"。通过执迷数学的境况，马相伯也深深体会到韩愈所谓"'处若忘，行若遗，俨乎其若思，茫乎其若迷'的意境，实为笃学之士的甘苦之言！"①。

　　1864 年，马相伯顺利进入徐家汇神学院大修院学习。据《耶稣会士》记载，"著书、教授，是耶稣会工作底一大部分，为此读书修士必须用上一二年或三年的工夫修文学。因为若先前受的陶成中有大缺欠，有补充的必要，就是向前受了完善的陶成，也必须预料将来，往公学去教授文法或文学的"。② 马相伯因在徐汇公学期间便有突出表现，进入大修院后，只用一年时间研读中国文学及拉丁文学，并逐渐掌握了研究中西方文学的通径和方法。他曾自言："予治中学，先明训诂，乃能读三代汉魏之文，亦如治泰西学术，先明希腊拉丁，而后易通英法各国之文；语根本原，一览便知，如识训诂，乃能读古书也。"③可见，马相伯治中国学问的方法是强调"明训诂"，但又不拘泥乾嘉后学烦琐无比的注疏之学。对烦琐的注疏是极为不满的，他在《经学与"月亮"》一文中提到，自己亦曾翻阅当时经学研究家的注疏，发现《诗经》"采采卷耳"四个字的解释竟然足足写了三本书，"他们这些注疏都是在书本上兜圈子，在字眼儿上打滚，不看还可以，看了反把人弄得头昏眼花"，这样做学问，长此以往，难保不使人养成要么"一个是冬烘头脑"，要么"一个是欺饰心理"。④因此张若谷说："先生于古文经传无所不窥，其治学方法，在明训诂，而不拘泥注疏。"⑤遵此研究古书之路径，马相伯是极为重视阅读古书的，曾说："胸无古书一二部，令人作三日呕。"⑥

---

① 马相伯口述，王瑞霖笔录：《一日一谈》，"我的幼年"，王红军校注，桂林：漓江出版社 2014 年版，第 28—29 页。

② 徐保和：《耶稣会士》，转引自张若谷《马相伯先生年谱》，上海：商务印书馆 1939 年版，第 88 页。

③ 刘成禺：《相伯老人九十八闻见口授录》，转引自张若谷《马相伯先生年谱》，上海：商务印书馆 1939 年版，第 88 页。

④ 马相伯口述，王瑞霖笔录：《一日一谈》，"经学与'月亮'"，王红军校注，桂林：漓江出版社 2014 年版，第 111 页。

⑤ 张若谷：《马相伯先生年谱》，上海：商务印书馆 1939 年版，第 91 页。

⑥ 刘成禺：《相伯老人九十八闻见口授录》，转引自张若谷《马相伯先生年谱》，上海：商务印书馆 1939 年版，第 88 页。

马相伯通过训诂识字辨音,刻苦学习和阅读三代汉魏时期的文章,经过扎实的研究与学习,养成了深厚的读书心得和精湛体悟,特别是对中国传统文学颇多精思妙见。他曾热情洋溢地指出:"左氏与司马迁之文与李杜之诗,真是百读不厌。"对《左传》更是赞许不已,他毫不掩饰自己的喜好,说:"以余看来,研究中国的古文,自然要以左氏为第一部好书。它的好处在什么样的体格都完备,什么样的美都有。有时候大气磅礴,真似长江大河;有时候细针密线,又似天衣无缝;有时挖苦人挖苦得刺人骨髓;有时同人辩驳又语妙天下。此种谨严巧妙、几夺天工的文章,不但在过去的文言文当中,视为宗匠,即现在做白话文也应当奉为圭臬,至少要把它的不朽处承袭将来。"接着指出:"太史公的文字实在是直接左氏的薪传",但又点明它与左氏之文不同,"左氏之文,只是所谓'记言''记事'之文,而太史公则进了一步,他的《史记》实是对当时政治的一个反动。他的《史记》不独记言记事,并且含有一种极悲愤的情绪,如他的《游侠列传》,竟说出'窃钩者诛,窃国者侯'的话来,这已非左氏之文所能有。至于他的《平准书》,尤其是《货殖列传》,更足见迁《史》的经纶。"①

在中国唐代诗人中,马相伯比较喜欢李白与杜甫的诗。他赞扬李白是"天马行空的天才,真是'黄河之水天上来'",但同时指出:"他的诗却不能学,我们亦不宜教后生去学他。"马相伯最为欣赏的还是杜甫的品行及其诗文,读《杜工部集》时常常爱不释手。他高度赞美杜甫其人其诗,"杜工部的天才不亚于李白,而他的性格却与李不同,他处处要积极救世救国,悲天悯人,而他的诗又字字句句用力,所谓'语不惊人死不休',他的诗也是无美不备,细腻处真是'美人细意熨帖平,裁缝灭尽针线迹',意境高妙处,却又是'想入非非'。"接着指出:我们固然不需要死板地模仿它,"然而它确实是中国文学上一个极好的模范。"同时对杜甫的赋并不看好,指出:"杜诗虽是千古不朽之作,而他的赋却就一无可取!"②

---

① 马相伯口述,王瑞霖笔录:《一日一谈》,"文谈",王红军校注,桂林:漓江出版社 2014 年版,第 37 页。
② 马相伯口述,王瑞霖笔录:《一日一谈》,"文谈",王红军校注,桂林:漓江出版社 2014 年版,第 38 页。

此外,马相伯还极为赞赏杜甫的"描写天才"。他指出:"杜甫的诗可算无奇不有,而他的描写天才更是独步千古。他的这种技术实在妙不可言!"①比如,他赞马的诗,"把马的状貌神态都一一描写入微,尤在他能把一个千里马的奇特的地方,提要钩玄地烘托出来,并且他所描写的马各各不同"。如他写《骢马行》"夙昔传闻思一见,牵来左右神皆竦。雄姿逸态何蜩峥,顾影骄嘶自矜宠。隅目青荧夹镜悬,肉骏碨礌连钱动"。马相伯对此诗的分析是"头两句系结连一开始两句,写出渴欲一见,名不虚传的事实;入后四句便生龙活虎地写出骢马令人神悚的神态;'顾影骄嘶自矜宠',是看了马的'雄姿逸态'之后,马鸣时的神情,这一句已把这一神驹的身份说得入画;末后两句,乃是作者对于骢马全部身段细细观赏以后的描写,这十四个字无一字不生动,无一字不贴切,我至今心目中偶尔想到这两句,还浮泛着一个目光炯炯、肉毛森动的马在我眼前,你看这是何等技巧!"。②

再如他的《房兵曹胡马》一首"胡马大宛名,锋棱瘦骨成。竹批双耳峻,风入四蹄轻。所向无空阔,真堪托死生。骁腾有如此,万里可横行。"马相伯对此诗的分析如下:"头一句开门见山,说明此马的来历,第二句便把马的骨格先行打了一个轮廓,第三句紧接着第二句'锋棱瘦骨成',在形式上我们算已经得到了满足的解释,妙在一个'批'字,于是才十足地显出双耳之如何峻。但是没有第四句,此马亦不过徒有其表而已,这一句的妙处全在一个'入'字,有一'入'字则马快于风,已在言外,而第五句的一个'无'字,把胡马的卓荦不群、目无万里的精神,可算表现得'毫发无遗憾'了,像这样的马不但可以'昼洗须腾泾渭深,朝趋可刷幽并夜',并且可托以'死生',则此马不但其才足用,其德更足取了。工部此诗虽系咏马,实亦自喻。然而此等名马往往不遇识者,伏枥以没,哪能不令人撒一掬同情之泪!"③

---

① 马相伯口述,王瑞霖笔录:《一日一谈》,"杜工部的描写天才",王红军校注,桂林:漓江出版社 2014 年版,第 114 页。

② 马相伯口述,王瑞霖笔录:《一日一谈》,"杜工部的描写天才",王红军校注,桂林:漓江出版社 2014 年版,第 114 页。

③ 马相伯口述,王瑞霖笔录:《一日一谈》,"杜工部的描写天才",王红军校注,桂林:漓江出版社 2014 年版,第 114—145 页。

再比如这首《瘦马行》。"天寒远放雁为伴,日暮不收乌啄疮。谁家且养愿后惠,更试明年春草长",马相伯指出:"此种情境恰与'真堪托死生'相反,然可互相发明,所以老杜的作品,命意、布局、造句,处处都登峰造极,其描写天才,尤令人惊心动魄,我从前每读他的集子,总是不忍释手。今天偶尔回忆及之,不能道其万一也!"①可见马相伯对杜甫诗之欣赏和喜爱。

此外,马相伯极为看重韩愈的《祭十二郎文》,认为它的好处在于"完全出于天真,不是矫揉造作的",与以往的评论家看重他的《原道》相反,他对"《原道》诸篇所谓文起八代之衰的文章",反而极为不满,认为这些"实在不成东西"。之所以会有这截然不同的评价,马相伯捻出"天真"二字,认为"这其间也透露出文学上的必要条件"。②

当然,马相伯也并不隐讳中国古典文学特别是中国小说的某些不足和弱点。他曾毫不客气地批评中国的小说"有一种共同的毛病,就是,它们不知道:小说的叙述,只是截取人生之历程或社会某部之一断面来描写,使读者于这一精彩的断面,可以窥得人生社会的缩影或轮廓"。于是,中国小说往往"一开始总是千篇一律地要从书中所叙的主要角色的'三皇五帝'说起,弄得人莫名其妙。还有一种大毛病,就是小说家门到了关节无法转变时,如同打了结解不开时,便用神仙来救一下急,虽好的小说如《红楼》《水浒》《儒林外史》《西厢记》等等都不能免。这便是第二种大毛病"。③

马相伯还批评中国以前的文学家们在篇章的结构上,"更其不好"。譬如"苏东坡的上皇帝疏,王安石的上皇帝疏,都可算得有数的杰构,但它们都是有头无尾,述而不作,论而不断,弄得一篇煌煌大文,到末了只以寥寥数行颂圣的文字了事"。而之所以会有这种作文的弊病,马相伯极为深刻地指出:"这不只是中国文人的过处,而是当时中国的社会与

① 马相伯口述,王瑞霖笔录:《一日一谈》,"杜工部的描写天才",王红军校注,桂林:漓江出版社2014年版,第115页。
② 马相伯口述,王瑞霖笔录:《一日一谈》,"文谈",王红军校注,桂林:漓江出版社2014年版,第38页。
③ 马相伯口述,王瑞霖笔录:《一日一谈》,"杂谈",王红军校注,桂林:漓江出版社2014年版,第136页。

政治之腐败的环境限制了它。"①

　　一年的中国古典文学及拉丁文学的学习结束后,1865 年,马相伯开始转向哲学,并兼修自然科学,特别是数学和天文学。对此,《耶稣会士》记载:"随后就要读哲学:平常以三年为限,同时还有算术与自然科学补充,耶稣会常设法给哲学士、神学士简派杰出的教授,设备完善的图书馆,还有科学杂志实验室,只要在可能的范围内,耶稣会按着青年修士们底特长,设法使他们学专门一科:例如文学、哲学、科学,也加入使他们能得大学学位的考试。"②对这些学科,马相伯是非常喜欢的。马相伯曾自言:"哲学与数学则为余最有兴趣的科学"③。其实,他对自然科学特别是数学、天文学的兴趣在徐汇公学时就已相当浓厚。他曾说:"我在同学中间,天资还不算坏,晁教习很喜欢我,他教我各种自然科学,我非常有兴趣,而我对于数学更特别欢喜。到了我的自然科学有了一点基础时,他又教我致知学即世俗所谓哲学(从古代哲学到现代哲学),我这时已二十岁了。"④

　　此外,马相伯还系统地学习古代至现代的西方哲学,受到西方哲学严格的训练。他指出西方"Philosophy",与其译为"哲学",不如译为"致知",原因是"致知兼含为学工夫,与希文更切合,名义尤醒",而且"致知的工夫即是格物"。但遗憾的是,中国两千多年来并没有人真正懂得什么叫"格物",南宋大儒朱熹曾把"格"解释为"至","物"解释为"事",因此"格物"就是"穷至事物之理,欲得极处,无不到也"。马相伯对朱夫子的这一解释相当不满,他指出这一解释"实在是'囫囵吞枣',没有道着痛处。到了阳明,更是笑话,他遇物便格,弄得头痛,更是不曾摸着'格物'一词的边际。"⑤

　　正是因为受西方哲学特别是"下定义"的哲学方法的熏陶,马相伯

---

① 马相伯口述,王瑞霖笔录:《一日一谈》,"杂谈",王红军校注,桂林:漓江出版社 2014 年版,第 136 页。
② 徐保和:《耶稣会士》,转引自张若谷《马相伯先生年谱》,上海:商务印书馆 1939 年版,第 95 页。
③ 马相伯口述,王瑞霖笔录:《一日一谈》,"获得神学博士学位以后",王红军校注,桂林:漓江出版社 2014 年版,第 31 页。
④ 马相伯口述,王瑞霖笔录:《一日一谈》,"我的幼年",王红军校注,桂林:漓江出版社 2014 年版,第 28—29 页。
⑤ 马相伯口述,王瑞霖笔录:《一日一谈》,"中西学术的谈屑",王红军校注,桂林:漓江出版社 2014 年版,第 25 页。

明确指出："实则所谓格物，第一步工夫就是把各种事物下一个 Definition。这个字，徐光启先生译作'界说'，真是恰当之至。所谓界说，就是'分析'，就是把事物分成各种类别，使它有一定的界限。亚里士多德之所以为西方哲学的开山老祖，其功也就在于'分类'，在于创定'界说'，给后人指出致知格物的门径。"①在马相伯看来，"格物"就是"下定义"，这个说法与宋明理学家"格物"解释自然是截然不同，明显受到西方哲学的影响。

据《耶稣会士》记载："青年会士们读完了哲学之后……这班青年会士们，便该继续肄业，开始攻读神学，这是他们最后的，也是最重要的学科。"耶稣会士神学学科，自然是"公教的神学"。②两年的哲学修习结束后，便是大修院最后四年的神学，马相伯全心全意以研习神学为志业。当然即便在研究哲学和神学时期，马相伯对数学的兴趣始终如一，他曾言："我虽研究神学，却没有放弃我的数理的工夫，我遇到对于数学有创获时，都笔之于简册，后来竟积有一百二十多卷，余命名曰'度数大全'。"晚年亦曾非常惋惜，"在少年时代，一往直前，不知道爱惜和保存以前辛苦所得的成绩，公之于世，遂令其散佚无存，到今儿想来，实有点可惜！"③

1870年5月8日，马相伯终于修完大修院规定的所有课程，包括文学一年、哲学两年、神学四年，长达七年的学习结束，并以"特优"的成绩获得神学博士学位。晚年马相伯曾自言："后来我又读了四年神学，神学在教会学校中是最高的学问，又做了一年为神学而做辩护与宣教的研究，经过考试之后，我得了神学博士学位。"④据钱智修记载，马相伯"始宣教于安徽之宁国府，旋调任苏之徐州府。时乱离之后，闾阎困穷，流亡载道，先生请于其父，出家财数百金赒恤，民感其惠"。但此事传回

① 马相伯口述，王瑞霖笔录：《一日一谈》，"中西学术的谈屑"，王红军校注，桂林：漓江出版社2014年版，第25页。
② 徐保和《耶稣会士》，转引自张若谷《马相伯先生年谱》，上海：商务印书馆1939年版，第103页。
③ 马相伯口述，王瑞霖笔录：《一日一谈》，"我的幼年"，王红军校注，桂林：漓江出版社2014年版，第29页。
④ 马相伯口述，王瑞霖笔录：《一日一谈》，"我的幼年"，王红军校注，桂林：漓江出版社2014年版，第29页。

徐家汇，便因"违例"被禁止。①

经过数年的辛苦学习和刻苦研究，能够获得神学博士学位，对当时的马相伯来说，无疑是值得骄傲的一件大事。作为一名坚定的爱国人士，他珍重声明以学术回报国家的心声，指出："西人学社名位可受，西国官爵富贵不可受"，原因就在于："学问社会，世界人类所共有，不必分中西以立异也。出处行藏，私人对于国家民族所独有，不能稍事通融也。予立于泰西信仰社会，及各类学术社会，尽彼所长，转授国人。此世界公共之学，从吾所好，与世界同此社会，即与世界同尽其能。"但若因"异国异族社会之因缘，受彼国官禄富贵，或藉彼势力，撄本国之官禄富贵"，他指出如此行为"国度既无，何以立身？"，明确此行为"君子不为"。对那些"诒西人而挟图本国之富贵"者，他极为不耻，指出："学虽贯通天人，又何所取？"并直称他们为"前有洋奴，今有汉奸"②。由此可见其拳拳爱国之情。

四、执教徐汇公学，愤而离会

1870 年，马相伯 31 岁，获得神学博士学位，曾自言："余正式在学校读书的生涯，至获得神学的学位便算告终"③，同时"会中长老以先生学已大成，延先生入耶稣会，并授职为司铎"。④ 正是基于前述"西人学社名位可受，西国官爵富贵不可受"的考量，马相伯考虑再三，才接受"天主教神父名位"，因为这是"关于宗教神学"而无关官禄富贵。⑤ 据张若谷解释，司铎二字为"拉丁语译音，其义乃指司祭仪式者"，是"天主教对

---

① 钱智修：《马相伯先生九十八岁年谱》，转引自张若谷《马相伯先生年谱》，上海：商务印书馆 1939 年版，第 112 页。

② 刘成禺：《相伯老人九十八闻见口授录》，转引自张若谷《马相伯先生年谱》，上海：商务印书馆 1939 年版，第 109—111 页。

③ 马相伯口述，王瑞霖笔录：《一日一谈》，"获得神学博士学位以后"，王红军校注，桂林：漓江出版社 2014 年版，第 31 页。

④ 钱智修：《马相伯先生九十八岁年谱》，转引自张若谷《马相伯先生年谱》，上海：商务印书馆 1939 年版，第 109 页。

⑤ 刘成禺：《相伯老人九十八闻见口授录》，转引自张若谷《马相伯先生年谱》，上海：商务印书馆 1939 年版，第 111 页。

于授有教士职权者之称呼",也即通常所说的神父,"主教于祝圣修士为教士时,所致之训词云:'可爱的神子,你们现在要受祝圣了,该用心地,相当地领受这伟大的铎职;尤其在领受之后,该好好地尽职服务。司铎的职权,在献祭、祝圣、监理、讲道、付洗五事。所以你们该战战兢兢地登到这个圣会的高级;如非你们明智超群,德操老练,我们不能加以许可的'"。① 可见,成为一名"司铎",意味着马相伯可以主持弥撒、婚礼,为垂危者祈祷、告解,或协助主教管理教务等。

与马相伯同时被祝圣为司铎的,有"同学沈容斋、沈礼门、李问渔等"②。据记载,当时"入修道院者渐众",马相伯、沈容斋、沈礼门、李问渔等"均出其中,此皆积学之士,所有著述风行于世"③。1871 年,马相伯"奉耶稣会长令,至南京传教"④,同时潜心研究科学。

不久,马相伯又调回上海,并担任徐汇公学校长(一说为"学生督导")并兼任教务,成为这所学校的第一任华人校长。他曾自言:"我们教会里就教余在徐汇中学任校长并兼任教务。"⑤晚年,马相伯题写"汇学"二字,现刻于徐汇中学门口,"汇学"之意,一为学校简称;二为办学之道,意蕴古今传承,东西汇通。

在担任徐汇公学校长期间,马相伯继承老师晁德莅的办学宗旨,自己"虽为教徒,而对于学生的中国经史子集之文的讲习,颇知注意",据记载,"学生当时所读之书,新生则专读中文,其来校久,程度较优者,则兼读法文、歌经、图画、音乐等……学生除每日背书外,而书法一事,尤为重要,所读之书为四书五经,年略长者,学为八股",鼓励学生参加科举考试,"其入泮者,亲友皆踵门贺。乡试大典,三年于南京举行一次"。⑥ 此外,马相伯"对于校务与教务亦未敢丝毫忽视,学生每逢考试(科举与童子试)应试者颇多,余必亲自送考。说来也很奇怪,这些学生

① 张若谷:《马相伯先生年谱》,上海:商务印书馆 1939 年版,第 110 页。
② 张若谷:《马相伯先生年谱》,上海:商务印书馆 1939 年版,第 110 页。
③《徐汇公学大事记》,转引自张若谷《马相伯先生年谱》,上海:商务印书馆 1939 年版,第 111 页。
④ 钱智修:《马相伯先生八十九岁年谱》,转引自张若谷《马相伯先生年谱》,上海:商务印书馆 1939 年版,第 112 页。
⑤ 马相伯口述,王瑞霖笔录,王红军校注:《一日一谈》,"获得神学博士学位以后",桂林:漓江出版社 2014 年版,第 31 页。
⑥《徐汇公学大事记》,转引自张若谷《马相伯先生年谱》,上海:商务印书馆 1939 年版,第 114 页。

虽已入学堂,而应旧时考试者反多能获选"。[①] 这本就是依纳爵公学的办学传统之一,却引起耶稣会特别是新来主教和会士们的不满。教会中人担心他会"把学生都变为异教徒(孔教)",便安排他离开徐汇公学,并责令他专门去研究天文学。[②]

于是,在任徐汇公学校长三年后,1875年,马相伯奉教会安排,到刚刚建立不久的徐家汇天文台专职研究天文。研究天文学本是马相伯的固有兴趣之一,但当时徐家汇天文台还没有研究天

上海徐汇中学(前身依纳爵公学)筹思楼前的马相伯雕塑

文的现代仪器,只有利玛窦从前使用过的一架旧仪器,马相伯深感仪器设备之简陋,只得感叹"英雄无用武之地",于是"就转而专攻数学"。但即便如此,教会仍不放心,1876年,终于把他调到南京,指派他"译数理诸书"。对于教会这样的安排,马相伯自然是不满的,晚年回忆起此事,他还说:"余颇不耐"。这是因为1874年,马相伯在任徐汇公学校长时,兼任耶稣会编撰,专译数理诸书,当时已经译有数理书百余卷,但教会又不印行出版,"尽皆束之高阁",现在又要求专译数理诸书,"多译多著何益?"[③]他还分析当时教会之所以不出版自己所译的书,"实有两种原因:一、不以余为然者的作梗;二、无人能鉴别余的著作的好坏",于是"使余数年辛苦,付之蠹鱼!"[④]。

此外,日常生活中的一件极不公的小事,成为"压死骆驼的最后一根稻草",这件生活小事彻底伤害了马相伯的自尊自爱之心。当时南京

---

① 马相伯口述,王瑞霖笔录:《一日一谈》,"获得神学博士学位以后",王红军校注,桂林:漓江出版社2014年版,第31页。
② 马相伯口述,王瑞霖笔录:《一日一谈》,"获得神学博士学位以后",王红军校注,桂林:漓江出版社2014年版,第31页。
③ 马相伯口述,王瑞霖笔录:《一日一谈》,"获得神学博士学位以后",王红军校注,桂林:漓江出版社2014年版,第31页。
④ 马相伯口述,王瑞霖笔录:《一日一谈》,"获得神学博士学位以后",王红军校注,桂林:漓江出版社2014年版,第31—32页。

教会有一个厨子,是一个极为龌龊的外国人,他做的饭菜不仅不能下口,而且颇不卫生。于是,马相伯只有不辞而别,一个人跑回上海。①

　　从 12 岁只身来到上海,一直到 31 岁获得神学博士学位,在近 20 年的求学时光中,马相伯接受了自然科学特别是数学和天文学、中国古代文学、拉丁文学、西方哲学和神学的系统训练,其间太平天国曾波及他在上海的求学生活,上海小刀会的起义也曾打破他安静的读书生活,但他经过刻苦勤奋的努力,取得了令人骄傲的成绩,在 1870 年,取得了神学博士学位。获得神学博士学位后,旋即被祝圣为"司铎",并在 1872—1875 年间,担任徐汇公学的校长,在任职期间,尽心教务和校务,并继续研究"神学、哲学和数理"。②

　　张灏曾区分"历史情境"和"生存情境"来解释清朝后期转型时代中不同知识分子的处境,认为他们在同一个"历史情境"却有不同"生存情境",即"不同的人生历程",一方面由"他们所遇到的历史情境",可使我们勾画出"他们的某些特征",③另一方面"每个人所身临不同存在情境的回应"形成颇具差异的"世界观和人生观"。④ 马相伯虽生于清朝中叶,童年时也接受了 7 年的私塾教育,学习四书,但与同时代的读书人相比较而言,其明显的不同是出生在天主教家庭,自青少年时期又在上海天主耶稣会创办的教会学校里学习了数学、天文学等西方近代自然科学,拉丁文、法文等西方语言文字,此外还学习了西方古代哲学、中世纪士林哲学和近代哲学乃至神学。正是这一特殊的有别于同时代读书人的"生存情景"使得马相伯比同辈读书人拥有了更多接触西学的机会。"沿海的共同文化背景的一个重要方面是基督教"⑤,正因为天主教

① 马相伯口述,王瑞霖笔录:《一日一谈》,"获得神学博士学位以后",王红军校注,桂林:漓江出版社 2014 年版,第 32 页。
② 马相伯口述,王瑞霖笔录:《一日一谈》,"获得神学博士学位以后",王红军校注,桂林:漓江出版社 2014 年版,第 31 页。
③ 张灏:《危机中的中国知识分子:寻求秩序与意义,1890—1911》,"导言",北京:中央编译出版社 2016 年版,第 5—6 页。
④ 张灏:《危机中的中国知识分子:寻求秩序与意义,1890—1911》,"结语",北京:中央编译出版社 2016 年版,第 235 页。
⑤ 〔美〕柯文:《在传统与现代性之间:王韬与晚清改革》,雷颐、罗检秋译,南京:江苏人民出版社 2006 年版,第 170 页。

的家庭背景与教会学习的经历,马相伯与同时代读书人有了极大的不同,毕竟 19 世纪中期大部分中国读书人还不知道英国、法国在哪,遑论西学为何物。

而对于马相伯来说,"西方的影响"并不是发生在他成年后,而是伴随着马相伯的成长。也就是说,其在形成性格品行、思想观念的青少年时期,一方面受到传统儒家文化的熏陶,另一方面也深受西方学术思想的教诲。于是,马相伯的思想世界就不像同时代大多数读书人那样仍浸润在儒家传统的道德—政治理念中,如王韬就曾一度认为:"中国文明的本体——价值核心,即中国的'道'——是不可磨灭的"①,可见"王韬依旧自诩为一位儒者"②。美国汉学家墨子刻也曾指出近现代的中国知识分子大体上都继承了基本的道德目标和儒学传统的抱负,他们从"西学"所接受的东西,仅仅是给这些道德目标和传统抱负提供了新的技术和体制上的方法而已。③ 而马相伯的成长和教育经验使得上述情况没有在他身上发生。所谓"中国知识分子面临的不仅是一种政治秩序的危机,而且是一种远为深刻的危机——东方秩序的危机"④,后一种深层次的危机,对马相伯来说是陌生的,是不存在的。可以说,"传统典籍的思想世界"与"新进西方的意义世界"并存于马相伯成长过程中,天主教世家,上海,西学教育训练,这些形成"近代中国精神世界"的关键要素,使得马相伯真正实践着对"中西古今"之异同的融合,形成更为开阔和宏远的思想视野。

从时代背景来看,促使马相伯"愤而离会",投身洋务事业,其深层的社会政治原因是 19 世纪 60 年代以来的"同治中兴"(1862—1874)和日益兴旺的洋务自强运动对马相伯的深深吸引。与 1850 年代咸丰年间的衰败相比,19 世纪 60 年代同治时期的整个帝国仿佛出现某种复兴

① [美]柯文:《在传统与现代性之间:王韬与晚清改革》,雷颐、罗检秋译,南京:江苏人民出版社 2006 年版,第 139 页。
② [美]柯文:《在传统与现代性之间:王韬与晚清改革》,雷颐、罗检秋译,南京:江苏人民出版社 2006 年版,第 97—98 页。
③ [美]墨子刻:《摆脱困境:新儒家和演化中的中国政治文化》,颜世安、高华译,南京:江苏人民出版社 1996 年版,第 191—235 页。
④ 张灏:《危机中的中国知识分子:寻求秩序与意义,1890—1911》,"导言",北京:中央编译出版社 2016 年版,第 9 页。

迹象,"满汉上层真正团结一致地集合在不久前已威信扫地的朝廷周围。具有杰出才能的人担任了政府的主要职务"。① 其中,被誉为中兴功臣的李鸿章更在"中兴结束后获得最高的声望和权力……在中兴时期,他是位活跃而年轻的军事天才,曾氏(按,曾国藩)对他的发展起了很大的作用。他采纳了曾氏的思维方式,但是从最初起,他就擅长于处理对外事务及统率军队"。②

1876年,马相伯长兄马建勋正在李鸿章幕府中担任"淮军粮道",为淮军采办军火和粮草,颇受李鸿章的信任和重用,事业可谓蒸蒸日上。马相伯也曾自言:"这时予长兄建勋在淮军办理粮台,深得李文忠公的信任,而山东藩司余紫垣先生,是长兄的至友,因命予往山东就余学习作宦。"③也是在这一年,清政府开始派遣留学生出洋学习,马相伯弟弟马建忠以郎中的身份,被派往中国驻法国大使馆学习洋务。

可见,马相伯之所以离开教会,除了在办学理念等方面与耶稣会发生数次冲突而难以获得解决之外,也与长兄马建勋、弟弟马建忠正在参与当时如火如荼的洋务运动有极大的关系,郭嵩焘曾称赞马氏三兄弟"皆有才质之人,堪称一门才俊"④,马相伯经过慎重考虑,决定出会入世,参与到轰轰烈烈的洋务自强运动中去,并自信"在那里会有远大前程,比耶稣会的事业更对中国直接有益"⑤。

① [美]芮玛丽:《同治中兴:中国保守主义的最后抵抗(1862—1874)》,房德邻等译,北京:中国社会科学出版社2002年版,第9页。

② [美]芮玛丽:《同治中兴:中国保守主义的最后抵抗(1862—1874)》,房德邻等译,北京:中国社会科学出版社2002年版,第96页。

③ 马相伯口述,王瑞霖笔录:《一日一谈》,"获得神学博士学位以后",王红军校注,桂林:漓江出版社2014年版,第32页。

④ 转引自薛玉琴、刘正伟:《(百年家族)马相伯 马建忠 马玉章》,石家庄:河北教育出版社2002年版,第67页。

⑤ 李天纲:《信仰与传统——马相伯的宗教生涯》,转引自朱维铮主编《马相伯集》,上海:复旦大学出版社1996年版,第1246页。

第三章　投身晚清洋务，壮志难酬

　　曾有学者指出，在 1840—1842 年第一次鸦片战争前后，中国内外交困的危机日益迫近，"在鸦片战争之前，中国内部已面临几种挑战。第一是内治的问题，动乱接踵而来，各种制度也出现问题，尤其是风俗道德方面，其中最令人触目惊心的是官僚的贪污腐化……第二种挑战是大家所熟知的鸦片及外夷的问题"。① 1850 年代，太平天国运动又鼓动着整个江南、华南地区，生灵涂炭。正当清政府全力在南方平定内乱之际，外患又起，1860 年，英法两国又发动了第二次鸦片战争，清政府被迫先后签订了《天津条约》《北京条约》，"1860 年，中华帝国和中国的传统秩序似乎已濒于崩溃。面对着国内革命和外国侵略，帝国政府似乎已失魂落魄，陷于绝望"。②

　　清政府经过这两次惨败，虽是迫于英国等侵略者的洋枪大炮，但毕竟是"天朝帝国与地上的世界接触"③，而且在清政府官员内部出现一批要求摆脱困境、实现富国强兵的洋务派，如曾国藩、李鸿章、左宗棠以及在中枢执掌大权的恭亲王奕䜣等人逐渐走到历史前台。他们纷纷开办工厂、学堂、译书馆等等。从这一系列近代化军事工业和学堂等新事物的相继出现，可见 19 世纪八九十年代，洋务运动进入鼎盛时期。

---

① 王汎森：《中国近代思想与学术的谱系》，长春：吉林出版集团有限责任公司 2011 年版，第 3 页。
② ［美］芮玛丽：《同治中兴：中国保守主义的最后抵抗（1862—1874）》，房德邻等译，北京：中国社会科学出版社 2002 年版，第 8 页。
③ 马平安：《晚清大变局》，北京：新世界出版社 2016 年版，第 33 页。

1876 年,马相伯 37 岁,因不满天主教耶稣会的种种不公待遇,毅然决然地退出耶稣会。柯文曾指出王韬因在上海和香港这类西化的城市生活多年,并一直与西方传教士密切共事,"他远远站在他的大多数同代人之前,认识到西方挑战在中国是史无前例的"①,这段评语对马相伯亦可适用。此时,洋务运动正如火如荼进行着,由长兄马建勋推荐,加上弟弟马建忠的缘由,马相伯以极大热情和宏远抱负投身晚清洋务运动,从国内事务到国际事务,不辞辛苦,奔走忙碌,目的只有一个,那便是为这个老旧的祖国带来富强、繁荣和昌盛。可以说,"离会参政"正是马相伯冀望国家富强繁荣的拳拳爱国之心的具体体现。马相伯的这一人生选择亦是江苏文脉中弥足珍贵的"先天下之忧而忧,后天下之乐而乐"精神的具体体现。

一、山东三年,办理洋务

　　1876 年,马相伯通过长兄马建勋的推荐,正式进入山东布政使余紫垣在济南的幕府。因是好友推荐,且是好友兄弟,加之马相伯本人知识渊博、品行高洁、工作认真,因此他深得这位藩台大人的赏识和信赖。马相伯曾自言:"因予谨慎,遂命予掌理文案"②。后来,余紫垣兼任山东巡抚时,"遂把他的藩司的牙章"交给马相伯,除极为重要的公文需要请示外,其他一律由他代为画行。果然,马相伯不负所托,不仅把日常文案处理得井然有序,还博得余府其他幕僚及山东官员的好感。那时一班旗汉官僚,"眼光均未出国门一步,对于世界各国的情形,一点也不晓得",而马相伯"与教会中西人往来者多,又因多读西书,故东西南北,四海九州,上天下地,无所不谈",自然"在那班面团团的朋友们看来",显得"实在了不得",因此遇到有国际问题发生时,他们也喜欢向马相伯请教,同他商量,但彼辈"因谬于中国独尊之见,总是夜

① [美]柯文:《在传统与现代性之间:王韬与晚清改革》,雷颐、罗检秋译,南京:江苏人民出版社 2006年版,第 44 页。
② 马相伯口述,王瑞霖笔录:《一日一谈》,"获得神学博士学位以后",王红军校注,桂林:漓江出版社 2014 年版,第 32 页。

郎自大,与之谈瀛寰事,犹之乎同他们谈《西游记》、'华胥国'差不多,未尝置信也"。①

马相伯在余紫垣处担任幕僚一年,有一天,余紫垣对他说:"你已经脱离了耶稣会,不做神甫,我代你介绍一位妻子,也好成个家。"于是,经余紫垣做媒,马相伯便与一位出身书香门第的山东王氏女子结了婚。②这是马相伯的第一任妻子。1893年,她回娘家探亲时,与幼子因船沉不幸亡故。

新婚不久,因为很受余紫垣"优礼且信任",1877年,马相伯就被委任为山东潍县机械局总办。作为洋务新政之一,山东潍县机械局以制造军火为主务,机械局总办是"红候补道的美差",可捞取大量钱财,令许多洋务幕僚垂涎欲滴,但马相伯自言:"我却是一个书呆子,方在强壮,满心要做事业,并且极力要好。"③

上任伊始,马相伯便着手对机械局进行全面调研,发现该局机构臃肿,人浮于事,效率低下,仅听从马相伯差遣的人员"不下一二十位候补官员,工人有两三百人,还有二百多名卫兵。局长月薪五百元,这是那时候补道班的差事中最高的薪金;局长以下,依次递减,但薪水都比其他局所为优。由此就可见全局的开支是如何浩繁了"。④

再看"它的成绩",更是让人哭笑不得、痛心疾首。这里每月造多少枪支呢?"十天只出一支枪。它造子弹火药也都用的是土法,每月出品自然有限"。面对如此不堪的境况,马相伯很快提出改革对策,建议摒弃土法,"完全改用西法"。但是,这样一来,生产成本自然相应提高,火药每斤的成本由原先的7厘上升至3钱5分。马相伯将这一情况如实呈报给户部,户部一看,顿觉成本太高,也不顾及什么产品的优劣,便予以驳回。马相伯为此困顿不已,不得不写信请教其兄长好友、时任户部

① 马相伯口述,王瑞霖笔录:《一日一谈》,"获得神学博士学位以后",王红军校注,桂林:漓江出版社2014年版,第32页。

② 参见黄书光:《国家之光 人类之瑞——复旦公学校长马相伯》,济南:山东教育出版社2004年版,第29页。

③ 马相伯口述,王瑞霖笔录:《一日一谈》,"杨谷山孝廉服官秘诀",王红军校注,桂林:漓江出版社2014年版,第34页。

④ 马相伯口述,王瑞霖笔录:《一日一谈》,"杨谷山孝廉服官秘诀",王红军校注,桂林:漓江出版社2014年版,第34页。

郎中的杨谷山(字孝廉),这位户部郎中回信说:"这事容易,你把'斤'字改成'磅'字,重新承包上来,我包你批准。"马相伯"如法炮制,果然,不久户部回文了,'准如所请,实报实销'。"马相伯称此是杨谷山做官的秘诀,言语中充满了对清代官场诸多此类"潜规则"的讥讽和调侃。马相伯曾不无感慨地说:"你看! 前头3钱5分一斤(16两)说是太贵了,不准;后来3钱5分一磅(12两)倒准了。前清政府的官吏,尤其是旗人中的官吏之昏聩糊涂到如此地步,焉得而不亡!"①原来,"磅是西名,所谓'洋务',就含糊了事!"②

同年,弟弟马建忠在法国应试巴黎政治学院,获得优奖。在《上李伯相言出洋工课书》中根据巴黎政治学院考试中八条对策,详细探讨西方政治、经济等问题,如指出"今百年西人之富,不专在机器之创兴,而其要领专在保护商会",又说:"各国吏治异同,或为君主,或为民主,或为君民共主之国,其定法执法审法之权,分而任之,不责于一身,权不相侵,故其政事纲举目张,粲然可观。"③经济、教育和政治等方面的变革创议均有涉及。

1878年,马相伯交卸山东机械局差事,便离开了山东。不久奉李鸿章命令,调查山东矿务,达半年之久。临行之前,马相伯曾对李鸿章建言:"山东无多矿产,何不到山西去调查?"虽当时手握人权,颇得朝廷重用,但很多事李鸿章也无能为力,就比如这件事,明明山西矿产多,却舍弃山西而去往山东,面对马相伯之问,他也只能慨然长叹,并坦言:"此非余权力所及,奈何!"于是,马相伯只好到山东调查矿务。④

1876年,马相伯"离会从政",此后三年,在山东协助办理各种洋务

① 马相伯口述,王瑞霖笔录:《一日一谈》,"杨谷山孝廉服官秘诀",王红军校注,桂林:漓江出版社2014年版,第34—35页。

② 徐景贤:《马相伯国难言论集》,转引自张若谷:《马相伯先生年谱》,上海:商务印书馆1939年版,第120页。

③ 马建忠:《上李伯相言出洋工课书》,转引自张若谷:《马相伯先生年谱》,上海:商务印书馆1939年版,第122—123页。

④ 马相伯口述,王瑞霖笔录:《一日一谈》,"我与高丽",王红军校注,桂林:漓江出版社2014年版,第40页。

事务。马相伯曾自言："余留山东前后计有三年之久"①。怎料,初次遭遇和见识到当时清朝官员的老朽与腐败的马相伯,尽管"一心想做事业",却无法施展满腹才华,在将近不惑之年,豪情遇阻,心中顿觉异常沉闷。不过这些困难并没有打破马相伯此时热衷发展实业、追求国家富强的梦想。

二、出使日本与朝鲜

马相伯在山东任职,大半因长兄马建勋的鼎力推荐,而他成为一名外交家,却颇多得弟弟马建忠的助缘。在马相伯离开教会6年前,马建忠便因哥哥马建勋引荐,成为李鸿章幕僚,1876年被李鸿章派往法国学习,兼任驻法公使郭嵩焘的翻译。三年后,他取得博士学位,是"李鸿章门下荣获'洋进士'头衔的第一人",1879年9月回国,成为李鸿章在外交和洋务方面的得力助手。

1879年,"日本废琉球藩为冲绳县,使藩王上京,另设县知事统治之,于是琉球遂亡"②,史称"日本吞并琉球"。1881年,曾任清廷驻法使节,与马建忠交情甚好的湘系名流黎庶昌奉命出使日本,商议此前日本占领琉球以及华商杂居事宜。此时马相伯操办洋务事务却所获无多,心情正惆怅郁闷,正好有此机会,便欣然随从黎庶昌前往日本东京,任黎庶昌东京使馆参赞③。

在出使日本期间,马相伯与日本明治维新要人大隈重信、伊藤博文等颇有来往。在一次国际性的集会上,大隈重信曾再三邀请马相伯即兴演讲。这次集会是日本维新要人举办的大型国际性集会,马相伯受大隈的邀请,盛情难却,便发表演讲,道:"人类文化,互相融会,无分国界,好像是光。用比喻说,一灯光一灯光,同时点着,同时放光,放在一

---

① 马相伯口述,王瑞霖笔录:《一日一谈》,"我与高丽",王红军校注,桂林:漓江出版社2014年版,第40页。
② 陈博文:《中日外交史》,转引自张若谷:《马相伯先生年谱》,上海:商务印书馆1939年版,第128—129页。
③ 那时清政府驻外使馆官员都是由使臣遴选。

块;大家可以考虑一下,彼此互映的现象,只觉得大小强弱不同,竟无法划分光明的界限。更进一层,人生来是万物之灵,即如太阳也比人低:我认识太阳,太阳何尝能认识我呢?因此人类尽人道,可达到世界大同!"①马相伯在徐汇中学期间,受到良好、严格的演讲训练,即兴演讲对他来说不是难事,反而驾轻就熟、轻松应对。在此次即兴演讲中,话题主要是阐述人类文化是不分国界的,呼吁人类应尽人道,以达"世界大同",但这次演讲中,最出名的还是这句"太阳比人低"。从此次演讲中,不仅可看出马相伯学问之渊博、见识之高远,亦可想见其幽默与睿智。

马相伯后来说自己的这个演讲主旨,恐怕"大隈伯一辈的人,想总能听而不能懂"②。尽管日本这些维新人士并不懂,但他还是要说,有一次对大隈等人再次讲起"拿真实的人道主义,斥虚伪的侵略口实",明确反对日本对朝鲜和琉球等地的侵略,当时他是这样说的:"光上更有光,太阳光照着灯烛光,灯烛光是黑的。"这"人道主义"便是"真光,普照人类"③。奉行人道主义,反对侵略,是马相伯一生奉行的主张。据此,他对后来发动中日甲午战争的伊藤博文批评尤甚。他曾说自己出使日本时,伊藤博文尚在外务省供职,任主事,"后以大陆政策为进身,晋封公爵,做了高丽太上皇帝(即所谓统监)。曾几何时,被刺即逝。'率土地而食人肉',逆天不祥!"④

晚年马相伯还回忆道,当时日本人对中国人极为尊崇。他说:"我初到日本,日本人看支那人不晓得这样高尚"⑤,此时中日均在学习西方富强,日本普通人心目中还是抱有对曾经的"天朝上国"的礼遇和尊敬的。只是十多年后,甲午战争爆发,在检验两国学习成绩的时候,日本

---

① 徐景贤:《马相伯国难言论集》,转引自张若谷《马相伯先生年谱》,上海:商务印书馆 1939 年版,第132 页。

② 徐景贤:《马相伯国难言论集》,转引自张若谷《马相伯先生年谱》,上海:商务印书馆 1939 年版,第132—133 页。

③ 徐景贤:《马相伯国难言论集》,转引自张若谷《马相伯先生年谱》,上海:商务印书馆 1939 年版,第132—133 页。

④ 徐景贤:《马相伯国难言论集》,转引自张若谷《马相伯先生年谱》,上海:商务印书馆 1939 年版,第132 页。

⑤ 徐景贤:《马相伯国难言论集》,转引自张若谷《马相伯先生年谱》,上海:商务印书馆 1939 年版,第133 页。

已经远远将中国甩在身后,曾经的光环不再。20世纪30年代,日本侵华日紧一日,马相伯回想起这段出使日本的往事,仍悲从中来,他说:"日本的维新诸氏,如大隈伯比我要晚出世;我在日本,他请我讲演等等。现在我还受他后辈人的欺凌,在国难临头的祖国中活着!"①悲凉之感迎面扑来。

在东京,中国公使宴请各国使节和日本朝野名流,大家请马相伯讲几句话。他讲道:"吾在欧洲游历,欧洲的政治的确比东方清明;欧洲的社会的确比东方进步,我看到这种情形,不胜赞叹! 现在到东方来,忽然看到这东方政治舞台上有一面大镜子,竟将西方舞台的东西一模一样的映照出来。吾又不胜其惊奇! 好比学生效先生,青出于蓝。先生好,学生也不差。我恭维先生好呢? 还是恭维学生好呢? 吾实在觉得有点进退两难"②,充分肯定了日本明治维新之成就。

不久,马相伯改任神户中国领事,约半载。1881年10月,长兄马建勋病重,此时在日本的马相伯回国看望。马相伯在南京,而李鸿章恰好船泊金陵,经友人推荐,便一同来拜会。谁知见面之后,李鸿章便热情邀他随船一同前往天津办事。当时已是深秋时节,寒风阵阵,"中堂御绵绸短袄",而马相伯"一身之外,无一物,随侍中堂做长谈","单纱被体",只觉"寒气砭人肌骨",但因时为客人"不便多言,只得勉强支持"。李鸿章起初不曾留意,后忽然发现马相伯"独着单衣",便赶紧叫人开箱找衣服"给马先生穿"。对此礼遇,马相伯自然是颇为感念的,曾赞叹李鸿章:"待人之不居常礼,而寒暖与共如此!"③

抵达天津后,适逢高丽政府向李鸿章请求派熟知洋务的马建忠前往朝鲜,襄助办理该国改革新政事宜,但由于李鸿章亦颇为需要马建忠协助,"不能放他去",便派马相伯前往。当时,高丽政府也知道马相伯学问了得,表示欢迎。古时朝鲜历来为拱卫中国东北的屏障,马相伯曾

---

① 朱维铮主编:《马相伯集》,《乐善堂纪闻·在国家忧患中成长着》,上海:复旦大学出版社1996年版,第1046页。(注:1932年马相伯名其土山湾居所为乐善堂,此前曾名"绿居堂"。)

② [日]泽村幸夫:《马良先生印象记》,转引自张若谷《马相伯先生年谱》,上海:商务印书馆1939年版,第179—180页。

③ 马相伯口述,王瑞霖笔录:《一日一谈》,"我与高丽",王红军校注,桂林:漓江出版社2014年版,第40页。

言在朝鲜襄助其改革新政之宏大抱负："劝其兴学治兵,使人民习知外事,可为中国之屏障,拱卫上京。"①

1882年初,马相伯搭乘水师提督丁汝昌兵舰赴朝鲜,襄助改革新政事宜,受到热烈欢迎,当时高丽国王待之以师傅之礼。马相伯倾其所学,尽心谋划,首先提出如下建议,"首请彼政府编练新军,改用西洋操法,请先以千人试办,不到一月,居然步伐整齐,军容甚盛。次则整理它的外交,从来西方人士对待中韩政府外交官吏,傲然自大,一点礼貌也没有,余则先就学问知识方面折其气,并暗示彼等:君等勿傲然视中国人士;君等所能,吾亦能之;君等所知,吾亦知之。然后居之以礼貌,绳之以法律,不久,他们便彬彬有礼"。② 同时,马相伯自言:"余在高丽,国王与余甚洽"③,热心襄助朝鲜改革新政,撰成《上朝鲜国王条陈》,详细罗列包括刑法、教育、培养人才等方面在内的一系列改革举措。

一省刑罚。马相伯指出"自古用刑,皆出于不得已",点明刑法之出发点,藉此建议"废肉刑为笞杖",废除"残毁肢体"等严刑峻法;同时建议笞杖亦需手下留情,"打膝下易伤筋骨,似可改为笞臀"。

一定刑典。建议借鉴西方的法律精神,对有违"通商时局"的朝鲜传统刑典《大典会通》进行修订。如西方法律"多订苦役,而民亦少冤",此正是我中华刑典中"鬼薪④之遗意"。这是因为"凡为恶者,必有害于人,故令服劳,而使有补。譬如犯斫封山之树者,罚令斫一植十,力不能植者,计其劳役,以相抵偿,如此则事不废,而刑自恤矣。其他刑典,可以类推"。在马相伯看来,劳动改造,贵在改过反省,以唤醒其"恻隐之心",令其重新做人;与此相反,"教之囹圄榜掠,疾痛哀呼,既无益于该犯,又无益于他人,徒令习闻其声,以尽丧其恻隐之心者,为何如耶?"

一广取才。马相伯指出:"考试云者,惟才是视",为了祛除一切等级、身份的束缚,建议"除本身系奴隶、舆台、娼夫、私子及受刑者,其余

① 张若谷:《马相伯先生年谱》,上海:商务印书馆1939年版,第140页。
② 马相伯口述,王瑞霖笔录:《一日一谈》,"我与高丽",王红军校注,桂林:漓江出版社2014年版,第40—41页。
③ 张若谷:《马相伯先生年谱》,上海:商务印书馆1939年版,第140页。
④ 鬼薪即所谓"取薪给宗庙为鬼薪也",是中国秦汉时的一种刑罚,包括从事官府杂役、手工业生产劳动以及其他各种重体力劳动等,因最初为宗庙采薪而得名。

一切罪人子孙,宜加恩赦,准其自新,一体赴试",并且请求"自今而后,罪人勿孥,大抵为恶者不顾其身,遑恤其后?孥其身外之妻子,不足以为惩也明甚,徒使无罪者罹于刑戮耳!"同时建议考试内容,须做到"革浮躁,崇实学,而惟策论稍为近古"。

一恤奴婢。马相伯反对"承平之日,而一国之中自相俘虏"的奴婢制,认为"奴婢世及,最属可怜",建议"凡卖身者,准以十年后官价收赎。凡世及者,无论公、私、贱,所产子孙,准自覃恩赦放之日始,皆得为良"。

一求富庶。本于"非庶无以致富,非众无以生财"的主张,马相伯提议"有国者皆以生聚为本",并依据当时朝鲜"承平数百年,而民生不番"的现状,提出6条具体建议。1)建议革除童婚,"男十八,女十六,不足限者,不准成婚";2)允许寡妇再醮,首先中国三《礼》典籍中"无禁令再醮之文,所以顺乎人情也",并请师法"古人有令鳏寡相配以蕃生者"的用意,准"寡妇再醮",而且建议"再醮之子,准一体考试"。对"劫夺妇女者",马相伯建议"无论已嫁与否,士族与否,一律从重论罪";3)建议定"鸡奸罪",对"拂性之甚,莫若顽童"的行为,建议"严行惩办,并准奴子被污,自行告诉还良;非家长则坐奸,污者代为赎良";4)"不尊官不准纳妾,纳妾之数亦宜有定制";5)"婢女迟至二十五岁,宜为迁嫁从良,无令失其天性";6)基于"阴阳敌体,圣人之教"的观念,现在"民间妻妾,多遭凌虐",建议"应弛禁,准其告诉"。再者"男劳于外,以养其服,此天下之通例",建议"准不能赡养其室者,听妻妾分居,该夫不得侵扰",如此"则一国之人,庶几勤乎事而谋生矣"。

一慎疾疠。鉴于"疫气熏蒸,最易传染",建议"一面禁止,一面设法传种牛痘",再者鉴于当时"里巷污秽,沟渠淤积,亦足以致疾病",建议"准募农夫,桶载车运而出",如此"田有培壅,城以洁清"。并建议"购备水龙",此是便捷之防火灾法。

一兴工艺。鉴于当时朝鲜"民间日用之物,皆仰给于外国",而且"工艺出于手而无穷,非若天时地利,有所限制",而"西国之致富,大半由此"。因此建议"请募工匠,开厂制造,如金工、木工、织工暨一切窑工之类,其精奥者则选生徒往他国学习。学有成,归授乡里,则游食之民,可以乐业矣"。

一兴学校。鉴于当时朝鲜"失教久矣"的境况,建议"请敕各府县募建公学,令民间子弟,习谚汉文,一会计,一地理,一杂史,限以三年卒业"。

一正经界。针对"经界不正,赋税不均"的"客观形势",建议"令通晓九章之士,丈量田亩",如此"田亩定,赋税均,则饷有源,兵可足矣"。再者"准兑纳白银,则民间少转输之苦"。①

因刚刚去过日本,亲见日本之所以富强,马相伯对自己所提议的这些改革措施是颇为自信的,声称:"大抵日本国已行之矣,无须大举动、大更张,所以只见其利,未见其害,多有一纸文诰,可猝办者。"②

1882 年 3 月,高丽与美国立约通商,因当时高丽政府官员不谙外交,希望中国派遣一名通晓外交的大臣前来莅盟,李鸿章便向朝廷建议让马建忠前往。于是,马建忠搭乘丁汝昌兵舰,会同美国全权大臣前往朝鲜商讨和约。③ 6 月,高丽发生政变,此次政变,史称"壬午兵变"。马建忠偕丁汝昌率水师平乱,执大院君李罡应(按,时朝鲜国王李熙的本生父)归。此时,马相伯也渐渐认识到,原来"高丽政府分两派:一派以大院君为领袖,反华亲日;一派以闵妃(按,时朝鲜国王李熙的妃子)为之魁,反日亲华"④。

事情起因经过大致如下:大院君因闵妃"颇有才干,握政权",便谋划带兵突入王宫,杀害闵妃,没有成功。但是,兵变那天乱党围攻日本使馆,打死日本侨民若干人,伤了若干人。日使花房义质逃回仁川。到了 6 月 17、18 间,日本派海军七百多人,陆兵七百人,扬言要复仇。黎庶昌紧急电报中国,清政府便派道员马建忠和丁汝昌,率兵前往朝鲜,"相机观变",查访后得知此次政变的罪魁祸首是亲日派大院君,"保不住此时还在暗中主持布置,此人不去,后患无底",为保障万无一失,又调驻扎在登州的淮军庆营统领吴长庆前往朝鲜。6 月 27 日,马建忠和丁汝昌到达朝鲜,吴长庆也率军赶到,出其不意,将大院君擒拿,送至

① 以上诸条建议引自李天纲编:《马相伯卷(中国近代思想家文库)》,北京:中国人民大学出版社 2014 年版,第 1—3 页。

② 李天纲编:《马相伯卷(中国近代思想家文库)》,北京:中国人民大学出版社,2014 年,第 3 页。

③ 马建忠:《东行初录》,转引自张若谷《马相伯先生年谱》,上海:商务印书馆 1939 年版,第 140 页。

④ 马相伯口述,王瑞霖笔录:《一日一谈》,"我与高丽",王红军校注,桂林:漓江出版社 2014 年版,第 40 页。

瀛洲兵船,解往中国,7月20日抵达天津,一举将此祸根拔去。高丽内乱平定后,清政府以吴长庆平乱有功,便派遣吴长庆长驻高丽。这事前后不过四十天。马相伯晚年还曾颇为激动地说:"总算一桩很痛快的事。"①

　　"壬午政变"结束后,闵妃回宫。1882—1883年,马相伯在高丽任指导改革新政事宜时,常常有机会觐见闵妃。在马相伯看来,闵妃不仅貌美,而且"态度也非常娴雅庄静"。有一次,"'托孤'于我,我们曾做过一度详尽、很有关系的谈话"。闵妃问如何才可把她的太子教养成人,担当国家重任,不致为强邻(按,日本)所吞噬。如前所述,闵妃一派亲华,"早知国家危亡之祸,即在旦夕"。马相伯给出的建议如下:"第一个条件就是到外国去留学,一来是因为日本一旦进兵高丽,中国若果不能抵御,太子必为阶下囚无疑。二来是19世纪下半期的东洋诸国已不复能闭关自守,若要对付四邻,必须有国际的眼光,丰富的知识,敏干的才能,这三者都非到欧美去锻炼一番不可。"闵妃听后,十分赞同。但因当时高丽的朝廷与清政府一样,暮气沉沉,因循苟安,无论提什么建议,开头时,"他们都答应得都好,但是任它答应得怎样好,总归是一事不做,过了几天,你再问它,它又很嗫嚅地说:'容我们再商量,再商量!'"马相伯只有摇头叹息,无限悲凉地叹道:"高丽的国运便送在这个'再商量'三字中。"据马相伯观察,当时高丽宫廷的教育实在可怜得很,太子没事就伙同一班宦官宫妾"做许多极没道理的游戏,如斗鸡走马,养雀子,玩鸽儿等等"。马相伯深为闵妃可惜,感叹她"也逃不出高丽宫廷死气沉沉的环境"。②

　　当时高丽政府不仅一如大清王朝一样陷入一片暮气沉沉之境地,"百般计划都销糜于无何有之乡了!"而且高丽社会的等级制度特别森严,"全社会分三等:贵族、士大夫、民。平民不得与贵族士大夫齿,虽位

　　① 转引自张若谷:《马相伯先生年谱》,上海:商务印书馆1939年版,第141—142页。
　　② 马相伯口述,王瑞霖笔录:《一日一谈》,"闵妃之死",王红军校注,桂林:漓江出版社2014年版,第97—98页。

至宰相,见了贵族、士大夫还必定要磕头行礼".① 正是因为等级森严,社会因循守旧,在马相伯来看,"高丽宫廷的致命伤",便是他们"泥古不化的习气",他们总认为"祖宗成法"不可变,若果有人劝他们改变祖宗的成法,他们嘴里纵或不说是"离经叛道",心里也必认为这是"非圣无法"的勾当,便"没有勇气去做",于是养成这样的结果:"朝野上下就养成一种'泄泄沓沓'的风景".②

更为悲惨的是,当时高丽的宗主国——中国,"和他们一样地不争气",因此"日本人一来,便如摧枯拉朽,风卷残云,不旋踵而亡,'王子皇孙,辞楼下殿'。闵妃之死,更是可惨!当日本同中国开战,进兵朝鲜京城,围攻王宫时,太子被擒,闵妃自知不为日本所容,逃匿某寺院中,后被捕。不久便被人用棉絮把她捆扎起来,浑身灌以石油,活活地把她烧死了,然而她的儿子还行所无事地替人空顶着一个高丽的王冠,毫没有一点思母之情,也没有国家兴亡之感",马相伯称他简直就是"此间乐,不思蜀"的高丽版阿斗。③

马相伯深知当时朝鲜的社会制度守旧,积习难改,1883 年 10 月,长兄马建勋去世,时在朝鲜的马相伯与在南洋督办鸦片事务的弟弟马建忠回到上海奔丧。长兄马建勋曾任淮军"粮道",经商之才颇得李鸿章欣赏,亦曾在上海八仙桥地区开商户,"财富不下于在杭州为左宗棠'粮台'的胡雪岩",长兄去世后,因没有子嗣,"全部财产都分给了两位弟弟"。因此李天纲如此评价道:"马氏兄弟是上海骄子,在官场,马家兄弟是淮军的智囊,深与朝廷机密;在商场,马家是上海开埠后少有的成功者,富甲一方;在学界,马相伯、马建忠是公认的人才,在外语、西学方面罕有匹敌。"④

料理完长兄丧事后,马相伯便向李鸿章述职,并且表示不愿再回朝

① 马相伯口述,王瑞霖笔录:《一日一谈》,"我与高丽",王红军校注,桂林:漓江出版社 2014 年版,第 41 页。
② 马相伯口述,王瑞霖笔录:《一日一谈》,"闵妃之死",王红军校注,桂林:漓江出版社 2014 年版,第 98 页。
③ 马相伯口述,王瑞霖笔录:《一日一谈》,"闵妃之死",王红军校注,桂林:漓江出版社 2014 年版,第 98 页。
④ 李天纲编:《马相伯卷(中国近代思想家文库)》,"导言",北京:中国人民大学出版社 2014 年版,第 8 页。

鲜。这是因为他深深地认识到朝鲜的腐败情形简直和当时的中国一样，也就是他所说"中国者，放大之高丽；而高丽，即具体而微之中国也"①。

此外，马相伯还曾向李鸿章详细介绍朝鲜的内外局势及其困境，希望清政府能及早决定政策，或"听其自主，中国脱离关系"，让其脱离宗主国——中国，成为一个独立（independent）国家，抑或"实行干涉，派干练钦差大员，率兵前往，作有力的指导，高丽始有挽救的希望"。听完此言，李鸿章首先肯定马相伯的建议不错，但又说："要你自己去对总理衙门说去，我包你碰个大钉子。"②这是明确告诉马相伯总理衙门里的那些官员根本不会支持他所提的这些政策，继而苦笑道："大清国我都不敢保他有十年的寿命，何况高丽？"无力回天之苍凉，溢于言表，马相伯听后也只有唏嘘而已，也不好再多说。③晚年马相伯还曾说："吾生平有三件恨事，都是牢不可破的闭关思想害我的。第一件恨事就是高丽没有成为中立国。当时日本恨俄国，那时只要中、俄两国答应就可以实行，可是朝廷依旧恋恋不舍于宗主国的地位，所以朝廷方面一些也说不进。当时高丽每年进贡沿途地方官吏的招待要花到八十万金，直到大院君闹事以后还不肯（改）。"④

从高丽回国后，马相伯对清政局的失望愈演愈烈，他自言："从此以后，我便感受到清政府的寿命已不得长久，旗人的脑满肠肥已万不足与有为，于是就决计摆脱官场。"⑤此时与自己"离会参政"，"一心想做番事业"时仅仅过去了 7 年，但现实官场的腐败无能却深深地将这份报国热情渐渐浇灭。

---

① 马相伯口述，王瑞霖笔录：《一日一谈》，"我与高丽"，王红军校注，桂林：漓江出版社 2014 年版，第 41 页。
② 马相伯口述，王瑞霖笔录：《一日一谈》，"从高丽回国以后"，王红军校注，桂林：漓江出版社 2014 年版，第 55 页。
③ 马相伯口述，王瑞霖笔录：《一日一谈》，"我与高丽"，王红军校注，桂林：漓江出版社 2014 年版，第 41 页。
④ 《六十年来之上海》，李天纲编：《马相伯卷（中国近代思想家文库）》，北京：中国人民大学出版社 2014 年版，第 464 页。
⑤ 马相伯口述，王瑞霖笔录：《一日一谈》，"从高丽回国以后"，王红军校注，桂林：漓江出版社 2014 年版，第 55 页。

此外,两件亲身经历的事,彻底促使马相伯"把从政的心事打消得干净,又重新过我的书生生活"。这两件事分别是:一高丽朝贺中国的使臣尽管是朝鲜极有远识和才干的近臣,却得不到清朝皇帝的亲自召见,这个使臣只是到了宫门内附近,望着理藩院叩头请安而退,这是"中国与朝鲜感情之恶"的发源[①]。马相伯对清廷"如此夜郎自大,至死不悟"的举措自然是极为愤慨和不满的;一"清朝皇室贵族之般乐怠慢,无所不用其极。旗人自王公下至士大夫终日无所事事,甚至在戏院中过生活。光绪皇帝的父亲是一个代表……拍着板儿,跟着戏台上哼个不歇! 所以他们的知识都是从戏台上得来的"[②]。面对清廷的腐朽败落,马相伯唯有黯然神伤,一腔从政报国的热心也渐渐冷却,他只好又重新走进书房,继续研究数学,其间翻译了一部数学书,还翻译了一部关于西人优待海船水手的习惯法的书。[③]

三、奉命调查轮船招商局

但"时势紧迫,终不能关起门来享清福",1884 年底,李鸿章再次以诚相邀,马相伯再次"出山"复命,这次的任务是负责调查轮船招商局。轮船招商局创办于 1872 年,马相伯曾述及招商局成立及其发展的历程,"那时李鸿章鼓吹商人办航业,于是特给朱氏兄弟的船运粮米的权,后来生意渐渐好,便扩充设股份公司招股,租些火轮船用,再赚,于是第一次买了高昇等几只船,专走长江……后来得了政府的协助,便更兴旺起来……从此招商局便有了官商合办性质。招商局兴旺了,好些地方都有分局"。[④]

可见,轮船招商局为官商合办性质的公司,目的是为应对外国资本对中国航运业的入侵,以扭转中国旧时航运业衰落的局势,是"洋务运

---

① 刘成禺:《相老人九十八年闻见口授录》,转引自张若谷《马相伯先生年谱》,上海:商务印书馆 1939 年版,第 148 页。

② 马相伯口述,王瑞霖笔录:《一日一谈》,"从高丽回国以后",王红军校注,桂林:漓江出版社 2014 年版,第 55 页。

③ 马相伯口述,王瑞霖笔录:《一日一谈》,"从高丽回国以后",王红军校注,桂林:漓江出版社 2014 年版,第 55—56 页。

④ 陈乐素:《相老人八十年之经过谈》,转引自张若谷《马相伯先生年谱》,上海:商务印书馆 1939 年版,第 151—152 页。

动从举办求强的军用工业到举办求富的民用工业企业过渡性的一着"，就其实际的运行状况来看，初步打破了外国资本垄断中国航运市场的局面，"资本从 1873 年 20—30 万两，增至 1875 年后几年的 100—200 万两，赢利达 30 余万两至 40—50 万两之多，不为不厚……初步达到'分商之利'的目的"。① 但是，另一方面，轮船招商局也面临着极大的财务危机，"招商局办理有年，然成效甚少，每年需要政府补助经费达至八十万两之巨"②。时马相伯的弟弟马建忠为轮船招商局的总办，时常须在李鸿章左右，不便离开，而为了彻底摸清轮船招商局的实际运行和财务状况，便命马相伯赴广东等地调查招商局的往来账目。关于此事，马相伯曾言："当老三接办招商局之初，外表虽说兴盛，而内部很坏。亏空了不少，为此当时政府便着我到广东的招商局查账去。"③

在赴广东等地调查之前，中法战争即将爆发，法国兵船要封锁长江，阻止招商局的船通过，马相伯兄弟知道"中法一开战，中国的海军不够保护我们的商船，不得已用假抵押给外国人的法子，免被法国船捕获去做战利品"，而当李鸿章在天津听说马相伯兄弟将招商局轮船抵押给其昌洋行了，"莫名其妙，打电报来叫老三去；老三不能分身，遂叫我到天津去告诉中堂为什么要押船的理由，中堂这才放心。"④后来马相伯颇为感慨："那时中国的海防一些都没有，直到大祸临头，还要临时求挂外国旗来保护自己，这是多么可耻的事。"⑤

1885 年，马相伯奉命南下调查招商局，乘坐丁汝昌提督的船，经厦门、汕头、香港，7、8 月间到达广州。途经香港时，马相伯为香港商业的繁荣所吸引，"香港给英人占去后，商业发达，不但广东的商业被它夺了去，即英人以外之外国商人也都受它的压迫，引以为苦"。此外，他留意

---

① 夏东元：《洋务运动史》，上海：华东师范大学出版社 1992 年版，第 192 页。
② 马相伯口述，王瑞霖笔录：《一日一谈》，"从高丽回国以后"，王红军校注，桂林：漓江出版社 2014 年版，第 56 页。
③ 陈乐素：《相老人八十年之经过谈》，转引自张若谷《马相伯先生年谱》，上海：商务印书馆 1939 年版，第 152 页。
④ 马相伯口述，王瑞霖笔录：《一日一谈》，"其昌洋行与招商局"，王红军校注，桂林：漓江出版社 2014 年版，第 62 页。
⑤ 陈乐素：《相老人八十年之经过谈》，转引自张若谷《马相伯先生年谱》，上海：商务印书馆 1939 年版，第 152—153 页。

到香港对面的九龙半岛,地理位置至为关键,希望建立一个与香港对峙的经贸特区,将其"辟为商埠,建筑市场,招引中外商人,到彼贸易,修一条铁路直达广州"。对此提议,马相伯自信满满,认为此事如能成,必有功于洋务事业,于是他特意托人将此提议送给时任两广总督的张之洞。"外国人士也都皆赞成我这种计划",张之洞当时看了说:"满好满好",但事后却把它"束之高阁",马相伯苦等三个月,仍没有任何进一步消息,只得在 1885 年冬"讪讪地离开广东了"。①

马相伯在广东将近 4 个月,曾说:"我的生活可以说内外两方面,内的就是住在寓所做那调查账目的工作,有时也许做做诗;外的就是到那些名胜地方游览和那些无聊的应酬。"②他还曾坐渡船到佛山,"佛山那时的商业很盛,和广州差不了多少。"③

1885 年冬,马相伯离开广州,北上述职,但不幸的是,马相伯"所乘的怡和海轮在福建海面遇了险",几乎送命。据马相伯回忆,"这个海轮是铁壳子,很坚固,只因为该轮船长任职已久,照例再有一班便可给假回国。他老先生因此快活得不得了,天天吃酒行乐,哪晓得'乐极生悲',一大意便把船驶错了道路,一头撞到一个岛屿附近的礁石上。"当时情况紧急,船主不顾下舱人的生死,竟然下令将下舱关闭,当时马相伯是住在顶上头的官舱,听到这个消息,便急急忙忙找到船主,"教他立刻开启下舱舱门",否则"将来要在英国公使馆告他",船主这才不得已把下舱舱门打开。马相伯"在这破船上守了三天,然后被怡和轮船派舢板船救出,送到厦门"。④

1886 年,清廷设置台湾省,派刘铭传为总督,刘"本是淮军的将领出身",马相伯的长兄马建勋也"是淮军中的官员",因此"在他们看来都是一家人"。刘铭传听说马相伯达到厦门后,便"电邀"他到台湾去。到

① 马相伯口述,王瑞霖笔录:《一日一谈》,"刘省三(铭传)与张香涛(之洞)",王红军校注,桂林:漓江出版社 2014 年版,第 58 页。

② 陈乐素:《相老人八十年之经过谈》,转引自张若谷《马相伯先生年谱》,上海:商务印书馆 1939 年版,第 155—156 页。

③ 陈乐素:《相老人八十年之经过谈》,转引自张若谷《马相伯先生年谱》,上海:商务印书馆 1939 年版,第 158 页。

④ 马相伯口述,王瑞霖笔录:《一日一谈》,"刘省三(铭传)与张香涛(之洞)",王红军校注,桂林:漓江出版社 2014 年版,第 58 页。

了台湾,刘铭传便要求马相伯留在台湾帮他,又因为马相伯"稍稍读西书,研究一点科学,且稍稍曾说几句外国语",所以待他甚为优厚。但马相伯也意识到刘铭传这人"喜怒无常,又好自作聪敏,不可与共事,就托言:老母在堂,未便远离,不能久留"。① 不久,马相伯接到李鸿章的电报,命他即速回天津。

马相伯回到天津后,向李鸿章述职。他将一份详细且较务实的《改革轮船招商局建议》交给李鸿章。可惜的是,今天留存下来的唯有《改革轮船招商局建议》(残稿)。虽仅有不完整的稿本,仍可以管窥豹。

马相伯开篇即言:"谨按商局情弊,非改弦更张,难期振刷"。② 具体而言,彼时招商局存在的弊端如下:

一、经理不善,也即"用人之弊,失之太滥"。据马相伯调查,当时"各局船栈,人浮于事,视太、怡行不啻三倍,而得用者无多。甚至首领要缺,委之庖代。如北栈管总,广州局总,各船之'总',皆不在其事,但挂名分肥而已。又局中司董,均无保单,故挂欠水脚,挪用银两,无从追缴。推其不用保单之故,因系总办亲友可靠,而不知舞弊则亲友更甚。'总'之缺,向归总办分派,非唐即徐,间用他姓,则须打通关节,与局中有力者分做,即暗地分财之谓也。此种人品,一得'总',便引用亲朋,至二三十之多,以致船上好舱,半为占去,而趾高气扬,睥睨他乡过客,尤为可恶。闻南洋分局,香港、广州等又尾大不掉,难以节制。洋人言该处司董,以局船为己有,专装私货,无怪公局之亏折也⋯⋯"。③ "人浮于事""任人唯亲""以公肥私"等问题是轮船招商局面临的极为严重的用人方面的问题,轮船招商局之所以经理不善、亏损严重,主要在于用人"失之太滥"。

二、"分局之弊,失之太纵"。"各处栈局经费,自包归九五扣用,照出口水脚原较节省。而总局另设包局,包南北栈者,除第一年认真办理后,仍须总局年年贴补,与未包同无限制。且栈租寥寥,不事招徕,何以称职?他埠惟九江、宁波两口,尚无挪欠,若芜湖则欠一万余金,福州则

---

① 马相伯口述,王瑞霖笔录:《一日一谈》,"刘省三(铭传)与张香涛(之洞)",王红军校注,桂林:漓江出版社 2014 年版,第 58—59 页。
② 李天纲编:《马相伯卷(中国近代思想家文库)》,北京:中国人民大学出版社 2014 年版,第 7 页。
③ 李天纲编:《马相伯卷(中国近代思想家文库)》,北京:中国人民大学出版社 2014 年版,第 7 页。

欠二万余金。种种侵隐腾挪之巧,有防不胜防。况局中司董,鲜不另做生意"。可见,彼时各地招商局分局之乱象丛生,亦可见马相伯调查之细致和用心。

三、"总局之弊,失之太浮,举措无当,全凭私臆"。比如"南洋船只,方苦亏耗,忽造致远、拱北、图南、普济四艘,银五十一万两,更无望余利矣"。可见,彼时招商局总局全凭主观意愿制定决策,过于浮躁,不切实际。

四、"账目之弊,失之太浑"。据马相伯调查,当时招商局之大患就在于"公私混乱,挪欠自如。唐总办欠六七万,徐欠两万会,各司董所欠不等,殊与初定章程,凡有挪欠者,立即撤退之意相左,此特其净欠者耳。更有以烂贱股票,押取局银至三十余万之多者。徐道名下,押有十五万,其实并无抵物可以赎回,以致局无现银……最可异者,各局契纸,不存总局,抽换、抵押、遗失之弊,所在俱有",账目之混乱可见一斑。[1]

彼时轮船招商局问题多多,马相伯意识到"原来前清政府无论办什么事情都是上下相蒙,报销总是以少报多,招商局在各商埠码的地皮是它的一部分大财产,然而实价一则报告政府总要加十倍",他"到各处把它清理出来,并照当时实价估定数目,又按照商业发展地价增贵,预计其增加的数目;一方面又计算该局每年经费若干,该局一切财产及营业收入若干,两项相抵,每年盈亏约若干"。如果严格按照这些操作做起来,"再有若干年,便足自给,再进一步,便可获利,均一一列表陈明"。李鸿章看后"便了然于心"。可见,对马相伯调查结果及其建议,李鸿章是非常认可的。但"当时总理衙门对于李傅相(按,李鸿章)之一切行动都要加以干涉,即招商局兴革事宜,也要得其批准后,才可施行;而且必须行贿,才不致横生枝节,中堂还有书呆子习气,不肯行贿,然当时之天津海关道却背着他代为送人情给总理衙门及各重要中枢"[2]。马相伯辛辛苦苦调查,撰写而成的《改革轮船招商局建议》未获实践,只沦为一纸空文。

此外,马相伯又特意向李鸿章汇报在广州时向张之洞提出的建

---

[1] 李天纲编:《马相伯卷(中国近代思想家文库)》,北京:中国人民大学出版社2014年版,第7—8页。
[2] 马相伯口述,王瑞霖笔录:《一日一谈》,"从高丽回国以后",王红军校注,桂林:漓江出版社2014年版,第56页。

议——开辟九龙商埠。李鸿章听罢,拍案叫好,但又表示自己"没法请总理衙门批准",必须要"香涛(按,张之洞)具奏,我不好出面"。① 于是,马相伯的这一建议又没被采纳。后来马相伯无不悲痛地说:"吾生平有三件恨事,都是牢不可破的闭关思想害我的……第三件恨事就是没有开九龙为自由埠。"②

1876年,脱离教会参政,投身洋务运动,此后近十年间,马相伯屡次提出的富强之建议与计划几乎均遭遇这种破产的命运,他越发认识到"原来清政府无论办什么事情都是上下相蒙",可以想见其深深的失望与愤懑之情。

1886年,中法议和,清廷拟派马相伯前往越南划界,他推辞不肯前往,说:"总理衙门人,自作自办",因"当日外交,先自尊大,彼此不知,遂遭惨败",并劝李鸿章亦不必"多参意见,否则卖国之名,皆加诸我辈矣"。③ 后中法订立合约时,马相伯列席会议,与法方翻译沟通协商,巧妙化解僵局,力主维持中国威望,当时他"亲询法方翻译,何以反对用'威望'?",得到的回答是"'望作希望盼望解',为中方太有面子,很不相宜",于是,他只好拿出一部宋版《史记》给他看太史公《报任安书》有"众有怨望"一说。如此,法方翻译才承认"维持中国的威望"这一外交措辞算是通过了。④

四、赴美筹备借款

报国之壮志未酬,马相伯自然是极为失落,但仍继续担任李鸿章的幕僚。1886年,马相伯又奉李鸿章命,前往美国,商洽借款,创立国家银行,振兴实业,兴办海军。关于借款的具体事由,据马相伯回忆,有一

---

① 马相伯口述,王瑞霖笔录:《一日一谈》,"刘省三(铭传)与张香涛(之洞)",王红军校注,桂林:漓江出版社2014年版,第59页。

②《六十年来之上海》,李天纲编:《马相伯卷(中国近代思想家文库)》,北京:中国人民大学出版社2014年版,第464—465页。

③ 刘成禺:《相老人九十八年闻见口授录》,转引自张若谷《马相伯先生年谱》,上海:商务印书馆1939年版,第161页。

④ 徐景贤:《马相伯国难言论集》,转引自张若谷《马相伯先生年谱》,上海:商务印书馆1939年版,第161—162页。

天,李鸿章与马相伯、马建忠兄弟平居闲谈,大发牢骚,说:"军机处命我兴办海军,只给五百万银子,怎样能办得好!"他们兄弟二人便向他建议说:"现在有美国大富商可以借钱给我们,中堂为什么不试办一下?"李鸿章听了非常高兴,询问借多少,答:"至少五千万才能有发展的希望。"但当时中国的经济状况限制了中国政治家的眼光,李鸿章听了这个巨大的数目,踌躇不决,后来说:"两千万吧",兄弟二人说:"不够,至少要两千五百万。"李鸿章这才答应。①

马相伯兄弟二人为何会提议借款以办海军? 其原因还得追溯到其昌洋行与招商局的一系列关联。事情还得从道咸之交(1860 年代),外国商人在中国贸易的情形说起。据马相伯所述,那时西洋商人运货到中国,价钱卖得非常便宜,比如一件商品的成本及运费,原来要一块钱,他们卖给中国人,只要三角,甚至还低,但他们却很赚钱,何止"利市三倍"! 这又是什么缘故呢? 关键就在于中国的金银价格的关系。道光三十年前后,中国的金子只有八换(就是说,一两金子换得八两银子),咸同之交,高到十一换,光绪以前,日本的金子只六换,然而那时欧美的金子已到了二三十换。于是,外国商人运货到中国来,只求将货物卖出,换了银子,然后再拿银子去买金子,最后把金子运回本国,他们便发大财了。当时中国商人与他们往来,因此也往往获利,尤其是广东商人。那时中国的商人,因为清政府官吏时常借故敲诈,他们无法,只好将自己的财产或商业,请一个外国人负名义,按年给他们以报酬,藉此抵制当时中国官僚体系的随意敲诈,广东的"其昌洋行"就是这么产生的。其昌洋行原来是一个广东大富商伍姓的轮船公司,只因那时广东的盐法道要借故没收他的财产,他被查抄的时候,仓促之间,就请了一个美国人顶着名义替他"扛木稍",那时广东的盐法道果然被吓到,没再敢为难他。结果,此美国人作威作福,大把赚钱,后来又来几位美国人过来管理,仍旧只管自己赚钱,不顾及中国人亏本与否,于是其昌洋行本身的亏累就一天一天地增多了,后来不能维持下去,就把他们公司的几艘年头很久的船及其他不动产卖给招商局,招商局才形成一个比较

---

① 马相伯口述,王瑞霖笔录:《一日一谈》,"借款",王红军校注,桂林:漓江出版社 2014 年版,第 64 页。

大规模的轮船公司。①

就因为其昌洋行因亏损将其财产转售给招商局，从前那些因为其昌洋行而与中国人发生商业关系的美国人，就联合英、法、德、意、荷等国组成六国对华商业团体。而马相伯正好与这一团体的组织者美国商人熟识，所以当李鸿章说出没有钱款办海军的时候，马家兄弟二人自然而然地建议可否向美国借款。②

获得李鸿章的应允之后，马家兄弟二人便同住在天津的美国商人商定借款的具体办法：借款两千五百万，先开设银行，银行作为经济支出的总枢，各项新政经费皆由此行出纳，总行设在天津、上海，各省得设分行。查账之权，由中美分负其责。不久，李鸿章派周馥、盛宣怀、马建忠同美国商人米建威（Mitti Wig）等，商谈开设合办银行一事，双方商议将拟议中的银行定名为"华美银行"，并充分商议签订《华美银行简明章程》。李鸿章本想让马建忠与米建威一起赴美筹资，但由于马建忠另有公务，一时脱不了身，便再次请马相伯代劳远行。

临行前，马家兄弟二人建议李鸿章向朝廷奏明此事，李鸿章大不以为然，道："难道我一个北洋大臣又兼理通商大臣，连与外国商人商订借款的权柄都没有了吗？你去好了，我打电报给美国大总统。"③那时李鸿章的声名在欧美各国非常大，欧美人士都尊称其为"北洋李鸿章"，李鸿章的电报果然极有效力，在美国，马相伯得以享受贵宾级待遇。

马相伯经长崎、神户、横滨，曾自言："为了想经营一种银行事业，我便到美国去……船似乎先到长崎而神户而横滨。"在横滨的时候还去过东京，这是他第二次来东京，"那时东京是刚有电车，刚成立一两间大学，各样事业都在草创，因为是迁都到这里来不久的缘故"。④ 自日本东渡，不久抵达美国旧金山。船到旧金山时，美国税关已经收到时任美国

---

① 马相伯口述，王瑞霖笔录：《一日一谈》，"其昌洋行与招商局"，王红军校注，桂林：漓江出版社 2014 年版，第 61—62 页。

② 马相伯口述，王瑞霖笔录：《一日一谈》，"借款"，王红军校注，桂林：漓江出版社 2014 年版，第 64 页。

③ 马相伯口述，王瑞霖笔录：《一日一谈》，"借款"，王红军校注，桂林：漓江出版社 2014 年版，第 64—65 页。

④ 陈乐素：《相老人八十年之经过谈》，转引自张若谷《马相伯先生年谱》，上海：商务印书馆 1939 年版，第 164 页。

总统格罗弗·克利夫兰(Stephen Grover Cleveland)的电报,命其照外交代表的惯例,免验马相伯的一切行李。

当时旧金山已有华侨,大半为广东人,都住在唐人街,做些"洗衣和卖些杂货之类,较高职业是没有的"。[1] 在旧金山住了不多时,马相伯便乘火车到达纽约。那时纽约已有电灯,"因为电灯是他们发明的,所以享用较早,但电车还是没有的"。[2]

当马相伯达到纽约时,美国总统特派侍从武官前来迎接。不久,美国的银行界各巨子皆来相会,他们还精心编排《马相伯的故事》,演剧以示欢迎。受到如此隆重的接待和欢迎,马相伯自然非常高兴,把临行前在国内买的缎子分送给这些大银行家的太太们,他们看见中国的缎子,简直"得未曾有",又把茶叶分送给各银行家,他们不晓得烹法,马相伯便亲自烹给他们吃,他们同样也赞赏不已。

在纽约,除平常应酬之外,马相伯紧锣密鼓地与美国大商人商谈借款以开设"华美银行"的事宜,结果大家都争着要借,最后竟然谈妥五万万两的借款金额。马相伯深知借款数目过大,李鸿章一定不会答应,但又不便直接回绝美国银行家的雅意,故同他们商量"以取五千万为正式借款,以三万万为他们的存款,存款以三厘起息,然后视中国对于财政需要之缓急以为因应",他们也答应了。对于这个谈判结局,马相伯自是相当满意,也非常高兴,便急忙将这一结果电告给李鸿章,万万没想到的是,他得到的回复竟然是李鸿章的急电,"朝议大哗,舆论沸腾,万难照准"。[3]

原来,马相伯的借款电报到达朝廷以后,随即迎来一阵阵质疑和问责,甚至有"八十一个御史参他",称此举动乃是"丧心病狂,要卖国了"[4],而且汹汹朝议也惊动了当时实际的掌权者慈禧太后,有传言她极

① 陈乐素:《相老人八十年之经过谈》,转引自张若谷《马相伯先生年谱》,上海:商务印书馆1939年版,第165—166页。
② 陈乐素:《相老人八十年之经过谈》,转引自张若谷《马相伯先生年谱》,上海:商务印书馆1939年版,第168页。
③ 马相伯口述,王瑞霖笔录:《一日一谈》,"借款",王红军校注,桂林:漓江出版社2014年版,第65页。
④ 徐景贤:《马相伯国难言论集》,转引自张若谷《马相伯先生年谱》,上海:商务印书馆1939年版,第170页。

为反对借款,还要进一步追究李鸿章不事先请旨奏明的责任。李鸿章见此形势,一时也无可奈何,不得不急电马相伯停止一切借款事宜。马相伯见此急电后,万般无奈,"弄得进退维谷,简直不能见人",最后只能"溜之大吉"。① 此前马相伯自纽约前往费城,参观华盛顿纪念会。②

马相伯在美国谈妥巨额借款,却受到朝廷内保守人士的谤议,功败垂成。对此结局,马相伯自然是极为愤慨的,他曾言:"举国上下,气概狭小,可以概见。"③本意是借款,兴办实业,发展海军。钱智修亦曾言:"先生以清政陵夷,外患益亟,非充牣国力,无以雪耻图自强,因上书文忠,劝立国家银行,发行纸币,以其资开矿,设铁路,自造军械",获李鸿章认可,派遣前往美国借款。④ 没想到,却横遭非议,报国无门,唯有悲叹,"最引以为憾的一件事。"⑤

马相伯刚到美国时,听闻一个笑话,钦差大臣的公馆内,常常晾晒出太太小姐们的白色裹脚布,外国人刚开始还认为是国旗。由此他感慨:"清季外交的失败,半由满廷官吏懵然于国际情势,应对无方,动辄得咎,至于清季外交界之腐败无常识,举动荒谬,腾笑列邦,实在罄竹难书!"⑥在他看来,正因当时清朝官员不懂外交,政府在很多外务事情上常常处于被动甚至挨打的地位,可谓令人"怒其不争"。

五、赴英、法考察

借款失败,马相伯仓皇"逃出"美国,但他没有马上回国,而是渡海转道欧洲,在英国利物浦登陆,其地多华侨水手。⑦ 他曾言他到英国的

---

① 马相伯口述,王瑞霖笔录:《一日一谈》,"借款",王红军校注,桂林:漓江出版社2014年版,第65页。
② 徐景贤:《马相伯国难言论集》,转引自张若谷《马相伯先生年谱》,上海:商务印书馆1939年版,第170页。
③ 《闻》,转引自张若谷《马相伯先生年谱》,上海:商务印书馆1939年版,第169页。
④ 钱智修:《马相伯先生九十八岁年谱》,转引自张若谷《马相伯先生年谱》,上海:商务印书馆1939年版,第162页。
⑤ 徐景贤:《马相伯国难言论集》,转引自张若谷《马相伯先生年谱》,上海:商务印书馆1939年版,第170页。
⑥ 转引自张若谷《马相伯先生年谱》,上海:商务印书馆1939年版,第170—171页。
⑦ 陈乐素:《相老人八十年之经过谈》,转引自张若谷《马相伯先生年谱》,上海:商务印书馆1939年版,第171页。

目的是伦敦,"为的是商务的缘故"①。此外,还参观著名的牛津大学和剑桥大学,颇为关注他们注重古典语言文化的教育传统。在牛津大学和剑桥大学等著名大学,"有许多名人肄业该校时的座位依旧保留,作为胜迹,当时欧陆大学,尚很重视古文,拉丁文、希腊文都是必修科"。②

马相伯注意到,西方大学教育经历了一个由重视文艺到重视科学的过程。1932年,他回忆道:"六十年前,在外国读书,从小学到中学,都要读拉丁、希腊等古文字,尤其是在中学,须以拉丁、希腊为必修科。同样六十年前,中国正在八股时代,那时候读书人除了文艺以外,没有其他知识。1880年(按,实为1886年),吾到英国,那时英国的学风,仍袭欧洲大陆的传统,英国人也要读拉丁、希腊文。其后,美国逐渐注重科学教育,学生加紧吸收科学知识,对于文艺的研究也逐渐偏废,拉丁和希腊等书也就不读了。直到现在,欧洲大陆的中小学还是教拉丁、希腊,不过没有像以前那样注重。重实事而轻文艺,这一个学风的变换,完全受近代科学文明的影响。"③从这段谈话中,可以看出马相伯一方面对西方中小学乃至大学教育中一直重视读拉丁、希腊等古文字的做法颇为留心,但也注意到近代以来科学文明的重要性,特别是反观当时19世纪下半叶中国读书人只知做八股文,而全然不知科学为何物的态度,他是极为痛心疾首的,为改变中国教育的这种状况,在20世纪初他兴办学校,秉持和贯彻的就是"文理并重"的教育思想。

1932年,马相伯在《大晚报》上发表《答萧伯纳问》,谈起自己这趟伦敦之行,并指出当时"希腊古剧尚流行",而今萧伯纳一流之新剧流行,当时爱尔兰在英国压迫中,禁用其语言,而今"爱尔兰自由邦得公然提倡,励行国语教育",由此生发出"今昔之感"。④

1887年,马相伯由英国伦敦前往法国巴黎。时法国国王拿破仑三

① 陈乐素:《相老人八十年之经过谈》,转引自张若谷《马相伯先生年谱》,上海:商务印书馆1939年版,第171—172页。

② 徐景贤:《马相伯国难言论集》,转引自张若谷《马相伯先生年谱》,上海:商务印书馆1939年版,第172页。

③ 凌其翰:《九三老人马相伯语录》,转引自张若谷《马相伯先生年谱》,上海:商务印书馆1939年版,第173页。

④ 张若谷:《马相伯先生年谱》,上海:商务印书馆1939年版,第172页。

世得子,马相伯特意写了中国字送给他。据他观察,当时法国仍用煤气和大蜡烛,马路也不是柏油路,还是石子铺的。① 到达巴黎后,当时法国的大商人都认为马相伯是中国的大富商、大阔佬,于是争着与他来往,欢迎马相伯到他们的公司或工厂去参观。其中,有一家"南京"公司,专营中国的紫花布,因其出产之地,名之曰"南京",而经营此种商业的公司遂名曰"南京公司",紫花布在巴黎风靡一时,连罗马教皇都若获至宝,以此面料做法衣。

马相伯还参观巴黎的一家瓷器公司,该公司把瓷器直呼为"高岑",高岑即中国江西盛产瓷器的一座山名,"大概这个山是因为产磁泥而出名,法人即以此为中国磁器的通名,与英国人呼中国磁器为'支那'用意略同"。②

经过这次在美国、英国和法国的考察,马相伯亲见"美国人那样宝贝我们的绸缎,嗜好我们的茶叶,而欧洲人又这么喜欢我们的布匹和磁器",不由得生发一种感想:"假使从那时我们就晓得讲求改良工业与对外贸易的方法,设法登广告,大事宣传,譬如,把我们的缎子和布匹,送一些给欧美国的最有名的女伶或今日的电影明星,她们做成了衣服,在演剧时穿在身上,藉广招徕,你想到有多少人要买中国的绸缎与布匹,其他各种商品,亦用此法,必可向外取得一部分很有利的市场,可惜那时候政府与商民都见不及此!"③何以彼时的清政府与商民的见识都不能及此? 中国何以落后? 这些事关国家命运、民族前途的问题时时刻刻萦绕在胸怀祖国的马相伯心间,他那时肯定是在苦苦思索而不得其解。

马相伯对拿破仑一世的军事天才颇为感兴趣,认为"他有两个不同的方面:一个是他在战术上所表现的天才,一个是他取得士卒的心悦诚服的情绪的天才"。于是在巴黎时,马相伯还特意访问过一位退伍老

---

① 陈乐素:《相老人八十年之经过谈》,转引自张若谷《马相伯先生年谱》,上海:商务印书馆1939年版,第173—174页。

② 马相伯口述,王瑞霖笔录:《一日一谈》,"巴黎的金刚钻与'南京'",王红军校注,桂林:漓江出版社2014年版,第67—68页。

③ 马相伯口述,王瑞霖笔录:《一日一谈》,"巴黎的金刚钻与'南京'",王红军校注,桂林:漓江出版社2014年版,第68页。

兵,他曾在拿破仑一世时当过兵。马相伯向他询问拿破仑逸事以及他之所以令士兵心悦诚服的方法。这位老兵一听见拿破仑就颇为激动,甚至达到疯狂程度,坦诚"对拿破仑真是佩服到五体投地"。通过这次谈话,马相伯得出这样的结论,士兵之所以如此喜爱拿破仑,在于他的笼络兵士的小恩小惠的手段。"举一个例说:他对于兵士自然不是人人都能以认得的,更不是人人都能受他的耳提面命的,他却有一个方法捉住军心。譬如,他找一个兵士来谈话,问他在某一战争时,哪些人们勇敢,那个兵士便告诉他,某人某人最勇敢。他又问他:这些兵士,家住哪里,姓甚名谁。兵士告诉他以后,他便一一记下来,赶到他到了这些地方,便把这些兵士的父母找了来,对他们说:你们的儿子托我带信问候你们。这些做父母的听见皇帝来问候他们,哪有不喜出望外的? 他又对他们说:你们可写一封信给你们的儿子,我给你们带去。这些做父母的便恭恭敬敬各写了信托皇帝带去。拿破仑拿了这些信回去,便把那些兵士找了来,告诉他们说:'你们的父母托我带信给你们咧!'这些兵士受了这种荣宠与家人父子的情爱,哪有不为他效死的道理? 所以他对于法国的兵士能以指挥如意,为所欲为"。①

在战术的天才方面,马相伯指出拿破仑"也是同样地令人惊叹"。比如现在的步兵操典上,有三种放枪的姿势:一、卧放;二、跪放;三、立放。这三种放枪的姿势便是拿破仑"临机应变的天才的产物"。② 言辞之间,可见马相伯对拿破仑一世的军事天才的敬佩和赞扬。

此外,马相伯曾对法国、英国、俄国等欧洲各国元首的学问表示极大的肯定与褒扬。他指出,拿破仑一世"是一个富于创造天才的军事家,秉有卓越的能力的政治家",还是"一个学问家",他指出拿破仑"嗜学也迥异乎常人。他亲手写定法国的民法,这部民法后来为世界各国所仿效,虽至于今,犹为谈民法者所必读之书"。即便是法王拿破仑三世,虽"后来兵败于德,身为俘虏,世人往往便因此把他的其他一些长处

---

① 马相伯口述,王瑞霖笔录:《一日一谈》,"拿破仑的军事天才",王红军校注,桂林:漓江出版社 2014
年版,第 106—107 页。
② 马相伯口述,王瑞霖笔录:《一日一谈》,"拿破仑的军事天才",王红军校注,桂林:漓江出版社 2014
年版,第 107 页。

都忽略了。他曾经在军事上发明许多有用的兵器,如探海灯、火药、大炮上测算远近的表尺,都为现今兵器学上最大的贡献,而他的关于军事学的等身著述,更是自今以前各国军学家所珍视的宝典。其他如美国前任总统威尔逊,英国前工党内阁总理麦克唐纳,以及苏联的开创者列宁都是著作等身。他们在政治上,立场或许有大的不同,然而对于学问都有很大的研究与贡献,这是不可否认的事实"。①

相比而言,中国历代帝王的知识学问真是少得可怜,马相伯指出秦以前不说,"汉高祖本是一个大流氓,自然谈不到什么学问;项羽是一个莽荡丈夫,说白些,就是一个粗卤汉子,更谈不上学术。至于汉武帝、唐太宗,虽然有些事功,然而我们也找不出他们自己有什么学术的研究;明太祖也是一个草泽英雄,后来功成业就,虽然相传凤阳明陵的碑文(此碑文实在是一篇出色的文字)是他自己做的,然而除此而外我们就绝对找不出别的什么学问上的成就。数来数去,只有一个魏武帝(曹操)是一个著作家的元首。此外真正懂得文学的,那就要算是武则天了。清朝的康熙虽然会写几个字,会诌几句诗,实在不成个东西,够不上说著述,说起来实在可怜!"②

接着马相伯进一步指出,中国历代的元首之所以学问少得可怜,其原因在于中国的君主"安坐而食,一点事不做,一点心不用的",而这一点是"受了儒家的影响,因为儒家主张'治于人者食人,治人者食于人',又说'劳心者治人,劳力者治于人'",马相伯指出"这种不平等的结果,'治于人者'劳力,终身无休息,而'治人者'却是'饱食终日,无所用心',所以'脑满肠肥',蠢如鹿豕!真正可怜可叹!"③。在此,马相伯是颇为激愤的,在他看来,正是因为儒家"治人者"与"治于人者"的区分,造成了极大的"不平等",结果自然就是"治人者"变得整日无所事事,脑满肠肥,落得个只知吃喝,猪一般的生活。

① 马相伯口述,王瑞霖笔录:《一日一谈》,"中西各国元首学问上的比较",王红军校注,桂林:漓江出版社2014年版,第154页。
② 马相伯口述,王瑞霖笔录:《一日一谈》,"中西各国元首学问上的比较",王红军校注,桂林:漓江出版社2014年版,第154—155页。
③ 马相伯口述,王瑞霖笔录:《一日一谈》,"中西各国元首学问上的比较",王红军校注,桂林:漓江出版社2014年版,第155页。

此后，马相伯又从巴黎前往罗马，觐见教宗良十三世（Leo ⅩⅢ）。此后，从法国回国，经苏伊士运河，取道红海，回国到天津见李鸿章，说："很好的事体（按，借款）被他们弄糟了"，李鸿章也颇为无奈地摇头道："政府不想好，有什么办法呢！"马相伯认为"中堂其时不敢明说旗人之无用，就已慨乎言之"①。此时，马相伯对清代官场之腐朽已了然于胸，再次萌生退出官场之念。

　　马相伯1887年回国，后虽仍在李鸿章幕府中，但一腔实业救国的激情渐次熄灭。1890年西藏南部领土又被英国占领，晚年马相伯还无比悲怆地谈起："我们的国家从前清道光二十二年打了败仗，割了香港；光绪十六年，英国又割去了西藏南境的哲孟雄一带，至今西藏仍旧不靖。"②

　　1891年6月，北洋海军提督丁汝昌率镇远、定远大舰队，巡航日本长崎海港，以示军威。1894年4月，李鸿章检阅海军，6月，朝鲜爆发东学党之乱，时在朝鲜任道员的袁世凯请求清政府出兵镇压，不久，日本兵攻陷朝鲜王宫，太子被擒，闵妃被烧死。作为朝鲜的宗主国，清政府派兵支援，甲午战争爆发，结果是中国海陆军惨败。马相伯曾将此战之原因归咎于袁世凯，他说："袁世凯在韩京，任意侮辱韩廷君臣，朝鲜倾向日本之计遂定，中日之战，于是爆发。"③

　　1895年2月19日，全权大臣李鸿章率随从前往日本，时马相伯弟弟马建忠亦随从前往，签订《马关条约》，承认朝鲜为完全独立自主国，并割让辽东半岛、台湾、澎湖列岛给日本，是为又一丧权辱国之条约。

　　由于经营多年的北洋海军几乎全军覆灭，再加《马关条约》的签订，此时李鸿章处于言论的风口浪尖，遭到翁同龢等人的参劾，"自是而李鸿章兵事上之声誉终，而外交上之困难起"④，后因同情维新人士，1899

---

① 马相伯口述，王瑞霖笔录：《一日一谈》，"蔡子民先生与二十四个学生学习拉丁文"，王红军校注，桂林：漓江出版社2014年版，第72页。
② 徐景贤：《马相伯国难言论集》，转引自张若谷《马相伯先生年谱》，上海：商务印书馆1939年版，第184页。
③ 刘成禺：《相老人九十八年闻见口授录》，转引自张若谷《马相伯先生年谱》，上海：商务印书馆1939年版，第187页。
④ 梁启超：《李鸿章传》，北京：商务印书馆2019年版，第81页。

年从权倾一时的北洋大臣,调任两广总督。马相伯和弟弟马建忠南下,回到上海徐家汇。

从同治九年(1870)至光绪二十一年(1895)这25年间,李鸿章一直为直隶总督兼北洋大臣,坐镇北洋,权倾中外,举办洋务,发展实业,主持清王朝内政外交数十年,朝廷依为轻重。正是在此期间,马家兄弟三人,马建勋、马相伯、马建忠,与淮军、与李鸿章关系密切,大哥马建勋为李鸿章幕僚,在剿灭太平军时期,为淮军采办军火和钱粮;弟弟马建忠亦为李鸿章幕僚,颇受李的器重;马相伯自己也颇受李鸿章重用,出使日本、朝鲜,调查轮船招商局,出访美国借款等等,均有李鸿章在背后支持。

美国汉学家曾将马相伯、马建忠与伍廷芳、郑观应、唐景星称为"沿海早期改革者",并指出:"大多数早期沿海改革者的活动时期,基本上与李鸿章掌管中国外交和现代化事业的1/4世纪(约1870—1895)大致吻合……其中五位——伍廷芳、郑观应、唐景星、马良和马建忠——都或长或短地成了李鸿章的私人随从"[①],这一考察无疑是准确的。

马相伯37岁离开教会后,积极参与清末洋务事务,"离会参政"是马相伯人生道路上的一次重大抉择。他先是进入山东布政使余紫垣的幕府掌理文案,很快便担任山东潍县机械局总办之职。此后,他紧随李鸿章从事各种洋务活动:从出任日本的中国使馆参赞到赴朝鲜充当国王顾问,从受命调查轮船招商局账目到赴美国进行商讨筹资,马相伯无不竭心尽力。然而,他不仅没能看到积贫积弱的祖国走向富强,反而眼见或耳闻不少清末政府官场之混乱与官吏之腐朽,他所提出的一系列富有真知灼见的建议,却难以在朝鲜抑或自己的国家获得认可和采纳。在离会入俗二十多年之后,马相伯不得不重新过起隐居的书生生活。回想自己二十多年以来从政的无数次努力,最后均落得一场空,他不禁悲愤难平、黯然失落,自己满腔热情、满腹才华,却无缘施展,真可谓报国无门、壮志难酬,马相伯心里自然是怀着深深的失落感和挫折感。

---

① [美]柯文:《在传统与现代性之间:王韬与晚清改革》,雷颐、罗检秋译,南京:江苏人民出版社2006年版,第168—169页。

柯文曾指出:"沿海改革者选择置身官场时遇到的挫折是显而易见的。"①原因就是,这些沿海早期改革者"都具有非凡的才能,但在中国的背景下,他们之中却无人得以把能力转变为权力和影响。恰恰相反,似乎他们越接近权力,他们作为改革者就越受到限制。在晚清时期,权力和革新如同水火不相容"。② 无疑,当时清政府政治之腐败是马相伯遭遇失败的根本原因,即便是开明人士如李鸿章亦不能逃脱,"李鸿章的政治才能使他能达到中国官僚政治的权力顶峰,但他掌握这种制度时,也就成了这种制度的奴隶"。③

还有另一个深层的原因,便是这场轰轰烈烈的"洋务运动"的富强追求极其有限。雷颐曾在《李鸿章与晚清四十年》中指出:"鸦片战争失败后,林则徐提出'师夷长技以制夷'的主张,但老大帝国依然沉浸在'天朝上国'的迷梦中,根本未意识到这次规模并不算大的战争的巨大意义,林则徐的主张,更被冷落、拒绝。也因此,林则徐才被后人尊为近代中国'睁眼看世界第一人'。直到近二十年后,曾、左、李在镇压太平天国运动中掌握了相当的权力,同时领略到洋枪洋炮的厉害,冲破重重阻力,开始了中国的第一次'近代化运动'——以引进大机器生产、制造先进枪炮轮船、铺铁路架电线、引进西方近代科技知识、选派留学生为主要内容的'洋务运动'。"④可见,李鸿章等洋务派只求西方洋枪洋炮等器物层面的变革,"事实上,19 世纪 60 年代出现的'自强'运动,一直是以建立现代化军事防御体系为目标,围绕着器物层面展开的"。⑤ 这便是洋务运动一直秉持的时代精神论纲:"学西学,谋自强",因此唐德刚说:"中兴名臣所推动以科技为主,以船、炮、路、矿为内涵的新政"⑥。梁启超亦曾概括李鸿章所办洋务,"综其大纲,不出两端:一曰军事,如购

---

① 〔美〕柯文:《在传统与现代性之间:王韬与晚清改革》,雷颐、罗检秋译,南京:江苏人民出版社 2006 年版,第 169 页。

② 〔美〕柯文:《在传统与现代性之间:王韬与晚清改革》,雷颐、罗检秋译,南京:江苏人民出版社 2006 年版,第 162—163 页。

③ 〔美〕柯文:《在传统与现代性之间:王韬与晚清改革》,雷颐、罗检秋译,南京:江苏人民出版社 2006 年版,第 169—170 页。

④ 雷颐:《李鸿章与晚清四十年》,太原:山西出版集团 2017 年版,第 165 页。

⑤ 马平安:《晚清大变局》,北京:新世界出版社 2016 年版,第 116 页。

⑥ 唐德刚:《晚清七十年》(三),台北:远流出版事业股份有限公司 1998 年版,第 125 页。

船、购械、造船、造械、筑炮台、缮船坞等是也；二曰商务，如铁路、招商局、电报局、开平煤矿、漠河金矿等是也。其间有兴学堂、派学生游学外国之事，大率皆为兵事起见，否则以供交涉翻译之用者也。"①

19世纪末，清政府先后创办了一批近代企业，但主要偏重于军事工业和基础工矿业，在洋务运动期间，洋务派还未有像王韬、冯桂芬那样主张学习西方政治制度的见识，"冯桂芬针对中国社会的各个侧面，诸如教育、技术近代化、财政改革、地方行政、有选择地借鉴西方、军事组织等作了天才的论述"。② 可惜王、冯的观点在当世关注者寥寥。洋务运动只追求器物的现代化，而在政治方面无所更改，在这一点上，马相伯亦未能有所创见，虽然他对官场之黑暗与腐败越发不满，但变法改革，此时并无进入他的思考中。

后来维新派对洋务运动的批判就集中在此。康有为曾称洋务变法自强运动其实只是"变事"，"今天下之言变者，曰铁路，曰矿务、学堂，曰商务，非不然也。然若是者，变事而已，非变法"。③ 梁启超指出李鸿章办洋务的局限性就在于"李鸿章实不知国务之人也。不知国家之为何物，不知国家与政府有若何之关系，不知政府与人民有若何之权限，不知大臣当尽之责任。其于西国所以富强之原，茫乎未有闻焉，以为吾中国之政教文物风俗，无一不优于他国，所不及者唯枪耳、炮耳、船耳、铁路耳、机器耳，吾但学于此，而洋务之能毕矣"。④

无疑，洋务派和这些"沿海早期改革者"都受到西方的强大影响，柯文指出："沿海的作用更为重要。其中6位——马氏兄弟、何启、容闳、伍廷芳和唐景星——赞成变革的态度以及他们的许多具体改革目标都直接来源于西方的榜样和启示。"⑤但另一方面，同样的这批人，"内忧外患迫使他们以在太平天国之前的著述中所罕见的敏锐来考察和重新阐

① 梁启超：《李鸿章传》，北京：商务印书馆2019年版，第57页。
② [美]芮玛丽：《同治中兴：中国保守主义的最后抵抗(1862—1874)》，房德邻等译，北京：中国社会科学出版社2002年版，第84页。
③ 康有为：《康有为政论集》上册，北京：中华书局1981年版，第275—277页。
④ 梁启超：《李鸿章传》，北京：商务印书馆2019年版，第61页。
⑤ [美]柯文：《在传统与现代性之间：王韬与晚清改革》，雷颐、罗检秋译，南京：江苏人民出版社2006年版，第179页。

述他们的立场,但是他们并不因此而产生自我怀疑……都将儒家学说视为人类共同的遗产和共同的前途所在"。① 也就是说,对这些洋务派和"沿海早期改革者"来说,不仅政治上没有涉及变法维新,而且在思想精神领域,也未逃离儒家学说的影响。当然,与这些洋务派和"沿海早期改革者"相比,马相伯无疑是个例外,这主要不是因为沿海或西方的影响,而是因为其天主教信仰和天主教世家的家庭,使他在参与洋务运动期间,并没有儒学思想作为内在的意义支撑或者隐秘的阻碍,不像王韬、冯桂芬等在其思想演变中需要不断调和、思索"一个真正的儒学中国"与"一个富强的中国"之间的矛盾和不协调。

当然也不能否认,这场以"自强""求富"为目的,兴办军事工业企业的洋务运动,在其不自觉的追求富强活动中也给当时的清代社会带来一场隐而不显的思想"启蒙"。洋务运动理论家和实践者们继承了他们的前辈林则徐、魏源留下的遗产,为国家的前途和命运而不懈探索,提出了许多更进步的思想观念,这些思想不仅推动了洋务运动向前发展,而且他们倡导的"新学"也对当时的社会产生了广泛影响,上及天子、百官,下至普通学子,可以说正是由于"新学"前期的铺垫,才有了后来声势浩大的维新变法运动。因此,有学者指出:"主张学习西方先进的科学技术(不学西方的政治社会制度与狭义的'文化')是洋务思潮和洋务运动的本质特点,是 19 世纪 60 年代中国的一个'新动向',近代中国经济、文化的近代化实际以此为开端。"② 在面对顽固派的阻挠和刁难以及西方强大的介入时,洋务派已经开始在思考和回应如何处理"传统"和"现代"的问题。

洋务运动确实是中国近代大变革的导火线,中日甲午战后,马相伯退居上海,但后续一系列更加惊心动魄、激荡起伏的历史大事件,时时刻刻牵动着、鼓动着他的心,促使他不断更新自己的思想观念,促进他从洋务运动时的精神世界逐渐走向维新变法、教育救国与清末立宪运动,乃至革命共和的思想世界。

---

① [美]芮玛丽:《同治中兴:中国保守主义的最后抵抗(1862—1874)》,房德邻等译,北京:中国社会科学出版社 2002 年版,第 6 页。
② 雷颐:《李鸿章与晚清四十年》,太原:山西出版集团 2017 年版,第 14 页。

第四章　兄弟情深，"感时忧国"

中日甲午战争失败，昭示了曾经轰轰烈烈的洋务运动的失败命运。这次战败震撼了朝野上下，"也从根本上扭转了晚清士风"。[①] 为救亡图存，保国保种，维新变法、辛亥革命相继爆发，彻底改变了当时中国社会、政治乃至深层思想文化的固有格局。在19世纪最后十几年以及20世纪初十多年，马相伯虽淡出现实的政治生活，却始终保有一颗爱国救国之心，维新派领袖人物康有为曾向其请教，他与梁启超、汪康年亦有往来，变法失败后特别是1901年《辛丑条约》的签订，更加深了他对清政府之腐败与专制的深深不满，从此他热心参与立宪运动，号召开国会，担任江苏谘议局议员。

随着辛亥革命的爆发，马相伯更是不顾年老体衰，积极参与江苏都督府外交等事务，为南京光复、南京临时政府的成立贡献不小，后北上担任袁世凯总统府的高级顾问，希望为新兴的共和国贡献自己的聪明才智。与此同时，他更拿起手中的笔分析中国之困境，批判专制政治，维护民主共和。诚如其弟子邵力子所说，"先生对诸同胞，不以思想，不以地位，不以阶级而别，在救国大前提下，对四万万五千同胞是一例的，这与先生的'有容'精神有关，这与先生的学问有关。先生精神学问的最高目标在救国"。[②] 可以说，"感时忧国""救国救世"诚为生于国难，长于国难的马相伯一生的真实写照。

---

① 马平安：《晚清大变局》，北京：新世界出版社2016年版，第119页。

② 邵力子：《救国老人马相伯先生》，转引自宗有恒、夏林根《马相伯与复旦大学》，太原：山西教育出版社1996年版，第97页。

一、兄弟情深，研讨学问

　　1895 年至 1899 年，马相伯与弟弟马建忠兄弟二人赋闲在上海家中，探讨学问。有一次，马建忠饶有兴致地讲起中国文法问题，他说："中国文法，尽在五七言律诗，九种字类，丝毫不乱，如'鸿雁不堪愁里听，云山况是客中过'。鸿雁、云山为名物字，不堪、况是为况谓字，愁、客为名物字，里、中为定位字，听、过为活动字之类，更为简要。"①马相伯深以为然。这便是中国第一部讲述汉语语法的专书——《马氏文通》撰写出版的机缘。兄弟二人精通拉丁语、古希腊语、英语、法语等数种西方语言，对中国古代文学亦有深厚的学习和体知，研究汉语语法自然得心应手，两人还常常一起商酌切磋。马建忠曾言及自己的学问志趣，即"上下中外之古今，贯穿驰骋，究其兴衰之所以，成一家之言，举以问世"②，这一执著于融会中西、贯通古今的理想，亦是马相伯的终身追求。

　　马相伯与弟弟马建忠关系甚好，二人曾一同在徐汇公学读书求学，一同跟随李鸿章从事洋务运动，洋务运动失败以后，又一同赋闲在家，研究学问。晚年访谈中，马相伯首先认同记者所说《马氏文通》"尤为不刊之论，此书对中国文字之革新及研究方法，厥功甚伟"。当然他也指出此书之不足，嫌其举例太多，"有碍青年读者的时间与脑力"，当时亲手删去三分之二有零。但对当时学界新秀梁启超的观点，即认为马相伯所删节过的本子仍是举例太多，他却不能认同，这是因为《马氏文通》作为中国第一部文法著作，"举例过少，

弟弟马建忠（1845—1900）

---

① 刘成禺：《相伯老人九十八见闻口授录》，转引自张若谷《马相伯先生年谱》，上海：商务印书馆 1939 年版，第 200 页。

② 马建忠：《适可斋记言》，"自记"，北京：中华书局 1960 年版，第 9 页。

学者将莫由征信而解疑"①。1898年,《马氏文通》十卷成稿②,成书之前经马相伯删减,晚年马相伯曾言:"《马氏文通》是吾弟眉叔经二十年长期的记录,与我切磋琢磨而成的,但所发表的只是十分之二。《马氏文通》虽是一部古今来特创之书,还够不上称是文规,只算是造句法而已。"③

此外,马相伯还曾比较过自己与弟弟的行文风格,认为是有区别的,他说:"眉叔的文章重气势,尚声调;我则反之,专以意思义经纬。"④由此寥寥数笔亦可见马相伯与弟弟深情厚谊,对其学行亦了然于胸。

"《马氏文通》一书,以西洋文法,释中国古籍"⑤,其开创中国语法学之功不可淹没。《马氏文通》是中国语法学研究的开先河之作,吕叔湘指出:"它是我国第一部讲语法的书,研究中国语法学史的人当然非读不可",并从三个方面肯定其学术价值,"首先,《文通》收集了大量的古汉语例句","其次,尝试指出其中的规律","又其次,常常涉及修辞",当然也指出其缺点,比如"第一,《文通》分析句子成分,既有'起词、止词、表词、转词'这一套,又有'主次、宾次、偏次、同次'这一套,体系殊欠分明,论述自难清晰。第二,'句'与'读'鏖輵不清"。⑥王德威亦指出《马氏文通》"以西洋文法规范中文排列语序,分析结构,带来典范式转变。自此中文'文法'俨然成为日后语文的规范……胡适呼应《马氏文通》式的文法学,乐观相信只要避免无病呻吟、对仗用典、讲求文法,新文学必能脱颖而出"。此外,还从中国文字的独特性出发,指出其不足,在于这套"文法观念承袭彼时西方语言学的观点与实践,未必能照顾中文言说读写的方方面面。诚如黄侃所言,西洋文法专注'目治',忽略传统章句

---

① 马相伯口述,王瑞霖笔录:《一日一谈》,"关于马眉叔先生",王红军校注,桂林:漓江出版社2014年版,第120页。
② 据严修考证,《马氏文通》完成是在1898年,从马建忠两篇序文可见,但出版过程较长,是分两批出版,前六卷出版是1898年冬,后四卷是农历1899年腊月,也就是公历1900年1月。(参见严修《〈马氏文通〉出版年代考》,载《中国语文》1996年第4期。)
③ 凌其翰:《九三老人马相伯语录》,转引自张若谷《马相伯先生年谱》,上海:商务印书馆1939年版,第199页。
④ 马相伯口述,王瑞霖笔录:《一日一谈》,王红军校注,桂林:漓江出版社2014年版,第120页。
⑤ 钱智修:《马相伯先生九十八岁年谱》,转引自张若谷《马相伯先生年谱》,上海:商务印书馆1939年版,第199页。
⑥ 吕叔湘:《重印〈马氏文通〉序》,转引自马建忠《马氏文通》,北京:商务印书馆2010年版,第1—2页。

之学强调词气节奏,'因声求义'的'耳治'。这里所牵涉的中国语言书写会意形声、转注假借的体系,不能由西方以字母为基础的文法学所概括。更何况在此之上,中国传统的'文'学的观念与实践有其独到之处:'文'是符号言辞,也是气质体性、文化情景,乃至天地万物的表征,和西方远有不同。一九〇四年清廷设立'文学科',沿用西法,视文学为学院课程,其实简化了传统'文'学观念"。① 可见,《马氏文通》尽管有这样那样的不足和缺点,但其筚路蓝缕开创之功,将永载中国语法学研究的史册。

1898 年戊戌政变后,以慈禧太后为首的守旧派阴谋废除光绪帝,不久,义和团兴起,这与阴谋废立是有密切关联的,丁福保对此曾有详细论述,"戊戌八月变后,太后即拟废立,宣言上将不起",因时任两江总督刘坤一"君臣之义已定,中外之口难防"的警告,暂时没有采取行动。但一批清朝大臣仍不死心,"图谋不轨,暗结团匪……不数月,而燎原势成"。后慈禧太后召集御前会议,"灭洋之计遂定……匪以灭洋仇教为名,围攻各国使馆,各国联军入京。七月,两京西狩。"② 可见,八国联军侵华的直接缘由便是当时慈禧太后"惑于扶清灭洋之说"③,而深层原因自然是清政府的腐朽、无能及其不通外情。

当时北京被占,慈禧太后、光绪帝西逃,东南各省都抚却纷纷宣布自保,不奉朝命。时任两广总督李鸿章不得不再次临危受命,与洋人议和。李时已近八十高龄,前来上海主持一切,并特意嘱咐马建忠再度担任他的外交助理。1900 年 8 月中旬,"俄廷突来长电七千余字,竟谓不承诺即封锁吴淞,连夜译成,悉甚,以致热病大作,十四日晨即去世",④ "盖元精疲劳于是矣"。⑤ 马相伯与马建忠兄弟二人"友爱甚笃,一门之

---

① [美]王德威:《悬崖边的树》,上海:译林出版社 2019 年版,第 30—31 页。
② 丁福保:《畴隐居士自订年谱》,转引自张若谷《马相伯先生年谱》,上海:商务印书馆 1939 年版,第 201—203 页。
③《中国内乱外患丛书》第 33 册,转引自张若谷《马相伯先生年谱》,上海:商务印书馆 1939 年版,第 204 页。
④《中国内乱外患丛书》第 33 册,转引自张若谷《马相伯先生年谱》,上海:商务印书馆 1939 年版,第 204 页。
⑤ 钱智修:《马相伯先生九十八岁年谱》,转引自张若谷《马相伯先生年谱》,上海:商务印书馆 1939 年版,第 204 页。

内,自相师友,有机云(按,陆机陆云)联璧之誉"①。马建忠去世,时年55 岁,马相伯自是悲恸异常,1901 年起,隐居不出,"住徐家汇教堂"。②

1901 年,清政府派庆亲王奕劻、李鸿章为全权大臣,与十一国驻华公使议和,签订《辛丑条约》,同年 11 月,曾经权倾朝野、领袖洋务运动的晚清重臣李鸿章去世,享年 78 岁。

马相伯一向对李鸿章颇为敬仰,他曾说:"李文忠为人,在余看来,未可厚非。彼对于新政的远见实比曾(国藩)、左(宗堂)、胡(林翼)高明。且彼对于一事一物都肯虚心研究,不敢自是。如与外人交际,则必先请人为之讲解'进退揖让'之节,曰:吾一人代表国家,断不可失之轻率……至于有人谓李为贪婪,实亦不确。接收淮军某大官告我:李代交淮军时,所有剩余饷银一百余万,均扫数交出。据说,李实未尝滥取国帑以入私囊。"③为李鸿章正名,替李鸿章抱不平,是马相伯发自内心的真诚表露。他兄弟三人,特别是长兄马建勋、弟弟马建忠均与李鸿章、与淮军关联颇深,李鸿章办洋务、兴实业,马家三兄弟在后面出谋划策良多。马相伯对李鸿章这位晚清历史中复杂而关键的人物之如此尽力维护和辩解也是出于人之常情。

二、参与变法维新

1894 年,甲午中日战争爆发,据英人蒲阑德(Pland)的记述,"在战事发生前二年,汉纳根(在李鸿章部下服务的德国人)请李鸿章购买多量克鲁伯厂所造的大开花弹,供战斗舰上大炮之用。李氏已经签发了命令,但是终于不曾实行……当黄海海战时,至有两艘铁甲战斗舰共同只有三颗大口径的开花弹;因此在大半日的苦战当中,中国战舰大口径的巨炮皆闲搁不能作用……至于中国自己制造的鱼雷,据严复所说,有

---

① 钱智修:《马相伯先生九十八岁年谱》,转引自张若谷《马相伯先生年谱》,上海:商务印书馆 1939 年版,第 204 页。

② 钱智修:《马相伯先生九十八岁年谱》,转引自张若谷《马相伯先生年谱》,上海:商务印书馆 1939 年版,第 204—205 页。

③ 马相伯口述,王瑞霖笔录:《一日一谈》,"人物月旦",王红军校注,桂林:漓江出版社 2014 年版,第 9 页。

用铁渣来代替火药装在里面的……海军是李鸿章用全力经营的,内部的腐败如此,陆军就更不用说了"。① 李鸿章全力营建的海军装备尚且如此,其他可知。当时不仅海军惨败,陆军更是一败涂地,牙山一声炮响,清朝陆军溃败而逃,不可收拾。日军紧追不舍,不下数月便占尽边塞,逼近京师,清朝朝野震动,不得已城下求和。

正是朝廷的昏庸,清廷官员的腐败,致使中国海陆两军惨败,清政府之"夜郎自大",官员之腐朽,读书人之愚昧,可谓根深蒂固。对此,吴其昌曾指出:"譬如戴东原……竟说:'中国古代的算术,高出于西算',对于西洋一切一切的进步与发明,当然丝毫都不知道。郭嵩焘说了一句'现在的夷狄也是数千年文明'的话,京师的士大夫愤怒得发了狂。一八九七年(丁酉),意大利学者马可尼(Marconi)氏,已经发明无线电了,而在中国,也居然自称'学者'的叶德辉,正在同时大讲'五行之位首东南','五色黄属土,土居中央:中国人是黄种人,天地开辟之初,隐于中位'等童话。"②

再者,作为晚清最后数十年的实际掌权者慈禧太后更是荒淫奢靡,1884—1891 年修建颐和园,工程费用就是挪用海军款。1894 年,慈禧太后六十寿典,不仅又挪用海军经费,而且令李鸿章暂停山海关外铁路修建,以路款作庆典用。马相伯痛心地指出:"那时中国海军还有 什最痛心的事。就是中日海战之际,中国兵船开炮,炮弹落在日本兵船上多不炸,剖开来看,则所谓弹药皆是泥土! 一国不能自制军械而仰给于人,终免不了此种痛心之事。"③因此,唐德刚说:"这种腐烂的政治,拖垮了新兴的海军。"④

此后,战败消息传来,举国震惊,"甲午战争,一场具有关键性的海上战役。孤臣无力回天,北洋舰队全军覆没,它的胜负改写了中国历史"。⑤换句话说,"'甲午战争'便是一极重要的阶段——它标志着一个

---

① 李剑农:《中国近百年政治史(1840—1926)》,上海:复旦大学出版社 2002 年版,第 149 页。

② 吴其昌:《梁启超传》,北京:台海出版社 2019 年版,第 93 页。

③ 马相伯口述,王瑞霖笔录:《一日一谈》,"袁世凯与丁汝昌",王红军校注,桂林:漓江出版社 2014 年版,第 45 页。

④ 唐德刚:《晚清七十年》(三),台北:远流出版事业股份有限公司 1998 年版,第 68 页。

⑤ 唐德刚:《晚清七十年》(三),台北:远流出版事业股份有限公司 1998 年版,第 21 页。

阶段的结束,和另一阶段的开始"。① 19 世纪最后十年,是中华民族苦难极为深重、社会政治急剧转变的时代,此时洋务运动的失败"使中国的再生希望迅速幻灭,19 世纪 60 年代和 70 年代燃起的短暂的乐观主义迅速让位于日益增长的自我怀疑和自我重估"。② 为避免亡国亡种之祸,为救国图存,"清末在甲午、戊戌(1894—1898)之间,主张变法改制的时论和奏章,真如狂风暴雨,雪片飞来"。③ 这便是张灏所说的广义"戊戌变法",指"1895—1898 年间的改革运动,这个运动始于甲午战败之后康有为发动上书呼吁改革,而以戊戌百日维新后发生的宫廷政变结束",而"1898 年夏,晚清光绪帝以一连串的敕令推动大幅度的政治改革,这就是所谓的'百日维新'",是狭义的。④

1895 年,正是科举考试中"会试"之年,各省新科"举人"数千人,齐集北京参加会试。这年初春,乙未科进士正待发榜之时,《马关条约》割让台湾与辽东以及二万万两赔款的噩耗传来,这群读书人顿时群情鼎沸,特别是台湾籍举人反应更为激烈,痛哭流涕。4 月 22 日,康有为、梁启超写成上皇帝"万言书",呼吁"拒和""迁都""变法",18 省在京举人集会响应,一时联署者多至千余人,齐集都察院门前,请求代奏皇帝,史称"公车上书"。"公车上书"虽以失败告终,却开了"庶民问政"之风气,"关心国事,却变成了一时的风尚",一时之间读书人热衷于组织各种社团,"强学会""保国会""兴中会""光复会"等纷纷而起,"自甲午(1894)至辛亥(1911)有章程可考的各种公开社团,盖有 160 余家之多"。⑤

1896 年,梁启超到上海,任《时务报》主笔,著《变法通议》,宣扬变法。据张灏研究,"1895 年以前,中国已有近代报刊……的出现,但是数量极少,而且多半是传教士或者商人办的……少数几家综合性的报纸,如《申报》《新闻报》《循环日报》,又都是一些当时社会的'边缘人士',如外国人或者出身买办阶级的人办的,属于边缘性报刊(marginal

---

① 唐德刚:《晚清七十年》(三),台北:远流出版事业股份有限公司 1998 年版,第 15 页。

② 张灏:《危机中的中国知识分子:寻求秩序与意义,1890—1911》,"导言",北京:中央编译出版社 2016 年版,第 6 页。

③ 唐德刚:《晚清七十年》(三),台北:远流出版事业股份有限公司 1998 年版,第 127 页。

④ 张灏:《时代的探索》,台北:联经出版事业股份有限公司 2004 年版,第 243 页。

⑤ 唐德刚:《晚清七十年》(三),台北:远流出版事业股份有限公司 1998 年版,第 179 页。

press),影响有限"。而 1895 年以后,"最初由于政治改革运动的带动,报刊杂志数量激增……同时,新型报纸杂志的主持人多出身士绅阶层,言论受到社会的尊重,影响容易扩散"。因此,张灏称此类报纸杂志为"精英报刊"。此外,"这些新型报刊的性质与功能也与前此的'边缘性报刊'有很大的不同:他们不但报道国内外的新闻,并具介绍新思想及刺激政治社会意识的作用"。①

曾经的洋务大臣李鸿章在此时也逐渐同情维新派,他于 1896 年出访俄国、德国、英国、法国、美国等国,欧美之行,使他逐渐认识到政治变革的重要性,在给幕僚吴汝纶的信中,他得出了欧美"立国政教"的"扼要处",就在于"实在上下一心,故能齐力合作,无事不举,积富为强"。② 雷颐曾对此话有过评价:"此语虽然简略,未具体言明怎样才能'上下一心',但毕竟接触到'政教'层面;他又说自己以前感叹胡林翼所说如果中国能'生财','天下事尚可为'这句话,现在看来这其实是第二位的,他实际承认能否'富强'的关键是背后的'政教',所以中国不仅仅是'器物'不如人,而根本原因在于'政教'不如人。这种观点,已相当接近'维新派'了"。③ 而且维新变法的各项措施如奖励工商等也都是李鸿章数十年来积极谋划之事。

1897 年,湖南巡抚陈宝箴、按察使黄遵宪、谭嗣同等厉行新政,为培养新人才,特意创办时务学堂,聘梁启超、谭嗣同、唐才常三人为总主学务。同时创立长沙南学会。谭嗣同被推为南学会的会长,曾慷慨激昂地阐述南学会创设之目的,"设会之意,将合南部诸省志士,联为一起;相与讲爱国之理,求救亡之法"。④ 因此,吴其昌指出"南学会"本身的意义,是"推行地方自治机构"及"政治学会"。⑤

1898 年 6 月 11 日,光绪帝颁布《定国是诏》,召见康有为,任命他为在总理各国事务衙门行走,又召见梁启超,命办京师大学堂、译书局等

① 张灏:《时代的探索》,台北:联经出版事业股份有限公司 2004 年版,第 37—38 页。
② 李鸿章:《复吴汝纶》,转引自雷颐《李鸿章与晚清四十年》,太原:山西出版集团 2017 年版,第 57 页。
③ 雷颐:《李鸿章与晚清四十年》,太原:山西出版集团 2017 年版,第 57 页。
④ 梁启超:《谭嗣同传》,转引自吴其昌《梁启超传》,北京:台海出版社 2019 年版,第 81 页。
⑤ 吴其昌:《梁启超传》,北京:台海出版社 2019 年版,第 81 页。

事务,推行新政,史称"戊戌变法"。但可惜的是,当时光绪帝并无实权,自 6 月 11 日下诏变法起,到 9 月 21 日慈禧太后还宫"训政",前后 103 天为"狭义的戊戌变法",亦称"百日维新"。后以慈禧为首的守旧派发动戊戌政变,谭嗣同、林旭、杨锐、康广仁、刘光第、杨深秀六人被害,史称"戊戌六君子",光绪帝被禁于颐和园中玉澜堂,百日维新以失败结束。

百日维新期间,马相伯虽没有直接参与康有为、梁启超等一批青年学子倡导的变法运动,但在 1896—1898 年间(也即"广义的变法期间"),与这些维新志士却也保持密切的联络。1896 年,康有为曾向马相伯请教"如何更快地吸收欧洲文化"。马相伯答:"以经验言,凡派遣欧洲之留学生,谨习彼邦文字,至少亦须一年以上;而留学日本者,仅四月,或半载,即能诵习讲义,且经费亦较留学欧洲者为省。"[①]百日维新期间,康有为曾积极提倡组织留学日本,并为光绪帝采纳,作为新政之一获得推行。1896 年,梁启超在上海任《时务报》主编时,也曾从马相伯和马建忠学习拉丁文,此时梁只有 24 岁,马建忠 48 岁,马相伯 57 岁,"他们很快成了'忘年交'[②]"。1898 年,梁启超参与百日维新,拟在北京设立译学馆,并邀请马相伯前来主持。身为早期的西方文化接触者和学习者,马相伯对此举自然颇为欣赏,但建议"将是馆设于上海,并延耶稣会士襄理馆务[③]",但不久发生戊戌政变,康、梁流亡日本,百日维新匆匆以失败收场,译学馆筹备之事也不得不随之"胎死腹中"。

此外,在 1896—1898 年间,马相伯还常与维新派人士汪康年书信往来,讨论"变法救民""翻译法律""设学堂"以及"办报"等问题。在 1896 年《致汪康年》中,马相伯从批判酷刑和滥刑出发,指出:"宰杀耕牛有禁,而嗜杀人者反得为能吏",这样弑杀、滥刑,必然造成"怨毒之气,上奸天地之和,而中国之天灾遍地"。对汪康年通过创办报纸来挽

---

① [日]泽村幸夫:《马良先生印象记》,转引自《国难言论集》附编 2,朱维铮主编:《马相伯集》,上海:复旦大学出版社 1996 年版,第 1061—1062 页。
② 朱维铮:《近代中国的历史见证——百岁政治家马相伯》,转引自朱维铮主编《马相伯集》,上海:复旦大学出版社 1996 年版,第 1186 页。
③《震旦大学一览校史》,转引自张若谷《马相伯先生年谱》,上海:商务印书馆 1939 年版,第 198 页。

救这种情况的努力,马相伯是非常欣赏的。同时,指出:"救之如何?莫急于变法。变法莫急于先去其害民者……西人社报,各有命意,变法救民,其贵报之命意与?"①从中可见,马相伯彼时已经在思考变法救民之事,与广义的"维新变法"的时代氛围和精神面貌是非常契合的,"19世纪80年代与90年代,当日益增长的注意力被引向西方议会观念时,自我批判思想就开始动摇这种统治秩序的核心了"。②

1897年,在第一封《致汪康年》中,马相伯建议汪康年"翻法律及设学堂"。③在第二封信中,讨论的是"同群能群之说"问题,他指出:"同群能群之说,吾国忘之久矣。然保生保种,舍此无由……善群之责,宜在吾党报之学群学也。欲他人之同群,必自我善群始"。④在此,马相伯明确用"吾党"二字,表达自己与彼时维新人士的政见是一致的。此时,《蒙学报》与《演义报》⑤拟合为一报,马相伯亦表赞成。1898年,在《致汪康年》中,马相伯寄"商会原稿及章程两件,似可寿之《昌言报》"⑥。

三、参与清末立宪

戊戌变法失败后,朝廷中支持、同情维新变法的"开明"朝臣,或被贬黜(如翁同龢),或被打压(如李鸿章、张之洞等),一时朝政被以慈禧太后为首的腐朽昏庸、顽劣无知的守旧顽固派把持,政局每况愈下,清政府的昏庸无知,腐败无能,更加暴露无遗。1898年,俄国租借旅顺、大连,英国租借威海卫。马相伯对此事件有一评价,他说:"最可笑者,

① 《致汪康年》(1896),李天纲编:《马相伯卷(中国近代思想家文库)》,北京:中国人民大学出版社2014年版,第9页。
② 张灏:《危机中的中国知识分子:寻求秩序与意义,1890—1911》,"导言",北京:中央编译出版社2016年版,第6页。
③ 《致汪康年》(1896),李天纲编:《马相伯卷(中国近代思想家文库)》,北京:中国人民大学出版社2014年版,第29页。
④ 《致汪康年》(1897),李天纲编:《马相伯卷(中国近代思想家文库)》,北京:中国人民大学出版社2014年版,第29页。此外,"群学"由严复翻译 Herbert Spencer(今译为斯宾塞)*The Study of Sociology* 为《群学肄言》而沿用,渐而成为清末民初学术界、政治界的重大议题之一。
⑤ 1897年,汪康年在上海创立蒙学会,办《蒙学报》,是清末儿童启蒙刊物。
⑥ 《致汪康年》(1898),李天纲编:《马相伯卷(中国近代思想家文库)》,北京:中国人民大学出版社2014年版,第31页。另《昌言报》原为1896年创办的《时务报》,1898年改为《昌言报》。

俄人向总理衙门索山东,应曰旅顺大连,尚可商量。俄乃自动入大连。英人向总理衙门曰:俄人索山东而得大连,山东威海,甚愿公等留以与我,我亦当自取之。"①对清政府之深深失望溢于言表。1900 年春,义和团自山东渐次北上,6 月初,义和团众十万人入北京城,在北京城内,逢"洋"必烧,斩杀教民,商户被抢被烧……6 月 21 日,慈禧太后假借光绪帝名义,向英、美、法、德、意、日、俄等十一国宣战,8 月 14 日,八国联军攻破北京,北京再次沦陷,慈禧太后西逃至西安,经李鸿章等人与洋人斡旋,与列强签订丧权辱国的《辛丑条约》。

面对如此不堪的政局世事,马相伯自是无比沉痛。在他看来,当时中国面临的危局,恰如"虎狼眈眈,嗥于卧榻。人为刀俎,我为鱼肉……今世界大势,譬则洪水也。我中国,譬则挪亚之舟也。此舟经三千年来,飘荡于浩淼重洋中,雨打风吹,天穷人厄,樯折帆裂,棹失舵坏,直至今日,而三千年间未闻之巨飓,复从而乘之。所经线路,礁石棋布,全舟死生,间不容发。而舟中之人,栩栩然卧而酣梦者居其泰半。其他一部分则嘈嘈切切焉,或自理其行箧,惧其沉落;或自整其衾褥,惧其浸湿。其稍进者,则欲接一二断绳,补一二漏隙,手忙脚乱,不知所措。亦有一部分,狂若瘐狗,指天骂日,谓当刃船主,屠同舟,裂舟以同归于尽"。在此,他将当时世界大势比作洪水猛兽,而把身陷重重危机的中国看成一座摇摇欲覆的"挪亚方舟",但令人气愤的是当时的国人却不思进取,不奋发有为,不力图改变积贫积弱之境地,他形容当时国人"非鼾睡则自顾,非自顾则痫跃。其有一二知其不可者,亦嘿嘿不发一言,束手以待命"。② 面对如此深重的国难,当时朝野上下唯有束手待毙,却毫无应对之良策。

此时中华民族走到了几近灭亡的边缘,为救亡图存,为保国保种,曾经被镇压下去的维新派人士乃至暴力革命派开始走向历史的前台。"从甲午到辛亥,中国思想界经历两大阶段。甲午战争失败后,举国上

---

① 刘成禺:《相老人九十八年闻见口授录》,转引自张若谷《马相伯先生年谱》,商务印书馆 1939 年版,第 199 页。
② 《政党之必要及其责任》(1908),李天纲编:《马相伯卷(中国近代思想家文库)》,北京:中国人民大学出版社 2014 年版,第 66—67 页。

层及中层社会大梦初醒,泰半认为虽圣人亦不废富强之策,康有为、梁启超乃提倡变法。而新旧之争激烈,旧派走向极端,乃有庚子义和团之乱;经过这次变乱而旧派顿失所依,新派大行。"①关于此一变化,柯文亦曾指出:"在 19 世纪末,经历了 4 次对外战争,5 次国内动乱及随之而来的一系列强加条约之后,这种骄傲和舒适的世界已被粉碎……在 1800 年,中国人认为中国就是世界,认为可以环抱世界。直到 1840 年这种感觉仍然存在。但到 1900 年这种感觉则消亡了……到 1900 年,人数已多到能谈论革命性变革而根本不被视为疯人。"②再者,维新变法虽然失败,但"维新运动得以凝聚《马关条约》后中国朝野上下所感到的愤慨与求变心理……代表中国传统政治秩序开始解体"③。对此变化,孙中山印象深刻,他说:"经此(庚子惠州之役)失败而后,回顾中国之人心,已觉与前有别矣……惟庚子失败以后,则鲜闻一般人之恶声相加。而有识之士,且多为吾人扼腕叹息,恨其事之不成矣。"④可见,20 世纪初,随着国难越加深重,国势日不可支,已经到了不得不变法的地步,清政府也意识到如不实施新政,探索君主立宪,则延续二百多年的政权也绝难自保。

沉重不堪的国难,腐朽没落的朝政,促使年近花甲之年的马相伯对政治问题进行思考,对专制政治、闭关政治不断展开批判,其政治思想逐渐趋向宪政共和。而这一思想路径的转变和演进始于 20 世纪初清政府实施的新政,或称"立宪运动"(1902—1911)。"晚清社会政治的危机是非常广泛的,包括西方帝国主义的入侵、社会严重的不平等、人口暴增、商品经济的冲击等。面对这些困境,清政府开始了自强运动及新政。这些新政的特色是吸收西学,实行议会制度,加强政府对下层的控制,以及警察制度等"⑤。无疑,在 19 世纪下半叶,马相伯的思想观念主

① 王汎森:《中国近代思想与学术的系谱》,长春:吉林出版集团有限责任公司 2011 年版,第 246—247 页。
② [美]柯文:《在传统与现代性之间:王韬与晚清改革》,雷颐、罗检秋译,南京:江苏人民出版社 2006 年版,第 2—3 页。
③ 张灏:《时代的探索》,台北:联经出版事业股份有限公司 2004 年版,第 244 页。
④ 孙中山:《建国方略》,转引自吴其昌《梁启超传》,北京:台海出版社 2019 年版,第 125 页。
⑤ 王汎森:《中国近代思想与学术系谱》,长春:吉林出版集团有限责任公司 2011 年版,第 224 页。

要处在洋务运动的思想框架内,期望实现"经济现代化",或者说"四化"(唐德刚语),直到 19 世纪末 20 世纪初,他的思想才逐渐转向关于专制政治的反思和批判,关于变法立宪的宣扬,以及教育救国的抱负。这明显晚于同时代"沿海早期改革者"如王韬、冯桂芬等人,他们在 19 世纪六七十年代便对政治体制改革进行一系列思考,这些思考虽尚未及"民权",但对西方议会政治颇为关注。对此思想观念的变化,柯文曾指出:"在初期,批判专制主义的言论还未受到西方影响(包世臣、龚自珍和早年的王韬无疑是这样,后来曾国藩、冯桂芬的批判也许同样如此),然而,大约 70 年代以后,他们的言论开始明显受到西方榜样的影响,从而增加了对西方议会政治的兴趣,并最终导致提倡议会。"①

而当历史进入 20 世纪初,"宪法""民权""国会"等西方政治思想与制度设计逐渐获得中国知识分子的普遍认同。1900 年,义和团刚刚兴起之际,唐才常等在上海组织"正气会",不久改为"自立会",等到 6 月份义和团大作,北方名士如严复等,也纷纷南下上海,唐才常便积极组织在沪的各省维新志士,以保种救国为号召,在上海张园开会,称"中国国会"。容闳、严复、章太炎、马相伯等当时社会名流均到会,并推举容闳为会长。就是在此次会上,章太炎把辫子剪掉,撰《解辫发》以明志,表示与清廷决绝,轰动一时。三天后,"中国国会"召开第二次集会,公开提出保全中国领土与主权、不承认通匪的矫诏以及拥戴光绪帝等宗旨,而且还考虑推选总统、实行各省自治等举措。对此,朱维铮曾说:"这是他们要求中国实行议会民主的一次预演。"②后唐才常在汉口组织"自立军",被捕就义,"中国国会"也随之销声匿迹。③"中国国会"可看作清末立宪的先声,马相伯积极参与其中,期望古老的祖国能通过政治体制改革走上富强之路。

此外,马相伯在维新变法的精神脉络下继续前进,1903 年,撰写

---

① [美]柯文:《在传统与现代性之间:王韬与晚清改革》,雷颐、罗检秋译,南京:江苏人民出版社 2006 年版,第 138—139 页。

② 朱维铮:《近代中国的历史见证——百岁政治家马相伯》,转引自朱维铮主编《马相伯集》,上海:复旦大学出版社 1996 年版,第 1188 页。

③ 李剑农:《中国近百年政治史(1840—1926)》,上海:复旦大学出版社 2002 年版,第 198 页。

《〈拉丁文通〉绪言》,对西罗马之议院、共和等政治制度颇多赞赏。他首先指出在人类四千六百年中,"年表同时代,幅员同广袤,政治同开一统,文治又同冠千古于古三大部洲者,非西汉与西罗马欤?"继而比较西汉与西罗马之不同,"故政教所及,自西北徂东南,经三四万里。惜汉武辈徒事虚声耳!西罗马则不然"。下面具体论述西罗马何以会不同,就在于"自罗慕禄①以君主首建议院,由议院而共和,而元帅,而一统,类非生于深宫,长于妇人之手者可比。宜乎兵力所指,直跨地中海南北,斐、欧两大洲。又东涉小亚细亚之东,波斯、身毒②,悉主悉臣,几与日月共其地平圈,而无多让。而文治之盛烈,尤莫与京。学兼希腊、埃及之格致与几何,犹太、身毒之伦理与宗教,出蓝寒水,岿然为欧族文明之祖……罗马三度胜天下,一兵力,二文化,三法律,此之由也"。在此,他指出兵力、文化和法律是西罗马之所以强于西汉的原因。在徐汇公学和后来徐家汇神学院,马相伯系统学习过拉丁文学,对古罗马历史、政治比较了解,所以在1903年有这种认识也不足为奇。他特意提及古罗马王政时代首位国王罗穆卢斯,身为君主,却开议院,行共和,这样的君主绝非"生在深宫,长于妇人之手"的中国君主所能比拟,不仅武功卓越,而且"文治"也灿烂,既有希腊、埃及的格致学、几何学,又有犹太、印度的伦理学与宗教学,由此西罗马被称为"欧族文明之祖"。最后,马相伯着重点出古罗马之所以会有如此文韬武略之大功绩,就在于"兵力""文化"和"法律"。此外,西塞罗③是西罗马著名哲学家,马相伯对他及其作品《论国家》《论法律》《论演说》等也是熟知的,"当季氏游学雅典时,年已二十有七矣,卒能用拉丁文字鼓铸欧亚斐三洲之文明,以光荣其祖国。"④他对西塞罗之学问表示赞赏。可见,马相伯在编写拉丁文教材的过程中,已然寻到了古罗马文明昌盛的根由,特别点出"议院""法律"和"共和"是古罗马对西方文明特别是政治文明的最大贡献,他关于

---

① 今译罗穆卢斯(771BC—717BC),是古罗马王政时代的首位国王,罗马城的建立者,开"元老院"。

② 汉代对印度的称呼。

③ 马库斯·图留斯·西塞罗(Marcus Tullius Cicero,106BC—43BC),罗马共和国晚期的哲学家、政治家、律师、作家、雄辩家。马相伯将其翻译为季宰六。

④《〈拉丁文通〉叙言》(1903),李天纲编:《马相伯卷(中国近代思想家文库)》,北京:中国人民大学出版社2014年版,第41—42页。

议院、共和的思想从古罗马议院、共和、法律这些思想和制度出发、生根发芽,与严复、梁启超等从西方近代政治哲学生发出立宪、共和的思想是不同的,也正是这一不同,使马相伯的立宪共和主张更为坚定和明确。

1904 年,马相伯还发表"合群"的演说,指出:"能爱,故能合群,能合群,故天下事无不可为者"①,又曾指出:"是故爱者,合群之本,合群者,强国之本。"②在此,他强调爱国、合群,期望国人团结一致,同心同德,实现国家富强和独立。同年,马相伯与上海学界中的知名人士叶承锡等人筹划成立沪学会,被推选为会长。③ 1905 年,马相伯又参与创建江苏学务总会,并以丹徒县代表当选为评议员。1905 年是美国排华的高潮年,美国政府明令禁止"华工"入境。5 月,上海商务总会会长曾铸发起抵制美货行动后,广东各地纷纷响应,很快进入高潮。此时,马相伯主持上海沪学会,多次参加会议,发表演说,抵制美货。这次抵制美货运动是因美国苛禁华工而起,是一场合理合法的爱国运动。尽管如此,马相伯后来对抵制外货运动进行了反思。首先他也承认像最早的抵制美国货,后来的抵制英国货,或时常听到的抵制日货,"这样方法诚然有它的效果,亦许有的时候比了枪炮的力量还要厉害",但是"一个人买东西大都有了需要才买的……假使一时为了爱国心的冲动,或者可以暂时忍住不买,日子久了,到了爱国热忱减退的时候,为了需要的缘故,又不得不买",他指出:"这是一种消极的办法,是决不能持久的。况且抵制敌国的货品,无形中便是推销另外一国的货品"。因此他说:"抵制,实在不是一种办法,实在是无益的!"有效的办法自然就是发展和提倡国货。④

1905 年,实行一千多年的科举制度遭废除,"这是当时惊天动地的

---

① 《记马相伯君演说》,载《时报》1904 年 10 月 10 日。
② 《记马相伯君演说》,载《时报》1904 年 10 月 20 日。
③ 转引自薛玉琴《清末立宪时期马相伯的政治意识与政治参与》,载《史学月刊》2009 年第 2 期,第 64 页。
④ 《国难言论集·国货年献词》,朱维铮主编:《马相伯集》,上海:复旦大学出版社 1996 年版,第 950 页。

大事"。① 胡适曾说:"倘使科举制度至今还存在,白话文学的运动绝不会有这样容易的胜利。"如果科举制度不废除,中国的读书人仍然要"钻在那墨卷古文堆里过日子,永远不知道时文、古文之外还有什么活的文学"②。马相伯童年时也读过八股文,在徐汇中学读书时,也曾到南京参加过乡试,但因其天主教家庭信仰及其在教会学校的学习经历以及时代风云的变化,较早地远离了 19 世纪后期读书人仍在从事和倾心的科举考试。科举废除,马相伯应是乐观其变,曾言:"今者科举废,学校兴,著译之业盛行,群起以赴教育之的。"③科举废除后,新式学校兴起,而且著书、翻译也蓬勃而起,有识之士纷纷倾心教育事业。

所谓"教育者,国民之基础",而此时急需之事便是"书籍之注意",这是因为"书籍者,教育之所借以转移者也",而"编辑、印刷、发行者,所以组构而成书籍者也"。因此,为了"保教育权",便须做到"编辑、印刷、发行之权在我,则组构书籍之权在我,而教育之权亦在我"。但当时现状是"编辑、印刷、发行之书局,未尝无有也。然而挟资本之最大者,则非我本国人(如有某国资本之某印书馆),且闻非我本国人者,又将更挟其更大之资本以经营我书籍业。而我之书籍业者,又皆资本薄弱而不能统一。夫大可以兼小,强可以并弱,我人竞竞焉以求编辑、印刷、发行、书局之发达,以巩护书籍而保教育之权",面对此种情况,马相伯禁不住问:"设立统合编辑、印刷、发行、事业之不注意,何也?"为扭转这种"书籍编辑、印刷"之权旁落的现状,呼吁"教育权之宜巩护,书籍之宜视为重要,编辑、印刷、发行事业之权之不可旁落",同时考虑到"资本弱小之书局之必被强大者所兼并,他日所必至者也"。④ 为此,马相伯与张謇等在 1906 年联合发起成立中国图书有限公司。

马相伯、张謇等拟订"中国图书有限公司招股章程",首先明确"本公司以巩护我国教育权,驱策文明之进步,杜绝外人之觊觎,消弭后来

---

① 王汎森:《中国近代思想与学术的系谱》,长春:吉林出版集团有限责任公司 2011 年版,第 244 页。
② 胡适:《五十年来中国之文学》,《胡适文存》第二集,台北:远东图书公司 1975 年版,第 246 页。
③《中国图书有限公司招股缘起启》(1906),李天纲编:《马相伯卷(中国近代思想家文库)》,北京:中国人民大学出版社 2014 年版,第 58 页。
④《中国图书有限公司招股缘起启》(1906),李天纲编:《马相伯卷(中国近代思想家文库)》,北京:中国人民大学出版社 2014 年版,第 58 页。

之祸患为宗旨",并规定"本公司系中国人公众创办,不入外国人股本,故定名曰中国图书有限公司",拟设置编译部、印刷部、发行部、收支部,在上海设总局,下设编译、印刷两部。其次,规定"本公司拟招股本银圆一百万圆,每股银十圆,合成十万股。先收五十万圆,作为有限公司",以及"股本交上海黄浦滩通商银行代收。凡系书业同行,有愿附本公司股分者,如满五十股,本公司即认为特约贩卖店,予以特别利益。外埠局行,亦照此条办理。西例,公司有红股名目"等具体招股、分红等细目。最后规定"本公司当由各股东会集,公举董事九人,任稽查、协赞决议之责"等管理方面的细则。① 为维护国家的教育主权,马相伯等发起成立中国人自己筹资兴办的图书有限公司,虽未成功,但体现出来的依然是他一颗拳拳爱国之心。

彼时清政府内忧外患越发深重,且革命起义此起彼伏,为挽救飘飘欲坠的王朝统治,1906 年 9 月 1 日,清政府颁布上谕,预备立宪,指出此时虽未便骤设上下议院,但宜设资政院,作为以后建立议院之基础。"仿行宪政"的上谕颁布以后,"凡通都大邑,僻壤遐陬,商界学界,无不开会庆祝"②,马相伯自然也非常激动兴奋。1906 年 9 月 16 日,《时报》《同文沪报》《中外日报》《申报》《南方报》在上海味莼园联合召开庆祝会,各界与会人士达千人,马相伯登台演讲,激情洋溢地说道:"我中国以四五千年破坏旧船,当此过渡时代,列强之岛石纵横,外交之风波险恶,天昏地暗,民智未开,莫辨东西,不见口岸。何幸一道光明从海而生,立宪上谕从天而降,试问凡我同舟,何等庆幸!"语言之间,难掩喜悦和兴奋之情,接着又说:"方今自始,一预备立宪,二实行立宪,立宪之道,通国皆主人翁而已"③,呼吁大家树立国家"主人翁"意识。

此时在上海的张謇、郑孝胥等联络江、浙、闽三省的立宪党人和实业界名人,筹划成立专门研究立宪政治的团体——宪政研究会,该会宗旨是"务求尽国民参预政事之天职,应在预备期内考察政俗、研究得失,

---

① 《中国图书有限公司招股缘起启》(1906),李天纲编:《马相伯卷(中国近代思想家文库)》,北京:中国人民大学出版社 2014 年版,第 58—60 页。
② 淞隐居士:《立宪盛典文牍论说初编序》,《立宪盛典》,上海:上海文宜书局1906 年版。
③ 《马相伯观察演说词》,载《时报》1906 年 9 月 18 日。

以俟实行立宪后,代表国民赞助政府,总期开诚心布公道,合群策群力,共谋所以利国利民"①。1906 年 12 月 9 日,在上海颐园召开成立大会,与会人数有 200 余人,马相伯作为上海知名人士,与张謇等颇有来往,亦欣然入会,并被推举为总干事。该会还出版月刊《宪政杂志》,"宣传宪政理论,介绍外国立宪情况",而且"作为最早成立的专门研究宪政的学术团体,则是清末立宪派以团体形式从事立宪活动的嚆矢"②。当时报纸也给予很高的赞许,"自七月十三日宣布立宪之诏下,薄海内外,喁喁望治,庆贺之会,欢祝之电,日有所闻,不可胜纪。然其意似皆以其为己立宪而庆贺之、欢祝之,非有所预备也。有之,自宪政研究会始……夫我国人素不敢谈政治者也,今且开会讨论矣;我国人于事素鲜研究者也,今且研究预备之事矣;我国人素以无秩序闻者也,今日之会,人数及二百,为时将半日,会场秩序未尝稍紊也;我国人素以无团体闻者,今日之会殆皆同宗旨,同心意,未尝稍异也。呜呼,吾国他日雄飞,其于斯会嚆矢之矣。"③此外,据薛玉琴考证,《申报》《郑孝胥日记》等,均记载了马相伯以上海宪政研究会总干事身份发表有关"地方自治之理"演说,鼓励人们,"当此预备立宪时代,应人人涤除其旧日之习惯,以归导其乡里",并就地方自治提出自己的建议。④

1906 年,应两江总督端方邀请,马相伯到南京讲演宪政,他的讲演题目是"君主民主政制之得失以及宪法之精神",听众数万人,站立听讲数小时而不倦怠,"演辞通俗而又系统,把世界民主和君主国家的政治弊病及立宪精神,发挥得淋漓尽致,听众没有一个不满意,无异上了一堂宪法课"。⑤ 可见,彼时马相伯对宪政之精神,以及君主、民主之优劣已有深刻的认知和体会。这应是 20 世纪初,一场颇为成功的深入浅出的宪政普及演说。同年,马相伯还发表演说,指出:"至论实行宪法,即

---

① 《宪政研究会章程》,载《申报》1906 年 12 月 10 日。

② 薛玉琴:《清末立宪时期马相伯的政治意识与政治参与》,载《史学月刊》2009 年第 2 期,第 64 页。

③ 《宪政研究会第一次大会纪事》,载《申报》1906 年 12 月 10 日。

④ 薛玉琴:《清末立宪时期马相伯的政治意识与政治参与》,载《史学月刊》2009 年第 2 期,第 64 页。

⑤ 韩景骑:《记马相伯先生两三事》,转引自上海市文史馆、上海市人民政府参事室文史资料工作委员会编《上海地方史资料》(四),上海:上海社会科学出版社 1986 年版,第141—142 页。

实行保护主人翁之权利,分别主人翁之义务而已。"①同样是指出宪法的精神实质就在于确定"主人翁"的权利与义务。

1907 年 9 月 15 日,宪政研究会与预备立宪会、地方自治研究会、地方公益研究会、江苏教育总会、上海劝学会、上海商务总会、商学公会、商务公所、东南城地方会、西北城地方会 11 个团体各派代表共 29 人集会,共同商议设立地方谘议局之事。马相伯等代表宪政研究会出席。10 月 19 日,清廷正式谕令各省筹设谘议局,江苏立宪派人士积极行动,次年 6 月,江苏立宪派人士又组织成立江苏谘议局研究会,推举张謇为会长,马相伯等为副会长。在立宪派人士的推动下,1909 年 11 月,江苏省谘议局如期在南京成立。

此外,1906 年,日本政府颁布《取缔留学生规制》,制定了针对中国留学生的许多限制,不少留日学生因不满日本政府的取缔令,愤然辍学回国。马相伯因曾出使日本,通日本语,对日本国情、政情颇为熟悉,便不顾年迈,为国事奔走他乡,出使日本处理此次留日学潮的善后事宜。1907 年,马相伯在日本发表演讲,以"读书不忘救国,救国不忘读书"一语,获时任湖广总督张之洞的称赞,称他为"中国第一演说家"。时梁启超在日本,曾为马相伯这次的演讲作记录。②

立宪自是维新派的政治追求,"观乎康有为自 1895 年以来对光绪皇帝所作的一连串建言,颁布宪法,建立议会,实现当时所谓的君民共主的理想,也是在改革蓝图之中"③。百日维新失败后,康有为、梁启超流亡日本,积极提倡"君主立宪",主张在"保皇"的前提下,使中国逐步走上立宪道路。1902 年,梁启超在日本创办《新民丛报》,宣扬君主立宪,1905 年,梁启超撰《开明专制论》,阐述君主立宪主张。此外,梁启超还特别指出,当时中国民智未开,立宪政体须至"民智稍开而后能行……中国最速亦须 10 年或 15 年,始可以语于此"④。

---

① 《马相伯观察演说词》,载《时报》1906 年 9 月 18 日。
② 徐景贤:《马相伯国难言论集》,转引自张若谷《马相伯先生年谱》,上海:商务印书馆 1939 年版,第 216 页。
③ 张灏:《时代的探索》,台北:联经出版事业股份有限公司 2004 年版,第 247 页。
④ 梁启超:《立宪法议》,李华兴等主编:《梁启超集》,上海:上海人民出版社 1984 年版,第 153 页。

梁启超与马相伯在维新变法时便熟识，1906—1907 年在日本期间，两人又有过接触，对梁启超这些言论，马相伯自然也是熟悉的。1907 年，马相伯为《大公报》创始人英敛之所著《也是集》作序，重点阐发"宪法亦能造国民"的思想。首先指出："知有国民权利者"，皆勉力实行"立宪"，如"强如俄国，弱如波斯，已无不勉强而行之"，而当时"我国不言立宪则已，言立宪而不虚心预备，言预备而不实力奉行"，这与"百蛮及诸属国无国民权利者，乃不敢言，言亦不能行也"者又"相去几何"？对当时清政府言立宪，言预备，而不实心实行颇为不满。接着，针对"或以程度未到，归罪于民"的观点，明确指出"民不受也"。理由就是："譬之预备秋操，而不先训练，是谁之过欤？惟训练可以造程度，宪法亦能造国民。《传》曰：尧舜之民，可比屋而封；桀、纣之民，可比屋而诛。斯民也，三代所以直道而行也。奈何尧、舜在上，而归罪于民为桀、纣之民也？若必程度既到而后立宪，则西史所载，大都民不及待而先事要求；要求而不继之以争且乱者，盖不多觏。我而效之，强邻肯坐失渔人之利乎？然则犹幸程度未到，饥者易为食，渴者易为饮，宪法之能造国民，惟此时尤易"。在此，马相伯以尧、舜与桀、纣在上，会出现截然不同的民众为例，说明民众是需待造就的，也就是说"宪法能造就国民"，而且此时正是"宪法造就国民"的最好最容易的时刻。而如果必须等待民智达到一定程度才能立宪，不仅从西方历史上是不可能的；而且当下之中国，列强环伺，必待民智渐开，才实行立宪整体，那中国之祸岂不是永无终结？因此，他指出："宪法亦能造国民"，强调即便此时民智未开，亦应先拟订宪法，在实施宪法的过程中，自然能够教化国民。[1]

再者，针对"或以宪法者，君有责任，民有权利，非先圣之训"的议论，指出此种观点是"不知此乃絜矩之道也"，理由是，"原理在因人心之所同，推以度物，使彼我之间各得分愿。分所当有，或止于敬，或止于信。一国之内，无有有责任而不兼权利者，有权利而不兼责任者。如一线必有两端，而宪法，所以规定此两端者也。有两端即有长短，而宪法，

第四章　兄弟情深，「感时忧国」

099

① 《〈也是集〉序》(1907)，李天纲编：《马相伯卷（中国近代思想家文库）》，北京：中国人民大学出版社2014 年版，第 61 页。

所以界定此长短者也。不然,上下四旁,何由均齐方正,而不逾絜矩之矩也耶? 且使民无权利,不将举国奴隶,俱亡耻,俱苟妄,而人主将谁与守此国土?"在此,马相伯通过引入"宪法"二字重新诠释《大学》"絜矩之道",指出唯有"宪法"才能确定一国之内君主、人民之间的责任与权利,将"宪法"视作"絜矩之矩",如此才能使得"上下四旁,均齐方正",相反,如果人民没有任何权利,那全国之人不就皆为奴隶,君主如何能与奴隶一起共同守卫国土呢?①

又针对"或以宪法者,可相师而仿行,政府优为之,何劳议院?"的观点,马相伯指出:"是又不知宪法者,其原文 Constitutio,共立之谓也。所共立者,一时有一时应守之责任,与一时应保之权利。既非一成不变,则必时时有与共谋保此守者而后可。夫非议院而何? 问口体之适否,必于食此衣此者。问责任与权利之当否,而不于国民,可乎? 民不胜问,问诸代表。十室之邑,必有忠信。县举一代表,而下议院不可胜用也。府举一代表,而上议院不可胜用也。户口多者多举,地方廪之,不劳官款,何鳃鳃然而虑财政之不敷?"②在此,马相伯指出欲实行"宪法",必设"议院",这是因为"宪法"是"共立"之意,而且须分"上议院"和"下议院",两院代表国民讨论国家公共事务。

最后,马相伯自问自答,"尝闻一国之民,寄耳目喉舌于议院,是矣,而又寄之报馆,何居?""谓宪法精神,与报馆、议院之权同消长,又何居?"对这两个问题,马相伯的回答是如果一个人"耳目聋瞽,喉舌喑哑,则手足虽具,动触危机。一身责任犹且不遑,遑问身外权利",因此"一国之民,所恃以共谋一国之责任与相当之权利者,耳目喉舌之用居多。然无报馆以会通之,则乖隔;无议院以统束之,则乖离"。可见,在他看来,实施宪法,必须既开议院,又设报馆,如此才能发挥国民"耳目喉舌"的作用。报馆与议院,相因为用,"所不同者,议院居政界,报馆居民界,故监督政府,一为直接,一为间接"。如若厌恶、禁止报馆的监督权力,

①《〈也是集〉序》(1907),李天纲编:《马相伯卷(中国近代思想家文库)》,北京:中国人民大学出版社
2014年版,第61页。

②《〈也是集〉序》(1907),李天纲编:《马相伯卷(中国近代思想家文库)》,北京:中国人民大学出版社
2014年版,第61—62页。

马相伯反问道："窃不知宪法将何由而行矣？"在此，马相伯充分认识到立宪必须确保议院和报刊之监督权。英敛之比马相伯小 26 岁，为忘年交，时有"南马北英"之说。在这篇"序"文中，马相伯曾自言："吾友安蹇主人，自幼以求道为心，每弃家遍访宗教，是非不敢苟同已如此。及长，游海外，挟所见闻问学，归创《大公报》，为民耳目，思破其迷；为民喉舌，思宣其隐者。"①对友人学行无疑是极为肯定和赞扬，特别指出其创办《大公报》之举，更是功德无量。

1907 年，立宪呼声日益高涨，梁启超等在日本发起成立立宪团体——政闻社，提出"实行国会制度、司法权独立、地方自治和平等外交"四大政治纲领。1908 年 2 月，政闻社本部迁往上海，马相伯、徐佛苏等亦回上海主持工作，10 月被清政府查禁。

政闻社成立之初，梁启超诚邀"道德学问为当世所尊仰"的马相伯担任总务员，即马相伯自言："鄙人以政闻社全体社员之同意，承乏本社总务员之职"。在就职会上，马相伯发表《政党之必要及其责任》，强调"吾社之建设，凡欲以摧灭专制，造成完满之立宪政体"，基于此宗旨，"故一切组织之邻于专制者，皆为吾社所深恶痛绝"。② 在此，旗帜鲜明地指出本社之宗旨就在于推翻专制，实施立宪。

接下来，马相伯从"形我"和"神我"的区分，阐述家族和国家的产生。指出："凡有血气者，莫不自爱我。然所谓我者，有形我焉，有神我焉"，而"禽兽知有形我而不知有神我，故永世不能以为群。人类者，非徒以形我之安佚而自满也，必更求神我之愉快"。在此，马相伯从人禽之辨出发，指出禽兽只有形我，没有神我，所以不能为"群"，而人类则不然，孟子所谓"独乐乐不如众乐乐"，就是说，耳目口腹这类欲望的满足，固然是人情之所乐，但爱家族与爱自己的身体并无区别，这就是"神我"的作用。因此，家族、部落以至国家的产生便是因为人类"乐群"，即"盖

① 《〈也是集〉序》(1907)，李天纲编：《马相伯卷（中国近代思想家文库）》，北京：中国人民大学出版社 2014 年版，第 62 页。
② 《政党之必要及其责任》(1908)，李天纲编：《马相伯卷（中国近代思想家文库）》，北京：中国人民大学出版社 2014 年版，第 63 页。（注：马相伯就任政闻社总务员的演说登载在东京出版的《政论》报 1908 年 4 月 10 日第 4 号。）

人类之恶独而乐群，全由其天性然。于是乎由家族进而为部落，由部落进而为国家"。正是基于此种观念，针对"近世学者，或谓国家之成立，纯由竞争力促之使然"的观点，他给出了反驳，指出："禽兽之与人类，其受逼迫于外界之竞争一也，顾禽兽何以不能为家族部落，而人能为之？曰：惟知有神我故。野蛮人与文明人，其受逼迫于外界之竞争一也，顾野蛮人何以不能为国家，而文明人能为之曰：惟能扩充其神我故。明此义者，可以知国家，可以知国家与政党之关系矣。"在他看来，主张国家的产生乃是由于竞争，这只是从"形我"的角度，也即从保存生命的角度来看，却忘记了"神我"的一面。"神我"是乐于组成家族，乐于组成国家，这是禽兽与人、野蛮人与文明人的区别，因此家族、国家的产生是"扩充神我"的作用。于是，他进一步指出："人类之能为国家也，恃有神我也。人类之乐有国家也，所以求常保神我之愉快也。使有国家而不能保神我之愉快，甚或其愉快反缘有国家而为之灭绝减杀，则吾之乐有国家者果安在？故欲完国家之责任，莫要于使国内之人各得所欲。"①也就是说，国家的产生与成立，是为保有神我之愉快的，这也是国家存在的理由，否则人为什么乐于有国家呢？

　　继而，马相伯提出"政党"何以必要：既然"国家之责任"在于使国内之人各得其欲，但一国之人，每个人欲望不一，如何沟通而抉择呢？此时"有一部分人焉，揭橥其所欲者以告于天下，曰：吾所欲者在是……前此各怀之于心而互莫相知也，窃窃然忧吾道之孤而莫吾应也，及闻甲部分之人昌言曰'吾欲在是也'，而乙部分而丙部分而丁部分，咸相说以解曰'吾欲固亦在是也'。其余他部分之人，或前此并未知此之可欲，及见夫多数人欲之，乃寻其理由，而觉其中诚有可欲者存，乃恍然曰：'吾昔所欲不及此，而今固亦欲之也'"。在此，他不厌其烦地描述不同人群拥有不同利益的情况，为的是引出"政党之机动"，也即论证政党之产生的必然与必要，于是乎，"一国之中，必不止

①《政党之必要及其责任》（1908），李天纲编：《马相伯卷（中国近代思想家文库）》，北京：中国人民大学出版社2014年版，第63—64页。

一政党,而常有政党与政党对立"。①

接下来的问题就是"既政党与政党对立,国家将何所适从"? 答曰:"采其与国利民福最相近者行之,则国家之责任尽矣!""何者为与国利民福最相近?"答曰:"国民最大多数所同欲者,与国利民福最相近。""何者为国民最大多数所同欲?"答曰:"最大政党所主张者,即国民最大多数所同欲。"在此,马相伯通过这三对自问自答来阐明不同政党既然相互对立,国家该如何选择。他归结为"国民最大多数所同欲者"与"最大政党之主张"是一致的。紧接着又设一问,"然容亦有最大政党所主张,仅见其小且近者,而忽其远且大者,亦可谓为最相近矣乎?"此是说如果最大政党的主张仅见"国利民福"之"小且近"者而忽视"远而大者",那么最大政党的主张如何能与"国利民福"最近呢? 答曰:"斯固然也……虽然,当斯时也,与彼对立之政党,又非必舍其大且远者,而惟小且近者是务也,牖导人民之智识焉,助长人民之能力焉,渐能使举国之人民,其同欲于此者,多于同欲于彼者。则所谓最相近者,又不在彼而在此矣"。② 这是说,最大政党的主张确实有只见小而近,而缺少远见卓识,但即便如此,也是当时国民之能力、智识没有远大之图;再者与最大政党之对立者,此时或可能有远见,如能教化、提升人民之智识与能力,那么这一对立政党便会与"最相近者"保持一致。于是,马相伯指出"国家恒采最大政党所主张,为国民最大多数所同欲而与国利民福最相近者以施政,夫是之谓政党政治",并承认"政党政治者,现世人类中最良之政治也"。③ 此处所谓"国民最大数所同欲者"的观念,颇接近 19 世纪英国哲学家约翰·密尔(John Stuart Mill)提倡追求"最大幸福"(Maximum Happiness)的"功利主义"(Utilitarianism)学说,对此,马相伯曾言:"急宜输入功利派之伦理思潮,庶民生可裕,国计可饶。"④可见,

① 《政党之必要及其责任》(1908),李天纲编:《马相伯卷(中国近代思想家文库)》,北京:中国人民大学出版社 2014 年版,第 64 页。

② 《政党之必要及其责任》(1908),李天纲编:《马相伯卷(中国近代思想家文库)》,北京:中国人民大学出版社 2014 年版,第 65 页。

③ 《政党之必要及其责任》(1908),李天纲编:《马相伯卷(中国近代思想家文库)》,北京:中国人民大学出版社 2014 年版,第 65 页。

④ 《书〈请定儒教为国教〉后》(1916),李天纲编:《马相伯卷(中国近代思想家文库)》,北京:中国人民大学出版社 2014 年版,第 216 页。

其对功利主义学说是颇为熟知，也是颇为认同的。

接着又设一问："夫政治果有更良于此者乎？"答曰："理想上容或有之，而事实上则未之闻。宗教家有言，人类者，不完全之动物也。人类既不完全，故政治无绝对之美。既无绝对之美，而求其比较，则舍政党政治无以尚也。何以故？以与神我之作用相应故"。[1] 在此，马相伯明确指明世间没有绝对之最美最良的政治，他从宗教观念出发，指出人类是不完全之动物，由此规定政党政治算是较好的政治，政党政治与神我之作用是较为契合的。

继而马相伯指出"天下虽无绝对的良政治，而有绝对的恶政治"，而所谓"绝对的恶政治"就是"徇最少数人之私欲，而反于大多数人之所同欲者是已。质而言之，则曰专制。专制政治，束缚人人之神我，使不得申，故有国家曾不如其无。故生为专制之国民者，必当以排除专制为唯一之义务。此非我对于人所当尽之义务，实形我对于神我所当尽之义务也"。[2] 在他看来，绝对的恶政治就是专制政治，因为专制政治只会满足少数人之欲望，与大多数人之所同欲者相反，专制政治是束缚"神我"。因此，呼吁生为专制国家之国民，其唯一之义务就是推翻专制。此说革命意味颇浓，反而与此时康、梁的"君主立宪"立场存在差别。

马相伯又设一问："然则何道以排除之？"答曰："还以神我之力排除之。夫我之有所欲有所不欲也，此神我之能自主者也。而专制政治，则强吾之所不欲以徇人之所欲，是不许神我之自主也。虽然，神我者，赋之于天者也，虽父不能夺之于其子，虽主不能夺之于其奴"。专制政治是与神我相冲突的，推翻专制政治就须借助神我之力。因为神我是天之所与我者，他以儒家"良知"概念来界定，即"吾中国先圣谓之'良知'"，同时既有"良知"，便有"良能"，具体而言，就是"人之思得其所欲而去其所不欲也，其良知也"，而"既思之，则务所以得之去之，其良能也"。既然没有人乐于生在专制之国中，却"固受之"，那么"其良知之苦

---

①《政党之必要及其责任》(1908)，李天纲编：《马相伯卷（中国近代思想家文库）》，北京：中国人民大学出版社 2014 年版，第 65 页。

②《政党之必要及其责任》(1908)，李天纲编：《马相伯卷（中国近代思想家文库）》，北京：中国人民大学出版社 2014 年版，第 65 页。

痛"就是必然的。于是,政党之业,即政闻社之目的,就在于"国民咸遵其良知,以发表其所欲者与其所不欲者,乃胥谋各竭其良能,以求其所欲者,去其所不欲者"。①

最后,马相伯指出"吾侪"组织此政闻社,"遵良知之命令",必须拥有忠实、忍耐和博爱的品格,特别是在"博爱"部分,他特别指出有"对党中之爱",更有对"党外之爱",这是因为"道有阴阳,数有正有负。吾是吾所是,而不能谓人之尽非。此国家之所以能容两政党以上之对立也",呼吁"吾侪忠于本党,而不嫉视他党,可以为光明正大之辩难,而不可以为阴险卑劣之妨害"。② 可见,此时虽身为立宪君主派政党——政闻社的总务员,他仍然期望着身为一个"中立之人",在不同政见的政党组织之间保有正常的、光明正大的辩论,不能以己之是非强人所同;而且他关于推翻专制政治之主张与当时意在革命的"革命党"的观点颇为接近。对此,柯文曾指出:"沿海早期改革者"与孙中山所领导的革命者存在密切关系,"后来沿海改革者很容易跨越改革和革命的界线。……思想转变的潮流也加速了。尚健在的沿海改革者一个接一个地转向或至少是卷入了革命事业中……当辛亥革命最后胜利时,容闳因年迈而不能接受孙中山发出的参加新政府的邀请。不过,坚决赞成共和主张的马良和伍廷芳却接受了官职。"③1927 年,马相伯曾有感而发,写了一篇有意思的文章,题目是《问谋叛专制与谋叛共和其罪孰大》,他明言:"至破坏专制君主,所破坏者一独夫而已耳,正革命者所有事也,谓之为有罪得乎?"④从此亦可见,他的政治思想之接近革命党"暴力革命"说,而与康、梁等君主立宪派有别。对专制政治之批判,可谓是马相伯政治思想的关键点,他曾比较专制政治与民主政治下,官员之不同境遇,"一个身当大任的人,只要有一点短处,左右都要乘隙而入,此在专制时代,

---

① 《政党之必要及其责任》(1908),李天纲编:《马相伯卷(中国近代思想家文库)》,北京:中国人民大学出版社 2014 年版,第 66 页。

② 《政党之必要及其责任》(1908),李天纲编:《马相伯卷(中国近代思想家文库)》,北京:中国人民大学出版社 2014 年版,第 68 页。

③ [美]柯文:《在传统与现代性之间:王韬与晚清改革》,雷颐、罗检秋译,南京:江苏人民出版社 2006 年版,第 171—172 页。

④ 《问谋叛专制与谋叛共和其罪孰大》(残稿,约 1927 年),李天纲编:《马相伯卷(中国近代思想家文库)》,北京:中国人民大学出版社 2014 年版,第 420 页。

固然没有例外,即在现在也不是什么罕见的事,社会未底于真正的民主政治,此种现象绝不能消灭,无论如何明察的人都无术以自免"。①

此外,1908年,政闻社《政论》第4号还刊登《政闻社总务员马良等上资政院总裁论资政院组织权限说帖》,在这份建议书中,明确指出"立宪政体为富强之源",并详细厘正资政院之权限,并区分"君主国之立宪"与"联邦国之立宪",此外承认中国乃"君主国",并未出现推翻专制暴力革命之论。②

1908年1月,马相伯回国,徐佛苏等人和政闻社本部随同他从东京前往上海,3月3日,马相伯等在上海召开披露会,向绅商学三界介绍政闻社的情况,并商议组织中国政党等事宜。③ 此外,马相伯还联络张謇主持的预备立宪会、宪政研究会、宪政公会与政闻社共同发起成立国会期成会,以"全国国民要求国会之成立"。④ 随后,政闻社到各省进行活动,湖北的宪政筹备会、广东的自治会等先后参加国会期成会,签名请求清政府速开国会,最终清政府迫于各地声势,在8月1日发布九年后公布宪法的上谕。这是清末轰动一时的第一次"国会请愿运动"。不幸的是,政闻社在8月13日被清廷查禁。关于政闻社之意义,薛玉琴曾指出:"尽管政闻社成立不到一年就被清政府解散,但在中国政党史留下了重要的一页。在包括马相伯在内的政闻社社员的政治意识中,已把政党作为他们进行政治活动的最重要的组织形式。换句话说,实现政党政治是他们的政治目标。"⑤此论确然。20世纪初,政党政治成为立宪派人士积极参与社会政治改革的重要组织方式,马相伯考察世界各国宪政实施之历史,在民选议院成立之前,"常于民间有一极大之国

---

① 马相伯口述,王瑞霖笔录:《一日一谈》,"杨谷山孝廉服官秘诀",王红军校注,桂林:漓江出版社2014年版,第35页。

② 据李天纲考证,此文是梁启超起草,而以马良(相伯)首署,《政闻社总务员马良等上资政院总裁论资政院组织权限说帖》(1908),引自李天纲编《马相伯卷(中国近代思想家文库)》,北京:中国人民大学出版社2014年版,第68页注。另据薛玉琴研究,此时恰逢清廷资政院总裁溥伦报聘日本,于是,这份由梁启超起草的《上资政院总裁论资政院组织权限说帖》由马相伯出面领衔,与徐佛苏、满人长福等代表政闻社全体在横滨离宫呈递给溥伦。(参见薛玉琴《清末立宪时期马相伯的政治意识与政治参与》,载《史学月刊》2009年第2期,第66页)

③ 薛玉琴:《清末立宪时期马相伯的政治意识与政治参与》,载《史学月刊》2009年第2期,第66页。

④ 《国会期成会成立大会纪事》,载《时报》1908年7月13日。

⑤ 薛玉琴:《清末立宪时期马相伯的政治意识与政治参与》,载《史学月刊》2009年第2期,第67页。

民运动,此运动谁任之,曰政党任之"①,亦曾说:"立宪政治,政党之政治也,未有立宪而无政党,亦未有无政党而真能立宪者。"②

此外,马相伯极为强调"最高之法律"的确立,指出:"国家亦犹是也,使在各种机关之上无一最高之法律,则其行使权力必漫无限制而置国家全体利害于不顾,专制政体即此类也",③积极呼吁制定一部国家的根本大法——宪法。

1909年,清政府迫于压力,不得不开放党禁,1911年上半年政学会、宪政实进会、辛亥俱乐部、宪友会相继成立,这是中国历史上第一批合法政党名单。马相伯加入1911年6月6日成立的宪友会,当时有"民党"之称④,他被推举为江苏支部的首领⑤,民国成立后,宪友会大多数党员纷纷加入民主党,马相伯为30名常务员之一。⑥

1910年,民族革命思潮日益高涨,清政府迫于内外压力,4月下诏定于8月20日召集资政院⑦,马相伯作为江苏省谘议局议员成为资政院民选议员。同年10月,立宪派与各省督抚联名发起声势更为浩大的第三次国会请愿运动。此时江苏谘议局议长张謇等对清廷宣布"提前"于1913年开设议院并预行组织内阁表示满意,建议停止请愿活动,而此时马相伯等部分议员与张謇则"中道异趋",发生严重分歧。⑧ 1911年2月,各省代表在资政院会议上提出颁布宪法、组织内阁等要求,5月8日,清廷颁布《新订内阁管制》,成立由十三名国务大臣组成的新内阁,其中满人皇族七位,时人称为"皇族内阁",引起全国哗然。

---

① 《祝中国政党活动之前途》,载《时报》1908年3月9日。
② 《祝中国政党活动之前途》,载《时报》1908年3月5日。
③ 《祝中国政党活动之前途》,载《时报》1908年3月9日。
④ 谢彬:《民国政党史》,北京:中华书局2007年版,第34页。
⑤ 《宪友会开会大会记事》,载《申报》1911年6月10日。
⑥ 据薛玉琴研究,1912年第一届国会正式成立后,民主党为了与国民党在国会中相抗衡,1913年5月29日与共和、统一两党合并为进步党,但尚未见马相伯加入进步党的记载。梁启超在1916年取消进步党,提倡"不党主义"。(参见薛玉琴《民国初年有关制宪问题的争论——以马相伯的经历为视角的考察》,载《复旦大学学报》(社会科学版)2012年第2期,第113页。)
⑦ 朱维铮说:"这个资政院为预备立宪的咨询机构,实则颇似法国大革命前的'三级会议',二百名议员半由钦定、半由民选。马相伯的姓名便出现在江苏省谘议局推选的民选议员名单中间。"(朱维铮:《近代中国的历史见证——百岁政治家马相伯》,转引自朱维铮主编《马相伯集》,上海:复旦大学出版社1996年版,第1192页。)
⑧ 丁文江、赵丰田编:《梁启超年谱长编》,上海:上海人民出版社1983年版,第631页。

曾有学者指出:"由于立宪运动的目的在于争取或扩大参政权,而收回利权运动,则常常是当地士绅不甘心桑梓经济利权之横为外人夺据,进而图谋挽回之策,两者常常同样是参与地方政治的不同形式的积极性行动,所以,通常在立宪思想最盛行、立宪团体影响最大的地区,其收回利权运动的发动,也最有组织和最为深入民间;江浙人士力争沪宁路与苏(沪)杭甬路路权的运动与湖南士绅在赎回粤汉路之后坚持以'租股'修筑该路湘段的事实,均为这方面提供了一些明显的例证。"①马相伯便是其中代表者和积极参与者。1907 年,马相伯发起组织江苏铁路协会,积极参与收回苏杭甬路路权运动。

苏杭甬铁路,1898 年由督办铁路大臣盛宣怀代清政府与英国银公司委托的怡和洋行订立草约,商定由英商借款修路,但迟迟未达成正式条约,更没有开工兴办。1903 年,宁波商人李厚佑请承办杭州江墅(江干至湖墅)一段铁路。于是,盛宣怀致函英国商人,称苏杭甬路现有浙商愿意承办,并称六个月内如收不到回复,此前约定的草约便作废。果然英国银公司并未答复,草约默认作废。1905 年 7 月,浙江全省铁路公司在沪成立,随后,江苏省铁路公司也在 1906 年 5 月正式成立,苏省龙华至莘庄一段,浙省江干至湖墅一段均已通车,1907 年辅轨及其他二程亦在有序进展中。此时英国驻华公使听闻这个消息后,就不断指责"中国有意失信",并要求清政府收回批准浙路自办的命令,立即停止修路。清政府一面惧怕洋人,一面又不得不顾忌浙商、苏商自办铁路的呼声,于是在 1907 年 6 月与英商达成"借款与办路分为二事"的折中协议:苏杭甬铁路由中国制造,除华商股本外,再向英国银行借款 150 万英镑,以铁路作为抵押贷款。但借款不仅有高折扣、高利息,而且还规定由英国公司承购筑路所需的外洋材料、聘用英国工程师以及用铁路收益还债等。

自然这一"名曰借款,实则夺路"的协定激怒了已在承办铁路的商民。浙省、苏省绅商、两路公司及股东会和各种社会团体陆续致电两省

---

① 李思涵:《晚清收回利权运动与立宪运动》,《中国近代现代史论集》(第 16 编),台北:台湾商务印书馆 1986 年版,第 193 页。

督抚与外、商两部,表示强烈反对。史称"拒款运动"。在这场"拒款运动"中,马相伯敦促苏浙两铁路公司继续自办铁路,抵制清政府的妥协做法,指出:"顷读中外日馆载盛大臣函,有苏杭甬草合同……(一)按右约函有假设义,假设之件未行,断无效力。(二)按两国和约未经批准之前,犹无效力,况以私的法人与公的法人所订之草约,未经奏准,如何作数?(三)按奉使者不能逾使者之权限,总理衙门犹不能以未奏准作有效,况盛大臣所订,譬之代笔账房,请起约稿,稿已签名,但田主未押之前,业作分产,据交子侄,佃之代笔及账房能夺之于子侄否?(四)按此乃银公司有求于我,我并无益。此等之约无益者见有载明之一端,未符法理,便可毁约。(五)按草约不可废,又何须正约为哉?"①这就是著名的"就约论约之理",马相伯对此前盛宣怀与怡和洋行所制订的草约提出质疑,认为只是意向性约定而已,不是正式协约,否则也不会等着签订正约。这是从合同(协约)的法律有效性出发,主张草约可废除。同时,他还联合黄炎培等上海学界中人致电军机处、农工商部、学部、邮传部、都察院,体察民心,代奏朝廷,拒款商办,敦促朝廷"收回成命,以靖人心"②。

此外,马相伯与曾孟朴等人酝酿成立江苏铁路协会。1907年9月26日在江苏士绅集会上,他就号召"江浙人如欲保全路权,必当联合一气,组织团体。岂惟江浙,凡有路权交涉各省,皆当互相联络,合成一大团体,以图将来之补救,我苏人当先立机关,徐图联合"。③ 在他的积极倡议和推动下,12月8日江苏铁路协会召开正式成立大会,他也被选举为总干事。该会宗旨:"代表舆论对于公司以国民之资格,尽保持之义务。其活动方法为:力拒外款;劝集股份;协助本省铁路公司;联络各省路政机关"。④ 此后,倡议组织江浙铁路协会,联合全国各省力量,发起成立中国国民路矿公会,并依据法理公推代表赴英国伦敦

① 《马相伯致函苏路函》,罗家伦主编:《江浙铁路风潮》,台北:"中国国民党中央委员会"党史史料编纂委员会,1983年,第107—108页。

② 《上海学界上军机处工商部学部邮传部都察院电》,载《时报》1907年11月7日。

③ 《江苏铁路协会成立》,罗家伦主编:《江浙铁路风潮》,台北:"中国国民党中央委员会"党史史料编纂委员会,1983年,第124页。

④ 《江苏铁路协会暂行章程》,载《申报》1907年11月18日。

状告英国银公司,还通电江浙两省商学各团体分任募股。此外,还选派代表到北京请愿,《大公报》曾记载当时送别代表入京的盛况:"初六日为江浙铁路公司代表入京之期,本埠苏路协会、浙民公会、江苏教育总会、浙江旅沪学会、预备立宪公会、宪政研究会、商务总会、商团公会等团体均举代表前赴怡和码头送别,到者约三百余人。劳动党到者三四百人,与绅商分左右伫候四时许,两公司总协理送代表王胜之、许鼎霖、张元济、孙向清上船时,码头人已攒聚,高呼中国万岁,江浙路公司万岁……"①"拒款运动"迫使外务部放弃与英商签订借款公司,改由邮传部向英商借款,再又邮传部将款项存储在苏浙两铁路公司备用,并明确规定不能以江浙铁路为抵押品,虽然外款不得不借,但至少保住了苏杭甬铁路的路权,在"弱国无外交"的境遇下,算是取得了相当大的胜利。

最后,需要厘清马相伯与清末立宪派特别是梁启超的关系。两人交情深厚,1896 年,梁启超在上海主编《时务报》,曾向马相伯学习拉丁文,当时马相伯颇为欣赏这位青年才俊,1903 年,马相伯创办震旦学院时,远在日本的梁启超听闻后异常激动,当即撰写《祝震旦学院之前途》一文。1906—1907 年,两人在日本时组织政闻社,宣扬立宪,还一起组织过政党。但梁启超在民国成立前,宣扬"君主立宪",甚至公开主张"开明专制",这在马相伯是从未有过的,1907 年,在就任政闻社总务员的演说词中,他指出"专制政治是绝对的恶政治",推翻专制是合法的。马相伯作为清末知名人士,积极参与清末立宪运动,其关注核心点在宪政,而不在君主,因此,不能简单地以清末立宪派来界定他。因为天主教信仰,他的"平等"观念形成较早,年少时便知晓天子与人民是平等的。可见,马相伯虽参与清末立宪运动,但却与梁启超"君主立宪"或者"开明专制"存在差异,他并不反对"暴力革命",从对他黄花岗七十二烈士的高度赞扬亦可见这一点。②

①《纪苏浙代表入京送别情形》,载《大公报》1907 年 12 月 18 日。
② 关于这点,薛玉琴也指出:"此后,马相伯的革命倾向日益显露,最终于辛亥武昌起义时,完成了由立宪到革命的立场转变,拥赞民主共和,从而对辛亥革命作出了重要贡献。"(参见薛玉琴:《清末立宪时期马相伯的政治意识与政治参与》,载《史学月刊》2009 年第 2 期,第 67 页。)

四、民国参政,维护共和

"晚清最后未能满足于走体制内改革的路子,未像日本走向君主立宪,而是直接走向革命,这一个跳跃性的发展"①,虽是一大跳跃,但在20世纪初,革命思潮日益高涨,曾经追随康有为的维新派人士梁启超也指出:"当光绪、宣统之间,全国有智识、有血性的人,可算没有一个不是革命党。"②1902年,章太炎在日本东京发起纪念会,宣传革命。1903年,上海《苏报》案爆发,章太炎、邹容入狱。1905年,同盟会在东京正式成立,孙中山被推为总理。

1905年,同盟会成立后,联合各个会党,搞武装暴动。在辛亥革命之前,孙中山亲自参与领导的起义就有十次,所谓"十大起义",特别是1911年4月27日又一次"广州起义",起义失败,黄花岗七十二烈士(实数86人),原是"同盟会"骨干,各省革命精英,"一旦集体牺牲,则同盟会之精英斫丧殆尽;但是他们之死,也挖掘了我们民族的良心——全国暴动已蓄势待发,清廷恶政也被推到了崩溃的边缘"。③ 果然,七十二烈士阵亡不到半年,10月10日(旧历八月十九日)爆发"武昌起义",也即狭义的"辛亥革命"。不到一个月,10月底,湖南、陕西、山西等全国13省宣布独立。

武昌起义后,江苏巡抚程德全见清朝气数已尽,成立江苏都督府,马相伯旋即被委任为南京府尹,此后,还受命担任江苏都督府外务司长,短期代理江苏都督。据薛玉琴研究,在光复南京、建立临时政府等方面,马相伯作出了不小的贡献,"马相伯从救援新军,出任江浙联军外交部长,协调内部矛盾,到促成江苏都督府的顺利组建,稳定南京局势,为南京临时政府的建立立下了汗马功劳。南京光复后,江浙联军总司令徐绍桢将光复南京出力人员,先后呈请大总统和咨送陆军部稽勋局

---

① 王汎森:《中国近代思想与学术的系谱》,长春:吉林出版集团有限责任公司 2011 年版,第 106 页。
② 梁启超:《时事杂论·辛亥革命的意义》,转引自吴其昌《梁启超传》,北京:台海出版社 2019 年版,第 64 页。
③ 唐德刚:《晚清七十年》(五),台北:远流出版事业股份有限公司 1998 年版,第 229—230 页。

核奖,在321人中,'马良'之名赫然在列。马相伯去世时,于右任饱含热泪撰写祭文,其中即讴歌了马相伯在辛亥江苏光复这一段的历史,称其'共和肇建,再起匡时。中山国父,丹徒国师',高度评价了马相伯在辛亥革命中的贡献"。① 对此,朱维铮也指出:1911年11月初,上海、浙江、江苏相继独立,迅速组织江浙联军攻打南京,"独立后的各省军政府代表立即把南京作为拟议中的中华民国的临时首都",而这个"临时首都的第一任市长即南京府尹,就是由江苏军政府都督委派的马相伯"。②

据记载,辛亥革命后,马相伯曾首先号召"热心国士开国会(无薪资),共举临时总统",而且还特意表明"所不以华盛顿为法者,天下共殛之",由此可见,在他心目中,中华民国大总统须以美国首任总统华盛顿为标准。其次"假定政府既成立,即派专使要求列强承认,并宣布清政府僭权僭位,一面磋商赔款及借款",具体而言,在财政方面,(一)改换田地新契(约田一亩纳资五角,基地一元,坟不愿迁移者若干元);(二)房税,消耗品税,自由印花税(无则不理词讼);(三)盐,仿外国法就灶征收,提倡大灶商改良煎法,虽二万万可操券。在军国民政策方面(一)学堂均有兵操;(二)人民均有团操;(三)男子当兵义务须一年;(四)最要者,自由制造军械,有能仿造者赏。③ 在革命到来的时刻,马相伯积极建言,希望以美国首任总统华盛顿为榜样,选举产生中华民国总统,并建议成立政府后,立即开展外交活动,在财政、军国民政策方面也提出建议。

最后,呼吁宪纲为"人道自由主义,各国所同"④,认为制定宪法须以"人道自由主义"为原则,也就是说,在马相伯看来,人道主义原则是政治世界应该遵循的原则。1914年圣诞节,有客问:德国用兵,其终败乎? 马相伯便诉诸"人道"来作答,他指出:"立国犹立身也,以人道为

---

① 薛玉琴:《马相伯与辛亥革命述论》,载《民国档案》2008年第3期,第114页。
② 朱维铮:《近代中国的历史见证——百岁政治家马相伯》,转引自朱维铮主编《马相伯集》,上海:复旦大学出版社1996年版,第1193页。
③《辛亥政见》(南华录)(1912),李天纲编:《马相伯卷(中国近代思想家文库)》,北京:中国人民大学出版社2014年版,第95页。
④《辛亥政见》(南华录)(1912),李天纲编:《马相伯卷(中国近代思想家文库)》,北京:中国人民大学出版社2014年版,第95页。

本,最后之胜利在人道。"①在马相伯看来,政治亦是以人道为根据建立的,极力批判"亏良心而不顾"以及"一言夫政治,不统帅人民,利用土地,不过率人于陷阱,如禽兽之轮食人肉而已"②,进而明确指出:"国无道德,国必亡;身无道德,身必亡。""何谓道德?"在他看来,便是"必先识良心"。③ 据此,他重申这一传统政治智慧即"天下不可以力胜之,不可以马上治之,久矣!"④。

但江苏都督府成立后,"当时江苏(其他革命的省份,想来也大致和江苏一样!)的头一任都督实在不容易做,因为一些革命党人和一些新军的下级将领,都荣升了高级将领,在那时,还了得! 自然都是天之骄子"。有一天,不知是出了什么事,有"百十来个革命的军官都穿着礼服,头上戴着礼帽,帽儿上都高高地插着一个白鸡毛帚儿,在都督府的大礼堂上叫骂喧吵,互相争功"。此时,江苏都督程德全见状"逃之夭夭",请马相伯代他同这百十来个革命的"鸡毛帚儿"谈话。马相伯见了他们之后,开门见山就说:"你们都是革命党人! 都是为革命而志愿牺牲的革命军人!"接着讲了这样一个故事,"一个老妈子看护小主人,日夜吃辛苦,须得要报酬;但是皇太后抚养皇帝、皇后抚育太子,虽然她们是在抚养一国的君主,功劳比老妈子看护小主人要大得不可比较,然而皇太后、皇后却不曾要报酬、要工钱。诸位! 你们都是我们中华民国的皇太后、皇后,而不是我们中华民国雇来的老妈子! 你们的功劳辛苦虽大,却都是分所当然! ……你们纵然对于革命有功,也都是分所当然,有什么稀奇?"这是一席恭维中包涵责备的话,果然镇住来势汹汹的"鸡毛帚儿","他们那种不可一世的气焰,确实被我这一盆冷水浇下去了!"⑤

① 《答客问一九一五年》(1914),李天纲编:《马相伯卷(中国近代思想家文库)》,北京:中国人民大学出版社2014年版,第151页。
② 《青年会开会演说词》(1916),李天纲编:《马相伯卷(中国近代思想家文库)》,北京:中国人民大学出版社2014年版,第161页。
③ 《家书选辑》,李天纲编:《马相伯卷(中国近代思想家文库)》,北京:中国人民大学出版社2014年版,第560页。
④ 《家书选辑》,李天纲编:《马相伯卷(中国近代思想家文库)》,北京:中国人民大学出版社2014年版,第559页。
⑤ 马相伯口述,王瑞霖笔录:《一日一谈》,"和百十来个鸡毛帚周旋",王红军校注,桂林:漓江出版社2014年版,第47—48页。

1911 年 12 月 5 日,北伐联合会在上海张园召开成立大会,程德全被推举为会长,马相伯身为都督府的外务司长①,这期间除"管理外国交涉,及外人事务,并在外侨民事务,监督外交官"等外,还积极参与筹划北伐,倡议北伐在即,各军当同心勠力"以定北伐计划"。② 后北伐因南北议和而终止。12 月 25 日,孙中山从海外归国,抵达上海,常在上海南阳路海藏楼西惜阴堂与惜阴老人(按,赵凤昌)筹商国事。马相伯作为江苏都督府的外务司长,亦与庄蕴宽(按,时庄在苏都督军事)参与机宜,"以应付艰钜,不折不挠,力持大体"。③

1912 年元旦,孙中山在南京就职。此时南北议和也峰回路转,1912 年 1 月 25 日,经袁世凯等斡旋,宣统皇帝宣布退位。从此以后,自秦始皇开始的两千多年的皇帝制度结束,"辛亥革命成功,使得民主共和的主张得到落实",具体而言,就是"这个民主共和的新政体,用体制性的力量,公布了许多合于西方潮流的政策"。④ 亚洲历史上第一个共和国——中华民国诞生。

此外,马相伯还参与筹建民国临时政府。"在南京光复之前,马相伯就曾作为镇江都督府选派的代表,出席在上海江苏教育总会会所召开的各省都督府代表联合会,会商组织临时政府……在孙中山未归国之前,革命需要一个强有力的领导核心,马相伯一度作为留沪代表,参加选举黄兴为大元帅、黎元洪为副元帅等重要政治活动。12 月 25 日,孙中山自海外归国,12 月 29 日,马相伯作为江苏省的代表之一,又投票选举孙中山为临时大总统,南京临时政府宣告正式成立"。⑤

不久,根据《临时政府组织大纲》,行政部门共设陆军、海军、外交、内务、财政、司法、教育、实业、交通九个部,程德全任内务总长,辞去江苏都督一职,庄蕴宽为都督,因苏州地方事务繁杂,庄仍移驻苏州,"另在宁垣

---

① 《江苏都督府组织初定》,扬州师范学院历史系编:《辛亥革命江苏地区史料》,南京:江苏人民出版社 1961 年版,第 563 页。
② 《南京电报》,载《民立报》1911 年 12 月 12 日。
③ 宗有恒、夏林根:《马相伯与复旦大学》,太原:山西教育出版社 1996 年版,第 84 页。
④ 王汎森:《中国近代思想与学术的系谱》,长春:吉林出版集团有限责任公司 2011 年版,第 247 页。
⑤ 薛玉琴:《马相伯与辛亥革命述论》,载《民国档案》2008 年第 3 期,第 115 页。

设行政厅,寻常事件暂由外务司马君兼理"①,当时南京人称"马都督"。

此时南京城中,一些军纪稍差的部队肆意破坏公共设施,劫掠财物,一些政府官员也趁政局混乱之际,随意霸占处置公产与公款,还有"光复以来,百端待理,诸君子热心公益,以开会开学诸名义来请指拨公地公舍公费者"等情况,这位已届 73 高龄的代理都督有感而发,发布《劝勿为盗布告》②,指出:"专制之君,可以领土为私有;专制之官,可以所辖为私有",但现在中华民国是不同的,"行政各厅,无论有实权,抑假定,既为大众之公仆,只为大众保存公产之权。"因此建议:"其应归国有者,必待国会议决;应归省有者,必待省会议决;应归地方有者,必待一地方会议决。非行政各厅所得擅行予夺支配者也。即欲勉从诸君子所请,无如国会、省会、一地方会,皆得以预算、决算、追算者责问之,取消之。"③此是将土地、经济等预算、决算之权归于国会、省会、地方会,不得不说马相伯已然把握到了议会民主政治的精神血脉,他曾言:"大而一国,再大而为宗教,各有预算。预算于事前,则国也",对当时"举国不知预算"深为痛心。④

1912 年 2 月 14 日,就在溥仪退位的第二天,孙中山宣布辞去临时大总统职务,从元旦宣誓就职,到 2 月 14 日辞职,短短 40 余天。临时政府北迁后,袁世凯设置了南京留守府,马相伯被委任为政务厅厅长。⑤

此时,南京留有十余万人的军队,军费没有来源,而袁世凯政府分文不给,南京留守政府出现"粥少僧多,应接不暇之势"⑥,军中将领自居革命的功臣,人人都自以为功高而赏薄,睹此现状,马相伯自然心中"泱泱"。1912 年 5 月 25 日,南京各界举行黄花岗之役死难烈士追悼大会,

①《专电》,载《申报》1912 年 1 月 10 日。
②《马先生慎重公产》,载《申报》1912 年 2 月 24 日。
③《劝勿为盗布告》(1912),李天纲编:《马相伯卷(中国近代思想家文库)》,北京:中国人民大学出版社 2014 年版,第 93 页。
④《覆丁义华》(1913),李天纲编:《马相伯卷(中国近代思想家文库)》,北京:中国人民大学出版社 2014 年版,第 105 页。
⑤李书城:《辛亥前后黄克强先生的革命活动》,《辛亥革命回忆录》第 1 集,北京:文史资料出版社 1981 年版,第 202 页。
⑥马相伯口述,王瑞霖笔录:《一日一谈》,"袁世凯之为人",王红军校注,桂林:漓江出版社 2014 年版,第 52 页。

马相伯藉此发表演说，他首先肯定他们"都是革命党人，都是为革命而志愿牺牲的革命军人"，紧接着就指出："孟子说'富贵不能淫，贫贱不能移，威武不能屈'，又说'人必有所不为，而后可以有为'，这两句话皆是革命党的必要条件"，而且还具体分析前三句之关系，指出："但前一节的三句话，并不是并排的，而是说要不为威武所屈，就要贫贱不能移，然而贫贱不能移，我们还可以做得到，至于富贵不能淫，便非有伟大的精神不能，所以这一层工夫最难。"接着指出"以上三者都是消极的革命精神。但是若果不具这三种精神，便休想积极奋斗，所以'人必有所不为'就是这三句的注脚"。正是因为"有了这三种'不为'的精神，才可以做有为的革命奋斗"。而黄花岗七十二烈士就是这种精神的最好榜样。为什么如此说呢？他接着说："七十二烈士在生前都和我们在座的诸位同胞，尤其是在座的诸位革命军人，一样地有父母兄弟、妻子儿女，一样地有生活的欲望，但他们为了整个国家、整个民族的大多数同胞的父母兄弟、妻子儿女，抛弃了他们个人的父母兄弟、妻子儿女，为了整个国家、整个民族的幸福和生命，却先牺牲了自己幸福和生命。他们必然是先有了富贵不能淫、贫贱不能移、威武不能屈的精神，然后才可以慷慨赴死，从容就义。他们的死不是消极的自杀，而是积极的革命。"于是，他指出："黄花岗就是我们在座诸位同胞，尤其是诸位革命军人的一面镜子"，"诸位各人拿走这个镜子，趁着今天这个纪念日，先把自己照一照，古人说'人之心不同，如其面焉'，然而'诚诸中者形诸外'，大家对着这个镜子，看一看，那你的原形（一）是不是真正为的'整个国家、整个民族的大多数同胞的父母兄弟、妻子儿女而来革命？是不是为整个国家、整个民族的大多数同胞的幸福与生命而革命'？（二）是不是可以做到'富贵不能淫……'？反过来说，是不是为着都督、总司令或大贵大富而来革命？（三）诸位试将腔子里一些东西，都赤裸裸地拿出来照一照，是不是有什么自己觉得惭愧的地方？"这一番演说结束，大家纷纷拍掌欢呼，孙中山当时亦在座，表示赞同。[①]

---

① 马相伯口述，王瑞霖笔录：《一日一谈》，"袁世凯与丁汝昌"，王红军校注，桂林：漓江出版社 2014 年版，第 52—54 页。

1913年，马相伯受当时教育部总长蔡元培①邀请北上，任北京大学校长。不久，辞去代理北大校长职务，担任袁世凯总统府的高等顾问，一如中华民国南京临时政府的成立，马相伯与有功焉。他多次提及"主人心"的话头，既然"中华民国为统一民主国"，自然会生发"主人心"②，可见，他不顾年迈体衰，尽力参政议政，目的就是为了建立一个富强、自立、民主的国家，体现出来的仍然是他熠熠闪光的爱国之心。

1882—1883年，马相伯在朝鲜襄助改革新政事宜，其间与袁世凯相识。他曾说袁是"余在高丽时与之极有关系的人"。时袁世凯在吴长庆手下当一个小分统，到日本时年纪大约只有19岁的光景。吴长庆与马相伯长兄马建勋为把兄弟，自然与马相伯也极为亲近。于是，袁世凯便以"前辈"待马相伯，曾请教如何才能飞黄腾达，直上青云。马相伯以一句玩笑话作答，曰："唯厚赂宦官，由宦官而结纳亲贵，便可越级而升，官至督抚不难也"，没想到袁世凯竟然奉若圭臬，如法炮制，效果立见。后马相伯回国，见到李鸿章，谈起袁世凯谋为驻韩商务委员一事，当时李鸿章直言：这个年轻孩子，如何可当此任？马相伯已知当时朝鲜新政改革已是无望，而一时也没有相当人才，便极力举荐。③ 因这段因缘，袁世凯对马相伯极为推崇，"袁世凯的一生事业是在朝鲜开始的。在朝鲜他虽然铩羽而返，但所学到的本领和累积的经验，却是其后毕生事业的基础"。④

为了建设刚成立不久的中华民国，马相伯积极投身参政议政，离开上海复旦公学，远赴北平，尽一些"排难解纷"的国民义务，他在一封家书中写道："月前京电延余到京备顾问，为社会计，劝余去者众，并劝冒

① 蔡元培与马相伯相识于1902年，蔡从马学习拉丁文，在南京临时政府时，亦曾共事过，当时蔡元培正为教育部办公之地四处奔走，一筹莫展之时，马相伯得知此事后，便决定把地处南京碑亭巷内务司楼上的三间空屋借与教育部办公，而后中华民国教育部成立。

② 《〈宪法草案〉大、二毛子问答录》(1916)，李天纲编：《马相伯卷（中国近代思想家文库）》，北京：中国人民大学出版社2014年版，第200页。

③ 马相伯口述，王瑞霖笔录：《一日一谈》，"袁世凯与丁汝昌"，王红军校注，桂林：漓江出版社2014年版，第44—45页。

④ 唐德刚：《晚清七十年》(五)，台北：远流出版事业股份有限公司1998年版，第63页。

暑速往,容可排难解纷也,但余精力恐不济也。"①已过七十古稀之年,他虽感觉自己精力不济,但最终还是选择北上,为新成立的共和国服务,所谓"以古稀高年,冒数千里之风波,远涉京津,实为考察北方情形及挽救中国前途起见"②。

民国初年,确实仿效美国模式,实施议会政治,1913 年 2 月初出现了一个由国务院推荐 6 人,各省都督推荐 48 人,共 54 人组成的"宪法起草委员会",马相伯以"学硕通儒"身份由广西都督推举为"非本省者"代表。不久,新选出的正式国会开幕,当时国民党籍议员占多数,坚持"宪法应由国会制定",并组织由参众两院各选 30 人为宪法起草委员会,这样此前的"宪法起草委员会"只好改为"研究宪法委员会"(亦称"宪法研究会"),成为袁世凯总统府的顾问机关,严复、马相伯、杨度等为临时主席,探讨制宪问题。③

起初,1911 年 12 月 3 日,在南京由各省都督府代表联合会通过《临时政府组织大纲》,仿照美国采取总统制政体。后为限制袁世凯的权力,1912 年 3 月 11 日,由宋教仁起草,3 月 8 日由临时参议院通过,3 月 11 日《中华民国临时约法》公布施行,将总统制变更为议会内阁制。1913 年 4 月 8 日,中华民国第一届国会召开,开始修宪,10 月 31 日完成《天坛宪法草案》。这部《宪法草案》与《临时约法》相比,明确国会"不信任投票权"(第 43 条),也赋予了内阁(总统)"解散权"(第 57 条),但仍继承《约法》对立法权的偏重,"体现出来的是行政与立法处于失衡关系的责任内阁制"④。这便遭到袁世凯等的反对,导致袁取消国民党议员资格,剩下议员已不足半数,《天坛草案》无法通过国会审议,落了个胎死腹中的下场。

1913 年,马相伯在任职"宪法起草委员会"期间,曾与毕葛德

---

① 《家书选辑》,李天纲编:《马相伯卷(中国近代思想家文库)》,北京:中国人民大学出版社 2014 年版,第 546 页。

② 《马相伯先生演说词》,《广益录》第 26 号,1912 年 8 月 17 日。按,1911 年,《广益录》由比利时雷鸣远神父(Vincent Lebbe,1877—1940)在天津创立。

③ 引自薛玉琴:《民国初年有关制宪问题的争论——以马相伯的经历为视角的考察》,载《复旦大学学报》(社会科学版)2012 年第 2 期,第 114 页。

④ 薛玉琴:《民国初年有关制宪问题的争论——以马相伯的经历为视角的考察》,载《复旦大学学报》(社会科学版)2012 年第 2 期,第 117 页。

(Francis Taylor Piggott)等往复讨论宪法问题,他曾自言:"近因宪法起草委员会(余蒙准)聘英、法顾问各一,英即毕格得,法即巴和,日日讨论,日日翻译"①。据薛玉琴对 1913 年毕葛德撰写《华封老人宪法意见书》的研究,针对《天坛草案》讨论起草过程中有关省制问题的争论,毕葛德提出两个原则"一则当授行省者若干自治之权,二则中央政府若何乃可实行其节制也",因中国各省疆域颇大,各省距离京师又远,中央必不能直接治理全国,建议中央"畀各省自治之权多多益善,唯以不妨害国家之安全为限"。② 地方自治精神在马相伯 1916 年《书〈分合表〉后》、1918 年《民国民照心镜》、1935 年《联邦议》等文中已有鲜明的体现。但1916 年,马相伯撰写《宪法向界》时,对"省议联合会"提出强烈批判,主张"一统政府",认为"中国不适宜建立联邦制"③。对此,薛玉琴给出的解释是"马相伯虽然主张建立统一共和国体,但在中央与地方的关系上非常强调地方自治"④。也就是说,"地方自治"与"一统政府"不矛盾。对此,马相伯也曾明确指出:"地方自治为民治最要之点,既无害于统一,则自治领区,分为南北,亦无害于统一可知。"⑤

毕葛德与马相伯还就"立法权"与"行政权"之平衡有过交流。当时国会中两大政党——国民党与进步党,都不反对内阁制,只是在行政与立法两部如何分权,产生较大分歧。国民党主张以国会和内阁为主要权力机关,建立"以议院为政府之主体"的国会内阁制,而进步党则主张遵循内阁制的精神,反对国会一权独大,主张立法权和行政权相调和。⑥马相伯在与毕葛德探讨时,指出:"民主国之宪法,固不当偏于行政权,

①《致英华》(1913),李天纲编:《马相伯卷(中国近代思想家文库)》,北京:中国人民大学出版社 2014 年版,第 103 页。
② 薛玉琴:《民国初年有关制宪问题的争论——以马相伯的经历为视角的考察》,载《复旦大学学报》(社会科学版)2012 年第 2 期,第 115—116 页。
③《宪法向界》(1916),李天纲编:《马相伯卷(中国近代思想家文库)》,北京:中国人民大学出版社 2014 年版,第 233 页。
④ 薛玉琴:《民国初年有关制宪问题的争论——以马相伯的经历为视角的考察》,载《复旦大学学报》(社会科学版)2012 年第 2 期,第 115 页。
⑤《民国民照心镜》(1918),李天纲编:《马相伯卷(中国近代思想家文库)》,北京:中国人民大学出版社 2014 年版,第 277 页。
⑥ 耿云志等:《西方民主在近代中国》,北京:中国青年出版社 2003 年版,第 283—287 页。

然亦不当偏于立法权"①,主张立法权和行政权相互制衡。这一看法在1916年《宪法向界》关于"政体"讨论中也得到延续。② 此外,在国会宪法起草委员会中,关于"宪法内应否立孔教为国教"也产生较大的争论,经妥协,《天坛宪法草案》确定第11条"信教自由"和第19条"以孔子之道为修身大本"自相矛盾的条文,对后者马相伯曾在1914年、1916年撰文批评③。尽管在前两个争论中,明显倾向于进步党之主张,但马相伯旗帜鲜明地反对《天坛宪草》第19条,这与严复、梁启超等进步党的主张显然是不同的。可见马相伯作为一名天主教徒,保持了坚定的信仰,作为一名知识分子,坚持了独立的思考。

　　胡适曾对唐德刚说起,民国初年的政府是实行民主政治的最好模式,那时的参、众两院议员都是"了不起的人才",中国失去这一机会,至为可惜云云。④ 但唐德刚不认同此看法。他指出,这个美国模式在中国实行起来却完全走了样,民国初年政党政治之混乱,有目共睹。而之所以会如此,是因为"便是中国并不是美国。它没有英美传统中的必要条件。东施效颦,就必然走样"。比如民初参、众两院的议员,"他们哪一个是真正民选的呢?"这些议员"在革命前很多都是舍身为国的革命志士。可是革命成功了,做上'京议员'的大官了,又不懂代议士在民选政府中的真正涵义,因而就难免个别的变成了贪财好色的官僚,把个国会弄得乌烟瘴气"。简言之,"民国初年那个美国模式的破产",实际是因为"当时中国没有实行美国模式的任何条件"。⑤

　　民初政局之混乱,给此时野心勃勃的袁世凯一个恢复帝制的绝佳借口,1914年1月,袁世凯下令解散国会,废止《临时约法》,5月1日推

① 《马良君与毕葛德君之宪法一夕谈》,载《宪法新闻》第9期,第4页。
② 《宪法向界》(1916),李天纲编:《马相伯卷(中国近代思想家文库)》,北京:中国人民大学出版社2014年版,第235页。
③ 1914年发表《一国元首应兼主祭主事否》与《信教自由》,1916年发表《书〈请定儒教为国教〉后》《保持〈约法〉上人民自由权》《〈约法〉上信教自由解》《信教自由》等文。
④ 唐德刚:《晚清七十年》(五),台北:远流出版事业股份有限公司1998年版,第159页,第33条注解。
⑤ 唐德刚:《晚清七十年》(五),台北:远流出版事业股份有限公司1998年版,第135—136页。唐德刚还指出:"当年在北京任国会议员的政客,既非由人民投票产生,他们也无选民须对之负责……于是国会中派系如毛,各为私利而倾轧。"(参看氏著《晚清七十年》(五),台北:远流出版事业股份有限公司1998年版,第164—165页,第61条注解。)

出《中华民国约法》(亦称《袁记约法》),改内阁制为总统制,特别是1915年新颁布的《大总统选举法》规定终身大总统的资格,与此同时,关于"缓图共和",君主、民主国体何者更适于中国等论调和讨论甚嚣其上。

起初,马相伯对袁世凯还是心存一念之望,希望他能恪守民主共和的精神,践行主权在民的自由平等理念,但不久便认识到,袁世凯并不真心待民主共和,反而是意图称帝专制,他在另一封家书中就尖锐地指出当时袁世凯当政的情况:"名曰共和,不共不和,如何是好?"[①]此时,袁世凯虽已是中国民国大总统,但仍不忘旧时皇帝的派头,总在马相伯身边抱怨:"人民不知敬事长上,国家何以安,天下何以治?"马相伯已然看透袁世凯的预谋,便语带讥讽地答道:"君所指者,殆即磕头请安之谓乎? 果尔,便足以安邦定国平治天下,则予愿自今以往,朝叩一头,晚参一拜,日日勿懈,为天下倡!"[②]

袁世凯身边的一帮人也想着加官晋爵,"攀龙附凤""封妻荫子",从而千方百计地拥戴袁做皇帝。袁曾命长子袁克定宴请马相伯、严复等,征求他们的意见。马相伯言辞激烈地指出:"项城果称帝,国民对之是否帖然,姑且不问;外交方面,必有强邻藉此百端要挟,以遂其大欲者。"袁世凯密谋称帝,就必然要"结欢强邻,以为镇压国民反抗的奥援,其不能不惟日本之命是从,势也",果然不出所料,日本表示赞同,暗地却"觑破袁氏心肝,乘虚而入",提出"二十一条"要求。袁世凯为了实现帝制,不惜接受日本无理要求,1915年5月,签订丧权辱国《二十一条》。因此,马相伯毫不客气地指出:"袁氏之所以身败名裂,国家亦因之而残破不堪者,皆私之一念害之也。彼语帝制自为,故不得不以国家为其帝位之牺牲。"[③]马相伯对皇帝制度之危害,终其一生,批判不已,1932年还在批判"皇帝思想的中国",指出:"现在不知道多多少少贪官污吏都是

① 《家书选辑》,李天纲编:《马相伯卷(中国近代思想家文库)》,北京:中国人民大学出版社2014年版,第551页。
② 马相伯口述,王瑞霖笔录:《一日一谈》,"谈屑",王红军校注,桂林:漓江出版社2014年版,第169页。
③ 马相伯口述,王瑞霖笔录:《一日一谈》,"袁世凯之为人",王红军校注,桂林:漓江出版社2014年版,第13页。

官气十足,无非是皇帝架子的缩影。"①

对严复、杨度等人"入其网罗,组织'筹安会'"②,鼓吹帝制,马相伯自然是不乐与之为伍,他说:"余知非口舌所能争,遂不多言。"③面对愈演愈烈的复辟之风气,马相伯只能尽量回避,不再多说。关于马相伯此时之选择,朱维铮曾有精彩评论,指出:"马相伯既不如甘作囚徒也不屈服的章太炎,也不如表面顺从实则反袁的梁启超,甚至不敢像康有为、王闿运那样给袁世凯造成尴尬",由此可见他"在政治上至多不过具有中国传统所谓的'中人'素质"。但马相伯一生保有着这样的政治立场即"局外人"或"中立人"的立场,也就是说"马相伯不是政治'鸟人',没有落入正在得势的权力者的门庭,也许同他憎嫌袁世凯有关,但也许更重要的是他恪守自己的政治信念"④。

当时为复辟帝制,袁世凯及其周围人好言"大局"。马相伯曾生动形象地转述这样一则笑话,因当时袁世凯常常对人说"大局",有位先生便问袁"大局"究竟有多大,说完他自问自答并用双手合拢做碗口大的圆形以为譬,答道:"我想,'大橘'有这样大",袁并不知此是玩笑话,便诧异道:"你怎样知道?"答曰:"他们的眼中只有金钱,胸中只有饭碗,吾是以一般人之所谓'大局',其范围决不能超过饭碗,故云。"据马相伯所记,听完此言,袁"嗒然所丧"。⑤

此外,袁世凯为称帝大造声势,恢复读经,奉孔教为国教,并主持祭孔大典。为此,马相伯在 1914 年发表《一国元首应兼主祭主事否》

---

① 《六十年来之上海·闭关思想的中国,皇帝思想的中国》,李天纲编:《马相伯卷(中国近代思想家文库)》,北京:中国人民大学出版社 2014 年版,第 464 页。

② 筹安会,杨度、孙毓筠、严复、刘师培等六人 1915 年组织成立的政治团体,大力鼓吹袁世凯称帝,主张君主立宪,反对民主共和。严复与马相伯交情较深,在创办和建设复旦公学等事件中,二人有过较多接触,严译名著曾是西学传播和变法革命思潮的重要推力。马相伯的另一友人章太炎因反对袁的倒行逆施之举,在 1913 年底—1914 年初遭袁囚禁。马相伯与这两位的选择均不同,在"甚嚣其上,恶意昭昭"的情势下,他保持沉默。

③ 马相伯口述,王瑞霖笔录:《一日一谈》,"袁世凯之为人",王红军校注,桂林:漓江出版社 2014 年版,第 12 页。

④ 朱维铮:《近代中国的历史见证——百岁政治家马相伯》,转引自朱维铮主编《马相伯集》,上海:复旦大学出版社 1996 年版,第 1195 页。

⑤ 马相伯口述,王瑞霖笔录:《一日一谈》,"'谈屑'",王红军校注,桂林:漓江出版社 2014 年版,第 160 页。

(1914)与《信教自由》(1914)两文,明确反对破坏信教自由,以孔教为国教的主张,以此反对袁世凯为复辟而进行的意识形态宣传。

1915 年 12 月,在各请愿团、筹安会和各省国民代表的推拥下,袁世凯经过一番谦让表演,最终接受皇帝尊号,改中华民国为中华帝国,并改次年为洪宪元年。马相伯在朝鲜时,便见识到袁世凯的小人之心,但还是没想到此人这时都已做了大总统还想着做皇帝,他在晚年曾严厉地批评袁世凯"头脑终不出封建帝王思想,其视民国也本如无物",而"民国竟以此人为开国总统,国事又安可问耶!"①。对袁世凯之为人,马相伯满是鄙视。

袁世凯称帝"当时国民以及天下后世皆对之齿冷,真正值不得!"②。与袁世凯关系密切,曾经积极倡导"君主立宪"的梁启超此时对袁的倒行逆施也极为不满,1915 年,发表《异哉所谓国体问题者》,与袁彻底决裂。对此,唐德刚曾有过这样的评论:"帝制乎?共和乎?无论帝制论者是怎样地能言善辩,20 世纪的世界潮流是不许任何人再来做皇帝了。"③辛亥革命之前,有"共和"与"君宪"之争,而辛亥之后,纵使有康有为这样的保皇党,而其弟子梁启超却不再言君主立宪,"共和迨为国人公认之定制"。④

迫于日益高涨的反对声浪,1916 年 3 月,称帝时间仅有短短 81 天,袁世凯不得不下令撤销帝制,恢复民国称号,仍称大总统,不久病死,称帝闹剧就这么结束了。此后段祺瑞推举黎元洪任大总统,被时人誉为"二造共和",6 月 29 日,以大总统名义下令恢复《临时约法》,8 月 1 日,被袁世凯强行取消两年之久的国会重新在北京召开,决定继续制宪工作,继续审议 1913 年提出的《天坛宪法草案》。

---

① 马相伯口述,王瑞霖笔录:《一日一谈》,"袁世凯之为人",王红军校注,桂林:漓江出版社 2014 年版,第 12 页。

② 马相伯口述,王瑞霖笔录:《一日一谈》,"袁世凯之为人",王红军校注,桂林:漓江出版社 2014 年版,第 13 页。

③ 唐德刚:《晚清七十年》(五),台北:远流出版事业股份有限公司 1998 年版,第 134 页。

④ 唐德刚:《晚清七十年》(五),台北:远流出版事业股份有限公司 1998 年版,第 156 页,第 24、25 条注解。

就在重新制定宪法的期间（"国会复会"，1916—1917）①，马相伯再度发声，发表数篇文章，分别是《宪法向界》（1916）、《国民大会说》（1916）、《书〈分合表〉后》（1916）、《〈宪法草案〉大、二毛子问答录》（1916）、《书〈天坛草案〉第十九条问答录后》（1916）、《书〈请定儒教为国教〉后》（1916）、《保持〈约法〉上人民自由权》（1916）、《代拟〈反对孔道请愿书〉五篇》（1916）、《〈约法〉上信教自由解》（1916）、《信教自由》（1916），论述宪政的精神，阐述宪法的精髓，建议召开国民大会，阐述《中华民国临时约法》"信教自由"，建议删除《天坛宪法草案》第十九条第二项"以孔子之道为修身之本"。此时马相伯如此积极参政议政，其意图就是因"宪法之为物，参以党见不可，参以政见不可，于国权、民权，两两对望之余，参以局中人一偏之见亦不可"，所以，便"取材于旧有之顾问，利用其为局外人以备谘询，容可化除一切成见"②。可见，他是非常自觉地以局外人的身份，参与这次宪法审议和修订的重大历史事件的。

首先，马相伯根据"近今法学之观念"以及法国宪法学大家艾士萌（Adhemar Esmein）③所著《宪法大全》中的名理名言，特别是关于宪法所当规定者有三的说法，提出"宪法三向界④：一国体，二政体，三国权、民权"。又从欧美法律研究的历史出发，指出：明确宪法乃根本大法，行政权、司法权乃至立法权的产生、运行必须以它为根据，正"如植物之有根本，而后有枝叶花果，宪法于一切法律，亦视此矣"。因此说："宪法之向界有三，所应条举而制定者：一国体，二政体及机关，三国权与民

---

① 吴宗慈《中华民国宪法史》曾将民初十年制宪史分为四个阶段，第一阶段是《天坛草案》的制定，第二阶段是国会的一次复会与《宪草》的续议（1916—1917），第三阶段是南北分裂与西南护法续议（1918—1920），第四阶段国会二次复会与制宪完成（1922—1923）。

② 《宪法向界》（1916），李天纲编：《马相伯卷（中国近代思想家文库）》，北京：中国人民大学出版社 2014 年版，第 239 页。

③ 艾士萌（1848—1913），今译为阿德玛尔·埃斯曼，曾执教于法国巴黎大学，是法国古典宪法学理论的集大成者，也是法国现代宪法学的鼻祖。

④ 朱维铮曾说："'向界'，是 17 世纪耶稣会士参照佛学语言所定的译名，在现代汉语中常说成是'客体'或'对象'。马相伯认为，宪法的对象有三点，一是国体，二是政体，三是国权和民权。"（朱维铮：《近代中国的历史见证——百岁政治家马相伯》，转引自朱维铮主编《马相伯集》，上海：复旦大学出版社，1996 年，第1204 页。）

权。"①在此,马相伯明确宪法是一专门之学问,是一国之根本大法,不仅是行政权、司法权应该遵守,而且立法权的产生、运行也必须以宪法为依据;而且指出宪法必须明确规定的内容包括以下三点:国体、政体以及国权与民权。

分别来看,第一条即国家及国体(L'Etat et la forme de l'Etat),而"国体者,国家之体制也。体制,附国家而有,理应先释国家",此是说在阐释国体问题之前应该先明确国家的名义。马相伯指出国家乃一"代表邦族之法人也",所谓"邦族者,一方之土著(居也)也;Nation,民(敏也,敏于事也,字像俯首力作之形)萌(生也,生于其土者也)也,历世相承,生生不已",而治理此一方土著之民,便须有统治权,即"人民得成有法团体者,必赖统治权,驾于各个人意愿之上,以成法治之国家,其御所属也无更上之权,无对抗之权,强名之曰 Souverainete,无上主权"。也就是说,"国家"是凌驾于每个人意愿之上的"法团体者",拥有无上主权。而这一"无上主权之为用",对国内而言"有命令一切公民、一切侨民之名分";对于国外"有代表国民全体之名分,及与列邦约定国际之名分",因为"不如此,则不足以称无上主权,而名实俱丧矣,故曰名分"。在此,马相伯提出国体是关于国家体制的规定,首先要明确国家之定义即"邦族之法人"的含义,所谓"邦族"是指一定范围内的土地和生活其上的人民,而"法人"是指人民之上的"无上主权",这便是国家之为国家的定义。既然国家乃一"无上主权者",那宪法第一要义就在于"赋此主权,于凡随地随时运用之者之上之外,有一常存之主体,不断之宗依,使方内民萌具法人体制"。此是说,宪法应该明确赋予国家以无上主权,作为一方土地之上人民的法人团体。据此,国家有两个显著特点:"一系,此统一人民无上之权衡,其主动,当为大众共同之利益,而不容或偏于一党一姓……二系,国家自性为常住性,非断续性"。② 在此,马相伯依据国家之抽象义将其分

①《宪法向界》(1916),李天纲编:《马相伯卷(中国近代思想家文库)》,北京:中国人民大学出版社2014年版,第229页。
②《宪法向界》(1916),李天纲编:《马相伯卷(中国近代思想家文库)》,北京:中国人民大学出版社2014年版,第229—231页。

疏为两个层面的问题,一是国家为大众共同利益,不可偏于一党一姓,否则便不是代表全体人民之法人;二是国家不因革命或改姓而灭亡而消失,只会因这一法人团体专门谋求他族之利益,才导致灭亡。

以上解释国家的定义即"国家之界说与体制",由此决定"国家性质"异于一切人群之结社,"要点有三:一有固定版阈,不容分割分据;二有一定政刑,惩治方命,逮其人,没其产;三有至大团力,本乎性(观于言语之通达情意,物产之各州不同,彼此相友相助以缔造国家,盖本乎性矣),根乎史,镕大小新故各分子,范以同一分母,而无不均也。不均,则不可以起算。不患寡而患不均,此之谓矣"。① 在此,马相伯指出国家与其他一切人群组织的不同有三点,一是有固定版图,二是有刑罚权,三是主张平等,不会偏私于任何一部分人。据此,他再次论证国家之无上主权,指出:"至以本身自性言者,谓国家之为物,亦有模有质,质即大种人群是,模即无上主权是。曰无上者,谓无更上,亦无对抗。及于列国约定国际之名分。"②国家作为无上主权者,必须确定其应得之名分,即对内拥有命令一切公民之权力,对外有代表全体国民之权力。

以上所述"止论国家,未论国体",而且"所谓国体则不然",是"固可随时改组者",此是说国家与国体是不同的,一个国家不会因为革命或改朝换代而消亡,但国体却可因之而改组。国体就是依据宪法规定由谁来主政,也即"国体者,即谁为无上主权所寄托。寄托于一人一姓,则国体为君主制;寄托于曹众,则为共和制。其曹众系全体国民,则为民主制;系国内豪强,则为豪族制"。③ 在此,马相伯根据国家无上主权寄托于谁或者说谁有权来统治国家,将国体划分为一人一姓君主制、曹众共和制,共和制又细分为全体国民拥有统治权之民主制和豪强拥有统治权之豪族制。也即"凡纯粹君主制,主权悉付畀于一人,悉操纵于一人,此一人

---

① 《民国民照心镜》(1918),李天纲编:《马相伯卷(中国近代思想家文库)》,北京:中国人民大学出版社 2014 年版,第 278 页。

② 《民国民照心镜》(1918),李天纲编:《马相伯卷(中国近代思想家文库)》,北京:中国人民大学出版社 2014 年版,第 274—275 页。

③ 《民国民照心镜》(1918),李天纲编:《马相伯卷(中国近代思想家文库)》,北京:中国人民大学出版社 2014 年版,第 275 页。

者，又大都以世代相传者也"；而"共和制则不然，主权乃寄存于曹众，曹众而为全体国民也，则名为 La Republique democratique，平民政治；曹众而为若尔族姓也，则名为 Republique aristocratique ou oligarchique，贵族政治或豪族政治"。①

接下来，马相伯根据国家"以体式言，或以主权之建置言"，又将国体分"为 Simples et mixtes，单体制与复体制，Unitaires et federatifs，一统制与联邦制"。②所谓"单体制"是指"主权所托体，体格纯一，非杂糅两不相同者以之"，也即"国家之单体制者，其主权完整不分裂"，以上所说的君主制、平民制和豪族制都属"单体制"，而"复体制"是指"言所糅合之复杂，而不单纯也"，据此指出"凡近今君主立宪国皆复体制，以所糅合者兼君主，兼曹众"。③这是说，君主立宪国即复体制，它兼顾君主和曹众的统治因素。接下来，马相伯指出："以上国体，其主权所托，虽有单有复，而主权自体，则完整不分，故皆为一统制。其号令于国中也，得举一切公民而号令之，无此疆彼域，此可彼亘之殊无制限也，无抗衡也。"也就是说，上面所说无论是"单体制"君主制、平民制、豪族制，还是"复体制"君主立宪制，都是"一统制"。而联邦制是"先有列邦，各不相统，其联为一也，乃后起事，依旧各邦各主权，各法律，各政治"，而"新造之联邦联族，虽仍列邦之旧，而抽去列邦之象，以成此联邦之体，治权则操法政之全而无漏，公民则兼列邦之众而平等，一一根据宪法，将列邦所原有无上主权，推让若干于合众国家，制成联邦国体，其自体自性，亦有无上主权，统治新邦族，众公民，而无差别。且得就新国体之范围，特造通行法律，裁制列邦而公布之，行政权与司法权，壹是以联邦国体之范围而为之界。至论对外之权，则惟联邦有之，而列邦则无"。可见，先

---

① 《宪法向界》(1916)，李天纲编：《马相伯卷(中国近代思想家文库)》，北京：中国人民大学出版社 2014 年版，第 231 页。

② 民初"国体"议题更接近于"国家结构"，即中央与地方国家机关的权力分配(参见于明《政体、国体与建国——民初十年制宪史的再思考》，载《中外法学》2012 第 1 期，第 74 页)，马相伯在"国体"部分的论述中确实涉及了这个问题，但也阐述了不同国家类型学即亚里士多德意义上的政体类型说，这便导致国体与政体之混淆。因此对民初"国体"与"政体"的区分，张东荪曾指出批判，认为世界各国没有国体之分，只有政体之分。(圣心：《国本》，载《新中华》(1 卷 4 号)1916 年第 1 期。)

③ 《宪法向界》(1916)，李天纲编：《马相伯卷(中国近代思想家文库)》，北京：中国人民大学出版社 2014 年版，第 231 页。

有列邦在先,后新造联邦制者,构成一联邦之体,而列邦便将原先所有无上主权,转让于新造之合众国家,而有合众国通行之法律,对外亦是以联邦国为主体,列邦无对外之权力。因此,马相伯指出实行联邦制的国家大多数"以共和制为最宜"。① 此外,还有第三种类型是"La Confederation d'Etats,同盟国,大要在联邦与一统体制之间",此同盟国的特点是"与盟之国,盟前盟后,不相统属,不让主权,不过如合从连横之为者,视其国力所能,以尊重某项共同之利益,共同之提议;国内国外,有若尔事,同条共贯,一例遵行;所有盟会,对于与盟国,及与盟国民,无行政权,无司法权,并立法权而无之。盖盟而不守,不诉诸武力,无他惩戒法,则其盟誓之不足为法也明矣"。② 可见,与"一统制""联邦制"均不同,同盟国乃是国家之联盟,是更为松散的联合体,不仅没有行政权和司法权,亦无立法权。

最后,马相伯从瑞士和美国成为联邦共和制的历史出发,指出"瑞士县邑"先是同盟关系,1798 年才终止,北美列邦,1777 年订合众同盟条约,"不过与国之盟书,非联邦之宪法也",可见瑞士和美国都是从同盟而"胎联邦共和制",据此批评当时"学者逆睹瑞士、花旗等,人心之诟病联邦,不如一统政府之强有力也久矣,以为由联邦而胎一统,犹万壑朝宗,行乎其所不得不行"。可见,马相伯是认可"一统政府",倾向于一统制,据此明确反对当时国会宪法委员会中意图"改一统"为"联邦"的"省议联合会"③提议,认为这是"假借宪法等提议,以推倒一统政府,不惟不仁,亦太不知天下之趋势矣,违之而不能国"。④

马相伯以上看法正是民初以来"建国"(state-building)议题的时代

① 《宪法向界》(1916),李天纲编:《马相伯卷(中国近代思想家文库)》,北京:中国人民大学出版社 2014 年版,第 231—232 页。

② 《宪法向界》(1916),李天纲编:《马相伯卷(中国近代思想家文库)》,北京:中国人民大学出版社 2014 年版,第 232 页。

③ 马相伯在 30 年代时曾强调自己提倡"民治"是从民间组织出发的,即由乡县保甲开始,然后"连数县为郡联,数郡为州,然后始有州联",与当时联省自治不同。(参见马相伯《华封老人言善录》,"第三次广播演说:民治从乡里组织起",朱维铮主编:《马相伯传》,上海:复旦大学出版社 1996 年版,第 973—974 页。)此观点可解释他何以反对"省议联合会",却又赞同"联邦制"。

④ 《宪法向界》(1916),引自李天纲编:《马相伯卷(中国近代思想家文库)》,北京:中国人民大学出版社 2014 年版,第 232—233 页。

之声,《天坛宪法草案》专设《国体》一章,规定"中华民国永远为统一民主国","对于民初政法界而言,如何构建一个对外独立、对内统一的现代国家才是更为根本的前提性问题"。① 当然需要特别指出的是,马相伯所提倡的"一统政府"绝不是专制时代的一言堂式的集权政府,这是因为他将"联邦制和统一"有机联系起来,明确"舍联邦制亦不能再统一矣!",这是因为"盖政治潮流已趋于国内联邦制,国外联盟制"。② 在此,他明确指出"舍联邦制不能统一",也就是说,"统一民主国"必须是经由"联邦制"而实现的。③ 比如一战后"英三岛与所属诸共和,大势已合为盎格鲁撒逊一帝统联邦"④,于是呼吁:"仿效英国为联邦制不可。所异者彼统一于君主,我统一于总统耳。"⑤这是说,一战后,英国与其所属国家已成为一帝统联邦国家,是统一于君主的联邦国家,此时中国应效法这一做法,只是我们是"统一于总统"。因此,他明确指出如要解救秦始皇独裁之毒,"莫如仿美国,改郡县为联邦"。⑥ 具体而言,就是"中国现有一千九百有余县,共三百府;三府同纬度者作一联邦,联邦可一百;再并三联邦为一邦联,邦联可三十余"⑦。这便是郡县制改为联邦制的具体做法。

---

① 于明:《政体、国体与建国——民初十年制宪史的再思考》,载《中外法学》2012第1期,第70页。正如列文森所指出的,晚清以来的中国,首先要解决的问题是一个将传统的文明国家构建为现代民主国家的问题(参见[美]列文森《儒教中国及其现代命运》,郑大华、任菁译,桂林:广西师范大学出版社2009年版)。

② 《书〈分合表〉后》(1916),李天纲编:《马相伯卷(中国近代思想家文库)》,北京:中国人民大学出版社2014年版,第245页。

③ 马相伯的这一观点糅合了联邦制和一统制,不同于1913年国会宪法起草制定委员会中相互对立双方的任何一方。当时国民党主地方分权,省长民选,而民进党主中央集权,省长委任。而马相伯认为关键是"此国家所以使人民有自治权也,仅监督之,抑兼委任或选派,在相所宜而已",强调人民自治权,即监督权,而领导者是选派还是委任,要视情况而定。(《宪法向界》(1916),李天纲编:《马相伯卷(中国近代思想家文库)》,北京:中国人民大学出版社2014年版,第238页。)

④ 《民国民照心镜》(1918),李天纲编:《马相伯卷(中国近代思想家文库)》,北京:中国人民大学出版社,2014年,第276页。

⑤ 《书〈分合表〉后》(1916),李天纲编:《马相伯卷(中国近代思想家文库)》,北京:中国人民大学出版社2014年版,第245页。

⑥ 《联邦议》(1935),李天纲编:《马相伯卷(中国近代思想家文库)》,北京:中国人民大学出版社2014年版,第511页。

⑦ 《民治私议》(1935),李天纲编:《马相伯卷(中国近代思想家文库)》,北京:中国人民大学出版社2014年版,第506页。

馬相伯关于"联邦制"与"一统制"的糅合观点在其关于"统一政府"与"地方自治"的论述中亦有体现。他指出只要在"分之前,必须有国民大会,组织互相提携维持之法"①,那么地方自治并不危害统一政府。那这个"国民大会"的召集之法是什么? 国会议员应遵循什么规则? 议事原则又是什么? 马相伯从以下五个方面展开讨论。

一、"凡国民大会,以通国言,绝不能聚之于一堂之上,而不用代表也。故可不言代表,而义自明。"②这是主张国民大会必须选举代表参加,而不是每一个国民皆来参加,所谓"行之以代表制焉"。③

二、"国民之开大会,本无权利,止为救国。"④这是说,参加国民大会的议员,没有相应的权利,只是为了救国,儒家自古就有"民为邦本"的说法,参加国民大会,正是发挥主体作用的最好途径。

三、"为证明大会,无权利可图,只要会员不能借此得钱、做官,官则会散后一年始准,钱则川资视远近,月费不准逾百圆,皆由选举之区供给,私受官界补助者,立即革除。"⑤这一条进一步规定参加国民大会的议员不能借此谋权谋利,如果想当官,必须在国民大会结束一年后才可以,所得钱财也只够来回路费而已,每个月不超过百圆,费用由选举区供给。

四、"招集之法,须普及而简便。窃谓莫如姑用谘议局选举法,纵民自为之……权定县为初选区,旧有之府为复选区。"这一条是关于国民大会代表的选举之法,马相伯建议采纳清末新政时谘议局的选举法,即县级初选出"十人二十人",府级复选"可留三四十人",而且"此三十四人者,可于一府之中,知识界、经验界,各举其遗漏,或在外者,约十人上

Footnotes:

① 《书〈分合表〉后》(1916),李天纲编:《马相伯卷(中国近代思想家文库)》,北京:中国人民大学出版社2014年版,第245页。

② 《国民大会说》(1916),李天纲编:《马相伯卷(中国近代思想家文库)》,北京:中国人民大学出版社2014年版,第247页。

③ 《民国民照心镜》(1918),李天纲编:《马相伯卷(中国近代思想家文库)》,北京:中国人民大学出版社2014年版,第276页。

④ 《国民大会说》(1916),李天纲编:《马相伯卷(中国近代思想家文库)》,北京:中国人民大学出版社2014年版,第247页。

⑤ 《国民大会说》(1916),李天纲编:《马相伯卷(中国近代思想家文库)》,北京:中国人民大学出版社2014年版,第247页。

江苏历代文化名人传·马相伯

下"，当然这两次选出代表都属"候补"，并在候补中票选出最多者赴大会，每府1—3名，再从候补中选出顾问二人，顾问不列席国会，但可旁听。"如此则民有监督议会之权，而不虑会员之不尽义务矣"。① 也就是说"国会议员，一府一名，以各县土著及久居有财产，兼谙习地理、历史、土产者为合格。合格数多者，由府议会股票决之。多者充议员，次多者按余县充秘书，有与议权，无出席权，且所与议若一致"。② 因此呼吁"商界、学界、农工等界，毋自标榜，互相疑贰，各因现有机关，每府公举议员一人二人，顺和平正轨，使中华民族亦得自决前途，庶地方自治得实现欤！ 不然，民国亦不能实现。"③也就是说，商界、学界、农工等界精英应该公忠体国，依据现有机构，一府之内公举一二位国民大会议员，如此地方自治得以实现。

五、"大会所议之事……既曰五族共和，是对外宜共一总统，而内政则民族宜各自决也。各自决云者，宜各有政府，即各有国会与阁员，与人民自治也。然则外蒙及西藏，宜按共和制，各设政府。果设政府，断不至与民国阴怀疑忌，即回、汉杂居之新疆，满、汉杂居之东三省，若果各设政府，不徒地不广而易治，治理亦愈有精神也。"在此，马相伯指出既然亦承认"五族共和"，那么在"对外共一总统"的前提下，应允许民族各自决，也即每个民族有自己政府、国会与阁员，以及人民自治，由此每个民族的治理便颇有成效。而且"不独五族应分，即汉族亦至少南北分治。况南北以天时地利之不同，久矣酿成风俗嗜好之不同，甚至学问艺术，俱分南北。南北如果分治，不第可应时局变迁之数，亦可因南北对峙而生比较，因比较而有进步，且急进与缓进，可各从所好，不至动以武力相争也"。④ 此是说，不仅五族应自决，而且即便在汉族生活的区域内，亦有南北之分，风土人情不同，风俗嗜好不一，甚至学问艺术也分南

① 《国民大会说》(1916)，李天纲编：《马相伯卷（中国近代思想家文库）》，北京：中国人民大学出版社2014年版，第247—248页。
② 《民治私议》(1935)，李天纲编：《马相伯卷（中国近代思想家文库）》，北京：中国人民大学出版社2014年版，第508页。
③ 《民国民照心镜》(1918)，李天纲编：《马相伯卷（中国近代思想家文库）》，北京：中国人民大学出版社2014年版，第279页。
④ 《国民大会说》(1916)，李天纲编：《马相伯卷（中国近代思想家文库）》，北京：中国人民大学出版社2014年版，第248页。

北,那么顺应此差异,实行南北分治,如此各从所好,也不至于动用武力来解决彼此之间的分歧和矛盾。

而"中国之难治,人皆以为区宇远大,然则土宇、土产、土俗等情形,不一一烂熟于胸中,如视诸掌,不易言治矣。顾一省一道之大,其土宇、土产、土俗,能实地调查、胸次了然如指掌者有几?"①。在此,马相伯强调中国之所以难以治理,就在于地域广阔,各地土产、风情又都不同,对这些情况不能了然于胸,因此不容易治理。譬如一省、一道内的不同情形,能掌握得有多少? 而且"即以汉族论,以天时地利南北之不同,致造成风俗习惯之不同,虽同一佛教,同一学术、艺术等,亦南北不同。恐不如顺时势所趋,分南、分北、分东西,各设国会国务院之为愈矣。不但汉族可分,即蒙、藏、新疆,亦可分为内外前后、天山南北路等"。再次指明即便在汉族居住区域内,南北东西各有不同,不如顺应此不同形势,分别东南西北,使之各自设立国会和国务院,而且不但汉族可分,即便是蒙、藏、新疆亦可分。但又指出:"国内虽分治,不分民,民欲南者南,欲北者北,虽蒙、藏欲南北,南北欲蒙、藏,凡有财产合公民资格者,居三月即得所居地公民之权利,其不愿者,不先声明不可。为此五族共和之宪法,不宜有一条偏于一族,此亦诱导蒙、藏不以宗教阶级致碍共和之平等也。"这是说,地方可分治但国民不分,凡是有合法财产收入的公民,在某一地居住满三月就可以获得此地区的公民权利,这样便足以调动蒙、满、藏的团结力和向心力,使他们不至于因为宗教阶级的不同而妨碍获得"共和国"的平等权。而且"盖分则有比较,比较形而后有求胜之心,改良之望。此朱子论屯田,谓军民各自为屯,则两屯心竞,各务其功之道"。② 这里,马相伯指出所谓"地方分治"后便会相互比较,有争强好胜之心,便有改良社会政治的希望和动力。这就是朱子对屯田的论述,使军、民分而屯之,则会产生求胜之心,各自才会尽心尽力做好。

此外,马相伯还从袁世凯的反面例子说明地方自治之必要,"袁皇

---

① 《宪法向界》(1916),李天纲编:《马相伯卷(中国近代思想家文库)》,北京:中国人民大学出版社 2014年版,第238页。
② 《书〈分合表〉后》(1916),李天纲编:《马相伯卷(中国近代思想家文库)》,北京:中国人民大学出版社2014年版,第245页。

帝亦深知南北因天时地利之不同,造成饮食、起居、风俗、习惯之不同,由是书画、音乐、诗文、词曲等美术,拳棒等武艺,医药等方书,理学、佛学等宗派,以及农、工、商、贾、政治、赋税,俱南北不同。不同而思统一之,于是袁皇帝本其旧有之迷信,曰南强不敌北强,莫如取南方赋养北方兵者,以统一之……是欲以离贰之因,收统一之果也"。[①] 在此,他指出袁世凯虽深知南北诸多方面存在着不同和差异,但他却一心想以武力来统一,如此行事难道不是缘木求鱼?再者,中国地方自治的历史很久远,"不独旅居有省府县会馆可以为证,大抵桥梁、道路、保甲、民团等,各乡皆自捐自用……然则地方自治,为中国伊古以来所固有"。[②] 最后,他明确指出:"即以中国论,有清治汉,分为省治,满、蒙分为各旗,而无上主权则一统。然则区域之分治,地方之自治,固无伤于一统。"[③]归结而言,只要确保"制宪之责任,亦于是乎在,一条举国体,二条举政体,三条举国民个人之名分,而明白承认保持之",如此"地方自治为民治最要之点,既无害于统一,则自治领区,分为南北,亦无害于统一可知"。[④] 只要承认宪法,地方自治便不会与统一冲突,即是说,地方自治依据宪法而实施,便不会伤害到国家统一。

继而马相伯特别指出:"自治领区,务使相与讨论者,县则周知其县,州则周知其州"[⑤],建议"自治领域"为县级和州级。1920 年,马相伯进一步提倡自治,"惟宜使人民自治"。具体"由各县之各乡举长于赀财、知识、无害群事迹者,轮推年董三人或五人,其短于知识,或不愿充者,可担保一人以代之。此属义务,无给,可连任,无年限。事关一县者,会议于县,以民选县尹为监督,事关一郡者,推举代表若干,会议于

---

① 《民国民照心镜》(1918),李天纲编:《马相伯卷(中国近代思想家文库)》,北京:中国人民大学出版社 2014 年版,第 271 页。
② 《民国民照心镜》(1918),李天纲编:《马相伯卷(中国近代思想家文库)》,北京:中国人民大学出版社 2014 年版,第 273 页。
③ 《民国民照心镜》(1918),李天纲编:《马相伯卷(中国近代思想家文库)》,北京:中国人民大学出版社 2014 年版,第 276 页。
④ 《民国民照心镜》(1918),李天纲编:《马相伯卷(中国近代思想家文库)》,北京:中国人民大学出版社 2014 年版,第 277 页。
⑤ 《宪法向界》(1916),李天纲编:《马相伯卷(中国近代思想家文库)》,北京:中国人民大学出版社 2014 年版,第 238 页。

郡,以民选郡守为监督"。此即是"自治但以县为单位",这是因为一县之内地域不大不小,选举出来的代表可连任无年限,有参政议政之义务,无工资无待遇,这些被推举出来的代表可以在县或郡级别组织开会,讨论一县或一郡之事,而县长、郡守抑或选民,会议期间,有监督权力。如此才能调动起一县或一郡人民之"主人翁精神",也才能从源头上破解"胥吏之害","胥吏为久矣!至民国而尤甚。知事至为胥吏首领,虎而寇,其害不可胜言。非解放人民,听其自治,殆无法驱除也"。①由此可见,马相伯主张县级议员由各县之各乡人直接选举产生,其意义不仅是人民自治的直接体现,而且有助于从根本上解决"胥吏之害"。据此他明确自己倡导的民治方略"实源渊我固有之民政,如苏子由(按,苏辙)所论者,从民间组织起,由乡县保甲始。联数县为郡,联数郡为州,然后始有所谓'州联'"。② 也就是说,所谓"民治"是从传统"乡县保甲"开始的,也即"人民自治,以土著什佰仟户为领袖"③,"亲民之官亦然,各用本郡本州人"④。而关于县级以上地方各级议员的选举,一如选举国会议员,即"各县如按农、工、商、学有名望者,选出之",人数可有二三十人,后在"府复选","选存三四十人,作为候补会员",并在此候补抓阄选出"三人","少则一人为会员",并选出"二人为顾问","顾问惟旁听、预闻议案而已"。⑤ 可见,县级以上议会议员的选举,须以县级议员代表为基石,也就是"惟郡州议会中之人民代表,皆从县议会推选出席"。⑥ 可见,马相伯的议员选举法根据县与县以上的划分将直接选举和间接选举相结合,会议代表的直接选举权只保留在县一级,县以上须在下一级议会代表中推选出。

① 《跋〈造花园新法序〉》(1920),李天纲编:《马相伯卷(中国近代思想家文库)》,北京:中国人民大学出版社 2014 年版,第 319 页。
② 马相伯:《兴国大计答客问》,朱维铮主编:《马相伯集》,上海:复旦大学出版社 1996 年版,第 934 页。
③ 《民治私议》(1935),李天纲编:《马相伯卷(中国近代思想家文库)》,北京:中国人民大学出版社 2014 年版,第 508 页。
④ 马相伯:《提议实施民治促成宪政以纾国难(附刍议)》,朱维铮主编:《马相伯集》,上海:复旦大学出版社 1996 年版,第 924 页。
⑤ 《书〈分合表〉后》(1916),李天纲编:《马相伯卷(中国近代思想家文库)》,北京:中国人民大学出版社 2014 年版,第 246 页。
⑥ 马相伯:《兴国大计答客问》,朱维铮主编:《马相伯集》,上海:复旦大学出版社 1996 年版,第 935 页。

而要切实实现地方自治,首要的问题便是地方税问题,马相伯指出:"自治而无地方税,以供其费,空言无益也……况君富不如民富,君主犹知之,民国政府而不知,何用此政府为?"①明确地方税费必须用在地方自治。呼吁宪法应该规定地方税为自治费,否则自治断不能实现。这就是说"言省制而不先定地方税,则破坏一统而有余,于地方自治无益也。地方税而不用直接税,自治断不能猛进。直接税不约定若干年后始归地方,则中央政费现难成立"。② 此前在中国"税诸民,无一还诸民,民不蒙其利,视税为政府所自私,自私则富莫富于政府。政府,天下皆恶,中国尤甚",对征税后不用之于民,只是富政府,提出强烈批判。虽"以哲理言,税为人民所以求治",但实际情况是"不足佣夫吏以治平于我,不足充其费以供我自治",于是"人民于国家,于社会,皆丧其义务,而不知依赖性成,习惯难变,故不由自治各区,自征自用,而欲由官强征,势必多扰"。贪官污吏中饱私囊,不用税收为民谋福利。为了解决此困境,马相伯建议:"诱以地方行政,人民自治,曰教育,曰卫生(所包者广,即如洗衣所亦在内),曰交通,曰建筑(凡人民欲择便宜之地,设州、设县、设村镇者听),曰征兵,以补体育,体育以资守望,皆地方自治所有事也。"如此人人皆能"亲受亲睹",然后"爱护乡里之心,油然及于一国",而且中央政府"所担任者无多废,只税海关,税契据,税印化,税盐,税烟,税酒及税奢华品而已足",如能切实做到这些,那么"乡村无有不治,而人乐为共和之民矣"。③

针对"地方税归自治,徒令绅董中饱焉耳"的观点,马相伯反驳道:"不然,一乡之税,能有几何?不见乡民之纠会,会钱之进出,计算何等分明?则其进出乡之税,亦犹此矣。乡董等坟庐所在,断不敢得罪于乡人。"④这是说,一乡的税收能有多少,乡民能算计得很清楚,而且那些被

①《民国民照心镜》(1918),李天纲编:《马相伯卷(中国近代思想家文库)》,北京:中国人民大学出版社2014年版,第274页。
②《保持〈约法〉上人民自由权》(1916),李天纲编:《马相伯卷(中国近代思想家文库)》,北京:中国人民大学出版社2014年版,第223页。
③《民国民照心镜》(1918),李天纲编:《马相伯卷(中国近代思想家文库)》,北京:中国人民大学出版社2014年版,第267—269页。
④《民国民照心镜》(1918),李天纲编:《马相伯卷(中国近代思想家文库)》,北京:中国人民大学出版社2014年版,第285页。

推举出来的乡董都是本乡本土之人,也不至于贪图钱财,而得罪乡里。反而是一省、一县财税繁多,容易造成钱财集中从而中饱私囊。如果确实做到地方分治分税,那么此地生活的人民各个都能得到税收之益处,也就得自由之福。他深刻意识到"惟以地方税供地方自治,自治则民有主人心,无过激心。过激心皆生于贫困,为势所驱,识时务者其预防之!"①正是通过将地方税用在地方自治,才能避免因贫穷而产生的过激心,从而使人民产生"主人心"。因此马相伯指出:"自治要亦无难,即孟子所谓'出入相友,守望相助,疾病相扶持。使民皆欲耕于野,藏于其市,出于其途'之道耳,亦即今人所谓教育、体育、卫生、实业、交通等事耳。人欲相生相养,阙一不可。"②这是说,地方自治(人民自治)也不是难事,就是每个人都能相生相养,都能享用教育、卫生、实业等权利和益处,即"民治者,民生主义也,其义在《大学》之生财与《鲁论》之富之教之"③,这是因为"以君养民,民必不足,使民自养,养乃有余,此天下之公言也"④,此是说,君主制时代,以君主来养民,结果民往往不得其养,而如果使人民自治,地方税用在地方自治上,相生相养,自不会出现贫穷困苦之惨境,因此说:"自治而无治费,虽尧、舜之民,可以自治乎?"⑤

由上可见,马相伯在表述自己的"民治"思想时,注重将西方"德穆克拉西⑥学说"与我国传统儒家强调的"民本"思想相贯通。"我谈民治,还是我自古相传的民为邦本政策。苏辙在他著名的《民政策》文中,就有过很好的说明。略引几段:'王道之本,始于民之自善,而成于民之相爱……'我主张人民自治,就是人民自喜,彼此相爱,来问政治的,因为政党能替人民设计,难道人民反不能自动来组织么?"在此,马相伯明言

---

① 《民国民照心镜》(1918),李天纲编:《马相伯卷(中国近代思想家文库)》,北京:中国人民大学出版社 2014 年版,第 282 页。

② 《民国民照心镜》(1918),李天纲编:《马相伯卷(中国近代思想家文库)》,北京:中国人民大学出版社 2014 年版,第 284 页。

③ 《民治私议》(1935),李天纲编:《马相伯卷(中国近代思想家文库)》,北京:中国人民大学出版社 2014 年版,第 506 页。

④ 《民国民照心镜》(1918),李天纲编:《马相伯卷(中国近代思想家文库)》,北京:中国人民大学出版社 2014 年版,第 284 页。

⑤ 《无题》(1921),李天纲编:《马相伯卷(中国近代思想家文库)》,北京:中国人民大学出版社 2014 年版,第 339 页。

⑥ 德穆克拉西,英文民主 democracy 的音译。

自己的民治思想源自儒者"民本"思想，还特意据苏辙《民政策》一文来论证民治便是人民确实获得益处，心生欢喜。"总之，一方保有古代民政良策，一方兼采欧美民治设备，总算尽了新中国民治的能事！"①而所谓"欧美民治设备"就是德穆克拉西学说，也即从"神我"和"形我"角度论述"保障人民之受赋自天之人权"。②

晚年马相伯更为强调"民治"，所谓"民治为民主政治之结晶，而现代国家所由形成也"。③ 1935年，马相伯先后撰写《民治私议》与《联邦议》，指出如果想彻底解除古代中国朝代轮替之暴力和战争，"非用民治不可"，而"民治则舍国会与总统制殆无由"。④ 正如前述，民治有民本内容，即"民生主义"，儒家所谓富之教之，而国会就是"代人民协此议"者，而总统就是"代人民之行此议"者。可见，代议制仍然是其政治之基本主张。

而国会之选举法在1916年《国民大会说》中有详细论述，简言之"一府至少一人，多则三人"可赴大会，而国会议员是"县为初选区，旧有之府为复选区"，如此确保"民有监督议会之权"。⑤ 至于总统之选举，马相伯不主张采用美国式的"公民公举"，认为此举"费时费钞"，而是主张："县尹至邦尹，应与科学、文学著名者，就通国人才先选举之，亦不避互相选举。用记名投票，分一百联邦以行之，票出各邦联印就联字票，分给各府。府于票首，各加盖邦与府、县名，使不能私造。投票后，汇选联议会，然后汇送国会。国会将汇送票数之多者，与自行投票之多者，一共若干千佰名，然后发给通国县公民及什佰仟户各用记名。在此若干千中，就一县一区投票选之，无须离国离乡跋涉也。即由各县尹什佰仟户等，监督汇齐票数多者二三十名上之府尹，各府尹再以票数多者二十名汇送国会。国会先自行投票合并二者，揭其票最多者为总统，次多

---

① 马相伯：《华封老人言善录》，朱维铮主编：《马相伯集》，上海：复旦大学出版社1996年版，第973—974页。

② 马相伯：《兴国大计答客问》，朱维铮主编：《马相伯集》，上海：复旦大学出版社1996年版，第934页。

③ 朱维铮主编：《马相伯集》，上海：复旦大学出版社1996年版，第921页。

④《民治私议》(1935)，李天纲编：《马相伯卷（中国近代思想家文库）》，北京：中国人民大学出版社2014年版，第506页。

⑤《国民大会说》(1916)，李天纲编：《马相伯卷（中国近代思想家文库）》，北京：中国人民大学出版社2014年版，第247—248页。

者为副,等多者由国会投票,决其为正为副。副为立法院长,不得干预总统行政,但总统出缺,例为继承人,继承满三年而止。"①这一总统选举法颇为繁复,先是县长以至邦长(省长),和知识名流一同选出一定名额,呈送给国会。然后一方面国会将得票数之多者,再下发到各级地方行政机构,再有一县一区投票,县长以投票多者报送上级,上级再将之报送国会;另一面国会议员也自行投票,然后再将两类票数合并再投票。如此上下繁复多次,票数最多者为总统。可见,马相伯的总统选举法,既有议会内阁制的内涵,虽选举路径繁多,但最终是国会议员投票选出总统,所谓"总统由国会选举之"②;同时又一定比例的"民选",这包括县级以下直接的民选以及县以上间接选举,此外,马相伯还特别重视精英选举权,即"凡道德、文章、科学著名者"的选举和被选举权。特别是各级地方行政首脑的选举更加体现精英或地方原则,"邦尹下至县尹,例用中学出身之土著,或久居有终身之意者(能谙法律最好,否则聘用有道德之法学,代问民事诉讼,不然律师多于卿,是驱学子皆读律也),例外须联议会特准"。当然"邦尹"因其管辖行政范围较广大,采用总统选举法,可"就通国选之"。③

由上所述,马相伯指出宪法所应该规定的第一条便是明确"国体"内容,包括国体之类型即君主制、平民制和豪族制,"单体制和复体制"以及"一统制和联邦制"问题。继而在"一统制"和"联邦制"关系问题的讨论中,着重论述在召集国民大会、承认宪法的前提下,"一统政府"与"地方自治""联邦制""总统制"可携手并进。

宪法所应规定的第二条即"政治及政体,Le Gouvernement et le forme du Gouvernement"。首先,马相伯从"政治"一词的定义出发,指出:"政治一语,就切实者言之,乃秉国钧者之作用也,无上主权之行使也。其作用,全在能尽国家当尽之责。责何在? 在确然保障邦族(身

---

① 《民治私议》(1935),李天纲编:《马相伯卷(中国近代思想家文库)》,北京:中国人民大学出版社2014年版,第508页。

② 《联邦议》(1935),李天纲编:《马相伯卷(中国近代思想家文库)》,北京:中国人民大学出版社2014年版,第511页。

③ 《民治私议》(1935),李天纲编:《马相伯卷(中国近代思想家文库)》,北京:中国人民大学出版社2014年版,第507页。

家、性命、财产、名誉），外御侵凌，内崇秩序。秩序者，各安分位所宜，使物我之间，一一得其分愿之谓也。"可见，马相伯给"政治"下的定义是指国家无上主权之行使，以确保对内维持秩序，对外抵御侵略。继而他指出："无论为君主，为民主，政治之道，不外任心任法。任心者，万几万变之乘，一以主心之观察，为应付之方而已；任法者，于习俗礼教之外，一以前定之条文，为主权之导线而已"，即所谓"专制与法制二政体而已"。根据国家权力行使的准则是"任心者"还是"任法者"，马相伯认为政体类型只有两种，即专制政体与法制政体。因此说："至论政治上真自由之精神，则全在以法为治。"强调政治之真自由就在于法治；否则，即便"政由民主，假令通国人民，对于某一公民，可不循常法，而任意处分之，或若干分子，可干涉全体，尚何自由权之有？"。在此，特意指出即便是在民主国，如果不按照法律，反而是任意处分某一公民，或者说少部分人可以任意干涉全体，如此便是丧失了自由权。因此，指出："从知保障自由权，乃法律之精意，可诠为'最高主政之令也，禁也，非对于个人之观念、个人之利益而设之，乃对于大众者，欲其以后世世永守之'。以故法律无有不公正，惟其无有不公正（谓既本于良心），犯者无有不前知。"[1]可见，法律之精意就在于法律是没有不公正的，本于人之良心而制定，不是基于任何一个人的观念或利益的，世世代代可遵守。

接下来，马相伯论述"立法权与行政权"之区分，指出："最高主政之不能废弃法律，明明立法与行政，可分为两部而独立，不过法律必先制定而后执行，故立法权似较重，然制定终有停止，有间断。行政权不然，一如邦族之生存，为无断性故，故泛言政治或政府，往往专指行政，有间断，是无政府也，其关系之重有如此者矣！"这是说，国家最高主政者无权废弃法律，那么立法权和行政权明显是分立的，制定法律者在先，是有间断的，而执行法律者在后，平常所谓政治或政府，就是专指行政而言，是不能有间断的。制定法律者在先，似乎立法权更为重要，但法律制定是有终点的，是会中断的，而行政权却不会间断，所以行政权也至

---

[1]《宪法向界》(1916)，李天纲编：《马相伯卷（中国近代思想家文库）》，北京：中国人民大学出版社2014年版，第233页。

为重要。继而将"立法权"形容为人的大脑,其职能是"司觉",而"人不可不寐,寐则脑筋休息时也",但"行政如心主血",如果血液有一刻不运行,"则身死矣;一肢不行,则一肢死矣。"所谓"一肢死者",是指"行政之执行法律也,在使人人遵守之,有不遵守者,是一肢死也"。可见,立法权与行政权皆至关重要。再者如果出现或小或大的不遵守法律的问题,"小者针之,大者凿之,审其大小针凿之宜,权归司法,与立法、行政有鼎足而三之说"。也就是说,如果出现不守法的事情,那就要司法来审判。这便是所谓立法权、行政权和司法权三权分立的思想,但马相伯指出:"司法之作用,固可归并于行政",因"一国之主权,精神在法律,既有制定之者矣,复有执行之者,能事不已毕乎?",对卢梭《社会契约论》中"专设一司,权衡二权,而参验其对望"认为是"赘矣"。① 可见,司法权并不具有与立法权、行政权鼎足而立的地位。如此一来,立法权和行政权之关系便成为至关重要的问题。鉴于"曹众之专横,横于孤寡"的认识,马相伯好意提醒"醉心于立法,视如一国之钟摆,谓可节制无上主权者",反问道:"彼欲以立法权枭食行政权者,可以悟矣!"明确反对当时宪法制定会议中某些议员妄图以立法权侵蚀行政权的做法。这是因为"亦不能不以行政权为主权之主要",唯有立法权和行政权相互倚重,而不是有所偏重,才能实现"凡立法权所制定者,一一执行无退让,使人人有真平等,真自由,而后一国主权,乃显现分明,各得其所",否则"虽制定,徒空言耳"。因此,他极为反对立法权干涉行政权,同理也反对行政权干涉立法权,理想的状态应是"调和立法、行政,如歌弹相倚,为惟一之祈向"。②

最后,马相伯论述最高主政者如何施用其权,根据"可直接以施诸所属,或间接而用代理制"而产生"直接政体"与"代理政体"之区分。其中"代理政体复有二。一者最高主政,特将无上主权,或一部,或全部,任命所选代理之人,得以运用自由,任期有久有暂,而不能任意收回则

---

①《民国民照心镜》(1918),李天纲编:《马相伯卷(中国近代思想家文库)》,北京:中国人民大学出版社 2014 年版,第 276—277 页。

②《宪法向界》(1916),李天纲编:《马相伯卷(中国近代思想家文库)》,北京:中国人民大学出版社 2014 年版,第 233—235 页。

一也。二者所选代表，不过介绍人，而以邮传命令，然可任意取消另委者也"。此处涉及国家最高权力者行使权力的形式类别，一是直接政体即皇帝制度；二是代理政体，分为总统制与议会内阁制。[①] 接着，马相伯详细论述议会内阁制和总统制之区别，指出："至内阁制，实政党制也。英有宪章数百年，无内阁为众议院推倒事……美国之用总统制，殆已有鉴于斯欤？然总统制与内阁制，所争者一对国民，一对国会而负责任。对国会，亦不过总理一人，应由国会同意，为其对于国会应负责任。故既负责，而用人不予以自由，是包工而干涉选匠也，可乎？且与连带负责相矛盾，何以故？为其各由同意，则对国会，应各人直接分负责任故。"[②]在此，马相伯分析议会内阁制在英国的历史演变，指出美国实行总统制正是吸取英国内阁制下政党更迭频繁而导致内阁不长久的教训，再者指出总统制是选民投票选举出来的，须对选民负责，而内阁首脑是议会中的大党选举产生，须对议会负责，同时议会也必须赋予内阁首脑用人的自由权。1935年，马相伯明确倡导"总统制"，但其总统之选举由国会选举，而各级地方行政长官之选举亦由各级议会选举，可见，其总统制的主张与此处所说的美国总统制是不同的，反而更多议会内阁制的色彩，即如县尹至邦尹均是同级议会的领衔者，即"立法权和行政权"是统一的，所谓"府议会以府尹领衔""邦议会以邦尹领衔""联议会以联尹领衔"。[③]

接着马相伯指出："无论直接或代理，惟无上主权，最高之作用宣之，例如立法部与最高行政部是矣。"此是说，无论直接或间接代理，其无上主权的行使领域只在立法院与最高行政部，但是"听断讼争"须由司法来处理。而且具体政务则必须有代理，"欲令通国民主，直接听断之，有扦格而不行者矣"。所以"行政权而求其左右有民，各奋才力，而就事功……诸如此类，最高主政与所管辖之事之人，不能不设大小机

① 《宪法刍界》(1916)，李天纲编：《马相伯卷(中国近代思想家文库)》，北京：中国人民大学出版社2014年版，第234页。
② 《宪法刍界》(1916)，李天纲编：《马相伯卷(中国近代思想家文库)》，北京：中国人民大学出版社2014年版，第238—239页。
③ 《民治私议》(1935)，李天纲编：《马相伯卷(中国近代思想家文库)》，北京：中国人民大学出版社2014年版，第509页。

关,明定统系而助理之",此类具体办事人员统称为"政务员"。政府与政务之区别"如一繁重机器,政府主其动者也,其他政务犹大小各齿轮,衔接以传其动者也……历考往史,惟君主可以躬亲……"。①在此,马相伯强调最高主权者在曹众的国体中,必须实行间接代理之政体,万不可似君主那样事必躬亲,乾纲独断。据此,马相伯反问道:"民治之要,于指定法律,既可直接委任代议士,于执行法律,独不可以委任最高主权,使间接以委任代理人乎?"既然制定法律,都可以委任国会议员,为什么独独于执行法律的行政权却不能间接委任代理人?而之所以强调间接代理人,乃是因为"间接者,以代理执行法律,必须有科学,有经验,经验非久于其位不可……大抵行政部,贵有终身之任,万不可随政治方针而屡改,尤不可随意增减"。这是说,一国行政权必须采用间接委任代理人的方式实施,"政务员"必须有本部门的科学知识,积累宝贵的经验,这是要求有稳定而不随政策方针而屡屡改变的"公务员"体系,所谓即"部各有定员,员各有专职"②,而且最好的选拔方式即为考试,所谓"一切机关公务人员必用本部科学考取法"③,非民选亦非议会选举。

以上即是马相伯关于"国体"与"政体"的界说,他将"国体"定义为"依据宪法以规定,伊谁主政",也即国家类型学说,分君主制和共和制,而共和制又细分为民主制和豪族制;同时提出"舍联邦无一统"的观点。在他看来,"民主政体,大和会之大一统"是"现今最适用之国体"④,1912年中华民国的建立,标志着实行共和制已为共识,已成现实,他曾说:"今国体已造成共和"⑤,"既将中国政府旧有之上下等威推翻之后,改造

①《宪法向界》(1916),李天纲编:《马相伯卷(中国近代思想家文库)》,北京:中国人民大学出版社 2014年版,第 234—235 页。
②《民国民照心镜》(1918),李天纲编:《马相伯卷(中国近代思想家文库)》,北京:中国人民大学出版社 2014 年版,第 277 页。
③ 马相伯:《提议实施民治促成宪政以纾国难(附刍议)》,朱维铮主编:《马相伯集》,上海:复旦大学出版社 1996 年版,第 924 页。
④《保持〈约法〉上人民自由权》(1916),李天纲编:《马相伯卷(中国近代思想家文库)》,北京:中国人民大学出版社 2014 年版,第 223 页。
⑤《书〈请定儒教为国教〉》(1916),李天纲编:《马相伯卷(中国近代思想家文库)》,北京:中国人民大学出版社 2014 年版,第 220 页。

共和国家"①;而又强调地方自治,特别是县级人民自治权,同时一统于总统,此外他独特的国会和总统制亦是民治的重要内容。而"政体"指向的是最高主权者是以法律还是凭自己意愿、心思来行使其权力,所谓"任人"或"任法"之别,同时论及立法权和行政权之畸重问题,提出"调和"之说。

宪法所应规定者第三条即"国权对于民权之限制"。马相伯从西方历史演进的角度,指出就"国家之名分与统治权"而言,"上古希腊人、罗马人,盖已早知其为物,一则至大而无外,至高而无上;二则既可托生于一姓,即可降衷于万姓,轮回于孤寡可,轮回于曹众可;三则于所组共和制,戚戚然防维之如不及者,厥惟代理行政职权"。这是说古希腊、古罗马人关于国体之分类已然知晓,只是"独于个人之权利,则视若蔑如,举凡生命财产、统治权,可任意处分之……;虽信心与信教之自由……,亦得而干涉之"。据此,他指出:"民权之理想,不过始萌芽于中古,得悉然深信,个人所有之名分(不言权利者,权利可力取,名分则否),远在国家所有之先,高出于国家所有之上。"这是说,个人所有之名分(即权利)是后起之说,出现在西方中世纪,其历史才有三四百年,这个说法是符合西方个人主义思潮、人权观念兴起之事实的。他指出:"民权理想之结胎,由欧洲中古,为蛮族所侵,豪酋各私地主之权,不用共主之命。在英,则地主利用人民以敌共主,故君权日削;在大陆,如法国则共主利用人民以敌豪酋,故专制日尊。然惟其利用人民也,而民权之理想,亦由此发皇矣。"在此从英法两国的历史演进出发,指出两国利用人民的路径不同,却均促进民权思想的兴起与发展。同时,指出在中国,则"惠后雪仇,匹夫匹妇,一能胜予云云,早视个人所有名分,应在国家所有之上",从中国古代思想中"闻诛一夫纣""天下兴亡,匹夫有责"等观点,论证中国民权思想渊源更久远。那么"条举国家之宪典,规定主权之运用……必使最高主政之订法律也,应视个人之名分为标准"。② 也就是

① 《录北京 1919 年 11 月 18 日巡阅使光主教致天津华铎书并按》(1919),李天纲编:《马相伯卷(中国近代思想家文库)》,北京:中国人民大学出版社 2014 年版,第297 页。
② 《宪法向界》(1916),李天纲编:《马相伯卷(中国近代思想家文库)》,北京:中国人民大学出版社 2014 年版,第 235—237 页。

说,从现代国家学说来看即从个人所有之名分学说兴起之后来看,个人之名分(权利)是宪法制定的在先者、在上者,宪法制定必须以个人所有之名分为标准。这里,马相伯突出宪法的制定必须以个人之所有权利的保障为基础和准则,此即"采取欧西德穆克拉西学说之精义,如主张'神我''形我'之宪法,保障人民之受赋自天之人权"。①

接下来,首先区分宪法与一般法律,马相伯指出二者"向界殊而学科亦殊",指出宪法为根本法,"其范围,其义理,岂有他哉?一条举其国体,二条举其政体,三条举其个人之名分,而明白承认,保持之而已",所以"宁简毋繁,毋取盈于法律科"。又区分群学(La sociologie)和宪法学,指出前者"人群,Les societes humaines 学(社会学)也",而人群学的研究内容是"凡人群之结构、布置、推行程序,无不奉以周旋,由是国家之缔造也,政治之经营也,无不备举。然不举其经涉者言之,而惟举其所以演成之纲纽",而宪法之学则不然,是"端举国家及政治,因礼俗禁令,所演成之国体、政体,探本其精神、其原理,复穷极其功用,按诸论理学,以求得持平万法之极轨,所谓一国之中,使分愿各得其平(Science juridique)之学也"。据此,他一方面指出宪法与群学有极大的关联,即"宪法虽非群学,而宪法上一国之历史,及与万国比较之历史,实为群学至捷之径途,考证国家与政治,缘何性法,得以演成者也"。同时,指出二者之不同,有如下两点"一在研寻天然法,一在人造法;一在国家与政务,所缘以成立,一在所缘以持平"。②

接着马相伯从"西哲推原其理,最中正者"之两点出发,论证每个人的自由与平等权。他指出,西哲关于个人权利的论说中最中正的两点是指"一则斯人相与,知凡同类,具人性,异兽性;一则人性同,性法同,我有分愿欲保之,亦应保人所有",由此两点出发推出:"人类群聚,设为郡治。郡治之道,导夫人我之间,各守分愿,各得分愿。分愿非他,名分是

---

① 马相伯:《兴国大计答客问》,朱维铮主编:《马相伯集》,上海:复旦大学出版社 1996 年版,第 934 页。
② 《宪法向界》(1916),李天纲编:《马相伯卷(中国近代思想家文库)》,北京:中国人民大学出版社 2014
年版,第 236 页。

矣。曰各守,曰各得,是人我之间,对于治法,各平等也。"①在此从人禽之辨出发,指出人皆有人性,与禽兽有别,我要保有我之分愿(名分),亦希望能保有别人的。此即"一则斯人相与,知凡同类具人性,异兽性,不得以力多为尚,数多为尚;一则人性同,良心之性法又同,我有分愿欲保之,亦应保人所有"②,强调人类因拥有同一人性,同一良心之性法,规定每个人在保有自己权利的同时,亦应该保有他人之权利。正是因为每个人均有"自主之权",因此在政治法律面前,具有平等权,也就是在国法面前之平等权,裁判之平等权,被选举之平等权以及纳税之平等权。而自由权可细分为两类,"综其人性应享之名分,有益于身而可自主者:一居住,二营业应得自由,三财产,四家宅。毋得侵犯。有益于心而可自主者:一、信心,信教,得自由;二与三、聚谈与发印,得自由(由人有交换智识之名分故);四与五、集会与教授,得自由"。③ 这是说,从人性所应享有的名分来看,又分为两类,即身体方面之自由权利,包括居住权、营业自由权、财产权和住宅权;而在心灵(精神)方面之自由权利,包括信仰自由权、言论和出版自由权,集会和教授之自由权。

当然,这些自由权都以不妨碍他人之自由权的实施为限制,即"诚以自由之权用,端在无害于人名分之界限,端在足保他人所有(见一七八九年法国宣言书)"。④ 这便是"自由与责任"之别,马相伯指出:"以治人群,俾人我之间,各守分愿,各得分愿。曰各得者,名分也;曰各守者,责任也。人必先守责任,而后有名分之可得,否则丧。以是对于政治,人我之间各平事,其异于兽性何故? 一于事理辨是非,二于行为辨善恶,三于从违不专于所辨,而有自主之权。惟其有自主之权,兽无功过而人有焉,兽无名

① 《宪法向界》(1916),李天纲编:《马相伯卷(中国近代思想家文库)》,北京:中国人民大学出版社 2014 年版,第237—238 页。
② 《保持〈约法〉上人民自由权》(1916),李天纲编:《马相伯卷(中国近代思想家文库)》,北京:中国人民大学出版社 2014 年版,第223 页。
③ 《宪法向界》(1916),李天纲编:《马相伯卷(中国近代思想家文库)》,北京:中国人民大学出版社 2014 年版,第238 页。
④ 《宪法向界》(1916),李天纲编:《马相伯卷(中国近代思想家文库)》,北京:中国人民大学出版社 2014 年版,第238 页。

分而人有焉。"①这是说，人类依据其良心之性法组织国家，其目的就是为了确保每个人均能"各守分愿"和"各得分愿"，而"各得者"就是名分，即享有应得之权利，而"各守者"即责任，意味着每个人必须遵守不能侵犯他人之权利的义务，而如今民国建立已有五年，"政由民主，有义务即有权利"。② 在马相伯看来，"专制之君，可以领土为私有；专制之官，可以所辖为私有"，而民国则不同，各级行政长官只是"大众之公仆，只有为大众保存公产之权"。③ 但广大民众在专制主义社会里实不知平等、自由为何物。与此相反，民国则视平等、自由为国宝，也就是说"《约法》与专制最相抵触者，非此人民平等与自由欤?"，因此声称："苟无平等，即非共和"，而"自由者，听民自主，不加以干涉之谓也"④，强调人民的平等、自由权利，只要不触犯法律，危害国家和他人利益，亦应听其自主，因为这些是神圣不可侵犯之人权。

关于平等也绝非是指一切人在所有方面均须平等，马相伯指出："万国宪法所谓平等平权者，非夫子夫妇上下对望之谓也，乃对于国家法律人皆平等平权，无议贵议亲之谓也。有如诉讼、请愿及陈诉，选举及被选，与从事公职等权，例当平等是矣。又如纳租税、服兵役、受教育等，立法与行政之权，不得因种族、阶级、宗教之别，而待遇人民有伤平等也。"⑤进而指出，而"自由"如上所言分为二类，一"就是综其人性应享之名分，一有益于身而可自主自由者：一居住，二营业，三财产，四家宅（即《约法》第五条一、二、三、六等项）"；二"有益于心而可自主自由者，一信心信教（不强不禁之谓），二聚谈……，三发印，四集会，五教授（即《约法》第五条一、四、五、七等项）"。据此，他激烈反对1916年以来制

①《保持〈约法〉上人民自由权》(1916)，李天纲编：《马相伯卷（中国近代思想家文库）》，北京：中国人民大学出版社2014年版，第223页。
②《〈宪法草案〉大、二毛子问答录》(1916)，李天纲编：《马相伯卷（中国近代思想家文库）》，北京：中国人民大学出版社2014年版，第205页。
③《劝勿为盗布告》(1912)，李天纲编：《马相伯卷（中国近代思想家文库）》，北京：中国人民大学出版社2014年版，第93页。
④《〈约法〉上信教自由解》(1916)，李天纲编：《马相伯卷（中国近代思想家文库）》，北京：中国人民大学出版社2014年版，第240—242页。
⑤《〈约法〉上信教自由解》(1916)，李天纲编：《马相伯卷（中国近代思想家文库）》，北京：中国人民大学出版社2014年版，第240页。

宪议员们竟然意图删除《约法》上信教之自由的做法，"以洪宪之专横，剥夺民权，犹不敢删除《约法》上信教之自由"，而且"人为万物之灵，灵在心之官能思而已。思故有知识，而辨善恶。辨善恶者，良心所有事也……乃一区区代议侩，竟敢起而剥夺之，剥夺我民主良心与知识，徒留此行尸走肉之身，虽极人间之自由，一行尸走肉之自由焉耳！焉得谓有知识之自由，能辨是非善恶哉？由是关于人心一切自由，同时删去；关于人身一切自由，尽归无用"。① 可见，马相伯相当精妙地把握了自由与平等这一现代政治哲学之概念，但他不是从自然权利出发论证的，而是从"人禽之别和人必有群"这两点出发来论证，这与他论述国家起源的理据是一致的。也就是说，"自由者，乃灵明之作用。禽兽内为天性所限，外为物感所牵，见有可欲而不能自主。人则不然，'义利'二字，往往交战于中。义者善也，利者恶也。自由云者，自择也，谓于无善无恶中可自择，非于善不善，可择不善；于行不行，可见善不行。苟择不善，善而不行，是妄用自由也。妄用自由，不得谓自主，是人不我奴，而我自奴也"。② 此处亦是从"人禽之别"出发论证何谓"自由"，并且进一步界定自由就是义利交战中的自择，儒家所谓"择善固执"是也，而不是指选择不善，见善不行，因为这分明是妄用自由权，是自己把自己当作奴隶看待。

马相伯亦反对《天坛宪法草案》中在总统之前加一"大"，指出："从前大皇帝乃对外人之称，国内无冠以'大'者，今《草案》之大其总统也何居？毋抑对于小民而言与？初不料中国共和，而以天圣天聪视总统也；难怪总统府拱卫之庄严，超旧清而过之，年俸亦超万国总统而过之。"③继而指出："中国人数千年俯伏专制淫威下，一旦造成民主国，为议员、为党魁、为教主，如鸟兽出笼门，其大撒欢而近于撒野之情形，虽难堪，

① 《保持〈约法〉上人民自由权》(1916)，李天纲编：《马相伯卷（中国近代思想家文库）》，北京：中国人民大学出版社 2014 年版，第 223—224 页。
② 《信教自由》(1916)，李天纲编：《马相伯卷（中国近代思想家文库）》，北京：中国人民大学出版社 2014年版，第 244 页。
③ 《〈宪法草案〉大、二毛子问答录》(1916)，李天纲编：《马相伯卷（中国近代思想家文库）》，北京：中国人民大学出版社 2014 年版，第 198 页。

亦难怪"①,而且因为久在专制政体下,人民毫无自治权,无怪乎"西人谓华人无自治能力"。②

笔锋一转,马相伯又指出宪法之所以需要规定第三条即"国权之于民权之限制",就在于:"但是否足保而无害,审定之权在国家,不在个人。既不在个人,则制定国家之权限不啻制定人民之权限矣。宪法之三向界,一国体,二政体。苟无国,焉有政?政体不立,焉有权限以保艾人民?三乃论及国与民对望之关系者,此也。"在此论述每个人分愿(名分)之确保权(审定权)是在国家,而不是在个人,制定国家之权限与制定人民之权限是同等重要。因此,宪法之三向界第三条必须有"国权对于民权之限制",由此他提醒当时"立宪而惟知首张民权者"应该醒悟了。③ 而且还从国家主权行使的目的出发论证国家无上主权,"国之为国,既在无上主权,则国之为政,即在行使主权,非最高主政,不能行使。其作用专为保障联邦之身家、性命、财产、名誉等,外御侵凌,内崇秩序。秩序者,使民与民各安分位,民于国各得分愿。否则,彼我之间,不得均齐方正,斯主权之作用失,而信用亡矣"④,强调国家之无上主权与人民之自由平等权同等重要,即"国权、民权本对待之辞"⑤,也即"法律之精意,全在保障自由权,非人民少一分自由权,政府即多一分自由权之谓也"。⑥

1917年,黎元洪继袁世凯后为总统,段祺瑞为总理,旋即爆发"府院之争",而后张勋复辟,直奉战争,直皖战争……帝制复辟及愈演愈烈的军阀混战,使马相伯心心念念的政治民主共和理想化为乌有,"民国

---

① 《〈宪法草案〉大、二毛子问答录》(1916),李天纲编:《马相伯卷(中国近代思想家文库)》,北京:中国人民大学出版社2014年版,第200页。

② 《〈宪法草案〉大、二毛子问答录》(1916),李天纲编:《马相伯卷(中国近代思想家文库)》,北京:中国人民大学出版社2014年版,第208页。

③ 《宪法向界》(1916),李天纲编:《马相伯卷(中国近代思想家文库)》,北京:中国人民大学出版社2014年版,第238页。

④ 《民国民照心镜》(1918),李天纲编:《马相伯卷(中国近代思想家文库)》,北京:中国人民大学出版社2014年版,第276页。

⑤ 《〈宪法草案〉大、二毛子问答录》(1916),李天纲编:《马相伯卷(中国近代思想家文库)》,北京:中国人民大学出版社2014年版,第201页。

⑥ 《民国民照心镜》(1918),李天纲编:《马相伯卷(中国近代思想家文库)》,北京:中国人民大学出版社2014年版,第276页。

五年以来,非兵即荒,自杀人民者,动以数十百万计"①,面对"举国不知国为何物,但知是可吃的,可用的"②的现状,1917 年春,马相伯不得不选择离开北京,南下上海。因民国建立而重新点燃的政治热情,再次遭遇沉重打击。他曾言"余在京五年",对袁世凯称帝及其后果甚为悲痛,"洹水帝制罪小,所造武人政治,不覆宗邦不已"③,日见"政府只知以力胜人者"④而"举国崇拜大盗大骗",对当时愈演愈烈的军人政治、武人政治全然失望,⑤他悲叹道:"中国只有破坏党,无建设党"⑥。此后,他便很少直接参政议政,但却从未停止对民主、共和、宪政的思考与探索。

1918 年,"这时中华民国虽然只有七岁,却已经换了五任总统,十名总理,遭受两次帝制复辟,打过三场全国性的战争,并且正站在协约国一方参加第一次世界大战。不宁唯是,国家在清帝国被推翻从没有实现过真正的政治统一,而在上一年又再度陷入公开分裂,出现了两个国会,两个政府,双方都自称是中华民国的合法代表,正在酝酿新的内战",此时马相伯已退居在徐家汇土山湾,回思民国成立以来,所见所闻,无不令人伤悲,"在南北对峙中,既不支持北京政府,也不支持广州的军政府……着眼点并非哪一般势力更强些,而是谁能挽救中华民国"。⑦ 何谓民国? 何谓民国民? 他苦苦思索着。这便是《民国民照心镜》的问世之由来。

首先解题何谓"民国民照心镜"? 马相伯指出:"照心者,反躬自省也。镜者何? 即一点灵光,民国民所用以自照。自照于'民国民'三字,名与实

① 《〈宪法草案〉大、二毛子问答录》(1916),李天纲编:《马相伯卷(中国近代思想家文库)》,北京:中国人民大学出版社 2014 年版,第 203 页。
② 《家书选辑》,李天纲编:《马相伯卷(中国近代思想家文库)》,北京:中国人民大学出版社 2014 年版,第 549 页。
③ 《家书选辑》,李天纲编:《马相伯卷(中国近代思想家文库)》,北京:中国人民大学出版社 2014 年版,第 554 页。
④ 《家书选辑》,李天纲编:《马相伯卷(中国近代思想家文库)》,北京:中国人民大学出版社 2014 年版,第 551 页。
⑤ 《家书选辑》,李天纲编:《马相伯卷(中国近代思想家文库)》,北京:中国人民大学出版社 2014 年版,第 553 页。
⑥ 《家书选辑》,李天纲编:《马相伯卷(中国近代思想家文库)》,北京:中国人民大学出版社 2014 年版,第 544 页。
⑦ 朱维铮:《近代中国的历史见证——百岁政治家马相伯》,转引自朱维铮主编《马相伯集》,上海:复旦大学出版社 1996 年版,第 1203 页。

相符否耶？一照何谓民国？二照何谓民国之国？三照何谓民国之民？"①

对第一个问题，马相伯答："民国，国民为主也。犹之帝国，国君为主。君为主也者，主其一国之政而已；民为主也者，兼主其国土财用，即《大学》'有人此有土，有土此有财，有财此有用'之谓也。"此处解释民国之定义，就是国民为主，而所谓国民为主，是兼"国土和财用"的，就像《大学》所说人、土、财三者兼而为主。接着指出："盖天下万国，无不先有人民，后有君主，君主无生而为君主者，始亦人民，人民必假物以为养。"明确人民在先，君主产生在后，正如"《序卦》亦言：有天地然后有万物，有万物然后有男女，有男女然后有夫妇，有夫妇然后有父子，有父子然后有君臣"。在此通过重新诠释《周易·序卦》首句，论证"人权先，君权后"的理念。因此指出："国民兼主国土财用，乃先天之义理"，而君主乃是后天之人事造就，也就是说，民主制乃为先天之理。此时国民主权意识浩浩荡荡，已成世界大势，任谁复辟，没有不覆亡的，所谓"际此二十世纪，国民主权已如日月经天，江河行地，造成万国之潮流也乎！百复辟，百自亡，可断言也"②。

接下来再次厘清立法权与行政权之关系，马相伯指出："后天之君主，尚有行政之权，而谓先天之民主，反无之"，强调民主国之总统或内阁首脑必须拥有独立的行政权，同时，他也指出"预算权"必须归于国会，这是因为"无代议士，弗出租税"③，"无论何种税则、税额、税期，不按宪法意、民主意，由代议士应付时机，年年厘革，逐条考定详明，一一颁布于规定之报纸者，则虽君主立宪之国，国民无出租之义务"，从此可知"行政权之属自主权，与决算之属物主权者，不可张冠李戴"。④ 一如在《宪法向界》关于"立法权"与"行政权"应"调和"立场一致，只是在此，他从"无代表则不纳税"的原则出发，明确议院

---

① 《民国民照心镜》(1918)，李天纲编：《马相伯卷(中国近代思想家文库)》，北京：中国人民大学出版社 2014 年版，第 265 页。

② 《民国民照心镜》(1918)，李天纲编：《马相伯卷(中国近代思想家文库)》，北京：中国人民大学出版社 2014 年版，第 265—266 页。

③ 即"无代表权不纳税"原则，是 1764 年北美反对英国向其征税喊出的口号，即"No taxation without representation."

④ 《民国民照心镜》(1918)，李天纲编：《马相伯卷(中国近代思想家文库)》，北京：中国人民大学出版社 2014 年版，第 266 页。

的预算权。

对第二个问题的回答是民国之国乃是全体国民的法人代表,而"治国之要,莫急于人人守法,知法理",明确"人群之缔结以法律,禽兽不知法律,故天下无禽兽国,徒供人寝食而莫之哀也"①。此处马相伯再次强调法治的重要性,人人尊崇法律,小心恪守,这也是人禽之别,禽兽不知法律,所以地球上没有禽兽国,甚至提出"无法律,非国家"的观点,而"法律之要"一在"保障通国身命财产",一在"通国上下一体奉行"②,这里再次明确法律的要点:一是法律的制定是为了保障国民之生命财产权利,二是法律必须被全国上下严格遵守。

再者对"世有言,国革命,先破坏,后建设"的言论提出严厉批判,马相伯指出:"抑知建设在精神,精神兼物质言,破坏万不可兼,惟在破坏以前所有不平等耳。国无礼法,无规则,一切以势力情面为礼法规则焉耳矣,对内对外皆如此,此前清之不平等也。"这是说"破坏"应该是破坏前清之不平等,但事实是"破坏者,国民之事业,农、工、商贾焉耳矣!国民之幸福、生命、财产与自由焉耳矣!以中国之大,始辛亥,今戊午,整整七年,何者不烧光?不抢光?不杀光?"③对民国元年以来的诸种破坏行径极为痛恨。

既已为民国共和,国民为主,那么"民国之民"就如"股东之于公司,不独于国土财用有物主权,且于国土财用有管理权"。④ 这是因为"中外学说,国民为主,理出先天,不独于国土财用主权,物主权以外,又有管理权"。在此马相伯指出民国之民不仅拥有国土财用之物主权,而且有管理权,所谓"管理权非他,即政治权也",而政治权就是"政事"即"董率

---

① 《民国民照心镜》(1918),李天纲编:《马相伯卷(中国近代思想家文库)》,北京:中国人民大学出版社2014年版,第266—267页。

② 《〈圣经〉与人群之关系》(1916),李天纲编:《马相伯卷(中国近代思想家文库)》,北京:中国人民大学出版社2014年版,第162页。

③ 《民国民照心镜》(1918),李天纲编:《马相伯卷(中国近代思想家文库)》,北京:中国人民大学出版社2014年版,第267页。

④ 《民国民照心镜》(1918),李天纲编:《马相伯卷(中国近代思想家文库)》,北京:中国人民大学出版社2014年版,第269页。

人民利用土地而已"。① 具体而言,政治权"含有议政、立政权者,因难于直接,故付诸国会。其行政权之直接更难,故又付诸国务院。其不难直接者,要惟地方自治"。② 这里说,国民之管理权(政治权)一方面是选举立法权和行政权之代理权,一方面即上述提及的"地方自治权"。呼吁民国民应该知晓"共和法理",即"知国土财用,为人民所固有",而且"专制之下,人民犹可监督政府,至共和而不能,虽曰是袁皇祖造武人政治之罪恶,亦通国人不知共和法理之罪恶也"。③ 对当时民国民"一见军兴,则一任丘八太爷之所为,田亩任其践踏,市镇任其蹂躏,房屋任其占居,玉帛任其烧毁,子女任其奸污,任其掳掠"④的现状颇为寒心。

接下来,马相伯对武人政治进行无情批判。将民初武人政治与开明专制、贵族豪族制、唐藩镇作比较,指出古圣王"知众之不可以力制也,故植谤木,陈谏鼓",再如贵族豪族制,不仅古代西欧有,孟子所谓"贵戚之卿",亦仿佛似之,而武人政治在古代中国,则唐之藩镇,"亦不过私据一方,未闻公然植党营私,城狐社鼠,窃据中央魁柄,而以破坏国体、政体为能者也"。通过比较,论述民初武人政治比开明专制、豪族制甚至唐之藩镇更恶劣,营私舞弊,结党营私,肆意破坏国体和政体。武人政治既不依据法律,亦不依其良心而行政,全然凭其一时之喜怒哀乐之情用事,如何不更恶劣?为此,他悲愤填膺,控诉道:"当遵孔子正名,请示政府,究竟是民国,抑武人之国?"⑤

追根溯源,造成此武人政治、军阀混战的境况,难道不正是袁世凯的罪恶?马相伯满怀悲愤地说:"国家理想,共和根本,以及旧日之文明物质,俱破坏无余者,谁之罪欤?按孟子论失位,谓非袁皇帝之罪,百喙

---

① 《民国民照心镜》(1918),李天纲编:《马相伯卷(中国近代思想家文库)》,北京:中国人民大学出版社2014年版,第269页。

② 《民国民照心镜》(1918),李天纲编:《马相伯卷(中国近代思想家文库)》,北京:中国人民大学出版社2014年版,第274页。

③ 《民国民照心镜》(1918),李天纲编:《马相伯卷(中国近代思想家文库)》,北京:中国人民大学出版社2014年版,第270页。

④ 《民国民照心镜》(1918),李天纲编:《马相伯卷(中国近代思想家文库)》,北京:中国人民大学出版社2014年版,第271页。

⑤ 《民国民照心镜》(1918),李天纲编:《马相伯卷(中国近代思想家文库)》,北京:中国人民大学出版社2014年版,第277—278页。

难辞矣!"他比较袁之与拿破仑第一、第三皆改民国为帝国,后者他不责备,反而归罪袁,就在于袁迷信"国有洋操北兵,民无造反能力",正是因为袁世凯一意孤行,以力治国,以为只要手握兵权,人民便不敢造反。但辛亥革命爆发,正是军人起而造反,袁吸取此教训,认为能禁止军人造反,惟在武人。于是,他专以优柔待武人,即以升官发财拉拢武人。造成的结果就是"一国之中,以人民为俘虏,以北兵为防御",如此还成其为国乎?"武人之治,其不容于天下也久矣!故曰:能于马上得之,不能于马上治之"。在武人政治之下,何有共和?军阀争战不休,人民困穷,哪还有"文明与物质"?因此说:"武人不去,民无孑遗。"①

最后,马相伯指出所谓民国民必须在其名称、自身和自性上确保其为民国之民。第一,"其名称,应作人有国籍之称,不作君民对举或官民对举之称,亦不作国中大多数无爵禄者之称",而应该提倡"民与国对举之称",也就是说民国之为民国就在于民为主,即"盖有民始有国,国之所由立者,民也"。而之所以不作"君民对举"者,乃是因为"俗解君民,讹谓主仆。不知以哲理言,仆所事,利益归主人。君所事,利益归人民。归乃抚我者后,否则虐我者仇,仇可与之对举耶?"。这是说,如果君主治国,不能有益于人民,反而虐待人民,这便是仇人,仇人怎么可以与之对举?因此君民不能对举。而"不作官民对举者",乃是因为"以中国之官,其自视高出民上,盖不知几千万里。虽集千万人民千求万恳,远不及一督军、一将领、一文、一电足当官僚之顾盼。而其贱视人民也,则自古以来,如佃奴、奴牧,供彼食用而已"。此段绘声绘色地将官员欺压、敲诈、殴打人民的嘴脸和行径描摹得令人惊心动魄,阅后怎不叫人为人民在旧式官员压迫下的困苦生活而心生悲痛。第三"其不作无爵禄之称者",乃是因为"以爵禄之有无,无关人格,无关国治……况以孔孟之道言之,五大总统(袁总统既辞而复任,是两任也)所颁爵,人爵耳,人禄耳,不及我天民天爵,靠天吃饭者多多矣"。此处所谓"靠天吃饭"是来自汉顺帝时樊英的典故,据说当时汉顺帝对他说:"朕能生君,能杀君,

---

① 《民国民照心镜》(1918),李天纲编:《马相伯卷(中国近代思想家文库)》,北京:中国人民大学出版社2014年版,第271—272页。

能贵君,能贱君,能富君,能贫君,君何以慢朕命?"而樊英对曰:"臣受命于天,生尽其命,天也;死不得其命,亦天也。陛下焉能生臣?"马相伯引此特意指出此"天"字,表明"君臣官民,无不同等。西人但见北京当道,而不知我国原有称天,作人类平等之说也",他从此得出中国历史亦有"人类平等"之传统,因此说:"知爵禄不足以污国民也。"①

接着马相伯解释何谓"民",指出:"今则民犹人也,人犹民也,若以音义言:民,敏也,敏则有功;敏,勤也,勤则不匮。故字像俯首力作之形。人者,仁也。仁,生物也。故人以生物为心,民以生财为道,是人与民,道无二致。"此处"民"之含义明显带有现代权利气息,在古代中国,"民"者盲也,是指没有知识文化,不能知晓事理的人,而他创造性地以"敏"来解"民",以"仁"解"人",从"仁者以生物为心"的角度,得出相生相养之理。继而创造性解读孟子"劳力"和"劳心"之说,指出:"首贵自食其力,此犹太大学,希腊及罗马所以重视工科为必要也,其上焉者,又贵力以养人,如上农夫食九人,是矣。又上则见西人所造种种器械,何一非劳心者开物成务,使以一人手足之劳,而代千万人手足之力也乎?此真所谓食之者寡,生之者众矣。然则劳心者,其食人也,多于劳力,孟子谓其食于人者,第驳并耕之说耳。如以食于人为劳心者之权利,则六畜皆食于人者,曾何权利之有?"②在此马相伯没有从贵贱高低的视角来区分劳力和劳心,反而指出劳力者等同于古希腊、罗马对工科的重视以及尊重"力以养人"比如农夫,而且西方人制造的诸种机械,哪种不须劳心?再者孟子所谓劳心者"食于人者",只是反驳当时许行等农学家"并耕"之说而已。他明确反对以"食于人"者为劳心者的权利,如果所得大于所付出,犹以为耻,何况无功无德者而"食于人",这难道不是勇于杀人的行径吗?最后再次呼吁:"民身切己之图,图自治,图自立,图自由。自由之本义非他,即不为人奴隶之说也。"③民国民唯贵自治,才能享有

---

① 《民国民照心镜》(1918),李天纲编:《马相伯卷(中国近代思想家文库)》,北京:中国人民大学出版社2014年版,第280—281页。

② 《民国民照心镜》(1918),李天纲编:《马相伯卷(中国近代思想家文库)》,北京:中国人民大学出版社2014年版,第282页。

③ 《民国民照心镜》(1918),李天纲编:《马相伯卷(中国近代思想家文库)》,北京:中国人民大学出版社2014年版,第285页。

自由和幸福,也即"须知民国之民,其自身贵自治,贵自立,贵自由。惟自治而后能自立,惟自立而后能享用其七大自由权"。①

1919 年,马相伯 80 岁,弟子们在上海徐园为他祝贺寿辰。1920 年代,"北京政府的权力闹得如此火热,致使这个政权在 1928 年底垮台前的九年内换了 28 任国务总理,其中还有一年多不设此职。同北方的黑暗相比,南方似乎稍微光明。孙中山在广州组织政府……然后国民党组织北伐……然后国民党和共产党合作破裂并开始内战……这就是马相伯九十岁前的中国情形。"②此情此景,他也只有隐居徐家汇土山湾,年近耄耋,除积极回应 20 年代"非基督教运动"外,几乎"不问时事",潜心译书,除宗教书和科学杂志外,甚至连报纸也不看。③

但即便 20 世纪 20 年代,"土山虽不言国事,但时为中国叹息耳!"1922 年,在《致杨千里》第一封信中,马相伯对南北统一问题、门户开放、限制军备等问题发表意见,对当时北洋政府内部各自为政的情况提出批评,并呼吁改募兵制为征兵制,而且再次提及:"凡关于国者,如国权、国土、国债等,非经国会公开批准,自今以后,皆属反叛行为,民不负责。"④在《致杨千里》第二封信中,他再次阐述关于自治与一统关系问题,指出:"顾自治者,愿分权于民也;愿一统者,愿调合分权也。二者本相须而相成。"继而谈到当时南北拥兵诸将以及"意气相矜诸党",批评他们"以若所为,求若所欲,再十年尚有中国乎?",指出:"不行仁政而富之,皆罪不容于死者也。善战者服上刑,非孔孟之意乎?以善服人,犹不可,况以力乎?纵服矣,非心服也",明确反对武力统一全国,"知兵力万万不能造一统"。进而再次阐述中国当行"联邦制","分南,分北,分东、西,以应天时人事之兆",并说明自己之所以主张"分国会、国务院","分县、乡以自治"都是因为"分则相竞而事治",最后表明这是"以自爱

---

① 《民国民照心镜》(1918),李天纲编:《马相伯卷(中国近代思想家文库)》,北京:中国人民大学出版社 2014 年版,第 283 页。

② 朱维铮:《近代中国的历史见证——百岁政治家马相伯》,转引自朱维铮主编《马相伯集》,上海:复旦大学出版社 1996 年版,第 1211 页。

③ 1922 年,曾短期到南京担任江苏财政交代核算委员会会长。(参见张若谷《马相伯先生年谱》,上海:商务印书馆 1939 年版,第 224 页。)

④ 《致杨千里》(1922),李天纲编:《马相伯卷(中国近代思想家文库)》,北京:中国人民大学出版社 2014 年版,第 368—369 页。

之心诱其爱好之心也"。①

1927 年，南京国民政府成立。1928 年，马相伯 89 岁，蔡元培、于右任等在徐汇公学为他祝寿。1928 年 2 月，国民党二届四中全会在南京召开，通过改组国民政府等议案，规定国民政府受国民党中央执行委员会指导、监督等事宜，9 月，二届五中全会召开，宣布全国进入训政时期。1929 年春，由蔡元培主持，在震旦学院为马相伯祝寿，时南北统一，国民政府定都南京，于右任、邵力子等门下诸弟子，"为国宣劳，得行其志，引以为乐，精神矍铄，兴会甚佳"②。可见，马相伯得知弟子们在南北统一和南京国民政府成立等事件中出谋划策，对此也是相当欣赏的。

然而好景不长，日本侵华的脚步愈来愈近，"九一八"，东北三省沦陷，也打破了马相伯多年"不问时事"的平静生活。之后七七事变，全面抗战爆发……

1932 年 4 月，国难会议在洛阳举行，马相伯因年老体衰无法前往，特派秘书徐景贤为代表出席会议，向会议提交《提议实施民治促进宪政以纾国难案》，请求"政府顺从民意，倡导民治"，而"民治实现，必有国家根本大法，以维护全民之天赋人权"，建议政府"开始宪政，结束训政，实属必要"，并提出具体实施办法：1）从速设立各省市县之民意机关；2）由各自治机关选举国民代表，开全国代表大会，制定宪法，实行宪政，结束训政；3）宪法草案，必须明白规定对于人民政治土地三大原则，即人民有"天赋人权"，即身体自由权、财产所有权、居住权、营业权、言论刊刻集会等权，信仰"无邪法害人"之宗教权，而且"人民有选举权，有被选举权"。③ 由此可见马相伯生命最后 30 多年对民主共和制的坚守。朱维铮曾说："在近代中国的著名学人中间，马相伯的政见决不属于激进者流，但自从 1911 年站到共和一方后，他对中国必须实行民主制度的必要性的信念，从来没有动摇过。他始终把自己看作民国公民，用普通公民的尺

① 《致杨千里》(1922)，李天纲编：《马相伯卷（中国近代思想家文库）》，北京：中国人民大学出版社 2014 年版，第 369—371 页。
② 钱智修：《马相伯先生九十八岁年谱》，转引自张若谷《马相伯先生年谱》，上海：商务印书馆 1939 年版，第 226—227 页。
③ 朱维铮主编：《马相伯集》，上海：复旦大学出版社 1996 年版，第 921—924 页。

度来衡量民主共和制的问题和前景,这在当时政治家中确属罕见。"①

1935年,马相伯接受王瑞霖的采访,以《一日一谈》为名在天津《益世报》逐日连载,既有往事回忆,亦有对中国诸多问题的看法,话题丰富。其中,有3篇关于时政新闻的采访,一篇关于宪法问题,二篇关于新货币政策。1935年11月初,中国国民党四届六中全会在南京召开,会议审查、修正了《中华民国宪法草案》,准备提交国民党第五次全国代表大会审查。马相伯指出:"中国政治,最要的是应该有一个宪法。"但对六中全会通过的这个宪法,他是不满的,指出:"我所谓的宪法乃是能给人民以'实在平等'的宪法。现在所谓宪法对于人民的最基本的权利,都没有切实保障,譬如,它一方说,人民有居住自由、言论自由、集会自由,'非依法律不得怎样怎样',这'非依法律'几个字轻描淡写,看来似乎平常,而且非常冠冕,然而一部'花团锦簇'的宪法这末一来,便轻轻地被它一笔勾销。"何以如此说?他这样回答:"宪法的第一任务在规定人民的权利与义务,然而现在的宪法本来就不是由人民大众的意思来写成的,至于'非依法律'不得怎样怎样的法律,更是由少数人任意规定的,于宪法上所许给人民的自由平等,都可由少数人订定一种法律把它取消得一干二净。"②

1935年11月,国民政府实行币制改革,规定中央、中国、交通三银行的钞票为法币,禁止"行使现金"。这样一来,中国的经济会如何?马相伯对此并不看好。他指出这一货币政策的最严重的后果就是"物价的腾贵……像这样发展下去,物价腾贵,货币跌落,将来情势实不堪设想!最苦的是小本经营与劳苦的人民"。尽管政府也在调查物价,严禁哄抬物价,但"现在政府的货币政策若果非一股人民所欲,不'顺民心',徒徒地严刑峻罚,又有什么用呢?"而且"银行的最主要的条件就是信用:它在一定的限度之内,集中很充足的现金,准备人民必要时兑现应用。然当它的信用完全保存时,人民为节省搬运,携带与储藏之劳,情

---

① 朱维铮主编:《近代中国的历史见证——百岁政治家马相伯》,转引自朱维铮主编《马相伯集》,上海:复旦大学出版社1996年版,第1203页。
② 马相伯口述,王瑞霖笔录:《一日一谈》,"宪法问题",王红军校注,桂林:漓江出版社2014年版,第91—92页。

欲用它的纸币,不欲兑现;到了它的信用丧失时,它的纸币便遭人民的拒绝而兑现风潮以起。可见银行之所以集中现金的准备,即在使人民相信:你要来兑现,我这里十足奉上,使人民有恃无恐,现在用强迫力量使人民用纸币,则集中现金于准备库,已失却原来的用意,不但不足坚人民的信仰,反引起人民的疑虑与恐慌"。对为了阻止现金外流的看法,亦提出反驳,他说:"阻止现金外流,关键不在于禁止人民使用现金,而集之于准备库,而在于海关能否严行禁止偷运。若果此层办不到,则政府此种措施不但不能阻止现金外流,恐怕适足以加速现金之外流。而且国际汇兑的金银价的涨落之权操之于纽约、伦敦,若果银价一跌,对外汇兑不能维持,现金便不得不外流。"①此外他还指出有两件事不放心:"一件是属于客观的,一件是属于政府主观的。"前者是指"中国各银行的钞票大都是美国或英国代印的……所以各银行的钞票的赝造品时有所闻,这种假冒,大致不外某国投机商人所为,中国各银行'哑子吃黄连,有苦说不出'"。因此他建议:"现在既通用纸币,最好自己印行,万不可再依赖外国代印,并且要十分小心地严防伪造。""第二件更重要,也就更危险。各国对于发行纸币是非常慎重的,所有它的式样、特点,尤其是发行的额数,均应先得议会的通过,方能施行。现在党政府政出一门,无议会之监督,而又当民穷财尽、罗掘既穷的时候,从前有了兑现的恐慌在后面威胁他们,他们还不敢为所欲为;现在既禁止人民使用现金,而他们究竟发行多少纸币,又没有查考和限制,他们到了打饥荒时,只要把印刷机动一动,几千万、几万万便'俯拾即是',得心应手,他们哪有不情愿的呢?纵使现政府当局个个皆公忠体国,清白乃心,然而事势相迫,他们不知不觉一定要走到这一步。到了那时,整个的国家经济固然弄得无法收拾,而大多数的老百姓更是苦得要死!"此外他还指出:"事实上,中国已不是一个能以自主的国家。在政府毅然禁止使用现金,原来为的是'防止现金流出',然而结果怎样呢?自然,有一部分贮藏在民间的现金是流入中国的国家银行(中央、中国、交通三银行)的准

---

① 马相伯口述,王瑞霖笔录:《一日一谈》,"新货币政策之后果",王红军校注,桂林:漓江出版社 2014 年版,第 94—95 页。

备库,然而另一部分(也许是一大部分!)却要'不翼而飞'地流到我们的邻国去了!"这是因为"原来有一部分的某国人是持有我们的银行的钞票的,这末一来,他们无论如何,是要把这种钞票卖出去,就是说,他们要用这种钞票来买我们的现金"。① 货币政策关涉国计民生,如若这一政策失败,其后果是不堪设想。由此可见,此时马相伯虽年高体衰,其深厚的忧国忧民之情从未减弱。

1936 年,于斌博士请马相伯来南京,"数年来,先生愤时忧国,不屈不挠,意气激昂,颇有责望政府当局过般,未易急切实行者",此时因见政府保固疆宇,批判政府之意稍减。时蒋介石五十寿辰,马相伯亲自手写寿字为贺,旁注曰:"笼罩一切时期,无往不利"十字。② 1937 年 3 月,马相伯被南京国民政府聘为国民政府委员。据朱维铮考证,98 岁的马相伯"出任他一生的最后一个官职,当然可说他德高望重,直接原因却是南京政府对法国人和教会当局的行为表示不满"。③ 5 月 16 日,政府要员、门下弟子在南京国际联欢社为他祝九十晋八寿。"七七事变"后,上海沦陷,老弱之身不得不南下桂林,躲避战乱。

综上所述,甲午战败后,国内形势风云变化,在广义的维新变法时期,马相伯虽退居在徐家汇土山湾,仍与维新派人士保持较为密切的联络,特别是与汪康年书信往来,探讨办报、译书、设学堂等维新事宜。而当历史迈进 20 世纪,立宪呼声日益高涨,马相伯积极参与其间,参加宪政研究会、政闻社等立宪组织,呼吁立宪、召开国会,倡导政党政治,反对专制政治,担任江苏省谘议局议员,积极谋求立宪和地方自治。武昌起义后,马相伯在江苏都督府任职,为南京光复、南京临时政府的成立出力不少,后又担任袁世凯总统府的高级顾问,以及蒋介石南京政府委员。对中华民国这一新生民主国家,热情拥护,积极参政议政,在《天坛宪法草案》制定和审议过程中,他发表数篇文章阐述宪政之真精神,确

① 马相伯口述,王瑞霖笔录:《一日一谈》,"再论政府的货币政策",王红军校注,桂林:漓江出版社 2014 年版,第 103—105 页。
②《增谱》,转引自张若谷《马相伯先生年谱》,上海:商务印书馆 1939 年版,第 228—229 页。
③ 朱维铮:《近代中国的历史见证——百岁政治家马相伯》,转引自朱维铮主编《马相伯集》,上海:复旦大学出版社 1996 年版,第 1222 页。

立宪法之必要,批判袁世凯醉心权力,破坏共和,亦曾建议蒋介石政府结束训政,实施宪政。可以说,自 20 世纪初,马相伯的政治思想逐渐成熟,熟知古罗马"共和""议院"之历史,熟稔宪政之精神以及宪法作为根本大法之意义,共和、民主、宪政成为他直至去世的坚定政治信念。他不顾年迈,建言献策,正是因为他有着一颗浓烈的爱国之心,他曾说:"救国是救命,急于救火。"①当然,正如朱维铮所言,"马相伯的'为中国'态度,与晚清的中国一般士绅的'爱国'是有区别的。他不认为中国等于某一王朝,因而也不认为爱国必须忠君",这是因为他在"徐汇公学长期接受西方教育,通晓拉丁文、希腊文、法文、英文等多种欧洲语言,除了学习宗教经典,还读了很多的西方哲学和历史的著作,深受近代西方的民主和人权的思想影响"。②

可以说,马相伯是一位"活了一百岁的政治家,在近代中国历史上已经非常罕见,而马相伯还在同时代人中创下了从事政治活动最久的纪录",自 37 岁开始,做过李鸿章幕僚,出使过日本和朝鲜,游历过欧美,参与过清末立宪,在江苏都督府任过职,为中华民国南京临时政府的建立尽力不少,后做过袁世凯总统府顾问,接受过蒋介石政府任命,而且在 20 世纪前二十年,发表数篇政论文章,阐述宪法,维护宪政……固然是"叫了一百年也没把中国叫醒",是一位"不成功的政治家",但正如朱维铮所说,"衡量政治人物的价值,还有别的尺度,包括道德、学问、文章等方面的个人表现",也就是说,"马相伯在权利游戏中的不成功,又恰好表明他具有一般政治家所缺少的良好个人品格"。③

五、终始不忘实业救国

在思考和参与政治变法的同时,马相伯依然不忘实业救国的志

---

①《国民大会说》(1916),李天纲编:《马相伯卷(中国近代思想家文库)》,北京:中国人民大学出版社2014 年版,第 248 页。

② 朱维铮:《近代中国的历史见证——百岁政治家马相伯》,转引自朱维铮主编《马相伯集》,上海:复旦大学出版社 1996 年版,第 1175 页。

③ 朱维铮:《近代中国的历史见证——百岁政治家马相伯》,转引自朱维铮主编《马相伯集》,上海:复旦大学出版社 1996 年版,第 1172 页。

业。1897年,他用心撰写《务农会条议》,倡议设立"农业改良社",提醒不要忘记发展农业,此前洋务运动主张发展工商业,以实现富且强的目标。此时,撰写《务农会条议》,可看作是他对洋务运动的思想观念及其立场的一种反思。他指出:"世见西人之来者多服贾,遂谓西人立国以商务为本,抑知无农人出之,商将何所懋迁化居哉?而西商之狡者,利吾之重之也,遂日出其农工之余力,以易吾难致金银,岁数千万。上自武备船械,下至服用玩好,无不仰给于外洋。一若不外洋,不足以居世。舍己耘人,莫此为甚。"①世人只看到西方以商务为本,但如果没有农人生产出产品,商人又如何能获得农产品从而行销到世界各地?也就是"食为民天,农为国本……中外古今,有国有家者,无不以农为重"。②

而"凡地面生植之物,皆农学家所有事也",于是马相伯呼吁:"农者致其力,学者致其知……知以善其事,力以成其事。事虽浅近,而实生民衣食之源,中西富强之本",号召成立农学会,呼吁培养农学人才,强调学习西方发展农业。而且还从"富"与"强"的关系角度来看,"不富而能致强者,则中西所未闻",而"苟欲力矫之,知强之在富,富之在农",那么"莫如先尽知力于吾今日尚有之土田,铲除南北东西之畛域,混为一家"。此外,还强调发展"畜牧",他指出:"农之为言,在培养生植,而畜牧亦其一端"。接着,他进一步指出:"农圃大旨:一、精选嘉种……二、辨土宜……三察粪壅燥湿,以改良土性,兼化学与水利言也。"而"牧养大旨:一、选种交种法。宜求东南之禽兽而交之,西方之善者而育之。二、饲养法。大而求乧氄绒,细而割蜜分房,西人俱有专书"。③

继而,马相伯建议在东南各省已经实行的某些举措之上而"益精之",这个"精之"的关键就在于"讲农法开民智而已"。而"开民智莫善于日报,日报不能,降为旬报,旬报不能,降为月报。假令国中农事报无

① 《务农会条议》(1897),李天纲编:《马相伯卷(中国近代思想家文库)》,北京:中国人民大学出版社2014年版,第11页。
② 《民国民照心镜》(1918),李天纲编:《马相伯卷(中国近代思想家文库)》,北京:中国人民大学出版社2014年版,第282页。
③ 《务农会条议》(1897),李天纲编:《马相伯卷(中国近代思想家文库)》,北京:中国人民大学出版社2014年版,第12页。

可报,则又莫善于以译书为报"。为了增进民众的智慧,主张创办农学报、译书。同时指出,与译书相比较而言,报纸的便捷和普及更为明显,"书繁重而译之者见功迟,迟则难以猛进。报则篇幅短,阅之者易而阅者多,其利普"①。翻译书籍虽说是"繁重而见功迟",但长远来看,对中国农业的发展同样至关重要,他建议应该组织翻译日、英、法、德、美等国《农业全书》《米麦篇》《栽桑篇》《养畜篇》《林产物制造篇》等二十三种农学著作。此外,他还建议:"劝农之法,莫善于赛会。各操所畜所植,以相比赛。"②

再者,马相伯建议仿外国农政学院,"设一学堂"。中国古代有"教稼明农,教必有教之方与教之地"的传统,而外国有专门的"农政书院",他主张"设一学堂,购备书籍若干,农具小样若干,土质小样若干,化学器具若干,听人来学……教习由会(按,务农会)聘请,束脩不须另送。所读悉与外洋书院无异。限五年卒业。大考获隽者,由本会给以票据,即可受人延聘,亦可在会分掌各种要务"③。此外,详细介绍了西方农政学院课程设置,"一、算学。二、代数。三、几何。四、形气(品物分坚实沉重……)五、化学。六、方舆通义。七、本国史乘酌要",并建议所设学堂除此之外,外加"英语、法语,读至句法止,限两年读竣"。再进一步进修,便包括第一"物理门:一、农业通论;二、动物性体豢养之法;三、形气(占风雨辨土石矿石地之层积。);四、植物性体。五、树艺之经,农工农具之宜。六、分化植物,借以制造各品。七、农政论,富国及地主权利论。八、会计论,生用盈亏之数";第二"征用门:一、化验土石肥料、乳酪蔗糖萝萄酒油质、兽骨炭质。二、提取香汁甜汁麸糠精液法、治栖栅法、畜牧法、量水法、测河法地窖法(藏酒造乳油等用)、养蜂法(中国宜加收蚕法、栽茶采茶法)。三、相土法、干土法(如垦沟洫以去水之类)、运用农具法、实事耕种法;四、植刍荐法。五、分别恶草、肥草(可以肥田者)、

---

① 《务农会条议》(1897),李天纲编:《马相伯卷(中国近代思想家文库)》,北京:中国人民大学出版社2014年版,第12页。

② 《务农会条议》(1897),李天纲编:《马相伯卷(中国近代思想家文库)》,北京:中国人民大学出版社2014年版,第13页。

③ 《务农会条议》(1897),李天纲编:《马相伯卷(中国近代思想家文库)》,北京:中国人民大学出版社2014年版,第14页。

丛草(荆榛之类),以便去留。采用野花果干,以便制造(如药品野苎之类)。六、酿造法,如造葡萄酒、花果露、萝卜糖等法(糖萝卜亦宜冷地,英、德收利甚多。中国宜加栽漆法、割漆法、池塘养鱼法)"。最后,他指出:"物理门和征用门"是"农家之本务。限三年读毕,拟加穷理学初编,自明辨学至考论真伪止。英语、法语,加读章法,及彼国文苑史。有能翻译农务书四五百页者,准免考"。[①] 马相伯的如上建议,应该说是承续洋务运动"求富强"的精神追求,同时又体现了维新变法时期"兴西学、办报、译书"等主张。

1916 年,马相伯又就发展农业问题,发起成立农业改良友助社,并撰《农业改良友助社简章》,开篇便指出:"国必有所以立,我之以农号于天下也",再次强调发展农业之重要性。而"有事于南亩者,可不相友相助加意改良乎"? 他倡议"择改良所必要者,酌定社章"如下:一、宗旨。端在改良农牧,一改良种子,二改良养料,三改良方法。但改良以上三事,非独力所能,故设社以相友助。二、社友。须至少有田百亩,否则无余田为试验改良之用……三、试验。试验改良一切农、工,关系食用之种,家禽、家畜、蓊荞之种,而蚕、蜂、鱼、蛙等,及有利之虫附焉。四、改良。第就目前人力所能者而已……五、集社。集社每年两次,地点皆由上次预定……七、聘员。由社聘用书记员一,调查员二,有俸给,事多可于集社时添聘。八、社费。社费按田摊派,一供第七条之用,二供集社之用"。[②] 农业友助社的社章可谓细致入微,既明确立社之宗旨和目的,又详细界定社友的构成、社费、活动等细节,此外还对农业改良的众多面向作出了具体的规划和布局。

此外,在推动宪政运动、民国参政议政的期间,马相伯也极为关注发展实业如铁路建设。与洋务运动开办轮船事业进展较为顺利的情形相比,铁路在 19 世纪的中国遭遇了巨大抵制。史华慈指出,在 19 世纪60 年代,虽然洋务运动已然兴起,认同必须引进西方的坚船利炮,但身

---

① 《务农会条议》(1897),李天纲编:《马相伯卷(中国近代思想家文库)》,北京:中国人民大学出版社2014 年版,第 14—15 页。

② 《农业改良友助社简章》(1916),李天纲编:《马相伯卷(中国近代思想家文库)》,北京:中国人民大学出版社 2014 年版,第 249—250 页。

居要职的官员对修建铁路的立场仍然十分暧昧。① 据柯文考察,直至1880年"整个中国没有一寸铁路。15年后,全部铁路也不到300英里",而铁路之所以在19世纪遇到这么强烈的阻碍,其原因很多,"修筑、维修铁路费用很高;普遍担心(西方也曾这样)铁路会导致人们失业;有关土地使用和恰当线路的平常问题都因中国人口密度极高而变得十分棘手(顺便指出,这都是轮船航线上没有遇到的);还有许多人担心,铁路网的建立将使中国更易遭外国军事侵入。种种原因使得国内抵制情绪极高。"② 正是基于以上抵制修建铁路的原因,1876年,英国未经授权而试铺了从上海到吴淞的铁路,清政府竟然立刻买下这条铁路,并将它拆掉。马相伯也对此事曾有评论,说:"外国人侵占中国人的权利,大半是由我们自己糊里糊涂断送的"③,充满了对当时清政府之迂腐无知的讽刺与无奈。但是铁路的修建确实提供了便利交通,也为沿线经济的发展提供助力。1901年,马相伯撰写《开铁路以图自强论》,指出:"我中国其危急存亡之秋? 各国乘我中国之罢敝,夺我疆土,凌我黎民,占我政府,拒我使臣,国耻孰甚?"国家危难到如此地步,怎能不追求富强? 而"中国若不图强则已,苟欲图强,必以开铁路为枢纽",这是因为"考铁路一项,各国皆以为自强目的。西至欧美,南至非洲,轨道所至,瞬息千里,转输利捷,商贾繁兴。渐而开风气,进文明,成效所至,耳目共睹"。④ 而此时"中国处积弱之地,曚聩闭塞,于斯为盛",呼吁兴办铁路,力图自强。为此,他具体拟出五条建议:"一、保税务。商人如欲贸易,必乘火车,既乘火车,则铁路沿途关卡应纳之税,于上车时并征一次,庶商人不致为税务所困,税务亦不致有短绌之虞。二曰挽利源。从前海禁方严,番舶无埠,即中国丝、茶大宗,所销甚鲜。一有铁路,则出口之货,岁必较多。三曰杜外患。德人挟巨野教案,勒修山东铁路。法人尤明目张胆,请展接龙州铁路。外患日逼,我中国若

---

① [美]史华慈:《寻求富强:严复与西方》,叶凤美译,南京:江苏人民出版社1989年版,第15—16页。
② [美]柯文:《在传统与现代性之间》,雷颐、罗检秋译,南京:江苏人民出版社2006年版,第122页。
③ 《六十年来之上海·上海的铁路》(1932),李天纲编:《马相伯卷(中国近代思想家文库)》,北京:中国人民大学出版社2014年版,第461页。
④ 《开铁路以图自强》(1901),李天纲编:《马相伯卷(中国近代思想家文库)》,北京:中国人民大学出版社2014年版,第34页。

不早自图谋，则尚何问乎？藩篱尽撤，门户洞开，惟冀干路枝路，次第举行，彼或望而却步。即不然亦可以铁路为操纵，而事权不落人后。四曰标士气。士气之新，端在发皇耳目，开拓心胸。吾中国数百年闭关自守，以故拘墟之士，见识不宏。今既有十八省之铁路，地无弃，乡无聋，不出户而周知各国，不费日而遍历他方，文明之于此可进。五曰聚兵威。兵多则饷不足，兵少则防不严。一有铁路，则东西南北，呼吸相通，视敌所驱，相机策应，无征调仓皇之失，无转输艰阻之忧，朝发夕来，兵威亦此而盛。要而论之，中国今日时局日非，政权旁贷，神州陆沉，祸将旋踵，若开铁路，以中国财办中国事，十八省势联一气，四百兆志切同仇。皎日所照，阴霾潜消，铜山东崩，洛钟西应"。最后，马相伯"痛定思痛"，喊出："维新之诏，积篇累牍，取法乎上，铁路为首"，因"铁路直转移国是之一大关键，而议者谓为非计，我不信也"。[1] 可见，在 20 世纪初，马相伯依然在关注着富强问题。

　　1911 年，马相伯撰《〈求新厂出品图〉叙》[2]，依然不遗余力地提倡"国中制造力"，提倡兴办实业，指出："哲学之言富国富民者，必自惠工始……合群策以争制造之权。"[3]至此，马相伯仍念念不忘实业救国，呼吁发展和振兴民族工业，追求富民富国。马相伯仍极为关心发展实业，1917 年，马相伯曾致书段祺瑞，向其介绍求新厂所制造潜艇等国防利器，就连美国也来订购数千吨大船，轰动中外，并希望政府提倡实业，"或购或贷，收回自办，内以护实业之萌芽，外以顺天下之政轨，轨在保民而已"。[4]

① 《开铁路以图自强》(1901)，李天纲编：《马相伯卷(中国近代思想家文库)》，北京：中国人民大学出版社 2014 年版，第 34—35 页。

② 求新厂，为马相伯外甥朱志尧在 1904 年创办，为制造机器轮船厂，因"器惟求新"，名"求新"。船厂开办初期主要从事修配业务，此后造海关灯船，朱志尧还亲自主持设计、施工，造出一艘客货两用船"大新"轮，至 1910 年，制造了轮、兵、驳、䑸、载泥船等共 40 艘。在造船的同时，朱志尧努力研究动力机器，制造出新颖的立式与卧式蒸汽引擎，还曾制造出 66 吨的特大型引擎，而且零部件全系国产，许多前来参观的西方工程师"皆叹赏不止"。求新厂是中国近代机器史上的伟大创举，被称为"我国机器厂中的巨擘"。

③ 《求新厂出品图》(1911)，李天纲编：《马相伯卷(中国近代思想家文库)》，北京：中国人民大学出版社 2014 年版，第 89—91 页。

④ 《致段祺瑞》(1917)，李天纲编：《马相伯卷(中国近代思想家文库)》，北京：中国人民大学出版社 2014 年版，第 259 页。

由上可见,19世纪末20世纪初,中国政治思想变革的时代已然来临,君主立宪、暴力革命、民主共和逐渐在中国这片古老的大地上由言语变为行动,由理论变为现实。马相伯积极参与其中,呼吁立宪、共和,倡导自由、平等。但与此同时,他没有放弃对实业救国的追求,一如在洋务运动期间,关心着中国实业的健康发展,鼓励发展农业和民族工商业。

最后,简要说明一下马相伯学术思想的独特性。张灏曾言1895—1920年是中国转型时代,亦是"一个危机时代"。所谓危机时代,不仅仅是指社会政治秩序的变动,王权政治逐渐解体,共和政体逐渐形成,而更深层危机乃是"更深更广泛的文化思想危机"。他亦称此层面危机为"取向危机",所谓取向危机是指"文化思想危机深化到某一程度以后,构成文化思想核心的基本宇宙观与价值观随着动摇,因此人的基本文化取向感到失落与迷乱"。[1] 就转型时代的知识分子而言,指"他们在文化认同取向方面所作的挣扎,与他们在价值取向以及精神取向方面的困惑与焦虑",张灏称此现象为"当时取向危机的全貌"[2],说明"儒家思想在当时已经不能完全满足一些知识分子安身立命的需要"。[3] 王汎森曾从19世纪思想史的角度亦指出:"儒家文化的局限性"问题,即"儒家面对社会问题的种种困境。"[4]与此观察的结论颇为不同的是,马相伯的学术主张可以说是一个少有的例外。"沿海早期改革者""天主教徒"的身份,使得马相伯几乎没有陷入这种"取向危机"或"意义危机"中,因为他自小习得"上帝面前人人平等"观念,以及通过拉丁文文学的学习而较早熟知西塞罗及其作品,对议院、共和、法律等拥有精确的掌握,而且他在阐述宪政理念特别是民治精神时创造性地运用儒家传统"民本"思想以及乡保里家制度,尤其是活用"良心"概念,将其与天主教"人为受造之物"观念联系起来,指出不可忘记造物之主,不可"亏良心而

---

① 张灏:《时代的探索》,台北:联经出版事业股份有限公司2004年版,第44—45页。
② 张灏:《时代的探索》,台北:联经出版事业股份有限公司2004年版,第53页。
③ 张灏:《时代的探索》,台北:联经出版事业股份有限公司2004年版,第256页。
④ 王汎森:《中国近代思想与学术的系谱》,长春:吉林出版集团有限责任公司2011年版,第40页。

行"。① 可见,在其思想世界中,无论是传统儒家学说还是西方民主学说抑或宪法学说,都占有很重要的地位,在其坚定和真诚的天主教信仰下,民本、民主、宪政等看似矛盾或者说不相关的观念有机地组合在一起,共同成就了一个信仰天主、崇尚道德、追求民主共和的马相伯。可以说,20 世纪以来,马相伯一方面继续关注发展实业,追求富强,一方面积极参与和推动变法、立宪共和等政治改革以及毁家兴学等教育救国的努力。

---

① 《青年会开会演说词》(1916),李天纲编:《马相伯卷(中国近代思想家文库)》,北京:中国人民大学出版社 2014 年版,第 161 页。

第五章 捐资兴学,教育救国

20 世纪初,马相伯年近古稀之年,怀抱"教育救国"的志愿,捐资兴学,曾言:"不饥不寒,然后能教,教然后不近于禽兽,不为人屠割"①,而且社会政治进步也离不开教育的有力推动,"善教"与"善政"常常是彼此互助推动着社会历史的进步,所谓"立国之道,有土地,有人民,而无须善教善政,得民心与财力,整齐而驰骋之,如威廉二世之为也。其可乎? 其可乎?"②。因此,办教育、"开民智"与 20 世纪初的宪政共和潮流相辅相成,一同推动中国向前进。而且"教育乃立国立人之根本,国与国民,所以成立,所以存在,而不可一日或无者",此"非如革命仅一时之事,而不可一日或多"。③ 与革命事业相比,兴学育人,为更长久且深远的事业,教育救国更是江苏文脉"崇文重教"精神的体现。

1902 年,马相伯毁家兴学,创办震旦学院,这是近代中国第一所私立高等学校,1905 年,创办大学预备学校——复旦公学,此外积极筹办近代中国第一所公教大学——辅仁大学,并尽心筹办国家级的最高学术研究机构——函夏考文苑。兴办学校,教书育人,成为耄耋之年马相伯孜孜不倦的追求,曾有学人赞誉道:"他这种一心为振兴教育,为国家

---

① 《务农会条议》(1897),李天纲编:《马相伯卷(中国近代思想家文库)》,北京:中国人民大学出版社 2014 年版,第 11 页。

② 《答客问一九一五年》(1914),李天纲编:《马相伯卷(中国近代思想家文库)》,北京:中国人民大学出版社 2014 年版,第 145 页。

③ 《教育培根社募捐小引》(1920),李天纲编:《马相伯卷(中国近代思想家文库)》,北京:中国人民大学出版社 2014 年版,第 333 页。

培养人才,作彻底的无私奉献的精神,可谓古今一人。"①马相伯高足于右任曾高度赞许乃师兴学办教育的壮举,"先生以 70 之年,勤劬密勿,为国家储才养士,富贵不淫,威武不屈,以自开教育独立之风气。故其人格之感化,深入人心"。②

一、创办震旦学院

正如晚清政治体制的改革始于甲午战败以后,中国教育制度的变革亦从 1895 年开始。对此,张灏曾指出:"教育制度大规模的改变"正是 1895 以后的事,"戊戌维新运动带来兴办书院与学堂的风气,设立新学科,介绍新思想"。③ 无疑,1862 年 6 月 11 日,北京京师同文馆正式开学,标志着中国近代新式教育的兴起。但新式教育直到 19 世纪末,才作为维新变法的新政之一即兴学堂,得到切实长足的发展。

再者经庚子事变后,面对不堪的国事,为避免败亡,1901 年,清政府也不得不推行一系列"新政"。1901 年,清廷下谕兴学育才,各省筹备武备学堂,命各省书院改设大学堂,各府设中学堂,各州县设小学堂及蒙养学堂。④ 1905 年废止科举制,通令各省设大、中、小学堂,设立各种实业和师范学堂,中央成立学部,选派留学生出洋,标志中国近代新式教育进入发达时期。对此,张灏曾言:"1900 年以后,继之以教育制度的普遍改革,奠定了现代学校制度的基础。一方面是 1905 年传统考试制度的废除,同时新式学堂的普遍建立,以建立新学制与吸收新知识为主要目的……由 1895 年至 1920 年代,全国共设立 87 所大专院校。据估计,截止 1949 年为止,中国约有 110 所大专院校。"⑤

但这些官办"洋学堂"不仅生源不足,且民风愚昧,甚至有人说:"上

---

① 韩希愈:《马相伯的办学治校》,转引自宗有恒、夏林根《马相伯与复旦大学》,太原:山西教育出版社 1996 年版,第 210 页。

② 于右任:《为国家民族祝马先生寿》,转引自宗有恒、夏林根《马相伯与复旦大学》,太原:山西教育出版社 1996 年版,第 231 页。

③ 张灏:《时代的探索》,台北:联经出版事业股份有限公司 2004 年版,第 39 页。

④ 张若谷:《马相伯先生年谱》,上海:商务印书馆 1939 年版,第 207 页。

⑤ 张灏:《时代的探索》,台北:联经出版事业股份有限公司 2004 年版,第 39 页。

洋学堂,会给洋人挖去眼睛的","前清末年办学堂,学费、膳费、书籍费,学堂一揽千包,还倒贴学生膏火;在这种条件底下招考学生,却是考两三次还不足额"。①而且,"各省纷纷设立学堂矣。而学堂之'总办''提调',大率皆最工于钻营奔竞,能仰承长吏鼻息之'候补人员'也。学堂之教员,大率皆'八股名士',弋窃甲第,武断乡曲之钜绅也。其学生之往就学也,亦不过曰'此时世装耳!此终南捷径耳!与其从事于闭房退院之《诗》云、子曰,何如从事于当时得令之 ABCD'。"②这些官办学堂管理混乱,一所比较规正的学堂,会有督办、总办、会办、坐办等学堂管理者,但除了坐办之外,其余基本都是"身滞京邸",比如南洋公学的监督、总办等,换了八九个,竟然都未出北京一步,一直到唐文治离开北京,真正做起"模范堂长"才有所改变。因此,梁启超说:"但教方言以供翻译,不授政治之科,不修学艺之术,能养人才乎?科举不变,聪颖子弟,皆以入学为耻,能得高才乎?如是则有学堂如无学堂。且也,学堂之中,不事德育,不讲爱国,故堂中生徒,但染欧西下等人之恶风,不复知有本国。贤者则为洋佣以求衣食,不肖者且为汉奸以倾国基!如是则有学堂反不如无学堂。"③

马相伯捐献家产兴学,亦是有感于当时的形势,"自庚子拳乱后,海内志士有鉴于欧美之强盛,我国之屡弱,遂幡然醒悟,非运输泰西各国新知识为我国补救之方针,维新之基础,不足与列强颉颃于世界"。此时马相伯亦有鉴于此,遂热心教育。④ 1900 年 8 月 25 日,他将自己的几乎所有家产——松江、青浦田产 3000 亩,捐献给天主教江南司教收管,作为创办新式大学——中西大学堂的基金,并立下《捐献家产兴学字据》,字据内容如下:"立献据人,谨承先志,愿将名下分得遗产,悉数献于江南司教日后所开中西大学堂收管,专为资助英俊子弟资斧所不及,并望为西满安德肋献祭,祈求永承罔替。中外善堂,概由输献……

① 梁启超:《十年双十节之乐观》,转引自吴其昌《梁启超传》,北京:台海出版社 2019 年版,第 33—34 页。
② 梁启超:《新民说·新进步》,转引自吴其昌《梁启超传》,北京:台海出版社 2019 年版,第 76 页。
③ 梁启超:《政变原因答客难》,转引自吴其昌《梁启超传》,北京:台海出版社 2019 年版,第 34—35 页。
④《震旦学院》第一期,"绪言",转引自张若谷《马相伯先生年谱》,上海:商务印书馆 1939 年版,第 210 页。

自献之后,永无反悔,且系先人所遗名下私产,故族中一切人等,毋得过问。其系教中者,自无敢有违善举;其系教外者,则非先父先尤之嗣也,更无得过问。特此书献存档。时天主降生后 1900 年秋分后一日,即光绪庚子又八月一日。立献据人:江苏镇江府若瑟马良。"① 但当时徐家汇耶稣会却行动缓慢,迟迟没有办学之举动。

1902 年,办学的机会悄然而至。当时蔡元培在南洋公学(即现在之交通大学)任教职,执意跟从马相伯学习拉丁文,认为"拉丁文为欧洲各国语文之根本,各国语言多源于拉丁,西洋一切古代文化,若果不通拉丁语文,那就无从了解"。起初,马相伯颇感为难。原因有二,一是当时蔡元培身为南洋公学特班总教习,教务繁忙,只能利用清晨时间来学,经常早上 5 点钟便到徐家汇马相伯寓所敲门,而马相伯早上需要祈祷,这是教会每日的常课,不能修改;再者,"中年而有繁重职务在身的人,学习外国语,若果要指望它有用,那非较长时间不可"。最后,马相伯便向蔡元培提议:"最好由他在学校中选择一些比较优秀一点的青年学生到我这儿来学,更为有益而切于实际。"蔡元培听后,深以为然,便选派胡敦复、项微尘等二十四名学生一同前来学习拉丁文,同时邀请马相伯出面办学。当时拉丁文在西洋都已成古董,很多西方学校都不大重视,徐家汇耶稣会中的法国人纷纷在背后笑话中国人如何能学得好拉丁文。马相伯并不在意这些嘲笑,精心编写《拉丁文通》讲义,指导这些学生直接阅读拉丁文文学作品,如"教他们读拉丁文最有名的文学作品,最有名的演说家季宰六(Cicera)的演说"。果然,4 个月的学习与训练过后,经过考试,这些学生们不仅"写得出来",而且"说得出来",令从前笑话他们的外国人也"不能不钦佩我们的青年学生的努力"。此外,马相伯还教他们法文和数学,虽然在学校里,学生们已经学过这两门课,但马相伯的教法与之前学校所教不同。譬如数学,教他们加减乘除,不但教他们演算的技术,并且教他们原理,使他们从根本上理解每一道算术的作用,还教他们代数的方法演数学。其中有几个对数理研

---

① 《捐献家产兴学字据》(1900),李天纲编:《马相伯卷(中国近代思想家文库)》,北京:中国人民大学出版社 2014 年版,第 32 页。

究发生兴趣,比如胡敦复在 1907 年赴美留学,进入康奈尔大学,攻读的专业就是天文学和数学。同时,马相伯也教这些青年学生学习哲学,凡哲学术语,一本拉丁文,"不徒欲探欧语之源流,并欲探希腊拉丁人震古烁今之爱知学也"。① 这批学生成为 1903 年创办的震旦学院的骨干学生,马相伯曾说:"事实是这样开始的,蔡孑民先生介绍了二十四位学生。"②

马相伯教这二十四个学生,稍稍取得了点成绩,于是"风声所播,各省有志之士,远之如云南、四川、陕西、山西的都不远千里间关跋涉而来,这些来学的当中,有八个少壮的翰林,二十几个孝廉公"。这样一来,马相伯深感教育责任重大,"觉得有把组织扩而大的必要",于是决定创办一所"具有西欧 Akademie③ 的性质"的大学,名之曰"震旦学院",目的是收容四方有志青年。④ "震旦"一词,乃梵文"中国"之谓,内含"东方日出,前途无量"之意,西文取名"Aurura"。

为实现办学夙愿,马相伯便与徐家汇耶稣会商量,借助它已有的师资和场地来创办这所学院,耶稣会不久前才接收了马相伯的 3000 亩田产等家产的捐赠,本应用于兴学,于是诸司铎也纷纷襄助。双方达成一致意见,校舍借用耶稣会的徐家汇老天文台的若干余屋,"各科教授,则由教会诸长老义务担任"。学院具体管理成员如下:马相伯自任监院(即校长),实行学生自治制度,项微尘任总干事,郑子渔任会计干事,其他干事由学生民主推选。⑤ 马相伯亲自制定学院章程,他期望这一"Akademie"式全新大学,能够一扫中国传统相沿成袭的"奴隶之学",真正把"学问"当作"世界所最尊贵者","开宗明义,力求自主",办成一

① 马相伯口述,王瑞霖笔录:《一日一谈》,"蔡孑民先生与二十四个学生学拉丁文",王红军校注,桂林:漓江出版社 2014 年版,第 72—73 页。
②《国难言论集·想当年创办震旦》,朱维铮主编:《马相伯集》,上海:复旦大学出版社 1996 年版,第 1044 页。
③ Akademie,德语,意为高等专科学校或学院。
④ 马相伯口述,王瑞霖笔录:《一日一谈》,"从震旦到复旦",王红军校注,桂林:漓江出版社 2014 年版,第 76 页。
⑤《马师相伯先生创办震旦学院之特重精神》,转引自张若谷《马相伯先生年谱》,上海:商务印书馆 1939 年版,第 213 页。

所现代高等教育意义上的新式大学。①

　　1903年2月，震旦学院正式开学，但办学条件仍面临着很大困难，马相伯在开学庆典上，呼吁大家要有"坚忍不拔之气，强立不返之志"，因为"今日我震旦学院，虽一小小学院。然恢张宏远，前程何限。如一芥之微，撒之育之，可以通地，我震旦其奚异哉！"。②

　　梁启超时在日本，听闻震旦学院创办的消息后，即以极大的喜悦之情在《新民丛报》上发表题为《祝震旦学院之前途》的署名文章，予以隆重的推广。他热情称赞马相伯创办这所私立学校，"教育议兴，即已两年。而至今无一稍完备之私立学校，不得不谓国民之耻也……吾闻上海有震旦学院之设，吾喜欲狂。吾今乃始见我祖国得一完备有条理之私立学校，吾喜欲狂"，表达了自己听闻国内第一所私立学校——震旦学院创立后的莫大喜悦之情。接着指出："我青年诸君，今后固不能不广求新知于世界，非游学欧洲，殆不足以占优胜也"，而震旦学院这第一所私立学校，恰可为青年来日游学欧美打好结实的基础，因为"该学院总教习为谁，则马相伯先生，最精希腊、拉丁、英、法、意文字者也"，此外更令梁启超赞赏不已的是"院中肄业之例，以本国文学优长者为及格"，鉴于"我国学界，今渐滔滔然有蔑视国文之恶风"，震旦学院这一规定"庶可规正之"。③ 梁启超寄望这所私立学校能在人才培养、学术风气等方面有一番作为，培养出更多的优秀的中国青年人才，为民族国家造就栋梁之材。

　　为了吸引青年才俊特别是那些贫穷却有学问的青年才俊前来就读，马相伯特意区分普通与特别两科，即"入院办法，肄业者分为普通、特别两科"，其中普通科需要至少交银百两，方可入学，如财力允许，亦可捐千两、两千两，"以赞成此莫大教育事业"；而特别科则是面向那些"无力而有学问者"，这些青年学生生活贫穷，无力交银百两，但"可以其

① 《震旦学院开学记》，转引自复旦大学校史编写组编《复旦大学志第1卷（1905—1949）》，上海：复旦大学出版社1985年版，第40—41页。

② 《震旦学院开学记》，转引自复旦大学校史编写组编《复旦大学志第1卷（1905—1949）》，上海：复旦大学出版社1985年版，第40—41页。

③ 梁启超：《祝震旦学院之前途》，转引自复旦大学校史编写组编《复旦大学志第1卷（1905—1949）》，上海：复旦大学出版社1985年版，第46—47页。

著作介绍,一通人代递,并明言其精于何种学科,入院试读一月,其学行经本院干事三人认可,即得免送捐金,住院肄业",而且"卒业后在本院所捐译社充译员二年,仍得稿值五成之权利"。① 由此可见马相伯对家境贫寒的青年学生的特别关爱与特殊照顾。

当时学生革命救国运动蓬勃兴起,1902 年,南洋公学学生全体罢课,创立爱国学社,积极投身宣传革命救国。对学生运动,马相伯曾言:"欲革命救国,必自研究近代科学始,欲研究近代科学,必自通其语言文字始。有欲通其外国语言文字,以研究近代科学,而为革命救国之准备者,请归我!"②这是说,欲想革命救国,必须先掌握近代科学,通晓外国语言文字,这是救国之基础。震旦学院本着欢迎"四方思想不同、派系不同的有志青年"的招生宗旨,不排斥革命青年,1904 年,爱国学社因《苏报》案牵连而被迫解散,很多学生便受到马相伯的欢迎,转入震旦学院继续学习。

当时,关中青年于右任在汴梁(今开封)参加乡试,"曾印行《半哭半笑楼》诗,讥切时政",其咏古诗中有"误国谁哀窈窕身,唐惩祸首岂无因? 女权滥用千秋戒,香粉不应再误人",从中流露出的是对当时大清王朝的实际掌权者慈禧太后乱国乱朝行径的讥讽和批评;另一首诗《署中狗》"署中豢尔当何用? 分噬吾民脂与膏。愧死书生无勇甚,空言侠骨爱卢骚(按,卢梭)",更是流露出批判当时腐败的清政府,意欲革命的心志。他被当时陕西巡抚指定为"革命党",遭当局通缉,只好辗转亡命上海。③ 马相伯从报纸上得知此事后,便托震旦学院的学生,于右任的一位老乡,请他入震旦学院。于右任为了逃避清廷追捕,便以刘学裕之名著学籍。此时,正值《苏报》案发,文网苛密,于右任担心连累马相伯和学院,马相伯却坦然一笑,说道:"余以国民一分子之义务,为子做东

---

① 《震旦学院章程》(1902),李天纲编:《马相伯卷(中国近代思想家文库)》,北京:中国人民大学出版社 2014 年版,第 39 页。

② 于右任:《为国家民族祝马先生寿》,转引自宗有恒、夏林根《马相伯与复旦大学》,太原:山西教育出版社 1996 年版,第 229 页。

③ 《于右任先生六十岁年谱》,转引自张若谷《马相伯先生年谱》,上海:商务印书馆 1939 年版,第 213—214 页。

道主矣"①,这样做是以尽"国民一分子之义务",并免除于右任一切学杂膳食费用。对马相伯此举,于右任甚为感念,终其一生自称门生,尊称马相伯为先生。

1931 年 9 月于右任与恩师马相伯

此外,马相伯还语重心长地教育和开导他,说:"国祸日亟,少年人忧时感事,以文字贾祸,贤者不免。然而列强并峙,人之所以国富民康,战胜攻取,而使我相形见绌者,弥不由于政教之修明,学术之精进。"这是说,面对国家危亡,青年人感于时事,忧愤不已,胸中块垒不吐不快,因文字获罪,也是"贤者不免"。但要知道祖国之所以积贫积弱,外国之所以国富民泰,就在于我们自己目前是政教不修明,学术不精进。因此,他批判于右任此举是"文人积习,但以空言抒愤,于世界大势懵无所知,即使他日得行其志,亦于世何裨?",于是慎重地告诫道:"救国必先科学,而欲研究科学,深造有得,必自娴习西文入手。"②可见,马相伯谆谆教导于右任,就是要其切记从事求知问学以救国这条道路,万不可依仗文人习气,肆意书写胸中悲愤,而枉顾学术之精进。

① 于右任:《为国家民族祝马先生寿》,转引自宗有恒、夏林根《马相伯与复旦大学》,太原:山西教育出版社 1996 年版,第 230 页。
② 于右任:《追念相伯夫子并略述其言行》,转引自宗有恒、夏林根《马相伯与复旦大学》,太原:山西教育出版社 1996 年版,第 91—92 页。

第五章　捐资兴学,教育救国

自 1903 年 2 月震旦学院开学以来，在不足两年的时间内，学生数量便从开始的二三十人，达到一百四五十人，可谓蒸蒸日上。正在震旦学院发展良好的情势下，1905 年，发生"震旦学潮"。

其实，震旦学院成立不久，马相伯与耶稣会教士们的矛盾和冲突便已不断。自报上登载《震旦学院章程》后，慕名前来读书的学生还真不少，"当时海内外有志之士，闻风向慕而来者，有种种不同之人物，有进士、举人、拔贡等，已有功名之士，有原在日本留学之学生，有曾经参加革命事业之人物。而当时不满意于原在学校而来者，为数犹多。以上各种人物，大抵在当时社会上，皆已有相当地位"。[①] 对这些前来求学的学生，马相伯自然是欢迎，所谓"有教无类"也。但当时耶稣会教士却"只愿意收年轻的学生"，而马相伯"则主张年轻和年长的，甚至三四十岁的，只要他们诚心来学，程度相当，则应一视同仁，尽量收纳"。这么做的理由是"中国的情形与欧西各先进国不同。我们的青年固须教育，我们的成年人尤须教育，因为他们学了一点，马上到社会上去，就有用"。其教育救世之心，展露无遗。但是马相伯又发现："待我把学校办成，他们却又'见猎心喜'，对于我的主张，动辄加以阻扰，而且关于招收学生的办法，我的见解，也与他们不同。"[②]

不仅在招收学生方面产生冲突，在教学方法上也有矛盾，"那时一班外国人在中国教我们青年的外国语文，简直有些颠顸，譬如，他们教英文，一开始就教文句，而不教拼法，弄得学生摸不着头脑"，而马相伯则从"拼音字母教起，使他们渐渐可以独立地拼读外国语文"。在教材选择上，外国传教士"用的课本大致都是英国人教印度人用的，浅薄鄙俗，毫无意义"，马相伯却"选些英国极有价值的文学作品，如狭斯丕尔（按，莎士比亚）等等的著作，给学生讲习，藉以提高他们的英文程度"。此外，马相伯还在每个星期日上午 9 点到 12 点，"召集全校学生开讲演会，制定题目，先由一人登台讲演，然后轮流推举学生中一二人加以批评，使他们各人发挥自己的意见，互相观摩"，自然他的教授方法受到学

---

① 宛序：《马相伯与震旦复旦》，载《万象》1944 年第六期，第 96—97 页。
② 马相伯口述，王瑞霖笔录：《一日一谈》，"关于震旦与复旦种种"，王红军校注，桂林：漓江出版社 2014 年版，第 84 页。

生们的热烈欢迎和拥护。①

双方更为严重的冲突发生在 1905 年外籍教士意图修改学院的管理章程时。1905 年春,法籍传教士南从周(Perrin)从安徽教区调来上海,取代马相伯成为震旦学院的监院。南从周到校后,便着手改革学校行政管理,重新制定一套规章制度,还要求教授收缴并呈送新生学费,并将"将头二班英文裁去",突出法文教学,声称"如不愿意者听之",最后还让马相伯"无病而入病院"。这些举措显然违背了学院创办的初衷——创办之初,"外籍传教士担任义务讲座,学校行政,则由学生任之,养成自治之风"。② 结果,"马相伯那相当进步的面向学生的高等教育方法,同耶稣会高度集权的方法间不可调和的分歧",直接引发了这场"震旦学潮"③。关于此事之来龙去脉,时任苏松太道袁树勋在给时任两江总督周馥的报告中曾有一较为详尽的说明,指出:"该学堂设已两年,课程中西并重,教习系教士充当,所授格致、化学各科,均用英法两国文字。学生程度颇高,主张爱国宗旨,不肯入教。近因法文教习南君忽议裁去英文,专以法文教授,意欲以教务侵入,学英文者既无所适从,习法文者亦惧教会侵入,颇不满意。后马因此辞退,遂亦退学。现该教习允复英文,惟不许马进院干预学务。诸生以学堂由马创,非马势难久持,乃散各处,意图重建改良等语"。④ 由此可见,马相伯在这次冲突中是被迫引退,但学生们不同意,便纷纷相商退学。

据记载,当时有学生代表沈步洲登台发表演说,呼吁退学抗争。他情绪激昂地说:"现在震旦学院,已变为教会。如昔日学科,皆英法并重,今则专用法文。且各科亦以法文教授,厥证昭著。且吾辈所以入学院者,以马君在院。马君为华人,且热心教育,今马君无病而入病院,不啻教会逐马君而夺全校之权也。处今之时局,若使马君设法与教会争,

① 马相伯口述,王瑞霖笔录:《一日一谈》,"关于震旦与复旦的种种",王红军校注,桂林:漓江出版社2014 年版,第 84 页。

② 钱智修:《马相伯先生九十八岁年谱》,转引自张若谷《马相伯先生年谱》,上海:商务印书馆 1939 年版,第 214 页。

③ [加]许美德:《天主教徒与社会主义者:法国同中国教育交流的二律背反》,[加]许美德等:《中外比较教育史》,朱维铮译,上海:上海人民出版社 1990 年版,第 156 页。

④ 《江督与上海道往来电文(为震旦院生退学事)》,载《中外日报》1905 年 3 月 20 日。

则彼亦一教会中人，必不能直与教会争执。故今日惟有退学之一法，如诸君赞成退学，即乞签名；不愿退学者亦听。"演讲过后，学生们争相签名，赞成退学，一时签名者多达130人，没签名者仅2人。此后，学生们把签名簿呈交马相伯，他看后也非常无奈，"以为己身为教会所制，不能自由，并将学生所缴学费退还。"①这就是从震旦学院到复旦公学的一大因缘——"震旦学潮"。

此后，学生们舍不得他们敬仰的校长马相伯。马相伯亦放不下这些朝气蓬勃、才华出众的青年学生，于是带领学生离开徐家汇旧址，另寻新的地址复校。离校之际，有学生还摘下校牌，带走教具和图书，预备他日复校。数日后，学生们约请马相伯出席沪学会，并公推马相伯为会长，还推选出叶仲裕、于右任、邵力子、沈步洲等人为干事，筹办复校事宜。对此，马相伯曾自言："因其中的教授及管理方法与我意见不合，遂脱离关系而另组织一校以答与我志同道合的青年学子的诚意，这就是现在的'复旦'。"②

二、创办复旦公学

复校之事，引起上海各界的关注，如时任《时报》主笔的陈景韩就在《时报》上发文称："建立新震旦学校"，此"为学界公益之事，国家前途之望"，并热情呼吁"凡有子弟者，无一不宜协助，凡有人心者，无一不宜协助，财者助以财，能者助以能，力者助以力"。③ 马相伯亦邀请好友严复、张謇、熊季廉、袁希涛等襄助复校事宜。

当时这边复校的校址还未商定，1905年5月27日，受法国传教士控制的耶稣会率先在《时报》（光绪三十一年五月二十七日）登载徐家汇震旦学院的招生广告，称："震旦学院前因学生误会意旨解散。而本堂

---

① 《震旦学院学生退学始末记》，转引自复旦大学校史编写组编《复旦大学志第1卷（1905—1949）》，上海：复旦大学出版社1985年版，第47—48页。
② 马相伯口述，王瑞霖笔录：《一日一谈》，"从震旦到复旦"，王红军校注，桂林：漓江出版社2014年版，第76页。
③ 冷：《宜合理助成震旦新学院说》，载《时报》1905年3月11日。

及各教员于中国教育之前途,热心未懈,即院中书籍、标本等,亦一切无恙。现拟延请中国清望素著,讲求教育之人,为本学院名誉赞助员,商订学课规则,定期招考学生,于七八月间开办,先此广告。"① 幸好,在该广告刊出前,《时报》负责人狄葆贤便将此事告知马相伯,马相伯便与严、熊、袁三先生联名,与《震旦学院招生广告》同日在《时报》登出《前震旦学院全体干事中国教员全体学生告白》,以正视听,这是"复旦"二字首次出现。

在这篇《告白》中,通报了震旦学院解散以及更名为"复旦"的消息,"震旦解散后,除添建之校舍移赠教会作为酬谢外,凡公备一应器具,暨书籍标本,早经迁出,毫无镠轕。现暂借吴淞提辖,定七月下旬开学,更名复旦公学。旧时院名,久已消灭。此后倘有就旧基重行建设者,无论袭用旧名与否,与旧时震旦,丝毫无关。特此敬白"。② 这一份《告白》清楚明白地说明旧时震旦学院与现在耶稣会力图复校的震旦学院,二者没有任何关系,而且马相伯等人正紧锣密鼓地进行复校,而且将校名更为"复旦公学"。"复旦"二字,出自清代沈德潜选编《古诗源》中《卿云歌》"卿云烂兮,糺缦缦兮,日月光华,旦复旦兮",内藏恢复震旦、复兴中华的双重主旨,寓意可谓宏大而深远,而且为了彰显复旦公学的爱国热忱,该校校徽特别"拟用金制黄玫瑰,以明黄人爱国之义"。③

耶稣会复校的震旦学院虽然与此前震旦学院无关,但马相伯仍十分关心它的发展。1908年,震旦学院在法租界新建校舍,马相伯又"捐现洋四万圆"及"英法两租借地八处,当时价值十余万"。④ 1909年,震旦学院行暑假礼,请马相伯莅院演讲,这次演说主题是"光阴之宝贵"。⑤ 此后,1910年、1911年继续延请马相伯演讲。1910年演讲以"古之学

① 复旦大学校史编写组编:《复旦大学志第1卷(1905—1949)》,上海:复旦大学出版社1985年版,第50页。
② 《前震旦学院全体干事中国教员全体学生告白》(1905),李天纲编:《马相伯卷(中国近代思想家文库)》,北京:中国人民大学出版社2014年版,第45页。
③ 《复旦公学章程》(1905),李天纲编:《马相伯卷(中国近代思想家文库)》,北京:中国人民大学出版社2014年版,第47页。
④ 《家产立典记》(1937),李天纲编:《马相伯卷(中国近代思想家文库)》,北京:中国人民大学出版社2014年版,第537页。
⑤ 《震旦学院记事珠》,转引自张若谷《马相伯先生年谱》,上海:商务印书馆1939年版,第218页。

者为己,今之学者为人"为题反复推论,淋漓尽致。1911 演讲大意是"诸君为学犹掘井也,掘井九仞,而不及泉,犹学之未成也。及乎泉,是泉也取之不禁,用之不竭,此德一立,吾人何在不可立身,何在不可立家立国。揆之往古中外之豪杰,其成也,无不自立德始"。① 可见其对学生努力进学修德的殷切期望。

为了寻找一个合适的校址,马相伯虽年事已高,仍坚持和友人、学生们四处调查寻访,正好"在吴淞看好了一座房子,是吴淞镇台的旧衙门,地方很宽敞,既远城市,可以避尘嚣;又近海边可以使学生多接近海天空阔之气"。② 当时两江总督为周馥,周与马相伯哥哥马建勋同为淮军,两人关系不错。马相伯便立刻打电报给周,希望能得到他的帮助,周馥也了解马相伯其人其学,更敬佩他捐资兴学的壮举,便同意将吴淞镇台的旧提督衙门拨给他,作为复旦公学的校址。

校址确定下来后,便先后刊登两则广告。再次说明:"震旦旧名,有人袭用",并提醒海内外"寄本学函件,请径寄吴淞提辕,或英界张园北爱文牛路二十二号复旦公学事务所,以免误投",又说明:"本学教授管理法,由严几道、马相伯两先生评定,并请校董熊季廉、袁观澜两先生分任管理之责"。另讲明暂定学额 160 人,除前震旦学生报到者 120 人外,还须招收 40 人,由马相伯、严复亲自主持入学考试。另规定本校学程"定预科 4 年(一为实业专门之预备,一为政法专门之预备期,可直接大学),专科 2 年",而学校费用暂分为三等:"校内寄宿者期年百二十元,校外寄宿者(宿所由校赁定)每年百元……自赁宿所,仅在校午膳者,每年六十元"。③ 出乎意料的是,报考人数竟然多达 400 名,于是马相伯决定增加招收额,共招新生 50 名。

1905 年 9 月 14 日,正好是农历中秋节,复旦公学在吴淞提辕正式开学。马相伯被师生公推为首任校长,聘请刚刚回国的李登辉主管教

---

① 《震旦学院记事珠》,转引自张若谷《马相伯先生年谱》,上海:商务印书馆 1939 年版,第 219—220 页。

② 马相伯口述,王瑞霖笔录:《一日一谈》,"从震旦到复旦",王红军校注,桂林:漓江出版社 2014 年版,第 76 页。

③ 《复旦公学广告》(1905),李天纲编:《马相伯卷(中国近代思想家文库)》,北京:中国人民大学出版社 2014 年版,第 56—57 页。

务,行政则由马相伯派学生叶仲裕、于右任、邵力子分掌,聘请张汝楫、王培元等先生分任教席。学校将学生分为英文班及法文班两种,除国学外,法文班各科学,均用法文讲授,英文班亦然。复旦公学初创时,因办学经费紧张,为节省开支,年迈的马相伯亲自讲授法文班各课程。复旦公学之所以能在这么短时间内建立、开学,马相伯功高至伟。对此,黄书光曾说:"马相伯以一种'不懈毅力之精神',全身心地投入到复旦公学的创办之中。从院址选择、经费筹措、师资聘请、章程制定、课程设计、教学实践,马相伯无不殚精竭虑,为复旦公学乃至后来的复旦大学的发展奠定了基础。"①

　　来参加开学典礼的复旦学生有 160 多人,来宾及学校职员亦有 100 多人,对于一所"公学"来说,开学场面可谓宏大。开学当天,先是由军乐队奏"开校军乐",接着校长马相伯发言,他以外国来沪的马戏团为喻,说马戏团中的表演动物虎豹狮象犹可被教育,人难道不如这些动物? 以此说明教育对人来说的重要性。随后,作为校董及"名誉教员"的严复发表演说,鼓励学生刻苦向学,报效国家。严复指出:"中国员幅日狭、民族日凋,不畏外强之侵凌,须忧吾人之不振,所望全校学生,须勉力勤学,万不可有告假偷闲之举,庶几日异月新,为将来之国用云云。"最后发言者是"英文正教员"李登辉,他用英文发表演说词,称:"中国之衰弱,皆由教育之不兴,欲为中国前途造幸福,则必以广推教育为主,所愿在学诸生,各励尔志,是则鄙人之所厚望云云。"三位演说完毕后,复奏军乐,"到四时,始由教员袁观澜摇铃散会"。②

　　当时,如果全部经费"出于官场,而必自予官场以干涉之路",且将失去办学的"独立之精神",因此当时便未考虑借助官方力量,甚至有人建言:"有百余学生,有热心教师,无形之学校已成 …… 草创伊始,无妨

---

① 黄书光:《国家之光 人类之瑞——复旦公学校长马相伯》,济南:山东教育出版社 2004 年版,第 82 页。
② 《记复旦公学开校典礼》,载《南方报》1905 年 9 月 15 日;《复旦公学开学记》,载《时报》1905 年 9 月 15 日。

粗就"。① 但在清末创办这样一所私立学校,面临的问题自然不少,复旦公学筹备之初,面临最大的问题便是办学经费和师资不足。于右任曾说:"及复旦公学成立,经费师资,两皆匮乏,环境困难,较震旦时代且倍蓰过之。"②为了解决这些困难,同时也不至于放弃自主办学的精神,最后决定不走纯粹公办,亦不走纯粹私立的道路,采取的是调动社会各种力量,筹资办学,当然也不拒绝官方经费资助,这便是盛宣怀举办南洋公学的办法,所谓"商捐经费,学资不出于一方,士籍不拘于一省"。③ 因此,《复旦公学章程》称:"本公学之设,不别官私,不分省界。要旨乃于南北适中之地,设一完全学校,俾吾国有志之士,得以研究泰西高尚诸学术,由浅入深,行远自迩,内之以修立国民之资格,外之以裁成有用之才。《诗》曰:高山仰止,景行行止,虽不能至,心向往之。宗旨正鹄,固如是已。"④可见,复旦公学是一所官、绅、商、学各界均可参与捐款办学的"公立学校"⑤。

于是,为解决办学经费难题,马相伯亦请求时任两江总督周馥帮忙,周慷慨寄来 2 万两银子做办学经费(一说,谓周"拨给开办费万元"),后来又每月拨付 2000 元,"复旦公学之基础始固"。⑥ 与此同时,马相伯挚友严复号召成立包括袁希涛、熊希龄、张謇等多达 28 人的复旦公学董事会,并向社会发布《复旦公学募捐公启》。《公启》称:"以中国处今日时势,有所谓生死问题者,其惟兴学乎……今者复旦募捐,确资兴学,其为社会利益,影响垂百千年,遍各行省,关系本图尤远且大。

---

① 吼:《忠告震旦学生》,转引自复旦大学校史编写组编《复旦大学志第 1 卷(1905—1949)》,上海:复旦大学出版社 1985 年版,第 49 页。

② 于右任:《为国家民族祝马先生寿》,转引自宗有恒、夏林根《马相伯与复旦大学》,太原:山西教育出版社 1996 年版,第 231 页。

③ 盛宣怀:《致五亩园学堂谢家福函》(1896 年 6 月),转引自夏东元《盛宣怀传》,成都:四川人民出版社,1988 年,第 279 页。

④ 《复旦公学章程》(1905),李天纲编:《马相伯卷(中国近代思想家文库)》,北京:中国人民大学出版社 2014 年版,第 46 页。

⑤ 当时上海学堂的办学性质分为"官立""公立""私立"三种(参见《江苏学务总会广告》,载《南方报》1906 年 4 月 9 日),"由官府设立的名为官立,由地方绅富捐集款项或集自公款的名为公立,由一人出质的名为私立。复旦完全符合公立规定。"(参见复旦大学校史编写组编《复旦大学志第 1 卷(1905—1949)》,上海:复旦大学出版社 1985 年版,第 58 页。)

⑥ 钱智修:《马相伯先生九十八岁年谱》,转引自张若谷《马相伯先生年谱》,上海:商务印书馆 1939 年版,第 215 页。

是以两江总督、南洋大臣周尚书知之，当震旦解散之始，即殷然以维持规复为己任，首拨巨金，为海内倡。又蒙江南提督杨军门假以吴淞行辕，暂充校舍，栖止生徒……惟是造端宏大，需款犹多，必资众擎，而后克举。用敢据实布启于海内外诸公。上自公卿，下逮士庶，倘蒙慨助，请列台衔，邮兑法马路洋行街德发洋行曾少卿处，掣取收条，登报鸣谢。此外，中外日报馆、时报馆二处，亦可代收转交。至落成开学以后，所有用费，以及每年出款功效，容随时造册，胪列报端，庶使热心教育者，晓然于款不虚糜，事有实济。总之，此举关系国家公益，亦非区区发起者所敢居其成功也。诸公鉴之。"①这份募捐公启文笔流畅，感情恳切，应不难激荡读者的一腔热心教育、资助办学的热忱。此外，马相伯还委托行政干事叶景莱"冒着炎热到南京、扬州、淮阴等地奔走累月，募得一笔款项，才使复旦能够继续维持，度过困难"。②

再者，此前清政府在 1904 年 1 月正式颁布实施近代中国首部学制——《奏定学堂章程》，亦称"癸卯学制"。学制规定第一阶段为初等教育，包括蒙养院 4 年、初等小学堂 5 年和高等小学堂 4 年；第二阶段为中等教育，中学堂 5 年，属普通教育性质，兼有升学和就业两重任务；第三阶段为高等阶段，设高等学堂，"以教大学预备为宗旨"，下分为 3 类：第 1 类为升入大学经学科、政法科、文学科、商科作准备，第 2 类为升入大学格致、工科、农科作准备，第 3 类为升入大学医科作准备。

复旦公学办学的等级定位自然须以此为准，"本公学遵高等学堂定制：正斋（学科分为二类：一政法科、文科、商科大学之预备，一理科、工科、农科大学之预备）三年毕业。"但考虑到"我国兴学未遍，程度不齐"，所以在正斋之前，另立"备斋二年"。而且还规定："正斋卒业"后，可"入中外各大学者"，亦可"仍留校肄业，则入专斋"。而专斋分为两类，"一政法，一实业"。其中，正斋第一部（政法科、文科、商科大学之预备），设有科目：伦理学、国文、英文、法文、德文、历史、地理、数学、论理、心理、

① 复旦大学校史编写组编：《复旦大学志第 1 卷（1905—1949）》，上海：复旦大学出版社 1985 年版，第 51—53 页。
② 胡国枢：《复旦最早的学生会主席叶景莱》，转引自复旦大学校史编写组编《复旦大学志第 1 卷（1905—1949）》，上海：复旦大学出版社 1985 年版，第 80 页。

第五章　捐资兴学，教育救国

理财、法学、簿记学、体操、音乐、拉丁文;正斋第二部(理科、工科、农科大学之预备),设有科目:伦理学、国文、英文、法文、德文、历史、地理、数学、物理、化学、地质、矿物、动物、植物、测量、图书、体操、音乐、拉丁文。①

而就教学方法而言,《复旦公学章程》规定"除备斋本国历史、舆地、数学诸科,须用汉文外",其余"皆用西文教授",这是震旦学院西文教授方法的延续。接下来分四个方面解释为什么"本公学定以西文教授",一是"西国历史、舆地诸名目,虽以音传,各函意义。今若纯汉文传授此等名义,叶音聱牙,不便记忆"。二是"以科哲法典所用名词,大抵祖希腊而祢罗马,经学界行用日久,一时势难遍译,不如径用西文,较为简便"。三是"东西成学之士,当国之家,国文而外,鲜不旁通三四国者。况世界竞争日亟,求自存必以知彼为先,知彼者必通其语言文字"。四是"以西籍洁繁,非迻译所能尽收,若置不窥,于学问之道,便有所缺。又况泰西科学制造,时有新知,不识其文,末由取益,必至彼已累变,我尚懵然。劣败之优,甚为可惧"。② 可见,复旦公学亦如震旦学院,极为重视西方历史、自然科学、哲学、语言文字的教育,并坚持在教授这些课程时采用西语教授,如此不仅更易于掌握学习内容,而且亦能及时把握西方自然科学发展的前沿问题。掌握多门语言,亦是当今竞争世界的必然要求。基于如上理由,复旦公学仍规定用西文(主要是英文和法文)教授西方语言文化、自然科学和哲学知识。

《复旦公学章程》除列专章以阐明公学纲领、宗旨、分斋、学级、学科程度外,还对入学程度、课堂规则、自修室规则、宿舍规则、体操场规则、演说规则等作了详尽严格的规定。如"入学程度"章,规定:"凡投考者,以中西文俱优为最合格";"凡欲入正斋者,应有中学卒业程度。或所学科目,稍有欠缺,亦可通融插班,惟须自认于卒业限内,能补习完备为合格";"投考者年龄,以十五岁以上二十三以下为最合格。其年稍长,而

---

①《复旦公学章程》(1905),李天纲编:《马相伯卷(中国近代思想家文库)》,北京:中国人民大学出版社2014年版,第47—48页。

②《复旦公学章程》(1905),李天纲编:《马相伯卷(中国近代思想家文库)》,北京:中国人民大学出版社2014年版,第46页。

中西学术确有门径，精力能赴所定课程者，临时由校长酌定"。① 可见，这些入学规定既有明确的一般要求，亦允许特殊情况特殊对待，体现的是教育之公平与办学之慎重。

再如"考试、升班及卒业"章，规定"除每月秒考试国文外，每年于上学期之末考试一次，为学期考试；下学期之末考试一次，为学年考试"；"凡学期考试，除最下等者休学外，余仍俟下学期入原班肄业，学年考试后再定升降"；"凡卒业优等生，随时体察其材性之所近，介绍游学。俟经费稍充，即由公学酌量备费，分送泰西留学，以期大成"。可见，除国文每月需考试外，只有学期和学年两次考试，这是因为"盖每考，学生例须温业，考后又须稍停，各教员阅卷，皆废业愒时之事"②。此外，对于优秀学生，学校推荐海外留学，希望能取得更大的成绩。

1906 年，留日学生爆发学潮，马相伯不得不暂辞复旦公学校长职务，东渡日本，处理善后事宜。马相伯离开后，学校财政仍十分困难，而且当时复旦公学校内部管理层的矛盾冲突日益加重，致使 1907 年新学期没能正常开学。后经严复、郑孝胥、张元济等人奔走努力，终于化解复旦"危业"。③

此时，端方在 1906 年 9 月初接任两江总督。为了向官方筹措办学经费，1906 年 12 月，严复到南京拜会端方，寻求经费资助。端方答应从 1907 年起为复旦公学"每月筹拨银 1400 两，作正开销"，但其余改善校舍等事，便"力有未逮"。④ 1907 年 1 月，端方正式任命严复为复旦公学校长。在严复担任校长期间，获官方常年拨款，复旦公学性质随之一变，"丙午以前，复旦公学虽赖众擎之举，尚为私立之校"，现在则转变为"官立之校"。⑤

① 《复旦公学章程》(1905)，李天纲编：《马相伯卷(中国近代思想家文库)》，北京：中国人民大学出版社 2014 年版，第 49 页。

② 《复旦公学章程》(1905)，李天纲编：《马相伯卷(中国近代思想家文库)》，北京：中国人民大学出版社 2014 年版，第 51 页。

③ 《与熊季贞书》(1906 年 7 月 20 日)，孙应祥、皮厚锋编：《〈严复集〉补编》，福州：福建人民出版社 2004 年版，第 276 页。

④ 《筹拨复旦公学经费折》，转引自复旦大学校史编写组编《复旦大学志第 1 卷(1905—1949)》，上海：复旦大学出版社 1985 年版，第 79 页。

⑤ 《严复启事》，载《时报》1908 年 2 月 12 日；《中外日报》1908 年 2 月 12 日。

但这一改变引起一些学生的不满,对严复"反以官办二字之徽号宠锡我校"给予公开批评。① 1907 年 7 月,严复力辞校长之职,但端方不允。1908 年初,新学期开学,学校人满为患,校舍问题益加突出,便又有学生起来反对严复。3 月,严复被邀北上担任北洋新政顾问官,于是正式致函端方,坚辞复旦公学校长职务。此后夏敬观、高风谦先后担任复旦公学校长。

1910 年,马相伯年七十,再次出任复旦公学校长。虽在五年时间内连续更换了五任校长,但在此期间,复旦公学"先后聘请李登辉、袁观澜、周贻春、赵国材等担任教学或主持教务工作,教学要求严格,效果较好"。② 另据《复旦公学章程》(1917 年)统计,1908 至 1911 年,复旦公学

高等正科毕业生共有 56 人,学生毕业后从事教育工作者占了近半数,共 23 名,出洋深造或驻外从事外交工作者 6 名,担任报社主笔或编辑 5 名,参与政府工作者 7 名,经商者 2 名。③ 后来,于右任亦曾说:复旦公学"虽屡经波折,率能延续其生命",逐步取得了丰硕的成果。④

1911 年 10 月,武昌起义爆发,不久东南各省纷纷响应。江浙革命新军"光复"上海,占领复旦公学的吴淞校舍作为光复军的司令部,马相伯等便只好"带着全校学生跑到无锡",承蒙无锡乡绅暂借惠山的李汉章公祠及昭忠祠作为临时校址。于是,马相伯与时任教务长的胡敦复在《民立报》发布《复旦学院广告》,声明复旦公学暂借无锡复学,称:"复旦学院,前因讲舍、操场为吴淞民军借用,辍课业经匝月……兹幸锡金乡达,慨借惠山李公祠及昭忠祠。昭忠祠为课宿之所,地带太湖,距无锡车站六七里许,一苇可杭,风景清幽,尘飞不到。同人等拟仿鹿洞、白鹅之遗轨,推而广之,为哲理、文学、政法、象数、理化各科大学,旁及制造、驾驶等门。惟兹事体大,端赖先达扶翼,同志应求。凡海内高材,愿

---

① 参见 1908 年 2 月 17 日《神州日报》《时报》《中外日报》。

② 复旦大学校史编写组编:《复旦大学志第 1 卷(1905—1949)》,上海:复旦大学出版社 1985 年版,第 59 页。

③《复旦公学章程》(1917),转引自朱有瓛、高时良主编《中国近代学制史料·第 2 辑上册》,上海:华东师范大学教育出版社 1987 年版,第 711—712 页。

④ 于右任:《为国家民族祝马先生寿》,转引自宗有恒、夏林根《马相伯与复旦大学》,太原:山西教育出版社 1996 年版,第 231 页。

来讲学者，与之探讨，窃欣慕焉。爰定十月二十四日开课。旧生于二十二、二十三两日莅院。新生于二十日后来无锡惠山本院，或上海沪宁车站对门庆祥里东二弄底本院事务所报考，随带报名费五元。新生学膳宿费，年内共收十六元，于入院时一律交清。"[1]可见，即便是在战火纷飞的时月，马相伯亦不忘兴学育人，避乱逃到无锡，喜获办学地址，便迫不及待地发布复学公告，期望有志学子前来就读，时局虽艰难，但"弦歌之声不绝"。

近一个月光景，随着江苏、浙江相继光复，学校便又迁回上海。[2] 1912年初清帝逊位，中华民国建立。此时如上章所言，马相伯在光复南京以及建立中华民国南京临时政府等事中贡献不小，而且他的学生于右任此时恰好担任南京临时政府的交通次长。于是，于右任出面，向南京临时政府的教育主管部门详细汇报了复旦公学当前所面临的经费、校址等困境。不久，时任教育总长的蔡元培便拨款1万元资助复旦公学，并指示有关部门协助解决校舍等问题。

复旦公学迁回上海后，一直苦于没有合适的校舍。经过一番考察，马相伯发现了一处地方很适合做新校舍，那就是李文忠公祠。马相伯写了一封呈文给时任江苏都督庄蕴宽，请求他将李文忠公祠拨给复旦做校舍，没想到很快获得批准。不过，李鸿章的侄子李经方听闻后很不高兴，认为这是强占李鸿章祠堂。马相伯不得不出面解释，说："不是我强占它，而是庄氏批准的"，同时也珍重承诺："凡于纪念李文忠的碑记、塑像、牌位，皆丝毫不动，一律保存。"此后复旦公学不负众望，在中国近代教育史上，留下了相当的成绩和影响。晚年马相伯还颇为自豪地调侃道："复旦在中国的教育上，总算尽了相当的作用，用李文忠祠堂来做它的校址，不但不辱没李文忠，实在是看得起他老先生。"[3]

复旦公学经中华民国教育部批准，可照大学办理，校舍也获准在徐

① 《复旦公学广告》(1911)，李天纲编：《马相伯卷（中国近代思想家文库）》，北京：中国人民大学出版社2014年版，第92页。

② 马相伯口述，王瑞霖笔录：《一日一谈》，"关于震旦与复旦种种"，王红军校注，桂林：漓江出版社2014年版，第85页。

③ 马相伯口述，王瑞霖笔录：《一日一谈》，"关于震旦与复旦种种"，王红军校注，桂林：漓江出版社2014年版，第85页。

家汇李公祠,于是 1912 年 4 月连续两日登载《复旦公学招生广告》,称:"兹以该祠尚驻有兵队,暂租定本埠爱而近路第三号先行开课",因李公祠尚有驻军,便暂定在爱而近路(今安庆路)第三号先行开学,9 月 4 日下午,复旦公学就在此举行简单不失隆重的"开校礼"。尽管教育部已批准可按大学的标准办学,但《广告》中规定:"学科,先办中学及补习科,俟经费充裕再开大学专科",这是因为考虑到经费不足的问题,也是遵循之前复旦公学办学等级的做法。但同时声明:"教员已延请欧美专科毕业诸子胡敦复、沈步洲、陈警康、郑桐生、朱炎之等分科教授,务求各项科目咸臻完善。"此外,还公布学费、考试等规定。①

在开学典礼那天,校长马相伯以饱含深情的语调发表以"民国建立之急需趋重教育"为题的演讲,虽然目前校址暂借,办学条件简陋,但他仍激情高扬,说:"复旦开办已十载,初由震旦更名,即有希望光复之意,今幸达目的,盖当名付其实,以为吾民国光华。"听者无不为之动容,深受鼓舞,立志向学,报效国家。接着,代理教务长沈步洲向学生们解释现在为何还不急于更名为复旦大学,"因大学二字,国内尚无比较之准绳,必与外国之大学相比较。复旦学期原定 6 年毕业,一切授课程序,必期毕业后可直接至欧洲各大学听讲,他时课业日进完全为大学之课程,然后改为复旦大学,亦未为迟也。若以近日社会一般好高之心理,急急易以名称,谓足以歆来学者之意思,则非本校所敢出此也。"亦是强调须待条件成熟,再做更名之举。最后,教师代表汪汝周发言,他寄望学生现在要专心学习,因为"革命未成,为学生者一方面读书,一方面又欲关心国事,故恒不能专一。革命既成,则专为造就建设人才,为学生者,亦得一心一志向业"。② 此时已革命成功,中华民国建立,作为学生便应该一心一意学习知识才是正道。

1912 年 10 月,复旦公学正式迁入已修缮的徐家汇李公祠内。此时,马相伯因受蔡元培诚挚邀请,已辞职北上。复旦公学便暂时由教务

---

① 《复旦公学广告》(1912),李天纲编:《马相伯卷(中国近代思想家文库)》,北京:中国人民大学出版社 2014 年版,第 94 页。
② 《复旦公学始业志盛》,转引自复旦大学校史编写组编《复旦大学志第 1 卷(1905—1949)》,上海:复旦大学出版社 1985 年版,第 87—88 页。

长胡敦复、庶务长叶仲裕负责。但令人惋惜的是,因学校经费确实有限,校舍、学具等也颇为简陋,学校行政管理方面也不尽如人意,1912年年底,复旦公学爆发学生罢课学潮,造成"因旷课而时光虚度,存愤懑而学识难增"①的局面。经过一段时间的谈判磋商,1913年初,校方一方面承认"复旦公学创办10年,成绩昭著",另一方面也不讳言此次学潮爆发乃是因为"董事会未经成立之故",为此,正式成立董事会,推举孙中山、陈英士、于右任、王宠惠等为校董,并以王宠惠为董事会长,董事会还聘请复旦公学的老教务长李登辉出任校长。经李登辉及诸同仁多年的共同努力和辛苦付出,1917年,复旦公学正式更名为复旦大学,终于实现了从公学到大学的转型,李登辉也成为私立复旦大学的首任校长。

其实,1912年,复旦公学迁回上海不久,为解决学校经费困难等问题,马相伯、胡敦复等也考虑过成立校董事会,并筹划聘请当时社会名流如孙中山、王宠惠、于右任、沈缦云等为董事。其中,沈为当时上海信成银行协理,在上海金融界享有盛誉,与马相伯私交也不错。马相伯便与于右任、胡敦复等联名致书沈缦云,请求他出任校董。信件内容如下:"缅维复旦创自乙巳,几经艰辛,始克成立,贤士大夫实宏其赐。乃成材未百,世乱繁兴,旧有校庠,化为壁垒,公帑既绝,庋支已穷,三百青年一时星散。继复卜室惠山,略图完聚,终以竭蹶,未能久支,言之痛矣。迩者国是大定,作育是谋,复旦为东南巨校,坐视沦替,情所不安。良等用是奋兴,力谋振董,今已禀准教育部立案,并乞苏督拨李公祠改作黉舍,兴复不易,亟待扶持。伏以先生学林泰斗,薄海倾心,敢为吾徒,乞赐栽植。倘荷不鄙,许为复旦校董,时时督教,以匡不及,不胜大愿。敬谨陈白,伫候德音。春寒为道,自卫不宣。"②在这封短短的聘书中,马相伯等简单回顾了复旦公学创办之历史、现状和碰到的困难,并衷心希望社会各界知名人士鼎力相助,

---

① 《复旦公学风潮记》,转引自复旦大学校史编写组编《复旦大学志第1卷(1905—1949)》,上海:复旦大学出版社1985年版,第91页。

② 沈云逊:《马相伯与沈缦云的交往》,转引自宗有恒、夏林根《马相伯与复旦大学》,太原:山西教育出版社1996年版,第285—286页。

期望沈先生出任校董。

马相伯虽然在 1912 年夏辞去复旦公学校长职务,但仍然一直关心着复旦公学以及后来复旦大学的发展,对后继者李登辉也颇为赞许。他曾说:"我创办复旦的时候,颜惠庆把李登辉先生荐给我,他本是华侨,在美国读书的。我始而请他教英文,后来我辞了校长的职务,李先生便继任校长,一直到今,还是他在那儿维持。"①1935 年 12 月,复旦大学的一批爱国学生愤于时事,积极宣传抗日,对南京政府的不抵抗政策也极为不满,便倡议组织抗议队伍到南京请愿。校长李登辉无法劝阻学生前往南京请愿,又不得不顶着来自蒋介石政府的压力,只好打算辞职。马相伯听闻此事,立即致信复旦大学学生,称:"日来诸君为国难而驰驱,餐风宿露,不遑宁处,余闻而大慰。唯李校长登辉因而辞职,余为彷徨不安。然李校长劝君不必往南京,实为真的名言……唯国家柱石,端在人民,今日亡国现象,其根源在人民之懦弱。试看其他文明国家,有如此等情况否? 请诸君深长想之。为诸君计,与其呼吁政府,莫如开导人民,街头巷尾,茶寮酒肆,皆诸君为国宣劳处也。"②在这封信中,他首先赞许复旦大学学生呼吁抗日的行动乃是爱国之举,自己为此深感欣慰,但又为李登辉校长辞职一事,颇为不安,而且李登辉劝阻学生不必去南京请愿,也在理。国家之所以沦落至此,亡国之象之所以频现,难道不是源于"人民之懦弱"? 于是劝导学生"与其呼吁政府,莫如开导人民"。

1937 年,上海沦陷,不久南京失守。复旦大学的师生们陆续西迁。1939 年春节,马相伯远在越南谅山,仍不忘劝勉和鼓励复旦即将毕业的学生们,无论在多么艰难困苦的环境下,都务必养成"浩然正气,勿馁勿蹶",尽管"今日吾校之校舍,或稍逊于沪上",但总"以此昔新闸路之三室则过之";尽管"吾校之经费,或稍逊于他校",但总"以此昔年叶君辛苦募集之际,又远过之",期望复旦学子们"拳拳于国家民族为己任

---

① 马相伯口述,王瑞霖笔录:《一日一谈》,"从震旦到复旦",王红军校注,桂林:漓江出版社 2014 年版,第 77 页。
② 马相伯:《告复旦同学书》,转引自宗有恒、夏林根《马相伯与复旦大学》,太原:山西教育出版社 1996 年版,第 177 页。

责,砥砺德行,阐扬学艺,建殊勋于朝右,树师表于人伦,则今日远入三峡之复旦,安见不复显于三吴耶?"①他以百岁高龄在春秋佳节之时,冀望千里之外的复旦学子们不要被眼前困难吓倒,鼓起勇气,磨砺德行,发扬所学,为国家建功勋。

当然,一代代复旦大学的学生们也始终没忘记他们曾经的老校长。1939年,马相伯百岁寿辰,在"孤岛"上海的复旦同学会发起规模浩大的祝寿活动,复旦校友及马相伯同乡故旧到会者近千人。马相伯闻讯,颇为感动。他亲笔函谢,称:"回思贵校,创立以来,人才辈出。出类拔萃,济济一堂。既致力乎修齐,复矢志于平治。鄙实与有荣幸焉。"②

综上而言,马相伯始终坚信教育"不可一日或无",20世纪前十年,他不惜毁家兴学,先后创办震旦学院和复旦公学,为国家培养了许多品学兼优的人才,为近代中国高等教育事业的发展贡献至伟。1939年11月4日,马相伯逝世。在复旦大学举办的追悼会上,时任校长吴南轩曾高度评价马相伯创办两所学校的丰功伟绩,并呼吁大家"继续努力前进,使我们社会的、精神的马老校长永垂不朽"③。1984年在迁墓仪式上,当时上海市副市长张承宗也高度赞扬马相伯毁家兴学之壮举,指出:"他毁家兴学,创办震旦与复旦大学,培育英才,桃李成荫,对祖国文化教育事业作出卓越贡献。"④

三、筹划函夏考文苑

1912年,已过古稀之年的马相伯,因北京大学校长一职缺位,受时任教育部长的蔡元培邀请北上,不久后担任袁世凯总统府的高级顾问,

---

① 马相伯:《民国二十八年复旦大学春节毕业同学训词》,转引自宗有恒、夏林根《马相伯与复旦大学》,太原:山西教育出版社1996年版,第179页。
② 朱维铮等:《马相伯传略(复旦大学校长传记系列)》,上海:复旦大学出版社2005年版,第217页。
③ 吴南轩:《在复旦大学追悼马相伯先生大会上的报告》,转引自宗有恒、夏林根《马相伯与复旦大学》,太原:山西教育出版社1996年版,第104页。
④ 张承宗:《在马相伯先生迁墓仪式上的讲话》,转引自宗有恒、夏林根《马相伯与复旦大学》,太原:山西教育出版社1996年版,第65页。

此外先后担任参议院参议、参政院参院、平政院平政等职务,在担任公职之外,仍旧关心着教育事业,积极筹划建设最高的国家学术研究机构——函夏考文苑。

国立北京大学前身是京师大学堂,1912年5月改名为北京大学。原京师大学堂监督严复继续担任北京大学校长(首任校长),5月15日,北京大学举行开学典礼,严复专意邀请教育部长蔡元培到校作演讲,蔡在此次演讲中提出"大学为研究高尚学问之地"①,希望北京大学师生潜心研究高尚学问,共同将它建设成一所世界著名大学。当时国立北京大学虽获财政部资助,但仍然面临办学经费极为短缺的问题,校长严复不得不向银行借贷办学。财政部听闻严复向银行贷款的消息后,极为气愤,并打算解散北京大学。消息一传来,全校师生一片哗然,后经严复力争,方才化解这一危机。经此一事,严复颇感愤懑不平,同年10月,愤而辞去校长一职。

当时教育部本来任命章士钊担任北京大学校长,但章借故未到任。于是,转而聘请马相伯担任校长。当时,北京大学确实经费严重短缺,经过反复思索,马相伯决定"向比国银行商借款40万法郎,约定以学校地产作抵押",但学生们反应强烈,认为校长此举是在"盗卖校产",绝不能赞同。万般无奈之下,1912年12月27日,上任不足三个月,马相伯也不得不辞去北京大学校长职务。②

在北京五年,马相伯始终在努力维护刚诞生不久的民主共和国,但袁世凯倒行逆施,破坏《约法》、意图复辟,马相伯也回天无力,曾自嘲就是一位"不成功的政治家"。时局惨淡险恶,事不可为,马相伯只好专心筹划创设最高国家学术研究机构——函夏考文苑。

此前,1898年创建京师大学堂学制,规定大学堂以上设"大学院",大学院为学问极则之研究,不主讲授,不主课程。1902年颁布《钦定大学堂章程》将大学堂改为通儒院,是专门学术研究机构,这是"法国法兰西学院、英国皇家学院的成例,专备少数宿学极深研究,不是多数学者

---

① 高平叔:《蔡元培年谱长编》(第一卷),北京:人民教育出版社1998年版,第448页。
② 萧超然等:《北京大学校史(1898—1949)》,上海:上海教育出版社1981年版,第30页。

多能加入的"①。后康有为也曾提出设立"学士院","设学士院以待硕学而属通才,不设额。凡选学士,以诸学士联保,验所著书及制作图器,创获实迹者,得充补之"。② 可惜又只是纸上谈兵而已。

之后最著名的便是马相伯、章太炎和梁启超联合发起筹建的"函夏考文苑"。具体筹建工作,马相伯出力最多,"本苑发起人章、梁二君,各以事牵,不遑兼顾"。③ "考文苑"是法国人在18世纪初首创,称"法国阿伽代米"((L'Academie Francaise),而"阿伽代米"是古希腊名,"以希腊致知家柏拉图(Plato)等,尝就其苑讲致知学故耳。致知学者,致极其知,以推穷万事万物之所以然也。由是足以包罗一切,牟卢一切。凡学问有原理之纲宗,舣言之科则,由科则而科条,咸有一贯之统系者,始得名为科学。其研求之所与人,始得名为'阿伽代米'"。④ 在此,马相伯从古希腊致知家(即哲学家)柏拉图在"阿伽代米"讲授致知学(按,即哲学)谈起,指出凡是"研究科学"的地方和人才可称为"阿伽代米"(按,即学院);"考文"二字出自儒家"四书"之一《中庸》第二十八章"非天子,不议论,不制度,不考文"一句,这是说唯有天子才能考论文章典籍,"考文"可引申为研究高深的学问。于是,他主张以"考文苑"对译"Academie"。而"函夏"二字典出《汉书·扬雄传》"以函夏大汉兮",其意是指大汉王朝疆域之广袤,足以包含诸夏,特指中国。另据方豪考证,"函夏"二字亦出现在《晋书》卷31《左贵嫔传》中,也指整个华夏,有全国之意。⑤ 因此所谓的"函夏考文苑"便是指中国最高的学术研究机构。

"函夏考文苑"的创办理念及其主旨规章,马相伯主要以法国"阿伽代米"为参照。"马相伯有很长时间一直与耶稣会相关联,他深受法国

① 蔡元培:《北京大学国学研究所一览序》,中国蔡元培研究会编:《蔡元培全集》(第五卷),杭州:浙江教育出版社1998年版,第341页。
② 康有为:《拟中华民国宪法草案》,载《不忍杂志》1913年第8期。
③《致赵总理》(1913),李天纲编:《马相伯卷(中国近代思想家文库)》,北京:中国人民大学出版社2014年版,第114页。
④《函夏考文苑议》(1913),李天纲编:《马相伯卷(中国近代思想家文库)》,北京:中国人民大学出版社2014年版,第108页。
⑤ 方豪:《马相伯先生筹设函夏考文苑始末》,《方豪六十自订稿》下册,台北:台湾学生书局1969年版,第1998页。

文化思想的影响，是一个'法兰西科学院'（Academie Francaise）的崇尚者"，尽管他对英国的皇家学会（The Royal Society）及其亚洲分会以及其他一些欧洲国家的学会都非常了解，"但是他认为只有法国式的学院才真正适合中国的实际情况和需要。他之所以这样认为，只能是由于法兰西学院特别重视和强调使用本族语的缘故。"① 为此，马相伯高度赞扬法王路易十四时期文学与文化所取得的成就，称"法国斯文之盛"便是在此苑奠基的。当时"二三名士虑其清杂也，乃因名相设此考文苑，志在正字画，正名词。名词不雅驯者革除之，关于新学者楷定之，古书之难释者（时方原本辣丁文创造国文，正之以免各原其原，各造其造。如考卷耳一物，虽数万言仍不能定，何如就地考证，妨定一物）择善以注之，讹误者校正之。为发刊通行字典，以统一言文，而岁岁有所增补焉"。② 可见，法国阿伽代米在"正字画，正名词"方面用功良多，所以"法文之得禅继拉丁，而风行欧土"。③ 据此，马相伯指出今日所拟建"函夏考文苑"应该参照法国阿伽代米"统一言文"的做法，主要的学术工作一方面是"作新旧学"，另一方面是"厘定新词"。

具体而言，所谓"旧学"可分为先秦以前和先秦以后，前者是"经、史、子三者，大都经、子言理，而间言事以喻其理；史言事，而间言理以究其事。言必有文，文学是已……然则旧学可分为二：一文学，二道学"，而且后者"可分唐以前，唐以后"。在此，马相伯从经史子集的古籍分类法出发，指出经和子大多是讨论道理之书，属"道学"，而无论是经、子言理，还是史言事，均为语言文字的表达，便属于"文学"，而集也属于"文学"。而所谓"作新者"分为两种，"一能变旧学之奥涩，则便于今学；二能使旧学有统系，则近于科学，以故作新之用。"④

既有对象，又有方法，分别而言，就"文学"而言，所谓"变其奥涩"就

---

① ［加］许美德：《中国大学——1895—1995 一个文化冲突的世纪》，许洁英主译，王嘉毅、陆永玲校，北京：教育科学出版社 2000 年版，第 67 页。

②《仿设法国阿伽代米之意见》(1913)，李天纲编：《马相伯卷（中国近代思想家文库）》，北京：中国人民大学出版社 2014 年版，第 117 页。

③《函夏考文苑议》(1913)，李天纲编：《马相伯卷（中国近代思想家文库）》，北京：中国人民大学出版社 2014 年版，第 108 页。

④《函夏考文苑议》(1913)，李天纲编：《马相伯卷（中国近代思想家文库）》，北京：中国人民大学出版社 2014 年版，第 110 页。

是"一正字,二断句。字既正,而句不难断矣。大要按法国人,辨正古文及古今名物之所为而已足"。此是正字音、字形和字义以及断句。而就"文学"之"使有统系"而言,第一便是文法问题,即《马氏文通》中所论述的,"大要在起、承、收;之三者,又有各寓起、承、收者焉。实即哲学家三段论之法耳"。第二是文体问题,文体可分两类,即"言事言理,两大别耳"。而就"作新旧学之关于道学者"而言,所谓"变其奥涩"就是"疏通其义",而"字句之奥涩既去,义不待疏而自通也",所以说与文学之"变其奥涩"方法没有区别。而使道学"有统系",包括"离经分类"和"依类合经"两类方法。所谓"离经分类"是指"类别关于德性者,问学者,及社会政治暨农与工者,自为篇段,不按原经也",这是说,要按照学术问题或研究专题将分散在不同经文中的文字段落进行分门别类的区别和整理,无须囿于一经一书;所谓"依类合经"是指"就所类别者而综合之,譬之同一事理,而比兴可万不同焉,然于事理无与也,类而言之,但可为文学之助。至事理之为劝为戒,必有可劝可戒之所以然,能各依类而推穷之,斯有统系矣"。[①] 这是在分门别类的基础之上,进行综合,推演其所以然之理,这样才能形成系统性的解释和推理过程。总之,所谓"作新旧学"就是要使传统的"文学"和"道学"既要"变其奥涩",以"便于今学";又须"使有统系""近于科学",这指明了研究中国传统学问的途径和目标,因此,马相伯说此"函夏苑"关乎"国粹"。

而所谓"厘正新词",就是要对外来文化中不同学科的学术概念重新进行细致的审订与规范。当时翻译界的情况是"新词有关于哲学、数理、政治、理化……矿石、动植、重力、机械等"有"旧译者",其中"以晋唐所译梵书为最古,次则明季与清初,又次则日本维新之始译者,汉文尚审正不讹。其后译者,未免杂以和文矣"。可见,当时翻译过来的新词因其翻译年代不同,出现不少混乱。因此,马相伯建议"校订旧译",同时"编纂新译",具体而言就是"其校订也,可延海内专门者各任一门一科,编为字类。字类先后,一依本科,二依西文字母,各系以简当之界说

---

① 《函夏考文苑议》(1913),李天纲编:《马相伯卷(中国近代思想家文库)》,北京:中国人民大学出版社2014年版,第110页。

第五章 捐资兴学,教育救国

195

图说"。而"编纂新译","大抵政治、数理两门,应增补者无多,动植等似应仿拉丁文格正物品之大宗大族,而以显色形色等识别其万殊也。理化学之 Agent 原行,与 Element 原质,及 Monade 太素,三者命意不同。凡原质之名,名以寻获者之名者,不如以别于其他之特点为名矣。旧译取音,既不谐字,又生造,不如径用西文为愈"。① 马相伯熟练掌握多国语言,对当时翻译界之混乱深有体会,在此,他建议依据学科分类和西文字母编为字类,而物理、化学、职务等建议就用西文最好,不用翻译。

此外,"函夏考文苑"必须"首重哲学,次数学",这是因为:"致知学为一切义理学之根源,度数学为一切形质学之根源"。② 可见,在马相伯的设计中,"函夏考文苑"重视中国传统语言文学的研究以及传统道学的理论化研究,尤重视哲学和数学研究。

再者,法国考文苑不仅奖励文学作品,即奖励"雅驯有法度,可增民智而无亏风化",而且"宏奖有德,抚恤始终忠信者甚厚",比如"有关社会之观感,人道之扩充者至深直切,故赠予之",但"关于宗教及伦常之性质者,通过视为固然,而不待奖予,奖予反令作伪"。而反观当时中国的道德现状,民国初建,"言庞行僻,公私道德,吐弃无遗,家国治权,消亡殆尽,至欲均贫富,公妻孥,而公之均之,意在唯我。凡欧美巷议,穷滥野心,无不登高以呼,教猱升术,猛兽洪水,扬墨盛行(盖为我之至,将肆情纵欲为自由;兼爱之至,将废兵废刑为政体),不驯至国华无以保存,邦族无以保聚不止"。在此,马相伯为当时道德之沦丧甚为忧心:言行突兀,公私道德无有践行,国家主权丧失不顾,甚至主张均贫富,公妻子,欧美街头巷尾之言也奉若神明,肆情纵欲以为自由,放弃军事、刑罚以为兼爱,如此国家如何能建设? 中华民族如何能独立? 因此建议师法法国考文苑提倡学风的做法,一方面注重学术研究,即前面所说的"作新旧学"和"厘正新词",这是"开民智"的方面。另一方面便是关注"风化",分为"奖励著作之有补风化民智者"和"奖诱凡民之有道义而艰

---

①《函夏考文苑议》(1913),李天纲编:《马相伯卷(中国近代思想家文库)》,北京:中国人民大学出版社 2014 年版,第 111 页。

②《仿设法国阿伽代米之意见》(1913),李天纲编:《马相伯卷(中国近代思想家文库)》,北京:中国人民大学出版社 2014 年版,第 117 页。

贞者"，此是"振兴民德""宏奖道义"的方面。具体而言，"奖励著作"有两类，一是"有补风化者"，也分为私德和公德两方面，前者应该做到从"不自欺，不惮改"入手，"事事须本良知，有宗旨，心口交诚，不妄动，不虚生，光阴是宝，财色非宝"。后者"应从报恩始。孝之为义，报恩也；忠于社会，亦报恩也。不损人，不害人，权利不侵，义务必尽"。在"中外史乘"中凡能体现如上道德者，或编或撰，皆予以奖励。二是有关"民智"方面，他指出"凡关于借物以自养者""凡关于通国之自治者""凡关于人之常识者"，都应该予以奖励。对"著作已成者"，则要"准功以犒之"，而对于"在所应研者"，更须"悬金以待之"。[1]

此外，不仅奖励著作或待研究课题，为提升公私道德，亦应"奖诱凡民"。这是因为"侧陋之齐民也，居通国十之九"，如果不以身边的"凡民者"为模范榜样，则"奏效迟且难"。因此，为了造成一"美好社会"，马相伯建议考文苑应该奖励"凡民有道义者"及"道义之艰贞者"。而所谓"道义者"是指"必权利于让之无过者，加让也；必义务于应尽之外者，加尽也"。而所谓"艰贞者"是指"必困衡守乏之备尝也，必历久弥坚而不渝也"。[2]

综上而言，"函夏考文苑"不单单是一个纯粹的学术研究机构，固然它"一切制度、职务、职权，上不属于政府，下不属于地方，岿然独立，惟以文教为己任"，[3]但它却承担着振兴道德的重任，因此马相伯说考文苑"所事者：一校定古大家文字；一以《说文》释名法，编字类；一收罗著作之有用者，评题之，又预约有用者，悬奖以待之；一齐民幽德，必设法表彰之，奖助之"。[4]

此外，马相伯建议将"函夏考文苑"设在首府北京，"苑中须有藏书楼"，而且"苑宇须大，以便附设他苑"，在"考文苑"之外，可附设科学苑

① 《函夏考文苑议》(1913)，李天纲编：《马相伯卷（中国近代思想家文库）》，北京：中国人民大学出版社 2014 年版，第 109—111 页。
② 《函夏考文苑议》(1913)，李天纲编：《马相伯卷（中国近代思想家文库）》，北京：中国人民大学出版社 2014 年版，第 111 页。
③ 《函夏考文苑议》(1913)，李天纲编：《马相伯卷（中国近代思想家文库）》，北京：中国人民大学出版社 2014 年版，第 108 页。
④ 《为函夏考文苑事致袁总统条呈》(1913)，李天纲编：《马相伯卷（中国近代思想家文库）》，北京：中国人民大学出版社 2014 年版，第 112 页。

（兼数理化三科）、金石词翰苑、政学道学苑、美术苑，"凡四苑，各有定额"，当然"主体则共拥考文苑"。①

至于考文苑士名单，马相伯建议"通信公举"②，作为"函夏考文苑"的发起人，他曾积极参与推举"苑士名单"，章太炎、严复、梁启超、沈家本、王闿运、黄侃、刘师培、陈三立、沈曾植等人在列，而"说近妖妄者不列"，建议删去了夏穗卿、廖平、康有为三人。③ 按朱维铮的说法，这三人为"康有为和替袁世凯设计祭天祀孔仪式的夏曾佑，另一人则为治学善变出名的廖平"，1912 年康有为和陈焕章等组织孔教会，要求定孔教为国教。④

如上所述，"函夏考文苑"仿效法国阿伽代米的宗旨与制度，秉持"不干政治，上不属政府，下不属地方"的学术独立性，但又不得不仰仗政府财政和土地等方面的支持和援助。对此，马相伯的解释是"基本金可先请领官荒，俟有捐款，自行开垦为妙"，⑤于是他向袁世凯提议："基本金非筹官荒千顷，似不足用"，且"苑址须大，以日后须设附苑故也。苑屋须不太陋，以外人研汉学者，必来就访故也"。⑥ 袁世凯为了笼络知识分子，当时便爽快地口头答应。⑦ 马相伯听到这个消息，自然欣喜不已，曾自言："良为函夏考文苑事，先后请大总统、国务院酌拨荒地、经费

---

① 《函夏考文苑议》(1913)，李天纲编：《马相伯卷（中国近代思想家文库）》，北京：中国人民大学出版社 2014 年版，第 109 页。

② 《函夏考文苑议》(1913)，李天纲编：《马相伯卷（中国近代思想家文库）》，北京：中国人民大学出版社 2014 年版，第 111 页。

③ 《仿设法国阿伽代米之意见》(1913)，李天纲编：《马相伯卷（中国近代思想家文库）》，北京：中国人民大学出版社 2014 年版，第 119 页。

④ 朱维铮主编：《马相伯集》，上海：复旦大学出版社 1996 年版，第 1196—1197 页。

⑤ 《函夏考文苑议》(1913)，李天纲编：《马相伯卷（中国近代思想家文库）》，北京：中国人民大学出版社 2014 年版，第 112 页。

⑥ 《为函夏考文苑事致袁总统条呈》(1913)，李天纲编：《马相伯卷（中国近代思想家文库）》，北京：中国人民大学出版社 2014 年版，第 113 页。

⑦ 朱维铮曾说："袁世凯略知怎样对待知识分子较对稳定统治有利……革命如章太炎，保皇如康有为，善变如梁启超，守旧如王闿运，叛变如刘师培，颓废如严复，有个人野心如杨度，加上有天主教背景的马相伯，诸如此类在信仰和政见方面绝不相同的人物，袁世凯居然都容忍乃至利用。"（朱维铮：《近代中国的历史见证——百岁政治家马相伯》，转引自朱维铮主编《马相伯集》，上海：复旦大学出版社 1996 年版，第 1194 页。）

及苑址等,均蒙赞同,至为欣幸!"①

但好景不长,"函夏考文苑"的苑址一直落实不下来。当时国务院虽然认可马相伯"山海关关外海滩沙地"作为苑址的申请,明确指出:"将关外海滩沙地,拨归函夏考文苑,事属可行",并且称已经"知会内务部发给执业凭照",批示"一俟执照办出,随即送交马先生",②但内务部却予以阻拦,不予配合。国务院通知马相伯直接和内务部沟通解决,"可径与内务部筹商,以归简捷"。③ 但与内务部来来回回沟通半载,最终等来的还是财政部的"批驳之说"。对此,马相伯自然极为不满,既然国务院都已经批示同意,内务部却迟迟不发执业凭照,而财政部竟然直接反对。这难道不是"国务院自相驳耶"? 马相伯连呼"奇文! 奇文!"。④遗憾的是,在袁世凯政府各部门的相互推诿中,倾注马相伯无数心血精力和极大期望的"函夏考文苑"计划就这样流产了。

四、发起创建辅仁大学

在北京期间,马相伯还积极参与筹建中国近代第一所公教大学——辅仁大学。在清末兴建的教会大学中,有圣约翰大学、东吴大学、金陵大学、之江大学、震旦学院等 8 所,其中唯有震旦学院在 1905年由天主教耶稣会续办,另外 7 所大学全部为各国新教教会创办。由此可见,中国天主教的高等教育现状确实不容乐观。为传承明末耶稣会士利玛窦(Matteo Ricci)、汤若望(Johann Adam Schall von Bell)等"学术传教"的传统,为了在中国培养优秀的天主教人才,1912 年,马相伯与他的忘年至交英敛之,联名撰写《上教宗求为中国兴学书》,强烈要求在北京创办一所天主教大学。

<hr>

① 《致某某先生》(1913),李天纲编:《马相伯卷(中国近代思想家文库)》,北京:中国人民大学出版社2014 年版,第 116 页。

② 《致总统府秘书厅》(1913),李天纲编:《马相伯卷(中国近代思想家文库)》,北京:中国人民大学出版社 2014 年版,第 113 页。

③ 《致国务院》(1913),李天纲编:《马相伯卷(中国近代思想家文库)》,北京:中国人民大学出版社 2014年版,第 114 页。

④ 《致李孟鲁》(1913),李天纲编:《马相伯卷(中国近代思想家文库)》,北京:中国人民大学出版社 2014年版,第 115 页。

首先,向教宗介绍中国现已为民主共和国家,所谓"适吾政体改造",《临时约法》确定了信教自由,这些有助于在中国传播福音。接着回顾中国信教的历史,"自有元得奉十字教后,苦无司牧相承,中绝者二三百年",继而隆重介绍"明末之传布福音,则奔走后先,专借学问,此固无上圣智,对于我华特别之作用。既无大圣如方济各·沙勿略者,以圣迹为开教之先声,则仿利、艾、汤、南,用学问为奖掖之具,断不可无。况圣学与科学,俱根于天主物理之有伦有脊,在在证明惟一真原,因与教旨不相刺谬也"。① 这是说,既然不能像元代来华传教的大圣者沙勿略(Francis Xavie)那样以圣迹传教,那么最好的传教方法就是如利玛窦、艾儒略(Giulio Aleni)、汤若望、南怀仁(Ferdinand Verbiest)在十六七世纪"用学问为奖掖工具",他们藉着传播和研讨学问,才使当时读书人、士大夫逐渐对天主教产生信仰,理由是科学与天主教都是"惟一真原"的证明者,也就是说,科学研究的自然世界是上帝所创造的,科学研究和传播何尝与天主教相矛盾?

可惜的是,这一甚有成效的"学术传教"传统,却并没有引起 19 世纪来华传教的天主教士们的重视,反而是欧美各国新教传教士们继承了这一优良传统,特别重视教育尤其高等教育,着力对本宗本派的传教者、信仰者进行良好的培养和教育。如 1890 年,在新教传教士大会上,"中华教育会"首任会长狄考文(Calvin Wilson Mateer)就声明:"无论哪个社会,凡是受过高等教育的人都是有影响的人。他们会控制社会的情感和意见。对传教士来说,全面地教育一个人,使他能在一生中发挥一个受过高等教育的人的巨大影响,这样做,可以胜过半打以上没受过高等教育,不能获得社会地位的人"。可见,新教传教士颇为重视对信众进行高等教育,认为这些接受了高等教育的信众,自然会在社会中发挥巨大影响。而且"任何一个精通西方科学,同时又熟谙中国文化的人,在中国任何一个阶层都将成为有影响的人"。② 就在中国传播福音

---

① 《上教宗求为中国兴学书》(1912),李天纲编:《马相伯卷(中国近代思想家文库)》,北京:中国人民大学出版社 2014 年版,第 100 页。
② 狄考文:《如何使教育工作最有效地在中国推进基督教事业》,陈学恂主编:《中国近代教育史教学参考资料》下册,北京:人民教育出版社 1987 年版,第 15 页。

而言，任何一个传教者如果能既掌握西方科学，又对中国文化比较熟悉，那么自然就能在中国各个阶层产生影响，发挥意想不到的作用。因此，自 19 世纪早期，新教传教士相继在全世界各地建立不同类别不同层次的学校，在中国亦如是，他们在中国教育事业中占据了举足轻重的地位。① 他们正因关注教育，热衷培养人才，通过教育事业在中国发挥着更大的影响力，"该教生徒，在旧清已跻身政府，于今更盛"。②

　　遗憾的是，与新教传教士对教育事业的高度重视不同，天主教传教士反而丢弃了利玛窦等明末传教士"学术传教"的优良传统，"乃在我华，提倡学问，而开大学堂者，英德美之耶稣教人都有，独我罗马圣教尚付阙如，岂不痛哉！ 即以北京而论，我圣教不独无大学也，无中学也，并高等小学而无之。只有一法文小学，学费之巨，只可招教外人求学而已，学成之后，只可依法国人谋生而已"。再如京师大学堂创办之初，清廷本打算请耶稣会士帮忙，但遭到拒绝，便只好找"耶稣教人代之"。可见，当时在中国内地，罗马天主教传教士操办的教育事业几乎为零，而造成这样的局面，原因就是中国天主教会和教士们不重视教育，致使自身学问低下，眼界不高，如"在会与不在会之修道生"就没有几人愿意"前往罗马攻书"，从这事也可以看出"来华传教士喜用学问诱掖者有几?"③。

　　中国天主教丢弃"学术传教"和"学问奖掖"的传统，使得天主教在当时中国"自居淘汰之数"。反观明朝末年，"利、南等固竭当时欧学，上自天文，下至水龙溉地，而实行输入我华者，无怪乎明末清初，人才辈出"，但如今"教中所养成者，椎鲁而已，苦力而已，求能略知时务，援笔作数行通顺语者，几寥落若晨星"。尤其现在的中国已由专制政体转变为民主共和政体，而天主教教会中"能备选国会议员者无人，府县议事会员者无人，一乡一市之议员者亦无多人"，身为一名天主教教徒，马相

---

① William Purviance Fenn, *Christian Higher Education in Changing China*, 1880—1950, Grand Rapids, Michigan：Wm. B. Eerdmans Publishing Company, 1976, pp. 40—43.

②《上教宗求为中国兴学书》(1912)，李天纲编：《马相伯卷（中国近代思想家文库）》，北京：中国人民大学出版社 2014 年版，第 100 页。

③《上教宗求为中国兴学书》(1912)，李天纲编：《马相伯卷（中国近代思想家文库）》，北京：中国人民大学出版社 2014 年版，第 100—101 页。

伯自然为之扼腕叹息,这难道不是"与圣座谕令竞争国会与地方议事权之用意,背道而驰乎?"①。

为扭转天主教在当时中国的惨境,马相伯和英敛之才联名上书罗马教宗,并热切盼望能在"通都大邑如北京者"创办一所"广收教内外之学生"的天主教大学。因为当时民国初建,百废待兴,"政治之不良,科学之不明,实业之不精,土地之荒芜,工艺之疏窳,学堂之浅陋,随处皆然。其求助欧西之文化,不啻云霓,而稍明时局者,亦渐知民德归厚,舍宗教无由",此时在中国创办一所公教大学正是"时机方熟"。所以上书恳请教宗,"多遣教中明达热切诸博士","博学良善而心谦者",帮助中国在通都大邑创办一所大学,如此"养成教内外通国之子弟,联络教内外往外通国之父兄",不是比单纯依靠和约的保障要强百倍千倍? 因此建议应在全国广泛招收教内外的学生,"以树通国之模范,庶使教中可因学问辅持社会,教外可因学问迎受真光!"②

这份《上教宗求为中国兴学书》可谓情真意切,从天主教会在当时中国的被动和落寞的境地出发,希望继承明末利玛窦等"学术传教"的优良传统,在中国大城市如北京兴办一所公教大学,广收学生,培养人才,如此才能推动天主教在中国的发展繁盛。但可惜的是,罗马教宗迟迟没有批复,马相伯与英敛之自然是满腔遗恨。

高等教育一时无法创办,那就从中学教育开始,马相伯有一次致信英敛之,就指出:"我教友在京,必须设一中学也"。③ 经过艰辛筹划和努力付出,1915 年,英敛之在北京香山静宜园创办了一所中等性质的天主教学校,名为"辅仁社",其目的是"培养一群天主教青年,使他们能够和其他社会各界人士一样得到良好的教育和修养,以有助于发扬光大

---

①《上教宗求为中国兴学书》(1912),李天纲编:《马相伯卷(中国近代思想家文库)》,北京:中国人民大学出版社 2014 年版,第 101 页。

②《上教宗求为中国兴学书》(1912),李天纲编:《马相伯卷(中国近代思想家文库)》,北京:中国人民大学出版社 2014 年版,第 101 页。

③《致英华》(1913),李天纲编:《马相伯卷(中国近代思想家文库)》,北京:中国人民大学出版社 2014 年版,第 103 页。

天主教的精神并有益于国家"。① "辅仁"二字出自《论语·颜渊篇》"君子以文会友，以友辅仁"，其意是，朋友聚到一起，切磋道义，培养自己的仁德。对"辅仁"这两字，法国学者沙白里(Jean Charbonnier)亦非常喜欢，他说："'辅仁'这一称谓本身，便是一种纲领，即培养'仁'这样一种杰出的儒家道德——在人己关系中奉行人道和和睦。"②

"辅仁社"开始时仅招收 40 位天主教青年学子，但教学却极为严谨，讲授内容包括中国诸子百家经史之学，以及天主教在华传教史，日常学习就是每一个学生选择一个主题，围绕此主题自行阅读和研究，然后再展开讨论。为促进中国天主教史的学术研究，马相伯和英敛之拟定了四个难题，向全国学者征选，分别是：太古中西同源考，唐景教碑考，元也里可温考，清《四库全书总目提要》评论教中先辈著述辨。此时任众议院议员的陈垣因民国初年政局混乱，心生苦闷，转而潜心学术，特别对中国基督教史感兴趣，在看到"元也里可温考"这个题目后，便主动请缨。1917 年，几经修改，陈垣终于完成《元也里可温考》，在访问日本前，将书稿寄给英敛之，请其批评指正，阅后，英敛之大为赞赏，并转请马相伯点评。马相伯仔细审阅书稿，提出若干修改意见，后来《元也里可温考》修订稿中对这些意见均有吸收，如该文首章中就有"马相伯丈阅"字样。而且马相伯还主动为《元也里可温考》撰写序文，并积极推动辅仁社出版刊行陈垣《元也里可温考》。在《〈元也里可温考〉序》中，他对陈垣这部著作给予高度评价，认为是元代天主教研究的开山之作，并毫不掩饰地指出："向余只知元十字寺为基督旧教堂，不知也里可温有福音旧教人之义也，知之，自援庵君陈垣始"，直言陈垣"真余师也"。③

终于，第一次世界大战以后，1918 年，罗马教宗本笃十五世(Benedict XV)在位，作为对马相伯和英敛之上书兴学的回应，派遣格比利昂主教(Monsignor de Guebriant)到中国调查教育状况，1920 年又

---

① Donalad Paragon，*Ying Lien-Chih*(*1866—1926*)*and the Rise of Fu Jen - The Catholic University of Peking*，unpublished thesis for a Master's degree，Faculty of Philosophy，Columbia University，1957.

② [法]沙白里：《中国基督教史》，耿昇、郑德第译，北京：中国社会科学出版社 1998 年版，第 284—285 页。

③《〈元也里可温考〉序》(1917)，李天纲编：《马相伯卷(中国近代思想家文库)》，北京：中国人民大学出版社 2014 年版，第 258 页。

派美国宾州圣·文森特修道院的神学教授奥图神父（Rev. George Barry O'Toole）来中国做进一步调查。奥图访问了英敛之，商谈关于天主教大学的建议，他意识到"中国高等教育，有振兴创办之必要"。① 后奥图返回罗马，向教皇报告调查情况。1923 年 8 月 7 日，全美本笃会受罗马教廷委托，讨论审议了北京公教大学兴学案，并获得通过。1924年，教宗庇护十一世（Pius XI）许诺可在中国创办天主教大学，指出："中国际此危急存亡之秋，提倡道德，培植人才，尤不容缓"，同时，他"亲捐10 万义币"用于创办大学，并允诺"此后凡属华谛冈（按，今译梵蒂冈）出版品寄赠本大学一份，以表教廷之注重"。②

此时，马相伯早已南下，隐居徐家汇土山湾，但听闻这个消息，仍十分高兴。1924 年，马相伯专程给英敛之去信，坦诚自己已年老体衰，遗憾不能北上襄助，但仍表示"不可不进忠言"，为把这所大学办好，提出不少指导和建议。在这封信中，马相伯首先提出这一问题："美士拟办之大学，专为教众乎？抑兼为教外乎？"，也就是说，这所大学的创办宗旨和胸襟是否广大深远？招生对象是只招收天主教信教者还是不分教内教外，只要是可造英才都招收？接着指出，如果是"兼为教内外"，那么就需要做到以下四条："一、宜召愿读华文子弟，如此则旧家弟子必来。二、读华文须聘真读书人，略变通古法。三、读西文亦须问过来人，近今私问南北华铎，及欧美游学生，皆谓宜改教法读法。（教十六七岁华童，不应用教十岁以内之西童。前读英文，皆用印度课文，余已革命一次，但应革命者尚多也。）四、校基不应在京城内，若长辛店或更南，以能召致南方学者为妙。"此时马相伯虽已是 86 岁老翁，仍不忘为这所即将建立的公教大学"进忠言"。③

此外，马相伯还应英敛之的恳请，审订修改英敛之用中文撰写《美国本笃会士创设北京公教大学宣言书稿》的初稿。他首先肯定教宗选

①《图沫记辅仁大学的过去现在与未来》，朱有瓛、高时良主编：《中国近代学制史料》第 4 辑，上海：华东师范大学出版社 1993 年版，第 420 页。

②《美国本笃会士创设北京公教大学宣言书稿》（1925），李天纲编：《马相伯卷（中国近代思想家文库）》，北京：中国人民大学出版社 2014 年版，第 395 页。

③《致英华》（1924），李天纲编：《马相伯卷（中国近代思想家文库）》，北京：中国人民大学出版社 2014 年版，第 392 页。

择美国本笃会来执行此项计划,珍重声明本校"初创之人"虽为美国本笃会教士,但其"来华之意,非仿殖民,吸取人才,造就附属品也",而且"中国古国也,本会亦古会也",期待在"古欧及小亚西亚文字书籍等"方面作出卓越贡献的本笃会之"志愿"应是"期中国博爱高尚者流,群策群力,而得所皈依,形上形下之道德事功,不难合志同方,见闻有助",也就是希望本笃会能做到"本会在一国,便为一国之会士,极愿同志之人,同力合作"。如此数十年后,"会士为中国之会士,公教为中国之公教,大学为中国之大学"。此外,还期望北京公教大学之创办应"一本斯旨",即"凡欧美新科,最精最确者,则以介绍于中华,中华旧有之文学、道学、美术等,莫不善善从长,无敢偏弃,持此物此志以周旋而已",这是说,这所公教大学的办学宗旨既要积极讲授"欧美新科学技术",又须重视"中华旧有学术"。而据此办学宗旨,学校的课程设置大致如下:"大要有五门:一、神学、哲学。二、中外文字。(盖文理为研究原理原则,大学之作用在此,世有定论矣)。三、自然科学。四、社会学、历史学。五、矿质学、建筑学是矣。"此外,鉴于当时中国民智未开、教育落后的现状,指出:"须设预科,在中国尤不可少。"①

可以说,马相伯与英敛之自 1912 年联合《上教宗求为中国兴学书》倡议兴办公教大学,直至 1925 年二人再次联手发表《美国本笃会士创设北京公教大学宣言书稿》,历经十多年,经历无数风雨和坎坷,为建立一所公教大学均倾注了不少心血和精力。对此,马相伯曾饱含深情地写道:"此事动议于一九一二年,直至一九二三年始酝酿成熟,由教廷简派于时局最为适宜之美国本笃会总揽其成,而本学组织之方针亦于是乎始定。筚路蓝缕,缔造虽艰",但他热烈呼吁教会人士"持坚固耐久之心,勇猛精进之气",更希望本国贤人君子"不以远方衣帛菽粟为不可御寒充饥,不以公教之大学为一至中国便过淮而成枳",携手努力,从而使"本会之讲学,宜于古,亦宜于今;宜于欧,亦宜于华",唯有如此才能把

① 《美国本笃会士创设北京公教大学宣言书稿》(1925),李天纲编:《马相伯卷(中国近代思想家文库)》,北京:中国人民大学出版社 2014 年版,第 393—394 页。

这所公教大学办成一所能与欧美学校并驾齐驱或"更驾而上之"的学校。①

虽历经万般辛苦，但此事终于盼到一个好结局。1925 年 1 月，奥图再次奉命来到中国，筹备创办北京公教大学。此前，1918 年，"辅仁社"因经费短缺不得不关门，此时英敛之便建议沿用"辅仁社"名称，并临时租借校址，在大学本科招生之前，专门开设国学专修科，先行招生，国学专修科明确"分国文、历史、哲理三大纲"，而且目的是"辅翼道德，开拓识见，及接人应世必需之常识"。此外，英敛之根据这一办学宗旨和教育目标，确定招生简章，内容如下：（一）本科专事国学之研究，故取《论语》"会友辅仁"之义，名辅仁社。（二）入社之年龄，自 18 岁以上至 25 岁以下为合格。（三）入社程度，须能参阅书史，并能作二三百字通顺文字者。（四）凡愿入社者，请先来信报名，写明姓名、年龄、籍贯，并将自作文一二篇附来。（万不可托人代作及修改，倘至时不符，则徒劳往返。）合格者由本校去信知照。至入学时，须有各本处主教司铎介绍函，始得收录。②对传统旧学或国学的重视，亦是马相伯一直坚持的教育理念。

第二天，马相伯在《主日报》上获悉"辅仁社国学专修科"开学的消息后，特别高兴，又专程去信向英敛之表示祝贺，因当时南方没有合适的学堂，便推荐南方学生来就读，"今有苏、松等教友，或年逾十九，或不及十九，愿求学于辅仁者，当不见拒"，期望英敛之能"久久辅助青年"。又去信，谈及"财政事易，我教中之人才实不易"问题，对天主教会中人才之缺乏颇为忧虑，直言："试问修道中有读过十三经者否？五经四书者否？或四书兼注者否？……设令华修士不善华文，而善拉丁，亦有救，两皆不善，其奈之何！"③1925 年 10 月 1 日，辅仁社国学专修科开学，共招收学生 23 人。不幸的是，次年 1 月，英敛之积劳成疾，因病离世，幸好此时陈垣主动承担起辅仁社国学专修科的工作。马相伯与英

①《美国本笃会士创设北京公教大学宣言书稿》(1925)，李天纲编：《马相伯卷（中国近代思想家文库）》，北京：中国人民大学出版社 2014 年版，第 395—396 页。

②《北京公教大学附属辅仁社简章》，转引自朱有瓛、高时良主编《中国近代学制史料》第 4 辑，上海：华东师范大学出版社 1993 年版，第 421—422 页。

③《致英华》(1926)，李天纲编：《马相伯卷（中国近代思想家文库）》，北京：中国人民大学出版社 2014 年版，第 413—414 页。

敛之共同筹划、创建了中国内地第一所公教大学,极大地推动了中国天主教教育事业的发展。方豪曾无比感慨地说:"没有英、马二先生的上书教宗,请求设立高等学府,恐怕到今天也不会有辅仁大学,而先后毕业或肄业于辅仁大学的中国神父,当然应该承认是叨英、马二先生之赐。如果再说远一点,没有马先生创办震旦学院,中国天主教人才的培养,文风的提倡,不知要落后多少年!"①对马相伯创办震旦学院以及辅仁大学在推动天主教人才培养、教育事业发展方面的努力极为赞许。

20 世纪前 20 年,马相伯 60 至 80 岁,怀抱"教育救国"志向,捐资兴学,先是在上海创办震旦学院、复旦公学,后在北京发起创办第一所公教大学——辅仁大学,并积极筹划成立全国最高学术研究机构——函夏考文苑,虽然时局动荡,办学艰难,但马相伯仍坚持着,操劳着。因为唯有"善教",才能开民智,育明德;也唯有"善教"与"善政"携手共进,才能做合格的民国民,民国才真正成为人人当家作主的共和国。于是,他不仅费心费力地投身高等教育事业,还极为关注小学、中学等各阶段教育事业,他曾捐出自己的薪金用来资助上海的启明中学和北京的培根中学。1916年,他在北京任袁世凯总统府高级顾问,曾言:"请语三妹,于月薪依旧取五十元为培(按,即培根中学)"②,又曾说:"除照例培根扣五十元外,径由东方行汇志尧可也。静宜甚窘,代助三百元为盼!"③

对祖国之未来,对教育之未来,马相伯满怀憧憬,"及至疆理既竣,然后兴教育,所谓即富而后教之,不致造成不足以应社会所需之教育。凡满千户之区,设初等小学,县设高等小学,郡设中学,合数郡然后乃设大学。不如此,教育之才与力终虑不充"④,期待"民智既开",天地换新颜。

① 方豪:《怀相伯与敛之,念万桑与润农》,《方豪先生六十自定稿》下册,台北:台湾学生书局 1969 年版,第 2575 页。
②《致英华》(1916),李天纲编:《马相伯卷(中国近代思想家文库)》,北京:中国人民大学出版社 2014 年版,第 253 页。
③《致英贞淑》(1916),李天纲编:《马相伯卷(中国近代思想家文库)》,北京:中国人民大学出版社 2014 年版,第 255 页。
④《跋〈造花园新法序〉》(1920),李天纲编:《马相伯卷(中国近代思想家文库)》,北京:中国人民大学出版社 2014 年版,第 320 页。

第六章　为学思想与教育理念

马相伯 13 岁起便系统地学习西方语言、文化，是近代中国内地第一所教会学校——徐汇公学的第一批学生之一，到 1870 年获神学博士，已熟练掌握 7 门外语，天文数学，声光化电，"举凡'同光'时代的'西学'无不涉猎兼通，哲学、神学则是他的主修"。此外，"但从西学背景看，还不足以解释马相伯的一生。马相伯并不是那种泛滥于当时而在教会内部尤其突出的'假洋鬼子'形象。章太炎品藻当时人物，说'严（复）、马（相伯）、辜（鸿铭）、伍（廷芳）'是'濡染欧洲文化'最深的，但他却无意贬之为'洋奴'"，其中"马相伯的中文最为纯熟，为文作书，既能旁行，又擅直书。从公文尺牍、对联成语，到四书五经、典章制度，无不如素习科举者。他个人的处世风格也难辨是法国式的浪漫幽默，还是江南人的风流滑稽"。[1] 可以毫不夸张地说，马相伯一生处在中西古今之中，恰如马建忠自言其学问志向为"上下中外之古今，贯穿驰骋，究其兴衰之所以，成一家之言，举以问世"[2]，融会中西、贯通古今，无疑也是马相伯的终身追求。

正是基于这样的教育经历、学问志向，马相伯晚年在创办震旦学院、复旦公学乃至筹建"函夏考文苑"和辅仁大学时，其教育理念始

---

① 李天纲：《信仰与传统——马相伯的宗教生涯》，转引自朱维铮主编《马相伯集》，上海：复旦大学出版社 1996 年版，第 1230—1231 页。
② 马建忠：《适可斋记言》，"自记"，北京：中华书局 1960 年版，第 9 页。

终是中西古今贯通、文理并重,所谓"非融合新旧于一炉不办"①,既重视西方语言、文化的学习,又要求"国文清通"②,强调"中西文俱优为最合格"③;既重视"文学"(广义的人文社会科学),又看重"质学"(广义的自然科学)④。同时,虽身为天主教徒,却注重不谈教理。最后,基于实业救国的理念,重视职业教育,基于强身健体的理念,重视体育。

可见,马相伯以其丰富的中西学问的涵养和积累,形成并始终秉承融通古今中西,兼重文理和体育实业教育的先进教育理念和高远教育理想,切实体现了学生自治、学术自由、博学兼备、兼收并蓄的近代大学精神,是中国现代高等教育史上的一份无比宝贵的财富。

一、中西融通,古今汇合⑤

马相伯5岁入私塾,学习四书五经,后在上海徐汇中学求学,还曾担任公学"各班的国文、经学"老师,在神学院时系统学习中国古典文化,尤为喜欢李白、杜甫的诗,以及苏轼的文章。固然他对古代中国"奴隶之学"多有批评,"不解中国奴隶之学,何以若是之盛极"⑥,明确指出孔子思想中的夷夏之辨、读书做官、德上艺下等价值观念不符合现代"国民教育"理念,显然"国民教育"不能以"孔子之道为修身大本"⑦,而且孔子所说"君君、臣臣、父父、子子",以至于后来"君要臣死,不得不

① 《美国本笃会士创设北京公教大学宣言书稿》(1925),李天纲编:《马相伯卷(中国近代思想家文库)》,北京:中国人民大学出版社2014年版,第394页。
② 《复旦公学招生广告》(1912),李天纲编:《马相伯卷(中国近代思想家文库)》,北京:中国人民大学出版社2014年版,第94页。
③ 《复旦公学章程》(1905),李天纲编:《马相伯卷(中国近代思想家文库)》,北京:中国人民大学出版社2014年版,第49页。
④ 《震旦学院》(1902),李天纲编:《马相伯卷(中国近代思想家文库)》,北京:中国人民大学出版社2014年版,第37页。
⑤ 黄书光曾以"中西融通,古今汇合"来界定马相伯现代化教育的基本旨趣,参见氏著《中国教育哲学史》(第四卷),"引言",济南:山东教育出版社2001年版,第1页。
⑥ 《震旦学院开学记》引马相伯语,转引自复旦大学校史编写组编《复旦大学志第1卷(1905—1949)》,上海:复旦大学出版社1985年版,第40页。
⑦ 《书〈"天坛草案"第十九条问答录〉后》(1916),李天纲编:《马相伯卷(中国近代思想家文库)》,北京:中国人民大学出版社2014年版,第209页。

死"，"父要子亡,不得不亡"这类三纲五常的说法,强调尊卑之别,等级森严,必然会导致"把活泼泼的青年方兴未艾的天性戕折殆尽,恐怕连国民一点'白刃可蹈'的反抗精神,也都消磨于'规行矩步'之中了"。①他还曾颇为激烈地指出:"中国社会上受了孔子形式主义的毒太深了,结果必然要随时随地去说谎,在朝廷则欺罔君上,在闾阎则欺罔小民,在家庭则父子相欺,夫妻相欺,不说谎便不能过日子。"②

但他对儒家文化的批判不是盲目的整体,针对的问题是尊卑等级以及对皇帝的盲目崇拜,而对孔孟所言为学之乐、立志等多有褒扬。他曾以《论语·学而》首章中"学而时习之,不亦说乎"这句话来解读"学问自有愉快之一境",指出:"所见而精,则问学;所感而正,则德性也。学问自有愉快之一境。孔子曰:'学而时习之,不亦说乎?'有以哉!"③而且对孔子所说"匹夫不可夺志"等关于立志的说法也表示赞同,他说:"子曰:'匹夫不可夺志',又曰:'尚志'。大丈夫之不淫、不移、不屈,有所志故耳……故不志则已,既志焉朝秦暮楚,非人矣。"④可见,马相伯对孔孟所言治学、立志和大丈夫精神是极为赞赏的。而且对孔子的高尚人格也极为敬佩。他说:"孔子一生,很是高尚。"⑤对《孟子》一书的语言风采之美也极为赞许,他说:"外国文除撒劳曼格言外,从未见《孟子义》多而词简者",所以说:"不读古书,难与言文学。"⑥

再者,马相伯还曾借助孟子所说"独夫"和《诗经》所言"民之父母"来展开对现实政治的批评和反讽。他说:"孟子有言:'贼仁者谓之贼,贼义者谓之残,残贼之人谓之一夫'。专制时代,君主不仁不义,不爱人民,且得谓之一夫,现代国家的政府更不待言! 即单就'孝'之一字言

---

① 马相伯口述,王瑞霖笔录:《一日一谈》,"孔教所给与社会的影响",王红军校注,桂林:漓江出版社 2014 年版,第 125 页。
② 马相伯口述,王瑞霖笔录:《一日一谈》,"说谎",王红军校注,桂林:漓江出版社,2014 年,第 127 页。
③ 《北京法国文术研究会开幕词》(1914),李天纲编:《马相伯卷(中国近代思想家文库)》,北京:中国人民大学出版社 2014 年版,第 123 页。
④ 《家书选辑》,李天纲编:《马相伯卷(中国近代思想家文库)》,北京:中国人民大学出版社 2014 年版,第 547 页。
⑤ 《乐善堂纪闻》,朱维铮主编:《马相伯集》,上海:复旦大学出版社 1996 年版,第1050 页。
⑥ 《致陈垣》(约 1919),李天纲编:《马相伯卷(中国近代思想家文库)》,北京:中国人民大学出版社 2014 年版,第 314 页。

之,政府自己对待人民如同仇敌,则所谓'视民如子'的父母政府,便是不'慈',不慈便不'孝'。孔子谓'上老老而民兴孝,上长长而民兴弟,上恤孤而民不悖。'又曰:'诗云:乐只君子,民之父母。民之所好,好之;民之所恶,恶之;此之谓民之父母。'《大学》现代的为民上者却恰恰相反:'民之所好恶之,民之所恶好之!'无论用甚么高明的化学家来给他们做定性分析,也找不出丝毫'礼教'、丝毫'孝弟'的成分!"①在此,马相伯以其敏捷的辩才论证,在专制时代里,孟子曾说君主如果"不仁不义",就是"独夫",何况在现代国家,政府如果"不仁不义"就更要受到严厉的批判。而且以《诗经》所说"民之父母"而言,也是强调"民之所好,好之;民之所恶,恶之",强调顺应民众的喜好和厌恶,而不是相反,如果统治者不能做民众的道德表率,不能以德性引导自己的好恶之情,那便不可称为"民之父母",便是"独夫民贼"。尤为重要的是,马相伯还从传统儒家思想学说资源中论证"地方自治"乃是中国悠久的传统。他曾创造性解读《尚书》中"则君,所以自治也"一句,指出:"自治本是古代国家一个最重要的因素,君有可以做民之则的地方,始成其为君,民亦始认其为君。那么,所以立君,就是完成民众的自治,而不是如韩昌黎所谓'君出令者也,臣者行君之令,而致之民者也'",并认为韩愈这个解释反而是"儒家末流之极的必然结果"。② 也曾借助孟子关于大丈夫精神的言论,来阐述革命党人的革命精神,他说:"孟子说:'富贵不能淫,贫贱不能移,威武不能屈',又说:'人必有所不为,而后可以有为',这两节皆是做革命党的必要条件。"③

当然,马相伯对传统学问的发掘和承继不仅限于儒家,相对而言,他对庄子、墨子反而有更高的评价。他虽然也认为庄子一派"完全是一种消极的悲观哲学",但是"他们的思想却有一部分超出孔子学说之上",而墨子更是从积极的人生观立场来反对孔子,"墨家为社会一般平民奋斗

---

① 马相伯口述,王瑞霖笔录:《一日一谈》,"所谓礼教的问题",王红军校注,桂林:漓江出版社 2014 年版,第 190 页。
② 马相伯口述,王瑞霖笔录:《一日一谈》,"中国人应该知道国家是什么",王红军校注,桂林:漓江出版社 2014 年版,第 164 页。
③ 马相伯口述,王瑞霖笔录:《一日一谈》,"辛亥革命后南京政府第一个黄花岗纪念日",王红军校注,桂林:漓江出版社 2014 年版,第 52 页。

的精神更非孔子所及"，还有"就逻辑思想说，墨子实胜孔子远甚"。这是说："孔子虽然镇日价要'正名定分'，但他所谓'名'与'分'都只是替少数治人者设下愚民欺众的弥天大谎，禁不得人家从实处追问。所以墨子对于孔子答叶公子高之问，批判他不知道怎样为政（即不知'所以为之若之何也'），并且笑话他对于问题不能追求所以然的原因，所以《公孟篇》说他对于'何故为宗'与'何故为乐'的问题，答得不知所以。"而"孔子之徒"，虽也"也不得不讲求辩论的方法"，但只"有逻辑思想的萌芽"，却没有力量写出一部"像亚里士多德的 Organon 那样有系统的方法论"。① 相对于儒家，马相伯对墨子特别是其逻辑思想极为赞赏。他还借用《大学》"明明德"来解释"致知学"，"愿好学敏求以广其知耳！其后之学者，因遂以爱知为大学之美称，殆亦犹吾《大学》所谓明明德与？"同时用《大学》格物来解释"Definition"，解释"分类""界说"，也即逻辑学。②

此外，马相伯在西方学术概念的翻译方面，往往结合中国传统学问中固有名词来对应翻译，而不采日本人的译文。他指出："当时对于西洋哲学中一些术语之迻译，颇费一番苦心。我所用的术语都是取自中国的古籍，因为中国的古书上有许多名词，实与西洋哲学上的名词相吻合。"③如英语中"Philosophy"，日本学者采用"组合不同的汉字之作新语"，即"哲学"二字来翻译，有些国人将之译为"智学"，而他则主张译为"致知"，"致知就是哲学，即西人所谓 Definition，所以 Philosophy 应译为'致知'，'哲学'二字实不妥当"。④ 他给出的理由是："《大学》朱注'致，推极也；知，犹识也，推极吾之知识，欲其所知无不尽也'。殆即西洋所谓 Philosophia（非牢骚非阿），译言爱智学者欤！盖希腊国文，'骚非阿'言知，'非牢士'言爱。世纪前三世，其国七贤之一 Aristotles（阿理是道）博学多知，王亟称之。对曰：多知何敢云？云爱知耳。后人遂

① 马相伯口述，王瑞霖笔录：《一日一谈》，"孔教所给与社会的影响"，王红军校注，桂林：漓江出版社 2014 年版，第 124—125 页。
②《致知浅说总序残稿》，朱维铮主编：《马相伯集》，上海：复旦大学出版社 1996 年版，第 738 页。
③ 马相伯口述，王瑞霖笔录：《一日一谈》，"Being 问题（一）"，王红军校注，桂林：漓江出版社 2014 年版，第 138 页。
④ 马相伯口述，王瑞霖笔录：《一日一谈》，"中西学术的谈屑"，王红军校注，桂林：漓江出版社 2014 年版，第 25 页。

以'爱知'名其说，说见《名理探》。窃谓惟其爱也，故欲推极之。和译'哲学'，似泛……况致知章既亡，则礼失而求诸野，正可取西庠之说以补之"，①主张以亚里士多德所说"爱知学"来补《大学》"致知"章。再如，西洋哲学中另一最重要概念——Abstraction，日本学者将其译为"抽象"，中国学者大都因循从之，而马相伯则主张"用古书上'摘其象'的'摘'字而名之为'玄摘'"。这是因为"玄摘者，就是把我们所说的某种事物之属性或物德提要钩玄，于万有不齐中观其会通，于一般现象中分别差别，则'玄摘'一词黎然有当，我们自己本有适当的术语，何以拾人唾余？"②。

又如，西洋社会学中有 Negatiu 与 Nositu 这两个相对而言的术语，曾被译为中文"消极的"和"积极的"。但马相伯认为"这种译法是抄袭日本人的，实在不恰当"，主张改译为"释"和"增"。这是因为"《礼记·礼器篇》说'释回，增美质，措则正，施而行'，照《逸雅》说'释，拭也，物秽者，拭其上使明，由他物而后明，犹加文于质上也'。所谓'回'，就是'奸回'之'回'，恶德也。释回，就是荡涤旧染之污的意思。所以，我现在决定用'释回'之'释'来译 Negatiu，用'增美'之'增'来译 Nositu……我们对于'释'和'增'的两种作用看得一样重要，并且相须为用，缺一不可，没有'释'的作用，便不能有'增'的作用。譬之人身：四肢百体的细胞一天一天地'除旧布新'，就是说，一方面旧的老的细胞，已不能适应自然，不得不死去，不得不排除，而另换一些新的、少的细胞继续整体的生命。排除旧的老的，便是'释'的作用，即西语所谓 Negatiu 的作用（亦所谓'消极的'作用）；布置新的少的，便是'增'的作用"。③ 尽管后来的中文世界里，对这些西方学术概念的翻译仍然延续日本学者的翻译用语，但马相伯对中国语言文字之精深研究和贴切体悟确实是值得后人尊敬。

再者，马相伯还曾精研中西数理，自言："一方面研究西洋的数学，

---

① 《〈致知浅说〉小引》(1923)，李天纲编：《马相伯卷（中国近代思想家文库）》，北京：中国人民大学出版社 2014 年版，第 373 页。

② 马相伯口述，王瑞霖笔录：《一日一谈》，"Being 问题一"，王红军校注，桂林：漓江出版社 2014 年版，第 138 页。

③ 马相伯口述，王瑞霖笔录：《一日一谈》，"三论国家问题二"，王红军校注，桂林：漓江出版社 2014 年版，第 173 页。

一面研究中国的数学,如开方、勾股,等等",①而把"中西的数理,融会贯通起来,也是我们研究西洋科学的一种乐趣"。他在研究中国数学和西洋数学过程中,惊喜地发现原来中国的"勾股",就是西洋数学当中的微积分;而中国之所谓"方程",就是西方数学当中的比率……"少广"就是西洋数学上的"Extension"。以"少广"来对译"Extension"为例,马相伯指出:"Extension 义云'扩大''外延''伸张',又曰'广袤',在数学上则为以长度、阔度、高度,加上时间(故称之为四度空间),以测算物体的方法。中国数学上的'少广',也是推算从小推而广之的数目、物体或时间的……所以,译 Extension 为'少广',以余之意,再恰当没有了。"②马相伯曾多次提及自己"得到会通中西数理的枢纽",心中异常快乐。③ 又如对中国古时所说"天圆地方",马相伯从中国传统数理角度给出一套别出心裁的解读,指出:"就我研究中国数理的结果看来,深知道,此种说法,并非断定天是圆的,地是方的,而是用它来测算圆周的。譬如甲图,有乙甲圆周,即在甲圆周内做乙丙丁戊四边形,因四边形而求圆周与其四面。或如乙图,在乙圆外做丙丁戊乙四边形,因四边形而求圆周及其面积亦同"。④

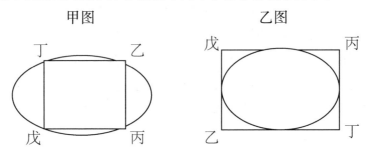

因此,马相伯坚持古人所说"天圆地方"的正确解释应是"因圆求方"的数学命题,可见"古人并不是认天是圆的,地是方的,而是因圆以

---

① 马相伯口述,王瑞霖笔录:《一日一谈》,"我的幼年",王红军校注,桂林:漓江出版社 2014 年版,第 29 页。

② 马相伯口述,王瑞霖笔录:《一日一谈》,"中西学术的谈屑",王红军校注,桂林:漓江出版社 2014 年版,第 26 页。

③ 马相伯口述,王瑞霖笔录:《一日一谈》,"我的幼年",王红军校注,桂林:漓江出版社 2014 年版,第 29 页。

④ 马相伯口述,王瑞霖笔录:《一日一谈》,"谈屑(三)天圆地方",王红军校注,桂林:漓江出版社 2014 年版,第 118—119 页。

求方的法"，而"一班愚儒，拘泥文字，食古不化，遂把天圆地方解得不通，真是害人不浅"。更令他欣喜不已的是，他发现中国人早已知道算圆周的方法，竟与西人的算术不谋而合，"西人算数求圆周的率是三一四一六，而中国的圆周率是 22/7，22/7 的数与三一四一六是一样的。"①

再者，在建筑和绘画等艺术方面，马相伯也曾积极尝试进行中西之比较。就以建筑艺术而言，他曾指出中西建筑的不同特征："中国的著名建筑物，地基要高敞，范围要博大，以前圆明园，就是这般情形。欧西的式样，如所谓哥梯克，如此高峻，迥乎不同"。② 就绘画艺术来说，他亦曾概括中西绘画的不同特点："西地崇实，中崇虚神"，具体来说，"中国画，三笔两笔的描写，名家便善能传神，好像带哲学的意味！墨井称它叫'神逸'。其实，都是虚描，画人面，不必耳目口鼻俱全的"，与之相反，"西洋画，有时很古怪：画个人头，描个鱼身；像埃及的女首狮身的建筑物，也要称为一伟大的艺术。我们看去，并不觉得有何意义。"虽曾对西洋绘画略有批评，但仍希望中西绘画能够加强交流，互相竞争，以期"看将来，比较竞赛的结果，在画史上谁占优胜些"。③

另一方面，马相伯 12 岁进徐汇中学学习起，便接触西方自然科学、语言文学乃至哲学、神学等知识，受到了关于西学的系统训练和培养，而且他还亲身考察过欧美社会、高等学校等实情。可见，"马相伯不仅受过西方教育的系统训练，而且有很深的国学素养"。④

在马相伯看来，20 世纪的中国国民教育急需吸收西方近代先进学术和文化课程，颇为重视西学。《复旦公学章程》(1905)中将"研究泰西高尚诸学术"列入办学宗旨，并把西文(包括拉丁文、希腊文及西方各国语言文字)放在至高无上的地位，声称："世界竞争日亟，求自存必以知彼为先，知彼者必通其语言文字。"不然，彼为新知日进，而我

---

① 马相伯口述，王瑞霖笔录：《一日一谈》，"谈屑(三)天圆地方"，王红军校注，桂林：漓江出版社 2014年版，第 119 页。

②《宗教与文化》(1933)，李天纲编：《马相伯卷(中国近代思想家文库)》，北京：中国人民大学出版社 2014 年版，第 501 页。

③《乐善堂纪闻·从刘海粟谈到中西画》，朱维铮主编：《马相伯集》，上海：复旦大学出版社 1996 年版，第 1035 页。

④ 黄书光：《人类之光 国家之瑞——复旦公学校长马相伯》，济南：山东教育出版社 2004 年版，第 178 页。

且茫然故我,"劣败之忧,甚为可惧"。① 但同时不仅不能忘记"功课宜合国情,而教授法尤应合人心理"②,而且尤为强调外来学术文化唯有在与本国传统学术文化沟通融合的基础上去寻找一"文化增进之路",才会有勃勃生机。这就是"为国者当使人依己,不当使己依人;己不能自立,而依人以为重者,未有不穷者也",对于当时知识界有"依东以拒西",也有"依西以拒东",马相伯指出这两者都不是"自立之道,为国之道"。③

据震旦学院学生陈传德回忆,"文法与名人格言两书,由先生亲自教授,语多启发,能使学生举一反三,并常应用我国典籍成语,以解释课中文句。其博通今古,融贯中西,迥非时流所能望其项背,而学生得其陶冶,进步神速,即驽钝如传德,习法文未足三学期,已能与法籍教授直接谈话矣"。④ 可见,马相伯在震旦学院亲自讲授文法和名人传两门课程,因其自身学问渊博,"博通古今,融贯中西",所以其讲学也是旁征博引,出入古今中西之间,从不故步自封,亦不崇洋媚外。在《复旦公学章程》(1905 年)中,亦明确规定:"凡投考者,以中西文俱优,为最合格……惟中文差者,须自认于卒业限内,能加意补习为合格。有意唾弃国学,虽录取,亦随时屏斥。"⑤这一相当严厉的规定反映了马相伯对国学的重视,在重视西方语言文字(英文、法文、德文、拉丁文)的同时,也重视中国语言文字(国文)的学习。因此,他明确指出所谓"改良"只能是"非融合新旧于一炉不办。其事功奇难、奇大、奇繁杂可想,但风会所驱,亦非数十辈醉心欧化者所可转移",⑥对当时的全盘西化者提出批评。

---

① 《复旦公学章程》(1905),李天纲编:《马相伯卷(中国近代思想家文库)》,北京:中国人民大学出版社 2014 年版,第 46 页。
② 《致陈垣》(约 1919),李天纲编:《马相伯卷(中国近代思想家文库)》,北京:中国人民大学出版社 2014 年版,第 314 页。
③ 《致英华》(1919),李天纲编:《马相伯卷(中国近代思想家文库)》,北京:中国人民大学出版社 2014 年版,第 306 页。
④ 陈传德:《马师相伯先生创办震旦学院之特种精神》,转引自宗有恒、夏林根《马相伯与复旦大学》,太原:山西教育出版社 1996 年版,第 233 页。
⑤ 《复旦公学章程》(1905),李天纲编:《马相伯卷(中国近代思想家文库)》,北京:中国人民大学出版社 2014 年版,第 46—49 页。
⑥ 《美国本笃会士创设北京公教大学宣言书稿》(1925),李天纲编:《马相伯卷(中国近代思想家文库)》,北京:中国人民大学出版社 2014 年版,第 394 页。

最后,在学校的管理方面,马相伯也注重吸收中西优秀的教育管理经验。他在创办震旦学院和复旦公学时,就十分注重吸收中西方学校管理的优长,一方面,他十分赞赏和认可西方大学体制,在《震旦学院章程》(1902)中明确指出"课程遵泰西国学功令",[①]"实具有西欧Akademe 的性质,名之曰'震旦学院'"。[②] 此后,在《复旦公学章程》(1905 年订定)特声明"略参东西名校通行章程规定"。[③] 此外,1911 年12 月,马相伯与胡敦复在《民立报》上为复旦学院所登的广告中就写道:"同人等拟仿鹿洞、白鹅之遗规,推而广之,为哲理、文学、政法、象数、理化各科大学,旁及制造、驾驶等门。"[④]可见,在中西方学校管理思想及其办法方面,马相伯也秉持着兼收并蓄的精神。

归结而言,马相伯认为,作为中国人,中国语言文字是我们精神世界的基石,应该对之保有敬爱与喜好。马相伯晚年曾为老同学李问渔《古文拾级》作序,曾指出:"一国之语言,一国之心志所借以交通也。一国之文字,一国之理想所借以征验也。故观国者,每即其文字以觇之",称此语言文字为"国粹"。[⑤] 这就是说,"一国有一国的文化精神,一国有一国的语言文字"。因此,他呼吁"尤其是我国自有数千年的历史,当自家知道爱护发扬它!",而对于一律数典忘祖的做法,他认为是一件很令人痛苦的事。[⑥] 可见,马相伯对中国之语言文字是极为赞许的,所谓"一国之文字,一国之灵光"。[⑦] 再者,他还从道德的持有角度论述提倡"古学"之意义,他指出:"古道德即国魂也。魂寓于文,考之我国尤信。故

① 《震旦学院章程》(1902),李天纲编:《马相伯卷(中国近代思想家文库)》,北京:中国人民大学出版社2014 年版,第 37 页。

② 马相伯口述,王瑞霖笔录:《一日一谈》,"从震旦到复旦",王红军校注,桂林:漓江出版社 2014 年版,第 76 页。

③ 《复旦公学章程》(1904),李天纲编:《马相伯卷(中国近代思想家文库)》,北京:中国人民大学出版社2014 年版,第 47 页。

④ 《复旦公学广告》(1911),李天纲编:《马相伯卷(中国近代思想家文库)》,北京:中国人民大学出版社2014 年版,第 92 页。

⑤ 《〈古文拾级〉序》(1909),李天纲编:《马相伯卷(中国近代思想家文库)》,北京:中国人民大学出版社2014 年版,第 88 页。

⑥ 《宗教与文化》(1933),李天纲编:《马相伯卷(中国近代思想家文库)》,北京:中国人民大学出版社2014 年版,第 501 页。

⑦ 《北京法国文术研究会开幕词》(1914),李天纲编:《马相伯卷(中国近代思想家文库)》,北京:中国人民大学出版社 2014 年版,第 120 页。

振兴古道德,以提倡古学为宜。"①可见,他对国民道德的期望仍然是重视传统道德修养。但同时又期待"往上增进"。他说:"如《大学》所传:'大学之道,在明明德,在亲民,在止于至善。'先修己,再立人,而追求'至善','壹是皆以修身为本',实行不断努力求进步,'苟日新,日日新,又日新!'国民成为彬彬有修养的人,然后大众促进国家日臻文明! ……申言之,文明古国,要有'世受国恩,义同休戚'的国民,不计算那什么古物,更不是靠那'暴发户'!"在此,马相伯又创造性赋予《大学》"苟日新,日日新,又日新"以新的解释,就是"不断努力求进步",国民成为彬彬有礼之人,从而促进国家社会的进步,在此过程中,既不仰仗古物,不止于传统道德,更不依靠全盘西化的"暴发户"。对当时青年"有点太好新奇了"也感到值得痛哭,"可是我们的青年,有点太好新奇了,学到欧西文字中一个'摩登'字,或画一个'模特儿',自己就以为就毂时髦了。说说笑笑,尚可原情。如果一律都要数典忘祖,老夫认为很可痛哭!"这是因为"一国的名物制度,和本国历史有关;一国的文化程度,从风俗优劣判别"。对于那些"天天破坏,年年内乱,国破山河坏"的言行者极为不满,指出:"我们不必要'时髦',学那不人道的'摩登'",倡导"我们青年,承继文化遗业,再往上增进"。②

二、文理并重,不谈教理

马相伯青少年时期开始便学习和研究过数学、天文学等自然科学,曾指出实业救国,"不根于科学,可乎?"③亦曾指出革命救国,"必自研究近代科学始"。此后,他一再强调今日科学之重要意义,指出:"立国于20世纪科学之世界,必赖科学发达,始足以自存。中国今日之危亡,实

---

① 《为函夏考文苑事致袁总统条呈》(1903),李天纲编:《马相伯卷(中国近代思想家文库)》,北京:中国人民大学出版社2014年版,第112页。

② 《宗教与文化》(1933),李天纲编:《马相伯卷(中国近代思想家文库)》,北京:中国人民大学出版社2014年版,第501—502页。

③ 《〈原言〉自序》(1923),李天纲编:《马相伯卷(中国近代思想家文库)》,北京:中国人民大学出版社2014年版,第379页。

根因于科学之落后。"①因此,他的教育理念自然极为重视"质学"(自然科学)的传授。同时他在依纳爵公学、徐家汇神学院期间不仅系统学习过拉丁文、英文、法文,还深入学习过文学、哲学和神学等西方人文社会科学知识。曾说:"慨自清廷外交失败,国人不知公法,又不知制造,故创震旦以救之。公法须习语言文字,而法文则为欧美国际通用文,加以个人之建设,势不能久,故托耶稣会团体,以期常久。"②这是说,在近代外交事务中,清廷之所以不熟悉国际公法,对西方制造业、工业革命不熟悉,原因就在于不能掌握西方语言文字,而当时欧美诸国文字,法语为通行用语,所以震旦学院重视法文,同时增设拉丁文,这是因为"拉丁文为欧洲各国语文之根本",也就是说"各国语言多源于拉丁文,西洋一切古代文化,若果不通拉丁文,那就无从了解"。③ 再以"文学"为例,曾指出:"夫文学者,即以想象形容之力,使人人见以为可欲,可欲之等差虽万不齐,名就文所注重者鼓之舞之,以致其曲,以尽其神。"可见,"文学"不仅能够培育和丰富学生的想象力,而且能够提升人的精神情感层次,养成优良的社会风俗,所谓"浸润人心,揉成风俗"④。在马相伯的办学理念中,自然是"注重文艺",重视人文社会科学的学习和传授,由上可见马相伯"文理兼重"的教育理念。

"文理并重"这一教育理念,在震旦学院和复旦公学中都得到切实体现。震旦学院虽以培养翻译人才为其办学目标,但其教育理念和课程设置却并不限于关于欧美语言文字的教育和学习,反而对人文社会科学和自然科学均同等重视。根据《震旦学院章程》(1902)的规定,震旦学院的课程分为甲、乙两科即"文学"(Literature)和"质学"(日本命之曰"科学",Science)两科。文学类课程分为正课和附课两类,正课又分为三类:1)古文 Dead Language,如希腊、拉丁文字(本学院先以拉丁

①《国难言论集·新年告青年书》,朱维铮主编:《马相伯集》,上海:复旦大学出版社 1996 年版,第 912 页。
②《家产立典记》(1937),李天纲编:《马相伯卷(中国近代思想家文库)》,北京:中国人民大学出版社 2014 年版,第 537 页。
③ 马相伯口述,王瑞霖笔录:《一日一谈》,"蔡子民先生与二十四个学生学拉丁文",王红军校注,桂林:漓江出版社 2014 年版,第 72 页。
④《北京法国文术研究会开幕词》(1914),李天纲编:《马相伯卷(中国近代思想家文库)》,北京:中国人民大学出版社 2014 年版,第 121—122 页。

为正课，能旁及者乃兼习希腊）；2）今文 Living Language，如英吉利、德意志、法兰西、正课意大利文字；3）哲学 Philosophy，又分为论理学 Logic、伦理学 Etchics 和性理学 Metaphysics and Psychology。附课分为三类：1）历史 History；2）舆地 Geography；3）政治 Politics，又分为社会 Sociology，财政 Economics 和公法 International Law。（乙）、质学类课程，包括正课和附课两大类，正课分为物理学 Nature Philosophy，化学 Chemistry 和象数学 Mathematics，其中象数学 Mathematics 又分为7门课程，算学 Arithmetic，几何 Geometry，代数 Algebra，八线（三角）Trigonometry，图授（立体几何）Description Geometry，重学（力学）Mechanics 和天文学 Astronomy。而附课分为9门课程，分别是动物学 Zoology，植物学 Botany，地质学 Geology，农圃学 Agriculture and Horticulture，卫生学 Hygiene，簿记学 Book Keeping，图绘 Drawing，乐歌 Singing 和体操 Gymnastics。可见，震旦学院所设"文学"一科，并非是指狭义的文学，而是泛指一切人文社会科学。震旦学院除重视各国语言文字外，也极为重视对哲学、历史、政治等人文社会科学的学习，而且强调学习西方人文社会科学"非名家著（Classical Author）不授"。[1]《复旦公学章程》（1905）亦把"研究泰西高尚诸学术"列入办学宗旨，处于"世界竞争日亟"的时代，"求自存必以知彼为先，知彼者必通其语言文字"，所以特别设置西文（包括拉丁文、希腊文及西方各国语言文字）为正课。[2]

据弟子高平子回忆，马相伯亲授物理和几何两门课程，"物理马师称之为'形宪'，几何则从徐光启之旧译。当时几何或译作'形学'。我初以为几何是一种计算长短大小的方法而已，乃开讲之初，只是从几条公理（Axiom）及几则界说（Definition）讲起，一支垂线即有如何界定之理，而绝不见数字。这使我于思想方法上顿悟有新境界而发生甚大之兴趣。此二门功课皆有油印讲义。"[3]

---

[1]《震旦学院章程》（1902），李天纲编：《马相伯卷（中国近代思想家文库）》，北京：中国人民大学出版社2014年版，第37—38页。

[2]《复旦公学章程》（1902），李天纲编：《马相伯卷（中国近代思想家文库）》，北京：中国人民大学出版社2014年版，第46页。

[3] 高平子：《马相伯先生印象片段》，转引自彭裕文、许有成主编《台湾复旦校友忆母校》，上海：复旦大学出版社2003年版，第9页。

此外,在学校所有课程中,马相伯最为重视的就是哲学和算学。在筹划"函夏考文苑"时,他曾指出:"致知学为一切理义学之根源,度数学为一切形质学之根源,故首重哲学,次算学。"而数学之所以至关重要,是因为它是一切自然科学的基础学科,也就是说"于算学尤斤斤,无他,为科学等根本故",①而且"数理者,吾且以为不独科学之魂,而亦科学家之魂也。希腊有古贤,凡来学者,不先通几何,则不诲焉"②,亦是强调数理学为自然科学之根本。

　　而"致知学"(即哲学)在人文社会科学领域的根本地位恰如算学之于自然科学的地位。按照马相伯对哲学的理解,即"哲学第一任务就是在教人怎样思想,而思想首先碰到的就是 Being 问题",中国人多把"Being"译作"是""在"或"存在",他并不同意这个译法,"因为必有物可指,然后才有是非;必先有,然后可以存在,或在",但中国人之所谓"有"往往又是具体之有,而"Being 之有,乃赅括大宇长宙之总体而言",因此说:"哲学的任务在追求 Being 的整体,不得已用中国语言,我们可以说,它是要知道'全有'"。③ 在他看来,人类自孩提时碰到的问题就是 Being 与 No-Being 问题,"有了这种思想,才有了分别识;有了分别识,则万物万事才能在我的意识中各从其类而加以适当的区分;有了适当的区分,则我对于此万事万物才有认识可言。人类自从呱呱坠地便渐渐养成此种需要,于是科学便应运而生。"④在此,马相伯从西方哲学的根本问题即 Being 问题出发,指出哲学之形成就是"柏拉图已发其凡,到了亚里士多德,便给了我们形成一个研究哲学的方法",即"逻辑学",如此才形成一个哲学体系。⑤ 可见,他的哲学观是古希腊古典哲学的,

① 《兴学笔录》(1902),李天纲编:《马相伯卷(中国近代思想家文库)》,北京:中国人民大学出版社 2014 年版,第 36 页。
② 《〈胡明复先生遗稿〉序》(1928),李天纲编:《马相伯卷(中国近代思想家文库)》,北京:中国人民大学出版社 2014 年版,第 421 页。
③ 马相伯口述,王瑞霖笔录:《一日一谈》,"'Being'的问题(二)",王红军校注,桂林:漓江出版社 2014 年版,第 141 页。
④ 马相伯口述,王瑞霖笔录:《一日一谈》,"Being"的问题(一),王红军校注,桂林:漓江出版社 2014 年版,第 139 页。
⑤ 马相伯口述,王瑞霖笔录:《一日一谈》,"Being"的问题(二),王红军校注,桂林:漓江出版社 2014 年版,第 142 页。

强调"逻辑学",强调"界说"也即"Definition",也就是"分析",就是"把事物分成各种类别,使它有一定的界限",亚里士多德之所以为西方哲学的开山老祖,"其功也就在于'分类',在于创定'界说'",而这便是《大学》的格物功夫。由此,科学才能够产生。① 在此,马相伯不仅论证哲学是什么,还指出哲学与科学是密切相关的,他通过创造性地诠释《大学》"格物致知",将哲学与科学紧密联系起来。他指出:"'格物'之'格'可以做这样的解释即'诠为分格:分格事类物类品类,而穷至其理也'"②,于是致知为"知类通达"。但可惜的是,《大学》"格物"所包含的科学精神却被隐没在传统经学注释中,得不到应有的彰显和开掘,他对朱熹所作《格物补传》颇为不满,认为"盖人心之灵,莫不有知,天下之物,莫不有理,此人所尽知者也。至谓致吾之知,在即物而穷其理,不思天下之物,万不胜万,欲一一即物而穷之,如何能?阳明氏受其愚,欲看竹之长,费时七日而不堪,然犹幸其不堪也,不然,虽费时七年,亦无望豁然之一旦"③。在此,马相伯依据"分类""界说"来界定《大学》格物,而致知自然就是"知类通达",朱子反而将其解释为"一一即物而穷",于是将"格物"学说中隐含的科学意向给遮蔽了。接着进一步指出,整个宋明理学,所谈论不是"天即理",就是"性即理",谈来谈去,却"连一个名词都纠缠不清楚!",譬如说"君心正则国治",他反问道:"不知君心正以至于国治,中间要多少治国阶段!一个'则'字,谈何容易?尚清谈,少实质。讲理学的尚且如此糊涂,其他更不问可知了!"④

在马相伯看来,中国传统学问正是缺乏这种训练,以孔子论孝为例,孔子对于弟子们问孝常常有不同的回答,这种情况被人称赞为孔子因材施教,但马相伯却认为,"孔子答人问孝各有不同,是否是他善于说教,我们暂且可以不管,然而孔子本身对于孝之一字究竟做何解说,始

---

① 马相伯口述,王瑞霖笔录:《一日一谈》,"中西学术的谈屑",王红军校注,桂林:漓江出版社 2014 年版,第 25 页。
② 《〈致知浅说〉小引》(1923),李天纲编:《马相伯卷(中国近代思想家文库)》,北京:中国人民大学出版社 2014 年版,第 377 页。
③ 《致知浅说总序残稿》,朱维铮主编:《马相伯集》,上海:复旦大学出版社 1996 年版,第 738 页。
④ 《乐善堂记闻·准备招待国联调查团的一席话》,朱维铮主编:《马相伯集》,上海:复旦大学出版社 1996 年版,第 1022 页。

终没有告诉我们。'孝'究竟是什么东西？我们为什么应该'孝'？这些根本问题，见他老先生皆没有解决。"因此，他认为孔子所言，"大都是应付一时的话，而没有解决人生根本问题，有什么哲学思想可言？"①也就是说，中国古代（直到现在）"实在没有哲学思想，更精密地说，就是没有哲学"。② 而"中国民族若果能救亡图存，发挥光大"，就"要想法培植全国人民的哲学思想"，也就是说，要使全国人民"人人能用他们的头脑去思想，去分别，去分析，去判断"，只有经过这样的哲学、逻辑学的训练，"然后才有民权自由可言"，"然后才有民国共和可言"。③ 虽然孟子特别是"荀子的《正名篇》有许多话已经提出逻辑的大本源"，但"他们却没有力量给我们写出一部像亚里士多德的 Organon 那样有系统的方法论"。④ 此外，马相伯还借助《大学》"明明德"来解释"致知学"，他指出既然"理悬于天地，而系于心"，那么"明理之功"必须是要做到"贵寻思，贵细绎，贵体味，贵反求，尤贵自难肯明辨，所谓思得得之"，而"不贵师承，不贵考据，不贵譬言多而实理少，不贵繁引群籍之言、名贤之论，尤不贵多所涉览而不能一以贯之，甚或望文生意，牵合寡通"⑤，唯有如此，学问才能有收获，有长进。

但中国长期的经学传统教育使得"中国人不但懒于行动，尤其懒于思想"，只重视"记忆……只知依样葫芦，等于只知贩卖，不愿创造"。⑥为此，马相伯呼吁青年诸君在学校求学，必须"手脑并用，研究与实验并重"，唯有如是，才能求得"真的知识"与"活的学问"；而有了"真的知识"与"活的学问"，也才能真正地"实际应用，以科学救国，以科学建国，以

---

① 马相伯口述，王瑞霖笔录：《一日一谈》，"Being 问题（二）"，王红军校注，桂林：漓江出版社 2014 年版，第 141 页。

② 马相伯口述，王瑞霖笔录：《一日一谈》，"Being 问题（一）"，王红军校注，桂林：漓江出版社 2014 年版，第 138 页。

③ 马相伯口述，王瑞霖笔录：《一日一谈》，"Being 问题（二）"，王红军校注，桂林：漓江出版社 2014 年版，第 142 页。

④ 马相伯口述，王瑞霖笔录：《一日一谈》，"孔教所给与社会的影响"，王红军校注，桂林：漓江出版社 2014 年版，第 124 页。

⑤《〈致知浅说〉小引》（1923），李天纲编：《马相伯卷（中国近代思想家文库）》，北京：中国人民大学出版社 2014 年版，第 377 页。

⑥ 马相伯口述，王瑞霖笔录：《一日一谈》，"谈屑"，王红军校注，桂林：漓江出版社 2014 年版，第 169 页。

科学创造全人类之福利",此便是"青年诸君所应肩负之责任"。①

综上而言,马相伯在创办震旦学院、复旦公学时极为重视西方语言文字的学习,以及人文科学和自然科学,而且强调语言文字是基础。如《复旦公学章程》(1905)规定:"欲研究近代科学,必自通其语言文字始",如不然"泰西科学制造,时有新知,不识其文,未由取益,必至彼已累变,我尚懵然。劣败之忧,甚为可惧"。② 可见,不仅学习人文社会科学须从语言文字始,而且学习西方自然科学亦然。总而言之,"崇尚科学,注重文艺"是马相伯至为宝贵的办学理念,体现了现代大学精神。

此外,需要着重指出的是,马相伯虽是一名天主教徒,但在其办学理念中始终坚持"不谈教理"的信条。《震旦学院章程》(1902)明确指出震旦学院设有"神学"学科,与"哲学"学科并列,但不会如其他教会学校那样设置"圣经""教会史"等课程。据弟子陈传德回忆,当时"院章规定,教授上课,不谈宗教,故遇孔子圣诞、耶稣圣诞,均不举行仪式,且仍照常上课"。③ 偶有耶稣会教师谈及有神论观点,一般会遭到学生的拒绝和反对。学生陆章甫回忆说,有一次上哲学课时,神父李问渔"讲到天主创造人类、天主创造世界等问题时,学生纷纷起立,引征达尔文学说加以反驳,使李面红耳赤,无法解答"。④

三、学生自治,学术自主

马相伯曾言:"人民若果不能自治,那也就不能成为一个现代的国家"⑤,正是基于这样的思想观念,马相伯在创办新式学校的过程中,颇

---

① 《国难言论集·新年告青年书》,朱维铮主编:《马相伯集》,上海:复旦大学出版社1996年版,第912页。
② 《复旦公学章程》(1902),李天纲编:《马相伯卷(中国近代思想家文库)》,北京:中国人民大学出版社2014年版,第46页。
③ 陈传德:《马师相伯先生创办震旦学院之特种精神》,转引自宗有恒、夏林根《马相伯与复旦大学》,太原:山西教育出版社1996年版,第234页。
④ 陈章甫:《记震旦学院几件事》,上海市文史馆、上海市人民政府参事室文史资料工作委员会编:《上海地方史资料(四)》,上海:上海社会科学院出版社1986年版,第146页。
⑤ 马相伯口述、王瑞霖笔录:《一日一谈》,"中国人应该知道国家是什么",王红军校注,桂林:漓江出版社2014年版,第164页。

为重视学生的自治精神和自治能力的培养和训练。

在震旦学院时期,马相伯一方面吸收中国传统书院如白鹿洞、岳麓等学规,同时借鉴西方大学自治的传统,在学校管理上实行学生自治。在校长马相伯的监督下,"院内各种事务","悉归学生管理",除总干事和会计干事为固定行政职务外,"其余干事"都是在每个学期开始时,"由学生互推分别担任,其职务至学期之终为止,执掌权限,悉遵学生自治规程"。① 于右任曾颇为感激地追述老师独立、自由的教育风范。他在震旦学院时,"一切学科,重在开示门径,养成学者的自由研究之风……先生以七十之年,勤劬密勿,为国家储才养士,富贵不淫,威武不屈,以自开教育独立之风气。故其人格之感化,深入人心,至震旦学院散而诸生仍相弗去"。② 也正是因为这一民主自治的管理受到当时法国传教士的干扰和破坏,妄图增加法语课程,企图改变震旦学院的办学宗旨和管理办法,以至于引发"震旦学潮",导致全体学生(仅缺两名)罢课退学,从而不得不另寻觅新址(复旦公学就是在这一历史机缘下创办起来的)。

震旦学院这一监院领导下的学生自治传统在其后的复旦公学中也得到很好的继承和发扬。复旦公学下设校长 1 人,教务长 1 人,庶务长 1 人,监学 2 人,学科教师由校长聘仕,校董会由众多当时名师硕儒选举组建产生,董事会只负责募款,不得干预学校行政管理事务。再者,复旦公学的创办,也是因为有部分震旦学院的学生如于右任、微尘、叶仲裕等积极奔走和辛勤付出,马相伯曾在《民国二十八年复旦大学春节毕业同学训词》中赞扬道:"当受事之际,予年既六六矣。赞其成者,刘君学裕(即今监察院长于右任,时以革命避清吏,权易姓名)、叶君仲裕、项君骧若干人。仲裕慷慨奋发,在斯时为本校筹二万元,资以开创,其功绩有不可忘者"。③ 可见,正是因为震旦老学生们热情积极、自主自愿、

---

① 陈传德:《马相伯先生创办震旦学院之特种精神》,转引自宗有恒、夏林根《马相伯与复旦大学》,太原:山西教育出版社 1996 年版,第 232—233 页。

② 于右任:《为国家民族祝马先生寿》,转引自宗有恒、夏林根《马相伯与复旦大学》,太原:山西教育出版社 1996 年版,第 230—231 页。

③ 马相伯:《民国二十八年复旦大学春节毕业同学训词》,转引自宗有恒、夏林根《马相伯与复旦大学》,太原:山西教育出版社 1996 年版,第 178 页。

辛苦操持，复旦公学才得以开办起来。

此外，在复旦公学成立之初，马相伯积极倡导学生参与学校食堂、宿舍等事务管理，倡议设立"校内民主法庭"，藉此解决学生之间的纠纷和矛盾，期望通过这些自治举措，能使在校学生逐渐养成民主自治的优良作风和宝贵经验，从而培育与现代宪政国家相契合的独立自治人格。

后来，马相伯退出复旦公学的领导工作，由后继者李登辉主政。学校规模不断发展，学校行政机构有所增加，但李登辉始终重视和强调学生的民主自治传统，始终奉行民主治校的传统作风。1920年重订的《复旦大学章程》中即设有"学校自治"条款，详细规定学生民主自主的具体规章制度，"本校为令学生遵守校规起见，特设法尽力鼓励自治，使全校学生共受其益。每级由学生中推一级长，每宿舍推一舍长，期于校中秩序、同学品行、宿舍整洁等事，得互相监察劝勉之益，每星期六开讨论会一次。又立学生评议部，由学生公推评议员若干人，随时就商庶务部，整理校务"①。

此外，马相伯还极为强调学术研究应持有"独立、自主"之精神。在震旦学院创办之初，他便鼓励学生做学问首先必须有独立自主的学术研究精神，指出："学问之道，有人己之别也"，而"我国自秦汉以降，皆为人之学也。曰策论则策论矣，曰诗赋则诗赋矣，曰经义则经义矣，降而至于八股则八股矣"，他又感慨道："我不解奴隶性质之何以若是深入而难移也"。对"为人"的奴隶之学大加批判，倡导"为己之学"，他曾无比悲痛地指出："我不解中国奴隶之学，何以若是之盛哉。故无论落第之士，牢骚抑郁，或掩涕一室，长嘘空山，做种种丑态之可笑可怜也。即彼大魁天下，置身通显，峨冠博带，焜耀耳目者，试叩其所学，即抑复嘁鼻。"②此处所谓"为人的奴隶之学"，也便是柯文所说"在中国，尤其是明清时期，教育和科举密切相关。人们上学是希望中举做官"。③ 与专制

①《复旦大学章程》(1920)，转引自复旦大学校史编写组编《复旦大学志第1卷(1905—1949)》，上海：复旦大学出版社1985年版，第134页。
②《震旦学院开学记》引马相伯语，复旦大学校史编写组编：《复旦大学志第1卷(1905—1949)》，上海：复旦大学出版社1985年版，第40—41页。
③［美］柯文：《在传统与现代性之间：王韬与晚清改革》，雷颐、罗检秋译，南京：江苏人民出版社2006年版，第109页。

时代"为人"的奴隶之学不同,他提倡中国新式教育自然是向着"为己之学"和"自主之学"的目标而努力的。他说:"今兹所讲,……力求自主",而所谓"自主"精神便是"有坚韧不拔之气,强立不返之志,且而矢之,则万变不离。所谓三军之帅可夺,而匹夫之志难移,此鄙人所欲与诸君子共勉者也"。可见,马相伯对于学术自主研究之风颇为看重,强调"为己之学",也就是强调独立自主的学术研究之风。此处,马相伯还特意区分"自由"和"自主",批评"今日欲左则左之,明日欲右则右之"的"自由",而赞扬"匹夫不可夺志"的"自主"精神。①

后来李登辉进一步继承和发扬这一"独立自由"的学术研究风气,多次强调,"独立"是"教育的一种主要目的",极力提倡"我们要养成学生的独立,应明瞭独立不是一种单纯的德性,其中包含的心理分子很多。学生如要有独立的能力,他必须有一往直前的决心,吃苦耐劳的毅力,挨受诮骂的勇敢,百折不回的志气",而且"在学校的独立,就是在社会里独立的基础。社会里的分子,能够独立,才能有进步的社会;国家里的公民,能够独立,才能有进步的国家"。因此,如果老师们果真"能够引导学生为独立的思想、独立的劳动者,他真可称为造福于社会了"。② 复旦大学老校歌之中"学术独立,思想自由,政罗教纲无羁绊"这句话,体现的正是马相伯、李登辉等复旦大学领导者们自始至终对独立、自主的学术研究风气的追求和重视。

四、演讲、体育和工科实业教育

马相伯自小聪颖过人,好学深思,博闻强识,善于演说,出口成章,常常语惊四座,有"中国第一大演说家"之美誉,有一次,马相伯曾应邀在上海张园举办的中英法联欢会上,与伍廷芳一起"分别用法语和英语

---

① 《震旦学院开学记》引马相伯语,复旦大学校史编写组编:《复旦大学志第1卷(1905—1949)》,上海:复旦大学出版社1985年版,第41页。

② 李登辉:《我们所需要的教育》,载《复旦周刊》1929年11月4日第24期,转引自复旦大学校史编写组编《复旦大学志第1卷(1905—1949)》,上海:复旦大学出版社1985年版,第263—264页。

即席发表演说,也是议论风生,言惊四座"。① 而且马相伯极为欣赏古罗马伟大的演说家兼哲学家西塞罗,张若谷亦曾说他"少年时对罗马名贤西塞罗的演说学,也下过很深的研究"。② 他曾指出一个成功的演说是演讲者才华的自然流露,也是人格高尚的直接表露,"演说只是人类在社会中发表自己的意思的一种工具,演说最好的人不见得就是好人,而真正有非常之才与德的人,其演说必有可观。所谓'有德者必有言,有言者不必有德'"。③ 马相伯对演说的重视,在其办学理念和学校管理中也得到较好的贯彻和实施。

在震旦学院时,马相伯就经常在学院八角厅演说。其弟子高平子曾颇为生动地记述马相伯演讲之情态及其高超演讲水准,对其"言而有物"大为赞赏。他说:"马师常在八角厅中演讲哲学之类的问题。马师设座中坐,诸生环之听讲。师出生丹徒,故语带镇江口音。我初离乡,不习他乡语,故颇不易听懂。然听其抑扬顿挫之节,观其从容顾盼之姿,不期神往。其后每逢马师公开演说,得参末座,常觉其析理、辩证、取譬、解嘲、举手、瞻视、疾徐、俯仰,或引经史,或涉俗谚,莫不自然中节。近人常推胡适之先生演说第一,然胡先生以纵横论,而马师以自然胜。以书法为喻,则胡先生可比苏黄(按,苏轼和黄庭坚),而马先生则几乎羲之(按,王羲之)也。"④创办复旦公学时,马相伯更是"立下规则",规定:"凡是星期日上午,学生均不准外出,由我练定许多演说题目,轮流命诸生练习演说,我并把演说必需的方法,如分段,如开始怎样能以抓住听众,结论怎样能使人对他的演说获得具体的了解,一班学生都很感兴趣。"⑤《复旦公学章程》(1905)亦专辟一章"演说规则",规定"每星

① 韩景琦:《记马相伯先生两三事》,转引自上海市文史馆、上海市人民政府参事室文史资料工作委员会编《上海地方史资料(四)》,上海:上海社会科学院出版社1986年版,第142页。
② 张若谷:《马相伯先生年谱》附录(一),《苦斗了一百年的马相伯先生》,上海:商务印书馆1939年版,第252页。
③ 马相伯口述,王瑞霖笔录:《一日一谈》,"中国人的演说",王红军校注,桂林:漓江出版社2014年版,第162页。
④ 高平子:《马相伯先生印象片段》,转引自彭裕文、许有成主编《台湾复旦校友忆母校》,上海:复旦大学出版社2003年版,第9—10页。
⑤ 马相伯口述,王瑞霖笔录:《一日一谈》,"中国人的演说",王红军校注,桂林:漓江出版社2014年版,第162页。

期或星期六下午开演说会,校长及校员、教员登堂演说;非星期日,有特别事应讨论者,于课暇开谈话会。"正是在马相伯的言传身教以及鼓励推动下,震旦学院和复旦公学学生们的演说才能得到极大的提高,尤为关键的是,这群学生正是因为掌握了熟练而引人入胜的演讲才能,才得以更好地参与社会政治生活,这便是"演说规则"第三条:"中国将行立宪,此后中央政府、地方自治,皆有聚集会议之事。其聚散之仪文,辩论之学术,诸生允宜亟讲。故于演说会外,诸生可于暇时随时开议,推举首座书记,其问题古今间立,以凭论决。自会合举员,至于出占决胜,勒为成规,以便习练语言,磨砺识力。并由校长、校员及教员分期监视"。① 对此,于右任曾不无感慨地说:"学院于每星期日,必由先生集诸生演说,或讨论学术,或研究时事,习以为常。先生本长于演说,高谈雄辩,风趣横生,诸同学传其衣钵,故出校以后,从事政治革命运动,受用不尽,亦震旦一特点也。"②

此外,马相伯还极为重视学生的健身体育教育。在震旦学院时,马相伯主张在学校全面推行兵式体操,于右任曾说:"惟兵式体操,则为人人所必习,且延法国驻沪军人为教官,备置枪械,实行打靶,形式整体。"③后来,《复旦公学章程》(1905)还专门设有"体操场规则",明确规定:"每日体操,皆由教员统记分数,不得无端旷操","患病得免操,必缴验校医凭单于本队人(猝病由舍长验明报告)"。④ 复旦公学还设有击剑课,马相伯要求学生不可有丝毫懈怠,体育锻炼正可磨炼意志,增强体魄。他曾见一学生在击剑课堂上稍微出汗便要休息,便训诫道:"诸生之亲学业,皆抱宏志而来,为学成救国,或为马志尼,或为俾斯麦,今如

---

① 《复旦公学章程》(1905),李天纲编:《马相伯卷(中国近代思想家文库)》,北京:中国人民大学出版社2014年版,第54页。

② 于右任:《为国家民族祝马先生寿》,转引自宗有恒、夏林根《马相伯与复旦大学》,太原:山西教育出版社1996年版,第230页。

③ 于右任:《为国家民族祝马先生寿》,转引自宗有恒、夏林根《马相伯与复旦大学》,太原:山西教育出版社1996年版,第230—231页。

④ 《复旦公学章程》(1905),李天纲编:《马相伯卷(中国近代思想家文库)》,北京:中国人民大学出版社2014年版,第54页。

第六章 为学思想与教育理念

此苟且颓惰,岂有若是之马志尼、俾斯麦乎!"①

马相伯与学生朝夕相处,教导学生不遗余力,诚孔子所谓"诲人不倦"。据弟子赵云浦回忆说:"先生与诸同学,课余有时促膝深谈,有时随肩且步且言,是所谓循循善诱者。"②学生的作息、用餐等生活细节,马相伯也十分关心,鉴于"我国学子,往往多攻苦而不知卫生",规定"以后,膳毕即伏案,及深夜勤读等习,各宜互戒,务剂其平"。③

最后,马相伯还极为重视工科实业教育。他曾从"仓廪实而知礼节"的角度论述实业教育的重要性,指出:"人穷则志气短,实业不兴,又何以有精神耶?"④而且令人头疼不已,亦让社会国家惨遭沉痛代价的"过激心",都是"生于贫困,为势所驱,识时务者其预防之!"。⑤ 就当时中国社会经济发展落后的境况而言,工科实业教育为社会所急需,因此必须予以大力推进发展。马相伯曾积极参与洋务运动,投身实业救国的大业,而且作为当时难得一遇的神学博士从政,自然不乏思考。他曾说:"不饥不寒,然后能教,教然后不近于禽兽,不为人屠割。"⑥因此,他指出:"人以生物为心,民以生财为道,是人与民,道无二致。不生则无以自食,而为人不力,则无以相生相养而为国。为此,或劳力,或劳心,首贵自食其力,此犹太大学,希腊及罗马所以重视工科为必要也。"⑦而古代中国受儒家思想影响深刻,特别是"孔子之道,以学稼学圃为小人,又

① 赵云浦:《马相伯师百龄寿言》,转引自宗有恒、夏林根《马相伯与复旦大学》,太原:山西教育出版社1996年版,第84页。
② 赵云浦:《马相伯师百龄寿言》,转引自宗有恒、夏林根《马相伯与复旦大学》,太原:山西教育出版社1996年版,第84页。
③ 《复旦公学章程》(1905),李天纲编:《马相伯卷(中国近代思想家文库)》,北京:中国人民大学出版社2014年版,第55页。
④ 《民国民照心镜》(1918),李天纲编:《马相伯卷(中国近代思想家文库)》,北京:中国人民大学出版社2014年版,第280页。
⑤ 《民国民照心镜》(1918),李天纲编:《马相伯卷(中国近代思想家文库)》,北京:中国人民大学出版社2014年版,第282页。
⑥ 《务农会条议》(1897),李天纲编:《马相伯卷(中国近代思想家文库)》,北京:中国人民大学出版社2014年版,第11页。
⑦ 《民国民照心镜》(1918),李天纲编:《马相伯卷(中国近代思想家文库)》,北京:中国人民大学出版社2014年版,第281页。

以货殖为不受命。四体不勤,五谷不分,实业之不讲,此我国之大愚也"。① 在他看来,正是因为儒家创始人孔子不重视农业、园艺和商业在国家富强、人民富裕中的重要地位,致使中国传统教育颇为不重视实业教育。

正是基于中国急需发展现代工商农业,繁荣经济、富国富民的理性认知和迫切需要,马相伯在办学过程中对工科实业也颇为重视,《震旦学院章程》(1902)课程设置里就有农圃学,《复旦公学章程》(1905)课程设置正斋第二部里就有"农科大学之预备",包括矿物、动物、植物等课程。马相伯曾说:"人民职业,十之九为生产者,十之一为生产之指导者。析言之,农牧居十之七,工虞十之二,专门技工与公务人员十之一。准此,人民应受职业教育之训练。各县分立农工商专科学校,州郡联合设立大学。"②

马相伯百岁寿辰时,其弟子邵力子曾撰文祝贺,指出:"时同门年齿及壮,先生爱之若孩提,饮啄寝息之事,且留意焉。日讲治学作人之要,古今中外学术源流,往往历数时不止,各自忘倦。"③可见马相伯对学生们的关爱之情和诲人不倦之精神,同时也可见他学识渊博,所谓"古今中外学术源流"无不涉猎。正因渊博学问和高远的学识,他才有魄力、毅力和定力,创办新式学校,满腹诗书,满腔热血,教书育人,从而造就其"中西融通、古今汇合、崇尚科学、注重文艺、不谈教理"以及重视演讲、体育、工科实业的现代教育理念,所谓现代国民教育理应包括德育、智育与体育,以"立于 20 世纪之新世界"。④ 简言之,其教育理念强调"所授与授法",不应故步自封,而应是"应世界维新之用"。⑤ 可见,有其人其学,才有此兴学之壮举,也才有这些珍贵的教育观念。

① 《书〈"天坛草案"第十九条问答录〉后》(1916),李天纲编:《马相伯卷(中国近代思想家文库)》,北京:中国人民大学出版社 2014 年版,第 219 页。
② 《国难言论集·提议实施民治促成宪法以纾国难(附刍议)》,朱维铮主编:《马相伯集》,上海:复旦大学出版社 1996 年版,第 924 页。
③ 邵力子:《相伯先生寿言》,转引自朱维铮等《马相伯传略(复旦大学校长传记系列)》,上海:复旦大学出版社 2005 年版,第 212 页。
④ 《代拟〈反对孔道请愿书〉》(1916),李天纲编:《马相伯卷(中国近代思想家文库)》,北京:中国人民大学出版社 2014 年版,第 228 页。
⑤ 《〈约法〉上信教自由解》(1916),李天纲编:《马相伯卷(中国近代思想家文库)》,北京:中国人民大学出版社 2014 年版,第 240—243 页。

第七章 信教自由，息影徐家汇

　　马相伯出身天主教世家，在上海天主教教会学校接受教育，获神学博士学位，做过神父，因不满耶稣会士专横，37 岁愤然离开教会。但他的母亲沈太夫人一直对他离会这事不能谅解，1895 年临终时还曾对马相伯说："我的儿子是神父，你既已不是神父，我亦不认你是我的儿子"。[1] 遵循母亲遗愿，加之参与洋务事业失败，马相伯逐渐与耶稣会缓和关系，两年后，马相伯在离开教会 21 年后，又重返教会，天主教信仰逐渐坚定，特别是中华民国成立后，坚决反对以孔教为国教，维护信教自由，同时致力于学术传教、在华言华等天主教中国化事业，20 世纪 20 年代更是不问时事，隐居徐家汇土山湾，翻译《圣经》，出版著作，虔心修行。马相伯作为近代中国著名的天主教徒，被誉为"现代的徐光启"。[2]

一、反对定孔教为国教

　　中华民国成立后，根据《临时约法》"信教自由"的规定，时任教育总长蔡元培宣布停止祭孔，中小学废止读经，以及北京大学废除经科，而正式命名为文科。不久，袁世凯在北京就任大总统，时民国初成，有人

---

[1] 方豪：《马相伯先生生平及其思想》，转引自李天纲《信仰与传统——马相伯的宗教生涯》，朱维铮主编：《马相伯集》，上海：复旦大学出版社 1996 年版，第 1250 页。

[2] Ruth Hayhoe and Lu Yongling（eds），*Ma Xiangbo and the Mind of Modern*，New York：M. E. Sparpe，1996，p. 1.

见"风俗浇漓,纪纲废弛,世道人心,大坏大坏",而思想"从而补救之",①于是尊孔读经之论,从广东、山西等地又逐渐蔓延开来,山西有"宗圣会",北京有"孔社",青岛有"尊孔文社",扬州有"尊孔崇道会"等尊孔读经社团。在蔡元培辞去教育总长一职后,教育部随即公布孔子诞辰纪念日,许多地方也纷纷组织庆祝"圣诞"的活动。

1913年2月,时任江苏都督张勋向袁世凯提交《上大总统请尊孔教书》,此时康有为、陈焕章等发起的孔教会也在上海成立,以昌明孔孟、救济社会为本会的宗旨。6月22日,袁世凯发布"尊崇孔圣令"。不久,孔教会总部便迁入北京。1914年初,北京"孔教社"举办"信古讲习所",还有人组织"庚子拜经会",指出欲救国必自拜经始,不久向国会提出设立经学馆议案,要求将五经在欧美传布。秋天,袁世凯亲赴山东曲阜孔庙祭孔,行三跪九叩之礼。冬至这天,袁世凯又穿着古装在天坛举行中华民国首次盛大的祭天大典,正所谓"上有所好,下必甚焉",随后各地纷纷仿效。1915年,全国推行教育复旧,中小学读经。此外,还禁止女子参政,禁止女子加入政治会社等。更为过分的是,呼吁定孔教为国教,后来果在《天坛宪法草案》第十九条附上了"以孔子之道为修身大本"的尊孔条文。②

马相伯此时身在北京。目睹这一切倒行逆施、怪力乱神之事的发生,他愤然而起,在1914年、1916年发表数篇文章,从多个角度阐述不可定孔教为国教,力主信教自由。

首先,反对袁世凯率百官祭孔、祭天。他直言道:"孔有孔后以祀之,无元首主祭之必要",这是因为元首是全体人民的元首,国家元首如只偏袒一族一教,显然有悖于《临时约法》中的"自由"与"共和"精神,也不利于各个宗教和族类的平等相处与自由发展。他从古今中外的历史来分析"元首是否兼主祭"问题。从中国历史来看,"自古由元首主之,毋庸讳言",但考察"欧美则不然",即便在"政教未分时代""无信教自由时代",举行祭奠也是别有"主之者"……即便在"有国教之国",也不过

---

① 《宗教在良心》(1914),李天纲编:《马相伯卷(中国近代思想家文库)》,北京:中国人民大学出版社2014年版,第129页。
② 刘志琴、罗检秋:《近代中国社会文化变迁录》,杭州:浙江人民出版社1998年版,第1—256页。

是"以国库津贴其主祭主教而已";更何况"近今政教学者固极主分离者乎?",接着指出近代政治学学者主张"政教分离"的原因就在于"科学",即"科学之为学,壹本诸原理",而"政务之原理"正"在尽其人事所宜,求有人力所能得之幸福"。"信教之务"却与此不同,是"各求助于良心中所信仰之物,以期人力所不能得之"。马相伯指出,这便是"现今学说所主政教分离极大之理由"。再者不仅"行政"之主不能兼主祭,而且"君与师之职,亦不相兼焉",原因是"君也者,执行家也;师也者,理想家也",由此规定"一责良心,一责事迹,道不同不相为谋,此欧美现今之谈政治者,必予人民以……信心自由、信教自由。信心自由者,谓得其自信其良心也,不以一教之习惯,责望于人民"。这是从近代西方政治学学者主"政教分离""信教自由"的观点来阐述一国元首不可兼主祭的原因。最后,从儒家典籍如《祭统》《祭义》来看,强调"祭者,所以追养继孝也",强调由祖先祭祀即"孝子之祭"以推其极于祭天。可见,儒家所讲祭天乃是报亲之事,是"以孝治天下之事而已"。因此,马相伯指出:"祭先家事也,非国事也",一国之元首乃是代表人民治理国家的法人者,是五族五教人的惟一元首,如何能够元首而兼主祭? 这不是违背"信心之自由,信教之自由",而强天下于"大同"吗? 为此,他重申《临时约法》中"五族共和"和"许人民以一律平等,无种族、阶级、宗教之区别"等约定,强调所谓"信教自由"便是全体人民"各相安于所信之教,而不受政府之横加干涉也,则不受他教之横加干涉也"。①

由此,马相伯极力反对立孔教为国教。首先他指出:"孔子之教,质言之,要不外教学之教耳,非西文所谓国教之教也。何苦效颦欧美,而定实不中其声之国教者哉?"②这是说孔子学说本无"宗教性质","亦不过诸子百家之雄耳!"。他指出目前有些人所宣扬的"国教",参照"教"和"国"的英文概念来看的话,与西方各国之"国教"是截然不同的。既然诸贤"请定之国教",无此教之义,亦无此国之义,那么便不可以"西方

① 《一国元首应兼主祭主事否》(1914),李天纲编:《马相伯卷(中国近代思想家文库)》,北京:中国人民大学出版社 2014 年版,第 125—128 页。
② 《书〈请定儒教为国教〉后》(1916),李天纲编:《马相伯卷(中国近代思想家文库)》,北京:中国人民大学出版社 2014 年版,第 216 页。

各国定有国教,我国宪法亦不得援为先例,依样以画葫芦也"①。

再者,马相伯还从立孔教所用花费的角度论述"请定国教,止为金钱耳"。他曾认真计算过这样一笔账,"民国一二年,孔教中人已呈请包修通国文庙,约计可二千所,所各一万圆也,是二千万圆也;日后岁修若千圆上下,是二百万圆也。而各府州县,国教僧官之岁俸,与扩兴国教之岁费,尚不知若干。"由此可见,那些鼓吹定国教者,"当然支用国库,数至百千巨万",现在已是民主共和之国,"政由民主,有义务者即有权利,纳租税者即该审查用项之支配",而这些"支配祀天、祀孔、祀关岳等费",难道不是暗中"剥夺人民宗教之平等,信仰之自由"? 这尚有宪法精神否? 更有甚者,还建议政府仿照西方教堂,凡婚配者皆须至孔庙,每对收四圆,按全国四万万人数核算,"一年婚配者可三千万,应收一万万又两千圆"。② 如此劳民伤财之举,于世道人心有什么补救? 只会使得民风日坏、官场日烂。

第三,马相伯从国民教育的角度来批判"必以孔子之道为修身之本"。他指出:孔子学说有"德育",有"修身",但孔子说"民不可使知之",是没有智育,更没有体育,这与 20 世纪新世界的"国民教育"理念是不可同日而语的。而且孔子之道不仅没有后两者的内容,专就"德育""修身"来说,孔子之道也存在三方面的问题,使其不能成为教育之大本。首先,孔子宣扬的尊王攘夷思想,导致中国人不论是城市还是乡村,见识短浅、落后,甚至在新式小学刚出现之时,欲诋毁焚烧之;其次,孔子"学而优则仕"的思想,也造成中国人官本位思想盛行。对此,马相伯的好友章太炎亦曾说:"儒家之病,在以富贵利禄为心","儒家之湛心荣利,较然可知"。③ 第三,孔子不讲求学习农业之事,造成中国实业不兴。继而马相伯指出,孔子之道中"君君、臣臣、父父、子子",抑或"君要臣死,不得不死",还有"父要子亡,不得不亡"等等这些三纲五常,给中

---

① 《书〈请定儒教为国教〉后》(1916),李天纲编:《马相伯卷(中国近代思想家文库)》,北京:中国人民大学出版社 2014 年版,第 215—216 页。
② 《〈宪法草案〉大、二毛子问答录》(1916),李天纲编:《马相伯卷(中国近代思想家文库)》,北京:中国人民大学出版社 2014 年版,第 205—206 页。
③ 汤志钧:《章太炎政论选集》,北京:中华书局 1971 年版,第 289 页。

国社会造成极坏的影响。他指出,孔子之道不是一种哲学思想,只是一种"极粗浅的伦理学",孔子的一生"最大的功劳就在'正名定分',替宗法社会的封建制度做了两千多年的'叔孙通'。正名定分的流弊便是率天下后世以伪相欺,用现在的话说,就是说谎",①而"中国历代专制帝王莫不尊孔",就是因为两千年以来一方面"替历代皇帝说谎以欺骗人民",另一方面"说谎以欺君罔上",②整个社会朝野上下都处于说谎的氛围中。

在 1930 年代,当时"中国社会发生一种复古的倾向,在思想上则以尊孔为显著的特征",他甚至不无严苛地指出:"中国社会上受了孔子形式主义的毒太深了"。此外,当时畅言尊孔者往往与忠君、复辟相关,不能认真反思和批判"两千来的专制帝王的毒害",弄得中国人民"只顾自己旦夕之安,不求人群社会久远的福利"。传统社会中的那些"戴方巾朋友"几乎没有一个人不是"天王圣明,臣罪当诛",这样小百姓便自然是应该受苦的,如此非要把天赋人权抛弃不可,比如《大清律》便有这样的规定,30 人以上的在一起聚会,"即以聚众论,格杀勿论",一个国家致使其人民束手束脚,钳口结舌,不敢议论国家大事,不敢担负家国责任,这样的结果便是只有政府少数人要担负起国家社会的一切事务,这样一个大国如何忙得过来?任凭这些少数人是三头六臂,七手八脚,也是"无济于事",最后的结果就只是"把国事败坏得不堪收拾"。③ 同时这种尊卑界限分明、等级森严的划分,必然严重桎梏人的个性发展,于是"尊孔的结果不但要把活泼泼的青年方兴未艾的天性戕折殆尽,恐怕连国民一点'白刃可蹈'的反抗精神,也都消磨于'规行矩步'之中了"。④

马相伯从民国民之平等与自由的角度来反对以孔子之道为修身之

① 马相伯口述,王瑞霖笔录:《一日一谈》,"孔教所给与社会的影响",王红军校注,桂林:漓江出版社 2014 年版,第 121 页。

② 马相伯口述,王瑞霖笔录:《一日一谈》,"孔教所给与社会的影响",王红军校注,桂林:漓江出版社 2014 年版,第 124—125 页。

③ 马相伯口述,王瑞霖笔录:《一日一谈》,"说谎",王红军校注,桂林:漓江出版社 2014 年版,第 127—128 页。

④ 马相伯口述,王瑞霖笔录:《一日一谈》,"孔教所给与社会的影响",王红军校注,桂林:漓江出版社 2014 年版,第 125 页。

本。他明确指出:"信教自由,宪法有此。宪法家谓之为凭良心奉礼规之自由,即信奉与奉行之自由也",也就是说信仰哪种宗教,或者不信仰任何宗教,"件件都信由我",不可干涉他人,亦不可"劝化他人"。① 这是因为《约法》与专制最相抵触者,就是"人民平等与自由",既然宪法规定"平等平权",不应因种族、阶级、宗教之别而待人民"有伤平等也"。再者宪法上所说之"自由",难道不是确保"听民自主,不加干涉之谓也"?此时既为民主共和国,"但以宪法言,信与不信,皆自由也,国法国俗,皆不得干涉也"。最后还特意指出"信教自由"还应包括"教授自由",所谓"苟无信教自由,欲求科学之昌明"是不可能的,这是因为"科学之教授,尤当自由,否则徒读古书,物而不化,而所授与授法,皆故步自封,无以应世界维新之用"。②

可见,马相伯批判孔子之道中的"君臣父子"等级思想,是他一贯的立场,20世纪10年代反对孔教为国教时如此,30年代反对"党国要人皆极力鼓吹'礼教'"亦是如此。20世纪初反传统特别是批孔思潮大行,几乎成为五四新文化运动的共同论调。宁调元在《孔子之教忠》一文中甚至骂孔学是专制之学,骂孔子是民贼。他说:"古之所谓至圣,今之所谓民贼也……孔子者,盖驯谨成性者也……致贻中国二千年专制之毒,民族衰弱之祸。"③马相伯对孔教,不仅从思想角度来批判孔教的等级思想,而且从宪法角度,即从信教自由的角度来批判。作为"新文化运动"旗手,陈独秀也曾指出:"吾见民国宪法草案百余条,其不与孔子之道相抵触者,盖几希矣,其将何以并存之? ……使孔教会仅以私人团体,立教于社会,国家固应予以与各教同等之自由。"④对此,王汎森亦指出:"平等自由、共和立宪的中华民国,却同时持定伦理上的纲常阶级制,这是一个大矛盾。"⑤对于马相伯反对孔教与当时如火如荼的《新

---

① 《信教自由》(1916),李天纲编:《马相伯卷(中国近代思想家文库)》,北京:中国人民大学出版社 2014 年版,第 244 页。
② 《〈约法〉上信教自由解》(1916),李天纲编:《马相伯卷(中国近代思想家文库)》,北京:中国人民大学出版社 2014 年版,第 240—243 页。
③ 扬天石、曾景忠编:《宁调元集》,长沙:湖南人民出版社 1988 年版,第 395 页。
④ 《陈独秀著作选》第一卷,上海:上海人民出版社 1993 年版,第 229 页。
⑤ 王汎森:《中国近代思想与学术的系谱》,长春:吉林出版集团有限责任公司 2011 年版,第 249 页。

青年》特别是陈独秀反对孔教之异同，朱维铮曾有一段极为精彩的议论。他说："我们不知道这位三十六岁的'新青年'和七十七岁老人马相伯是否相识。他们在宗教上没有共同语言。但都反对定孔教为国教，都反对强迫青少年尊孔读经，都提倡民主与科学。他们的分歧在于马相伯不赞成把革命理解为首先要破坏一切，但那时还没有凸显出来……在这方面，他仿佛与陈独秀们有默契，一则专攻要害，一则全线出击。"①"新文化运动"期间，马相伯已是一位耄耋之年的老者，对这些三四十岁的中青年人主张的学术关注并不多，他曾自言："（胡）适之平素为人与其学养说，我也确实未尝十分注意。"②但正如朱维铮所说，在批判孔教、礼教这一问题上，老少之立场是一致的，尽管他们的出发点和立足点有所不同。

当然与"新文化运动"中青年们全然批判的做法有所不同，马相伯还创造性地改造阐释，使儒家的忠孝学说"改头换面"。他指出要想明白"中国的礼教，最好莫如读一读《孝经》"，这是因为"'孝'之一字，实则就是'爱'的一个注脚"，"施之于父母则为'孝'，施之于子女则为'慈'，施之于兄弟则为'友'和'悌'，施之于同国之人而推及于全人类则为'仁'"，在此马相伯创造性地用"爱"来阐释"孝"，将"孝"中的家长制威权思想彻底剥离，而当时那些提倡礼教的大人先生，却不懂《孝经》所说的话，那些历来的达官贵人"以为提倡礼教便可使中国人民俯首帖耳，听他们摆布，这末一来，他们便可稳坐江山，子孙万世，实则大错特错"。③再者，马相伯指出："从前'忠'是对君上而言（因为'朕即国家'），现在忠的对象，自然不是指着任何伟人，任何政府，而是指着整个国家与整个民族之利益与生存而言"，因此"忠"便不是单方面的，而是"双方面的"，也就是说"政府之尽忠，即在保国卫民"，而"人民之尽忠亦即在'执戈卫国'"，如此"不愿执戈卫国的人民皆叛民也，不愿保卫人民的政

---

① 朱维铮：《近代中国的历史见证——百岁政治家马相伯》，转引自朱维铮主编《马相伯集》，上海：复旦大学出版社1996年版，第1200页。

② 马相伯口述，王瑞霖笔录：《一日一谈》，"谈屑，胡适之的一鸣惊人"，王红军校注，桂林：漓江出版社2014年版，第168页。

③ 马相伯口述，王瑞霖笔录：《一日一谈》，"所谓'礼教'问题"，王红军校注，桂林：漓江出版社2014年版，第186—187页。

府,亦叛徒也"。由此马相伯通过重新阐释儒学的"忠""孝"概念,"证明现在提倡礼教者,其行为根本与之背道而驰"。①

二、致力于天主教中国化

唐德刚曾指出:"19世纪末年来华的传教士与十六七世纪来华的耶稣会士相对比,则后来者就显得武断专横多矣。"②19世纪下半叶,凭借着母国世俗政府的坚船利炮取得在华传教的合法权利的天主教和新教传教士们,与利玛窦、汤若望等十六七世纪传教士相比而言,多带着深深的偏见和傲慢,在传教过程中的专横和歧视自然是普遍的,致使"教案"不断再现。"在19世纪以前的若干世纪里,到中国的欧洲访问者像任何进贡使团一样,一直对中国表示敬畏和尊重……工业革命、19世纪欧洲焕然一新的……一般观念。19世纪寓华外国侨民以商人和传教士为主,而他们之中的大多数人认为,中国是一个异教的、落后的、未开化的国家,对于其各种体制根本无须认真对待。"③晚年马相伯重回耶稣会,过着虔诚的灵修生活,但他自始至终对在华传教士的傲慢和偏见极为不满,建议教士改为中国籍,倡议学术传教等天主教中国化的思想主张。

1844年以来,罗马教廷委任法国为中国的保教国,法籍传教士便成为中国天主教会的实际管理者,当时的情况是"中国教务,某国修道会者,且必用某国之主教与会长矣",虽然名为中国天主教会,但中国神父在教会里没有半点权力,既没有人事选举权,也没有财务权,想升为主教也是遥遥无期。马相伯亦曾说:"本地司铎向无选举权,更无被选权","外教人看本地司铎,如小小当差"。④ 据学者考证,1919—1920

① 马相伯口述,王瑞霖笔录:《一日一谈》,"所谓'礼教问题'(前续)",王红军校注,桂林:漓江出版社2014年版,第189—190页。
② 唐德刚:《晚清七十年》(四),台北:远流出版事业股份有限公司1998年版,第22页。
③ [美]芮玛丽:《同治中兴:中国保守主义的最后抵抗(1862—1874)》,房德邻等译,北京:中国社会科学出版社2002年版,第46—47页。
④ 《答问中国教务》(1919),李天纲编:《马相伯卷(中国近代思想家文库)》,北京:中国人民大学出版社2014年版,第296页。

年,传教士人员中,"外籍有 1417(人),本籍有 936(人)"①,外籍传教士在人数上超过本籍教士,且近千名中国教士中竟然没有一人升为主教。

马相伯身为中国天主教徒,其所在的徐家汇天主教耶稣会便由法籍传教士控制,他对后者的蛮横无理的体会和感受是深刻的。神学院毕业后,做神父期间,马相伯不断受到法国传教士的区别对待,愤而离会。创办震旦学院时,亦与法国传教士们冲突不断升级,导致"震旦学潮"的爆发……

马相伯通过比较同为"西来客教"的其他宗教与天主教在中国的不同境遇,指出,其他宗教之所以在中国相安无事,就是因为"其教之管理人同为中国籍"。当时马相伯"已是中国天主教徒中政治地位最高的耆老"②,也是最具影响力的中国天主教徒,1919 年,他撰《代拟北京教友上教宗书》,以正式答复罗马教廷巡阅使光主教询问的形式,建议来华的西方天主教传教士"何妨按国籍法,亦改为中国籍"。如此,不仅可以提高教会本身的声誉,而且有助于消除中国人对西方来华传教士及其母国政府的指责,这些来华传教士如能"改为中国民籍,则不含各该教士本国政府之臭味",而且亦能证明教宗良十三(Leo ⅩⅢ)在中法战时写给光绪皇帝的书信中作过的承诺,"在华传教士悉归宗座派来之语",如此一来,"一切疑忌,不待烦言而自解",如不能行此,"中国人虽愚虽弱,见依仗强权者,与之谈道,心先不服",正是因为中国人心不服,所以今天传教的效果反而不及明末清初。③ 于是,他热烈呼吁"司牧有中国人"④,也就是建议培养本国国籍的教会负责人,因为"只有本地人在本地传教,得的效果大而成功多"。⑤ 因此,他明确指出:"应栽培华铎,能为一方教会之主任",不当使中国教会常为"寄生物、殖民地之类",如英

---

① 徐宗泽:《中国天主教传教史概论》,上海:上海书店出版社 1990 年版,第 281 页。

② 朱维铮:《近代中国的历史见证——百岁政治家马相伯》,转引自朱维铮主编《马相伯集》,上海:复旦大学出版社 1996 年版,第 1210 页。

③《答问中国教务》(1919),李天纲编:《马相伯卷(中国近代思想家文库)》,北京:中国人民大学出版社 2014 年版,第 295 页。

④《致英华》(1922),李天纲编:《马相伯卷(中国近代思想家文库)》,北京:中国人民大学出版社 2014 年版,第 364 页。

⑤《学术传教》(1936),李天纲编:《马相伯卷(中国近代思想家文库)》,北京:中国人民大学出版社 2014 年版,第 533 页。

属殖民地印度,其官长便是英国人,法属殖民地越南,其官长便是法国人,正像今天中国教会主任"皆外产也"。对于那些担忧如果设立华人司铎会使中国天主教会成为异教组织的人,他指出:"当知顺罗马,绝非异教",如果说华主任便成异教,他反问道:"英之背教,不皆主教及各修院之长乎? 何以英之教会,现皆英人耶?"①

当时罗马教宗本笃十五世对马相伯关于本国国籍教士应该参与本国教会管理工作的提议表示支持。1919 年 11 月 30 日,颁布"夫至大"(Maximum Illud)通牒,这是中国教会有记录的历史上,教宗为中国问题而发出的第一份通谕,"它不但促进了中国教会的自主意识的高涨,也在世界范围内引起对法国政府干涉中国教务的不满"。② 教宗通谕中指出:本地司铎与本地人民痛痒相关,传教自然会更为亲近,更为便利。这份通牒确认了本地司铎参与本地教会管理事务之权,如此"仇教之风"亦可休矣。③ 马相伯自然是乐见其成,1922 年,他不顾年迈,将此通牒全文译出,可见其欣喜之情。

经过马相伯、英敛之等中国天主教人士的共同努力,中国教士对中国教会的管理权逐渐得到罗马教廷的认可,自 20 世纪 20 年代开始在中国设立"宗座代牧区"和"宗座监牧区",1926 年 10 月 28 日,教皇在罗马亲自为 6 位中国主教祝圣。1933 年 6 月 11 日,教皇又在罗马为 3 位中国主教祝圣。④ 至 1935 年,具中国国籍的主教和监牧已有 21 位。⑤

此外,马相伯积极倡导学术传教,在重回耶稣会不久的 1897 年,他便创作《利玛窦遗像题词》《徐光启遗像题词》《汤若望遗像题词》和《南怀仁遗像题词》,褒扬他们学术传教的传统和辉煌成就。当时法籍传教士长期坚持用法语传教,反对中国教士用华语来传教,甚至公开羞辱华

① 《致英华》(九),朱维铮主编:《马相伯集》,上海:复旦大学出版社 1996 年版,第345 页。
② 李天纲:《信仰与传统——马相伯的宗教生涯》,转引自朱维铮主编《马相伯集》,上海:复旦大学出版社 1996 年版,第1268 页。
③ 《〈教宗本笃十五世通牒〉译文》(1922),李天纲编:《马相伯卷(中国近代思想家文库)》,北京:中国人民大学出版社 2014 年版,第 325—326 页。
④ 顾卫民:《中国天主教编年史》,上海:上海书店出版社 2003 年版,第 479、492 页。
⑤ 徐宗泽:《近十年来主教在我国之状况》,转引自张西平、卓新平《本色之探——20 世纪中国基督教文化学术论集》,北京:中国广播电视出版社 1999 年版,第 215 页。

语是"魔言",①对此马相伯是极为反对的。他曾举圣保罗的例子来说明"方言"的力量,"圣保禄被如德亚人包围,将被杀害,保禄用如德亚语解释。如德亚人一听为同乡,立即将杀害之意变为亲爱之心"。马相伯问道:"诸位看看,方言的力量,有多大呢?"而且自"圣神降临日,宗徒传道"以来,在世界各国传道布教,都是用"本国方言"来传教,那在中国传教,为何不能用华语?② "彼我言语不通,相交则夷狄,又何怪若辈之夷狄我,异端我?"在华传教之所以遇到阻力,之所以天主教被视为"洋教",难道不正是因为彼此言语不通而引起对立和冲突吗? 他建议"不如请命于罗马,而以华言言之为是"。③ 他表示,"汤公④至罗京,有言僧皆华人,佛皆外国装,未尝闻华人反对者……以其僧俗皆入籍之华人,未尝闻华人反对之,如反对我教者。然则华人之反对,反对教乎? 抑反对外国之殖民政策乎?"他在给英敛之信中说:"言殊痛快",并说:"彼反对用华文,华语,非殖民政策而何?"⑤对当时中国天主教徒们只知学习西洋语言文字、西洋书的现状,他也提出了批评,"读十余年西洋书,为西洋同化了,将中国旧有的礼貌风俗习惯都忘掉了。这样的中国人,与西洋人何异?"教会中不少中国教徒虽外表是中国人,却把中国礼貌风度都丢掉了,全然被西洋人同化,这样的中国人与西洋人有何不同? 因此,他强调建议:"修道的道士要好好读书,更要多读中国书,明了中国的习惯风俗。"⑥

1916 年,马相伯还专门创作《书〈利先生行迹〉后》一文,记述和表扬利玛窦学习华语、学术传教的事迹,"利子所借以为开教之先河者,文

①《致英华》(1916),李天纲编:《马相伯卷(中国近代思想家文库)》,北京:中国人民大学出版社 2014 年版,第 253 页。

②《学术传教》(1936),李天纲编:《马相伯卷(中国近代思想家文库)》,北京:中国人民大学出版社 2014 年版,第 532 页。

③《书〈利先生行迹〉后》(1916),李天纲编:《马相伯卷(中国近代思想家文库)》,北京:中国人民大学出版社 2014 年版,第 195 页。

④ 汤作霖神父(Anthony Cotta,1872—1957),埃及耶稣会士,与比利时雷鸣远神父(Vincent Lebbe)一起受法国遣使会派遣来华,但不满法国传教士专权,1916 年 10 月,雷鸣远任天津教区主教,汤为反对法租界扩张,领导"天津运动",维护中国主权。

⑤《致英华》(一),朱维铮主编:《马相伯集》,上海:复旦大学出版社 1996 年版,第339 页。

⑥《学术传教》(1936),李天纲编:《马相伯卷(中国近代思想家文库)》,北京:中国人民大学出版社 2014 年版,第 532 页。

学、科学外，不闻有灵异之行，不学而能方言也。顾信崇必由听受，宗徒保禄之言也。而听受必借方言，又自然之理也。不学而能，固耶稣所赐，不能而不学，学而不力，不与恃贵交白卷，冀高中，同一妄恃欤？利子何敢然？故研习华文华语，不耻哑哑者垂二十年。以彼天资之高，久久不厌如此，呜呼，可谓难矣"。^① 利玛窦之所以能开在华传教之先河，不仅在于他传教过程中积极传授西方文学和西方科学，而且依据圣保罗"信崇必由听受"的教诲，让人听闻乐于受教，就必须借助本地之方言。以利玛窦天资之高，尚需要去学习华文华语，那些"不学而不能，学而不力"者，不应该为此感到愧疚吗？但是，当时法籍传教士却肆意污蔑利玛窦、南怀仁、汤若望等明末传教士，在耶稣会本会杂志上，指摘"利子不善华文，所著无一足贵"，又吹嘘"南怀仁所铸之炮，以彼所有种种方便，我铸之当胜百倍"等，马相伯对于这些故步自封、目光短浅的"狂妄之风"颇为不满，在给英敛之的信中愤慨地指出："彼等以华语为难，故以为魔言，因想到利等亦断不能通晓。妒耶？忌耶？然于中外及教外人何益？殆因学魔语而中魔耳！"^②这些目空一切的传教士来华后，"言语不通"，竟然自诩为饱学之士，不过只是一小儿罢了，"不怪自不学"，但"怪人不懂"，对中国社会的了解也是一知半解、浅尝辄止，"其所谓懂者，但自以为懂耳，每据一二人，　二事之恶，以概中国一切事、一切人"。^③

此外，马相伯在《代拟〈北京教友上教宗书〉》中也指出："中国亦有普通语言。语言通，而后社会情形、往来礼俗始能不隔膜，不猜疑；文字通，而后与士大夫交际有道，观感有方"，但可惜的是当时"西教士，十无一二可说普通语言；华教士，十无一二可写普通文字"，结果导致教内与教外隔膜不通，像两个世界一样。如此下去，这些传教士"所著之书，所讲之道"，但也唯有"老教友之明白者，尚可勉强会意"，在

① 《书〈利先生行迹〉后》(1916)，李天纲编：《马相伯卷（中国近代思想家文库）》，北京：中国人民大学出版社2014年版，第194页。
② 《致英华》(1916)，李天纲编：《马相伯卷（中国近代思想家文库）》，北京：中国人民大学出版社2014年版，第253页。
③ 《致英华》(1918)，李天纲编：《马相伯卷（中国近代思想家文库）》，北京：中国人民大学出版社2014年版，第290页。

此种形势下，主教就更加"深居简出"。当时无论是西方传教士还是华人传教士，不仅在中国语言文字方面差强人意，而且"辣丁文程度"也比以前降低了不少，更有甚者"圣教历史且不讲求"，如何能要求他们有"科学"教养？与天主教传教士这种不学无术的情况相反的是，当时教外人士却积极进取、学问日增，"游学欧美，能英语者有数万人，能法语者有数千人。或于报纸，或于杂志，译有欧美教育家、政治家、社会家、历史家、科学家等等名姓书籍"，这些人又往往积极批评天主教。面对这种情况，马相伯颇为忧心地问道："传教之士，学问不高，何以开启华人，维持教务？"①正是由于马相伯、英敛之等中国天主教徒们等的努力和呼吁，终于引起罗马教廷的重视，盼来教宗本笃十五世的"夫至大"通谕，明确"传教异地者"，当有所研求，而"首屈一指者，当属异地之言辞"，对于"东方语言礼俗，得以融会贯通，其余应有之修能，亦得朝薰夕摹以迈往焉"。②

最后，马相伯指出："在中传教，唯一法门，在开大学，由中国人素重学校故。"③为了培养天主教传教人才和提高传教士的学术素养，马相伯与英敛之筹划发起成立北京公教大学，而且还建议派遣学生留学罗马。他指出当时如在中国之外寻找中国教区主教人才，恐怕是有困难的，为了解决这个问题，"势不能不悉心以自造拉丁与汉文之才，科学之才，三Canons之才，并择颖异者遣罗就学"④，如果不能"选送罗马"，则"修道院中，中国司铎永无真正教授资格"。⑤

19世纪末，天主教传教士裹挟着母国殖民的利益而来，每每学问浅薄，盲目自大，而且专横傲慢，马相伯身处其间，忧心忡忡。他重回教会后，积极呼吁中国教会管理权应该由华人执掌，或者外国传教士改为

①《代拟〈北京教友上教宗书〉》(1920)，李天纲编：《马相伯卷(中国近代思想家文库)》，北京：中国人民大学出版社2014年版，第316—317页。

②《教宗本笃十五世通牒》译文》(1922)，李天纲编：《马相伯卷(中国近代思想家文库)》，北京：中国人民大学出版社2014年版，第328—329页。

③《致英华》(1922)，李天纲编：《马相伯卷(中国近代思想家文库)》，北京：中国人民大学出版社2014年版，第364页。

④《致英华》(七)，朱维铮主编：《马相伯集》，上海：复旦大学出版社1996年版，第343页。

⑤《代拟〈北京教友上教宗书〉》(1920)，李天纲编：《马相伯卷(中国近代思想家文库)》，北京：中国人民大学出版社2014年版，第317页。

中国国籍,这样便与他们的母国政府切断联系,如此一来,教会与中国人的冲突便会减少,也更有助于传教。此外,呼吁继承利玛窦、汤若望等人的学术传教传统,开办学校,提高教士学问修养,敦促外国传教士学习华语,学习中国文化习俗。正是马相伯、英敛之等中国天主教徒们的积极呼吁,促成了1919年《教宗本笃十五世通牒》,确立了中国天主教会的"自主权"。1922年11月,罗马教廷首任宗座代表刚恒毅主教(Bp. Celso Costantini)抵达中国,带来教宗庇护十一世(Pius XI)的谕令,称:"按中国公教,传布已广,所立宗座代牧区及宗座监牧区,亦已甚众,……特俯顺该处多数主教之请求,钦定一驻华宗座代表使职,……以往宗座法典律令及其他与此谕相反之条例,一并申明作废。"①

朱维铮曾说这就是"后来中国的天主教'三自'(自立、自养、自传)的先声"。② 从马相伯对中国天主教权益的争取、维护以及学术传教、兴办学校等主张,亦可以看出他绝非什么在中国教会中的"假洋鬼子"。李天纲曾说马相伯"一生在教育、经济、政治和外交领域为中国人争取权益,他的西学知识全用在民族的工业化、民主化和现代化中……他的许多言行在今天可归纳为基督教会本土化的主张"。③

三、宗教非迷信,而与科学相容

朱维铮说马相伯"曾坚决反对孔教为国教,这是'五四'时代新青年们的共同要求。然而事态很快就变得异样。马相伯否认的只是一种'国教',目标是实现信仰自由。但在'五四'以后却有越来越多的知识分子和青年学生倾向于否定一切宗教,急切地要消灭宗教。北京、上海等大城市都出现了'非宗教运动',鼓吹在'打倒孔家店'的同时,反对所

---

① 转引自罗光《教廷与中国使节史》,北京:传记文学出版社1969年版,第218—219页。
② 朱维铮:《近代中国的历史见证——百岁政治家马相伯》,转引自朱维铮主编《马相伯集》,上海:复旦大学出版社1996年版,第1213页。
③ 李天纲:《信仰与传统——马相伯的宗教生涯》,转引自朱维铮主编《马相伯集》,上海:复旦大学出版社1996年版,第1231—1232页。

有宗教'迷信',尤其反对基督教"。① 比如,"五四"健将陈独秀1918年夏发表的《偶像破除论》,可看作"新文化运动"反对一切宗教的代表作,他指出:"天地间鬼神的存在,倘不能确实证明,一切宗教,都是一种骗人的偶像;阿弥陀佛是骗人的;耶和华上帝也是骗人的;玉皇大帝也是骗人的;一切宗教家所尊重的所崇拜的神佛仙鬼,都是无用骗人的偶像,都应该破坏。"②

特别是20世纪20年代,全国非基督教运动如火如荼,当时马相伯虽隐居徐家汇,但其处境确如朱维铮所言,"一方面,作为宗教信徒,他(按,马相伯)必须护卫自己的信仰自由的权利,必须反对任何的消灭宗教的企图。另一方面,作为民主与科学的主张者,他又不能不承认非基督教运动的参与者绝非义和团式的'愚民',而是当时中国的文化精英;他们指责基督教与中国的现代化的变化取向相悖,指责西方传教士依仗强权贱视中国人和中国文化,都是有充分理由的;在这方面马相伯本人的批评甚至更为严厉。既要坚持信仰自由,又要坚持民主进步,然而又受到教规和誓约的束缚,对非基督教运动大加谴责或公开同情都不行,这个处境实在令人不会感到舒服"。③ 为应对这一艰难处境,已经隐居徐家汇多年,八十余岁高龄的马相伯,在1922年发表《五十年来之世界宗教》一文,相对集中地阐述了他对宗教之定义以及宗教与科学之相容的见解;在1924年,撰写《〈尤其反对基督教理由〉书后》,进一步为基督教正名;在1926年撰写《〈天民报〉发刊词》再次阐述宗教与道德的内在关系。

马相伯首先指出国文"教"字,其意大都是指"教训""教令""教之'之义",没有"宗教"的意思。而欧文字义即"religion 宗教者",其意是"一再束缚也,谓既束缚以性法",而"性法"便是孔子所说"齐之以礼"中的"礼"之意,而"礼"为孔门仁义礼智四端之一,是能够"禁于未然"的。

---

① 朱维铮:《近代中国的历史见证——百岁政治家马相伯》,转引自朱维铮主编《马相伯集》,上海:复旦大学出版社1996年版,第1211页。

② 陈独秀:《偶像破除论》,载《新青年》1918年8月15日第五卷第二号。

③ 朱维铮:《近代中国的历史见证——百岁政治家马相伯》,转引自朱维铮主编《马相伯集》,上海:复旦大学出版社1996年版,第1214页。

因此,所谓"宗教"便是在"性法之上,又能加以束缚也",而"性法已非人力所能为,则加束缚于性法之上,更非人力所能为矣"。接着,为便于中国人理解这一"性法之上的束缚",他接续明末利玛窦在《天主实义》中所说"吾国天主,即华言上帝"的传统,详细阐述了"天主"即"我《诗》《书》之所载'上帝'"。他指出:"朱子注'上帝'曰'天之主宰'。希腊哲学,以为主宰万物者,有'帝昊氏'焉……大抵存乎性者,触之即发,不啻火药之遇火也。故一遇人身之力,或人性之力所不能抗者,每呼天以抗之。孔子抗桓魋曰:'天生德于予,桓魋其如予何!'孟子抗臧氏曰:'吾之不遇鲁侯,天也! 臧氏之子焉能使予不遇哉?'"在此,他借助朱子以"天之主宰"解释《诗》《书》中"上帝"以及孔子、孟子"呼天"的例子,说明中国人对"天"的信仰正可印证"生之前,生之后,身之内,身之外,世人皆知别有一大能者主张一切,一大智者主持一切,一大有者主一切,体一切,弥纶一切,如在其上,如在其左右,可呼而应,可感而通也"。虽然或称"天",或称"帝","名称虽异,而中外古今贤愚之心理,固无不同也"。而且这个"无不同者",就是"本于无不同之人性者",也就是说出于"古今中外之所同"即"必出于同然之人性"。① 这是说,对天之信仰,或说对天主之信仰,是出于中外古今所有人之共同人性,也即"天主至尊至贵,奇妙无穷,人之浅见,莫能推测,然而人本性之中,天然有一真实天主印刻于心,不可消灭",简言之,对天主信仰乃是"本性中自然之理"。②

针对当时人言"无迷信,无宗教",马相伯论证宗教绝不等同迷信。他首先从善恶报应角度论证"人性皆知行有善恶,报善恶有神明",也就是说,所谓"善有善报,恶有恶报"者,是指今生之后有来生,并非"人我无存,善恶无报",而唯有"鬼神能赏善而罚恶",但善恶有报的前提"须先有约",比如行一善行,而不见善报,此时呼天抢地,正说明"宗教之心,实肇于此,即欧文'战战兢兢,自加束缚,以守天约'是矣",此是说

---

① 《五十年来之世界宗教》(1922),李天纲编:《马相伯卷(中国近代思想家文库)》,北京:中国人民大学出版社 2014 年版,第 344—345 页。

② 《宗教之关系》(1914),李天纲编:《马相伯卷(中国近代思想家文库)》,北京:中国人民大学出版社 2014 年版,第 135 页。

"因天之约,责望善生之后,而得善生之报";而迷信却是"迷于非果之因,非因之果,而认为因果",如扶乩、迷信神仙、打坐以及信皇帝有万能者,都是迷信。① 在他看来,不仅这些迷信不能称之为宗教,即便吾国社会中"人民之信仰,亦忽而回,忽而道,忽而儒,忽而佛",这些也不是他心目中的宗教,宗教应该是"既知我与万物皆冥冥中之主宰所造,则吾人对此造物主宰各有其本分、其责任、其义务",简言之"教非他物,概括以言之,即人人对于造物主宰之关系"。② 可见,马相伯通过论证中外古今人性之共同者即对天的信仰,来说明真正的宗教就是"人人对于造物主宰之关系",从而将宗教唯一化为天主教信仰,也就是说"宗教必由造物,必言造物与受造之名分,受造与造物之关系,关系之切紧,统生前与生后"。③ 在马相伯看来,宗教仅指天主教,这是因为公教"公者,广也,大也,普也;公教者,乃广大普及之教,为公众所分有者。故无论男女老少富贵贫贱东西中外,咸在公教帡幪之中,绝非儒教、佛教之限于一国,限于一流者可比"。④

既然宗教仅指公教,那么人对于造物主之本分(即义务)便是最大的德性。马相伯指出:"宗教非他,使人无迷失而已矣。人之生,生从造物主来;人之死,死归造物主去。人苟不从造物主来则已,既从造物主来,则人对于造物主有一定不移之本分,此义务无可推辞者也,此责任一生当尽者也。"⑤在此,他指出天地万物均从造物主而来,对当时传入的达尔文(Charles Robert Darwin)进化论即当时中文世界天演论说法极为不满,他首先指出:"近世之学好新奇,至谓人生由于天演",他反问道:"天演又天演,植物可变动物,动物可变灵物,而今植物变植物,于理

①《五十年来之世界宗教》(1922),李天纲编:《马相伯卷(中国近代思想家文库)》,北京:中国人民大学出版社2014年版,第345—347页。

②《宗教在良心》(1914),李天纲编:《马相伯卷(中国近代思想家文库)》,北京:中国人民大学出版社2014年版,第130页。

③《五十年来之世界宗教》(1922),李天纲编:《马相伯卷(中国近代思想家文库)》,北京:中国人民大学出版社2014年版,第360页。

④《宗教在良心》(1914),李天纲编:《马相伯卷(中国近代思想家文库)》,北京:中国人民大学出版社2014年版,第132页。

⑤《宗教之关系》(1914),李天纲编:《马相伯卷(中国近代思想家文库)》,北京:中国人民大学出版社2014年版,第134页。

何难之有?"从而指出:"有我之先,已有世界,世界万物,岂能自有? 则有世界之先,无始之始,惟有一万有之天主,自有全能,自有全知,自有全善,是即造世界造万物之天主,是即造我之天主。"①作为天主教徒,自然是无法认同猿猴变人之说,再次论证全知全能之造物主。另一方面,既然宗教是专指"人人对于造物主之关系",那么"宗教者,与世无争,不谋生前之利;谋生前之利者,一切团体公司胥是,非宗教也"。② 但"我国频年以还,日言提倡宗教,日言推重宗教,而上等人不肯取,下等人不肯奉,人心愈坏,世道愈邪,宗不宗,教不教,亦何用乎提倡宗教哉?"。此是说,下等乡民往往从自身利益的角度来看待宗教,主张:"吾欲吃饱饭,著暖衣,宗教果可吃可著者,吾欲之矣,否则,无所用乎宗教也"。在这些乡民看来,利之所在,即其宗教,于是只是"今日东庙烧香,明日西庙磕头",以功利态度看待宗教,这是中国大多数普通百姓的立场;相对而言,上等士人中的一些人口口声称"无所用乎宗教",但却热衷祭天祀孔,"焚香顶礼,大叩而特叩,大拜而特拜者,又胡为也?"于是便造成"口宗教而内私欲,纵日言提倡宗教,日言维持宗教,日言推广宗教,然而言行不顾,丧尽天良,世道人心,由此益坏矣!"而这就是"不恢复良心之弊也,不趋从真宗教之弊也"。马相伯指出中国社会中所谓信宗教者,基本是抱着功利心态,而且中国人真正关心的是"如何可升官,如何可发财,可成仙,可成佛,可倚拳匪再造邦家",而至于"一言天主教,即叱为洋教,一若天主有洋天主华天主者"。③ 在他看来,大多数中国人迷信升官发财、成仙成佛,而至于有人批评"迷信宗教"之类的,却是闻所未闻,这些人"迷信势力,终不改",却"反讥我教之迷信",这难道不是"愿为一切人奴,而不肯信奉真主"吗?④ 相比于"迷信"宗教、"迷信"天主,中国人更易于迷信权势,造成中国人在权势面前,骨气丧弃,奴颜婢膝,不为

① 《宗教之关系》(1914),李天纲编:《马相伯卷(中国近代思想家文库)》,北京:中国人民大学出版社2014年版,第134—135页。

② 《五十年来之世界宗教》(1922),李天纲编:《马相伯卷(中国近代思想家文库)》,北京:中国人民大学出版社2014年版,第346页。

③ 《宗教之关系》(1914),李天纲编:《马相伯卷(中国近代思想家文库)》,北京:中国人民大学出版社2014年版,第137页。

④ 《致英贞淑》(1922),李天纲编:《马相伯卷(中国近代思想家文库)》,北京:中国人民大学出版社2014年版,第367页。

奴隶而不可。因此,他说:"民间所谓宗教者,敛钱而已!……五十年之宗教史,五十年之伤心史也",直呼两声"不忍言,不忍言"。① 可想见其失望之情是多么沉重。

针对"宗教是束缚自由"这种说法,如前所述,马相伯曾言"宗教者,一再束缚也",强调宗教是以"性法之上"者束缚之。同时,指出:"'自由'应有其相当范围,所谓'不以规矩,不能成方圆'是。例如,目的在上,尽有往上追求的自由,可是并没有往下堕落的自由。不然,散漫无稽,任何事,不能办,何况要求解决人生问题呢?"这是说,"自由"绝不是为所欲为,不受束缚之谓,所谓"不以规矩不成方圆",比如人有向上进取的自由,却没有向下堕落的自由。同时,根据他对宗教的定义,论证宗教对人的约束,也就是"人既系造物主所造,故因奉造物主的命",也就是说 Religion"再束缚"的意义正是"正示人以规矩,成人之美,不成人之恶,使人享有应有的真自由,而且不妄想不能有的假自由"。归结而言,在马相伯看来,宗教不是束缚自由,反而是能够保证人享有"应有的真自由",而不是散漫堕落、无所事事、为所欲为之假自由,而且如果滥用自由导致暴行,必然会招致抗争。他曾举证说:"我们现在所以反对日本暴行,就是因为反对敌军自由杀人,自由夺人养命土地,且妄以为可以自由掌管我四万万五千万人的生死存亡。我们固有天赋人权,不容剥夺,因此抗争!"② 在此,以日本侵华战争为例,说明日本军队恣意妄为,自由杀人,自由抢夺,这种自由便是恶,便是"假自由",中国人民必须抗争,维护我们的"天赋人权"。

针对有人提出"宗教是麻醉民意的",马相伯指出:"老实说,鸦片、咖啡等麻醉品,确能麻醉人身",但是宗教的作用绝不如此,而是"宗教对于民众,真理教化人生,使人心悦诚服,是对于造物主的钦崇,而自动来克己复礼,以救世主之心为心,唯造物主之命是从。故牺牲一切的一

---

① 《五十年来之世界宗教》(1922),李天纲编:《马相伯卷(中国近代思想家文库)》,北京:中国人民大学出版社 2014 年版,第 360 页。

② 《宗教与文化》(1933),李天纲编:《马相伯卷(中国近代思想家文库)》,北京:中国人民大学出版社 2014 年版,第 499 页。

切,都是反本归原,所谓人事尽矣! 毫无'麻醉'意义,极为显明"。① 在他看来,宗教绝不是精神鸦片,麻醉人民,反而是一种极为严谨的道德修行,克己复礼,勇于牺牲。因此,他明确指出:"宗教力量,可以化民成俗,可以团结民心。"②

　　1916 年 5 月 7 日,马相伯曾在北京中央公园公开演讲《〈圣经〉与人群之关系》,论证《圣经》与道德教化的密切关系。他无比痛惜地指出:"我国之人,无古无今,皆不知法律为何物,所知者取决于有权人之胸臆而已矣。即如孔子诛少正卯,按少正卯在鲁与孔子同时,孔子之门,三盈三虚,虚者门人去仲尼而皈少正卯也。考其罪状,只曰'心险而达,行辟而坚,言伪而辩,记丑而博,顺非而泽'云云,试问有何可杀之条?"在此,他论证中国人自古至今皆不知"法律为何物",有的只是凭借着有权人的心思意愿行使的惩罚之权。因此,他希望中国能"按照良心,得一真正法律,保障身命财产,使军民上下一体奉行",但是"苟无《圣经》诱掖万众天良,殆不可"。此处,他强调《圣经》的道德教化作用,"人群譬一挂朝珠,其串合必有线索。线索非他,即按救世主《圣经》之训,该彼此相亲相爱而已"。在他看来,按照《圣经》的道德教训,人人应该彼此相亲相爱,因为《圣经》上所说的"兄弟是真兄弟,爱情是真爱情"。③ 如果真能习得这种"爱",那么"对于人群,从消极的先说,毋杀人,毋邪淫,毋偷盗,毋妄证;那积极的工夫,一要恕道,二要诚实,三要谦虚,四要知止"。④

　　此外,与儒家所说的"恕道""诚实"二德相比,马相伯还着重指出《圣经》所说的此二德更为积极和真诚。首先,儒家强调"己所不欲,勿施于人"的"恕道"只是消极的工夫,而《圣经》上所说"爱人"是从积极向上的角度来引导人向善,他指出:"《圣经》说得好:'要人怎样看待你们,

---

① 《宗教与文化》(1933),李天纲编:《马相伯卷(中国近代思想家文库)》,北京:中国人民大学出版社 2014 年版,第 500 页。

② 《乐善堂纪闻·假如甘地在中国》,朱维铮主编:《马相伯集》,上海:复旦大学出版社 1996 年版,第 1030 页。

③ 《〈圣经〉与人群之关系》(1916),李天纲编:《马相伯卷(中国近代思想家文库)》,北京:中国人民大学出版社 2014 年版,第 162—163 页。

④ 《〈圣经〉与人群之关系》(1916),李天纲编:《马相伯卷(中国近代思想家文库)》,北京:中国人民大学出版社 2014 年版,第 192 页。

就该照样看待他。'意思间,不必问人看待如何,事事要照愿人看待的样,先施于他。可见爱人是积极的工夫,不是'四书'上消极的主见,只要'己所不欲,勿施于人'就够了。不欲人放火,不欲人杀人,我不杀人,我不放火,我中国人便自命是好人了。《圣经》不然,你要爱人,随处随时,实事求是。"接着指出《圣经》重视"诚实"德性,教人"毋发虚誓",要求一切言行要心口相符、直心直肠,而儒家虽亦看重"诚实"德行,但中国传统社会,往往"暗中撒谎,蒙骗其上,则又我中国人在下的权利。所以为衙役的则蒙骗小官,为小官的则蒙骗大官,为大官的则蒙骗朝廷,'瞒上不瞒下',竟成官场俗语。请看一切奏章禀帖,纸面上的,皆谎也"。[1] 而《圣经》上所说的道德法则绝不是好看的摆件,而是希望人切实践行。他指出:"诸位看救世主,从《马太》五章起,说到如今,辛辛苦苦,留下这篇圣训,不是教人看看便罢,是望人实践躬行的啊!"[2]可见,在他看来,《圣经》的道德训诫比儒家的道德要求更为积极,更重实践,更有助于改善世道人心。

最后,针对"宗教阻碍科学进步"的言论,马相伯论证科学与宗教各有各的研究领域,而且二者不是相克的,而可相容。西方自宗教改革、启蒙运动以来,因"科学理性所产生的乐观精神,弥漫西方近世思想,特别是杜尔戈(Turgot)、孔多塞(Condorcet)、圣西蒙(Saint-Aimon)下至孔德这一思想传承,视科技理性为历史进步的原动力,终至造成科学主义"。[3] 这一科学主义立场被"新文化运动"青年们接受、认可和推广。陈独秀曾在《新青年》分两期发表长文《科学与基督教》,猛烈抨击基督教,认为后者阻碍了科学的发展,是人类文明进步的障碍。[4] 对此种言论,马相伯自然是必须认真回应的。他一方面指出宗教与科学有着不同的旨趣和领域,即"夫宗教与科学之辨,一贵信仰,一贵见知。若徒信师言,而于所习之科无真知确见,则不能谓之学矣!譬则西文

① 《〈圣经〉与人群之关系》(1916),李天纲编:《马相伯卷(中国近代思想家文库)》,北京:中国人民大学出版社 2014 年版,第 173—177 页。
② 《〈圣经〉与人群之关系》(1916),李天纲编:《马相伯卷(中国近代思想家文库)》,北京:中国人民大学出版社 2014 年版,第 190—191 页。
③ 张灏:《时代的探索》,台北:联经出版事业股份有限公司 2004 年版,第 125 页。
④ 陈独秀:《科学与基督教》,载《新青年》1917 年 8 月第三卷第六号和 1918 年 1 月第四卷第一号。

Constitution 宪法，由 Constituere 以得名，意犹建设也，即国体、政体所由建设，以维系全体国民之生存之权利，而敦促而扩张之也。虽有条件，而非法律之谓。法律乃人民与人民，人民与政府，分际上之规定，逾乎此则谓之非分非义。故法律虽本良心，而非道德之谓。不明乎此，虽言法律，不得谓之科学矣。宗教不然，全系乎良心之信仰，践所言者谓之言而有信，客观之信也；考实其人诚实无妄，而所言之事既与哲理无违，又为其人权力所及，因此信仰其言必有成就，此乃主观之信也，宗教之信仰也。仰者，望也，望其有益于我身心性命，不虚生不梦死也"①。在此，马相伯借区分宪法与法律、法律与道德的区别，来突出宗教的特性是"全系乎良心之信仰"。对此，黄书光曾评价道："科学所关注的是人的'见知'，追求的'真知确见'，如同'法律'虽本良心，但全凭良心则无法获得'法律'之科学定义。而宗教所关注的则是人的'信仰'，突出人的'良心'，旨在树立'不虚生不梦死'的积极人生态度。"②而树立这种"不虚生不梦死"的人生态度，正有助于矫正我国国人不知奋斗，匍匐于权力的弊病，马相伯指出："我国人每以有无造物为无关我事，不知苟无造物，我常处于独，而为一切势力之奴，甘心否耶？国务教务，事事不行者，正以妄认势力为主人，不知奋斗故也。"③为了进一步凸显宗教之含义，马相伯引证著名化学家杜马（Dumas）的说法即"生命所从来，科学不知也；生命所由去，科学不知也！"，指出："因科学既认'不知'，故'知'必超科学所不能范围的宗教。唯有宗教能解决人生问题！"④这是说，科学不能解决人从哪里来，往哪里去的问题，这是宗教关心的问题，宗教始终关注人的终极关怀问题。换言之，"宗教讲生后，科学讲生前"，而如果说"有了现前，不须问日后"，这可以吗？而至于说"有科学，不须宗

---

① 《书〈请定儒教为国教〉后》(1916)，李天纲编：《马相伯卷（中国近代思想家文库）》，北京：中国人民大学出版社 2014 年版，第 215—216 页。

② 黄书光：《人类之瑞 国家之光——复旦公学校长马相伯》，济南：山东教育出版社 2004 年版，第 158 页。

③ 《致英贞淑》(1915)，李天纲编：《马相伯卷（中国近代思想家文库）》，北京：中国人民大学出版社 2014 年版，第 156 页。

④ 《宗教与文化》(1933)，李天纲编：《马相伯卷（中国近代思想家文库）》，北京：中国人民大学出版社 2014 年版，第 498 页。

教",不正是现在的中国人之所以只顾眼前的原因?[①]

　　另一方面,宗教与科学虽然宗旨和领域不同,但彼此又是可相容的。马相伯首先指出:"攻科学而不归美于造物,固不可",这是因为"造物主造万物是为人,为人云者? 为供人用也。造人是为造物主。为造物主云者? 为敬爱造物主而已。造物主万善万美,无毫发有求于受造之人,但以至仁至爱,愿使受造之人岿然独具灵光,亦得与知其美善,而以爱还爱者也"。也就是说,造物主造人,而"与以灵光",造万物而"与以其材之美",为的是"供人神我、形我之用";即"与与以灵,知取万物之材之美而用之",但若"用之而不归美于万有真原之造物,反时时归美于受造之万物",这难道不是"认奴为主,有负灵光"? 在此,马相伯基于造物主与造人的目的论的论述,确认造物主、人与万物之关系,即"一造物,一受造,名分之严,无容或变",从而指出科学固然是研究万物之所以然,但如果不归美于造物主,仅赞美万物,这就是倒果为因,认奴为主。[②]

　　此外,马相伯还通过列举算学、天文学、物理学、化学等领域的许多近代科学家,指出他们既是伟大的科学家,同时也是虔诚的宗教信徒。算学之地位,犹如形而上者之于哲学,"十九世纪,以昌明算学为己任者也。但算学大家,十九世纪凡九人",一人以决斗死于非命,二人于宗教不甚关心,"余者皆笃信人也,而反对者卒无一人"[③];以化学研究领域为例,"统计十九世纪中,以化学名家者,约五十一人:无神派仅贝德禄一人;不关心宗教者三人;调查其宗教不甚明了者八人(一为陔君,余皆未录)。除此十二人外,余三十九人,皆笃信宗教者也"。[④] 而就物理科而言,马相伯更指出:"科学盖不能不认有造物之全能在,吾人所以有活命,能动作,能生存者,岂恃槁木死灰之物性? 夫亦恃有造物礼物之元

① 《致英贞淑》(1922),李天纲编:《马相伯卷(中国近代思想家文库)》,北京:中国人民大学出版社 2014年版,第 367 页。

② 《五十年来之世界宗教》(1922),李天纲编:《马相伯卷(中国近代思想家文库)》,北京:中国人民大学出版社 2014 年版,第 359—360 页。

③ 《五十年来之世界宗教》(1922),李天纲编:《马相伯卷(中国近代思想家文库)》,北京:中国人民大学出版社 2014 年版,第 348 页。

④ 《五十年来之世界宗教》(1922),李天纲编:《马相伯卷(中国近代思想家文库)》,北京:中国人民大学出版社 2014 年版,第 356 页。

尊！人不研寻物质,与物生物死之原动则已,不然,科学之昭示吾侪,不啻三令五申,实有一无上神能,统治一切,裁制一切,质学、动学、化学等之力作焉。"因此,他提醒当时忌惮宗教会妨碍科学研究的诸君留心,"科学将责令君等,坚信有造物主,造物主乃宗教之根宗！夫然后知科学之学理,不惟不劝阻人,反劝导人以信从宗教者也。"①在此,马相伯以饱满的热情宣誓研究物理学不仅不会破坏人对宗教的信仰,反而促进人对造物主的信仰。

当时一部分激进学生声称:"读了科学,就极端反对宗教",对这种将宗教与科学对立起来的说法,马相伯毫不客气地指出,你所读的科学书或许正是天主教徒们编写的。欧美"科学名家,基督徒颇多……现在你一面恨基督教,一面读他的科学书。恨则不赞成;不赞成,一定读不好,问你该担忧不该担忧"? 于是,他耐心地劝导:"小友生！……不瞒你说,我也读过些欧美人的科学,你读的是算学? 是几何? 是步天? 是观象? 是医学? 是化学? 是物理? 是地质? 是动物? 是植物? 是哲学? 是名学? 是伦理? 是心理? 等等,我可保你,绝无一科反对基督教,绝无一科之中所分之部反对基督教。……你问心,你听了有民国学生如此糊涂,我们该哭还是该笑?"②

全十那种一昧夸大科学之万能而走入唯科学主义的观点,马相伯自然是明确反对。他指出:"树之生也,兽之活也,不在化学权限之内,然则死生有命,不在科学万能之化学、医学,况所以善其死生者,若道德,若宗教,更不属科学之范围。以故凡言形下之科学愈发明,形上之真道德、真宗教愈无用者,皆呓言也、梦话也。"③这是说,像道德、宗教这样的人文学术与自然科学是分属不同研究领域的,各有各的价值取向,更不可以盲目地将二者对立起来,认为科学愈发达,宗教、道德愈无用。因此,他指出:"中国之学者,拾西人科学之唾余,动曰迷信……是科学

---

① 《五十年来之世界宗教》(1922),李天纲编:《马相伯卷(中国近代思想家文库)》,北京:中国人民大学出版社 2014 年版,第 351—352 页。

② 《〈尤其反对基督教理由〉书后》(1924),李天纲编:《马相伯卷(中国近代思想家文库)》,北京:中国人民大学出版社 2014 年版,第 388—389 页。

③ 《〈天民报〉发刊词》(1926),李天纲编:《马相伯卷(中国近代思想家文库)》,北京:中国人民大学出版社 2014 年版,第 407—408 页。

非万能也。"①明确指出科学非万能。此外,他还指出神学与哲学、数学的对象亦是不同的,"神学为我们宗教徒必修的科学,而且为最高的学问……神学的对象为第一原理,为造物主,其最终解答为不可知,所谓'道可道,非常道;名可名,非常名',所谓'玄之又玄,众妙之门',而哲学和数学的对象则为可知之物"②。可见,在马相伯看来,数学、物理学等自然科学,乃至哲学的研究对象都是"可知之物",而神学(宗教)的对象是第一原理,是造物主,是不可知的。无疑,马相伯的天主教信仰的立场是鲜明的坚定的,但也应该肯定他提倡科学但又不迷信科学万能的见识,在 20 世纪初期的中国思想界确实是难能可贵的。

四、翻译《圣经》,信仰弥坚

马相伯 80 岁后便"厌闻时事",除宗教书外,有时会翻阅一些有关科学的杂志,20 世纪 20 年代,整整十年,他一直息影在上海徐家汇土山湾一所由教会管理的孤儿院内,日常生活由震旦大学补贴,过着相对安静的读书和灵修生活。李天纲曾说马相伯"和任何一个教徒一样具备足够的神学知识和超性的虔诚灵验去接近上帝"。③

1862 年 5 月 29 日,马相伯加入耶稣会,正式成为一个耶稣会士,在两年修士期间,陆续完成长达一月的避静,专心考虑自己的灵性是否充分;去医院照顾病人,以测验对人类的爱心;不带路费去远方圣堂,以磨炼在贫困中生存和传道的能力;做卑贱的工作,以正视自己的上帝仆人地位;学会给儿童和无知的人讲道,锻炼深入浅出的表达能力;最后是一段传教实习,会长给予全面的观察以决定该名会士今后具体做什么工作。马相伯是耶稣会在华培养的第一批修士,在结束见习的最后,按照会内规矩发了他的"贫穷(不为财富工作)、贞洁(不婚娶)、听命(不

---

① 《致英贞淑》(1923),李天纲编:《马相伯卷(中国近代思想家文库)》,北京:中国人民大学出版社 2014 年版,第 382 页。

② 马相伯口述,王瑞霖笔录:《一日一谈》,"获得神学博士学位以后",王红军校注,桂林:漓江出版社 2014 年版,第 31 页。

③ 李天纲:《信仰与传统——马相伯的宗教生涯》,转引自朱维铮主编《马相伯集》,上海:复旦大学出版社 1996 年版,第 1232 页。

宦)"三初愿,决心献身于上帝和教会。1864—1870 年进大修院学习,1870 年 5 月 28 日,以"特优"的成绩通过耶稣会考试,被祝圣为司铎(即神父)。由此可见,马相伯所受的是严格的耶稣会神父教育,自然其神学知识和宗教灵性体验是渊博和艰深的。尽管后来与法国人管理的上海耶稣会矛盾升级,离会参政,结婚生子,以至于脱离了耶稣会,但随着洋务运动的失败,妻子和儿子海上遇难,特别是母亲离世,这一桩桩人事巨变不断引发他对命运的思考,激发他内心被掩埋许久的信仰之火。1897 年,曾经的徐汇同学,耶稣会神父沈则恭常来相伴,马相伯由他指导,在天主教圣地青浦佘山做了长达一个月的避静修习,反省与上帝、教会的关系。正是在沈则恭的斡旋下,马相伯与教会重新建立关系,把一子一女托付教会保育院抚养,重返徐家汇,隐居修行。① 自 1897 年重返教会后,马相伯的天主教信仰更为坚定,宗教持守也更为严格。李天纲曾说:"马相伯的归来,是中国教会的一笔财富,他的身份和地位有利于天主教和缙绅社会的沟通,更有利于教会的中国化建设。"确实如此,如上所述,在 20 世纪前二十年,马相伯始终站在中国教会的立场上,"为中国天主教的建设作了许多有贡献的阐释,对中国教会存在的问题提出了尖锐批评……对中国教会的理论和思想的关切,让中国人在近代思想启蒙运动中给基督教以一席位置,构成了他晚年宗教生活的主要内容"。②

此外,马相伯立足天主教教义立场,劝诫世人,升华神我之作用,求"神我之愉快",追求灵性智慧和幸福,将宗教概言为"人人对于造物主之关系",他承续利玛窦"补儒易佛"的传统,主张恢复明清时代儒学化的译经范式,通过将天主教教义与儒家传统良心、天命等概念有机结合,让中国人更为亲切直接地了解和接受天主教,所谓"以儒家言,论圣教事,为华人所欢迎",反对使用"杜撰之新语"。③ 他还站在天主教会立

① 钱智修:《马相伯先生九十八岁年谱》,转引自朱维铮主编《马相伯集》,上海:复旦大学出版社 1996 年版,第 1250—1251 页。

② 李天纲:《信仰与传统——马相伯的宗教生涯》,转引自朱维铮主编《马相伯集》,上海:复旦大学出版社 1996 年版,第 1251 页。

③ 李天纲:《信仰与传统——马相伯的宗教生涯》,转引自朱维铮主编《马相伯集》,上海:复旦大学出版社 1996 年版,第 1270 页。

场,反对康有为"孔教会",1913年曾撰《致江南公教进行会支部书》,将孔教会在北京的活动以及袁世凯的支持等情况相告,指出将有"教育部率司员行礼,及男女学堂均拜孔"的决定,希望各省教会及时通电反对。①

最后,马相伯息影土山湾孤儿院以后,据弟子徐景贤所述,"环绕老先生左右者,乃在教养中之幼稚孤儿二百余名,与夫教养成年而留院工作三百余名;由是而言,老先生实处于一贫儿世界与劳动环境之中,绝对与养尊处优自娱天年者不类……而今息影于如斯之境况中,度其一种极恬静而虔诚之生活矣"。其日常生活如下:"老先生每晨五时许即起,起即恭与弥撒圣祭此项宗教祈祷,直至七时许始完毕,乃进咖啡牛乳或稀饭鸡蛋等。早餐后,阅报……间亦批阅新杂志书,大半系各方寄赠者。常阅之杂志,除《圣教杂志》《益世主日报》等外,科学、人文等,亦时取阅;盖老先生颇重视科学界之新发明或新纪录也。午餐略食鸡汁肉食等。七时晚餐亦然。宗教斋期,均皆恪守。午后小睡,傍晚仍阅晚报两三种。下午常入圣堂祈祷。"②马相伯曾说:"士林哲学教人自谦,学问渊博,自知'全无',对于造物主,自讼而自承:'我于尔至尊之前,伏俯我于全无之内',然后始能成功伟大的人。"③完全可以此作夫子自道之言,晚年马相伯更以"十目所视,十手所指,莫见乎隐,莫显乎微"之慎戒,直面体物不遗之造物主。

此外,虽年迈体衰,耄耋之年,马相伯仍孜孜不倦,翻译《四福音书》。由于当时梵蒂冈还未同意全本的《圣经》翻译,他没有获得翻译全本《圣经》的授权,于是挑选了最重要的《四福音书》加以翻译,以讲解经文的方式让中国信众了解《圣经》内容,终于在1913年出版讲解福音书《新史合编直讲》。接着又开始翻译《新约》,手稿在1937年才获得江南教区于斌主教的批准,以《福音经》(对译罗马监本《四圣史》)的书名准备印行,后因日本侵华战事蔓延,时事变更,直到1949年才由商务印书

① 参见《上智编译馆馆刊》1948年三卷六期。
② 《国难言论集·国难期中之华封老人》,朱维铮主编:《马相伯集》,上海:复旦大学出版社1996年版,第927—928页。
③ 转引自张若谷《马相伯先生年谱》,上海:商务印书馆1939年版,第108页。

馆正式出版。

1927年，马相伯88岁，与司铎徐允希合作翻译《灵心小史》。关于此事，朱志尧曾有一段记述，他首先转引耶稣所说"不变为小孩，不得升天国"，指出："舅乃一小儿也，舅是常生不老者"，虽年已开百，"而所手不停笔，译述婴孩耶稣德肋撒之小传"，他是真心奉"二十余岁之小德肋撒为保姆为女师"，这便是"希望变为小孩，而得升天也；即自求常生不老也"。[①]

综上而言，马相伯一方面坚持《临时约法》中信教自由的观点，反对立孔教为国教，反对一国元首来祭天拜孔，坚持宗教与科学、与法律并行不悖、和谐相容，相信天主教信仰有助于培育国民诚实、奋斗的精神品质，另一方面，又极力主张天主教中国化，主张"学术传教"，主张传教士要学习中国语言文字，了解中国文化，改西方传教士为中国籍，谋求中国教会的管理自主权。凡此种种，足见其为一名爱国的虔诚的天主教徒。因此李天纲说："与中国教会和神学的紧密关系是马相伯晚年生活的重要内容。"[②]

1928年5月6日，蔡元培、于右任等门生故旧发起"马相伯先生九旬诞辰预庆会"，称："德高望重之马相伯先生，百不得一之九旬大庆。"莅临会场的嘉宾有胡适、杨杏佛、朱志尧等，于右任、蔡元培"本拟届期跻祝，惟日来牵于日本出兵事，徒有门墙奔舣之忱，深用怅惘"。于是，杨杏佛代表蔡元培出席，并致颂词，高度赞扬马相伯对中国科学事业的贡献，称："先生无子孙，中国之青年皆其子孙，先生无财产，中国科学之发达皆其财产。"于右任派学生代表参加，朗读贺电，称："右任因念亡命海上时，承夫子训诲万方，资以食米；并自谓我自尽国民之责耳，子将来当以学术自助，提命犹耳，转瞬二十余年矣……所祈皤皤国老，时加教益，有不胜感祷者耳！奉电通讯，敬祝万岁！"此后，胡适也献上"精湛语"。外甥朱志尧的发言更为动人，称："舅乃一小儿也，舅是常生不老

① 《乐善堂纪闻·马相伯先生九旬诞辰预庆纪》，朱维铮主编：《马相伯集》，上海：复旦大学出版社1996年版，第1053—1054页。

② 李天纲：《信仰与传统——马相伯的宗教生涯》，转引自朱维铮主编《马相伯集》，上海：复旦大学出版社1996年版，第1254页。

者。孟子曰:大人者,不失其赤子之心者也。耶稣云不变为小孩,不得升天国。小儿之诚实可爱,受人欢喜,莫不皆然。"赢得满堂喝彩和阵阵掌声。最后,马相伯以"爱"字为题致答谢词,称人生在世不出一"爱"字,勉励大家要"爱身爱人,爱国爱主",并坦言:"我之一生,十去其九。用爱之时,惜已不多。诸君皆少于我,即用爱之时多于我,望善用其爱也可。"①

1929 年 5 月 4 日,蔡元培、于右任、杨杏佛等在震旦大学正式为马相伯举行"九秩寿辰"庆祝会。蔡元培携夫人周峻等上寿联,曰:"妙喻同岑,芥子一粒。为学日益,大椿千秋";于右任代复旦大学书寿联,曰:"是开国时人瑞,为科学界伏生";杨杏佛则呈上语意诙谐的寿语,曰:"四海同登仁寿域,先生大笑八千场"。是日,蔡元培、于右任、杨杏佛皆有演说,"语多隽逸"。②

1929 年马相伯 90 岁寿辰,与蔡元培、杨杏佛、于右任、吴稚晖、周仁等合影。

天津《益世报》刊登《祝贺华封老人九旬大寿》社论,简述马相伯生平事迹,并着重指出:"华封以宗教家而提倡科学者也。去岁预庆九旬

---

① 《乐善堂纪闻·马相伯先生九旬诞辰预庆纪》,朱维铮主编:《马相伯集》,上海:复旦大学出版社 1996 年版,第 1052 —1054 页。

② 《乐善堂纪闻·马相伯先生九秩寿辰之余闻》,朱维铮主编:《马相伯集》,上海:复旦大学出版社 1996 年版,第 1058—1059 页。

时,杨杏佛氏曾有言曰,中国科学之发展,皆华封鼓吹之力。至华封对宗教之观念,可于其《申报》五十年纪念刊所撰之《五十年来之世界宗教》一文中想见之",最后以"先生年百岁 世界一晨星"贺联作结。①

北京《益世报》专门刊出《祝贺马相伯九十寿特号》,赞扬马相伯为世道人心之"中流砥柱",指出他"以宗教名宿,万流共仰,耆年硕德,为国之光。近年道德沦落,忧时之士,每归咎于军阀之战争,生灵之涂炭,衣食不足,礼教何兴……所最可忧者,惟老师宿儒,世无其人,为人心道德,作中流之砥柱。吾尝读史,至特立独行之传,未尝不废书而三叹也!何幸于人欲横流之日,独见有马相伯先生其人者,如鲁灵光殿,巍然独存"。②

九十寿诞,上海、北京、天津三地纷纷组织庆祝,规模不可为不隆重,亦可见马相伯在当时之名望与声誉。尤为可贵的是,20 世纪 30 年代,抗日战争全面爆发,马相伯更是以其坚定的宗教信仰,宣扬爱国抗日,他曾慷慨激昂地呼喊道:"一切人民,同一造物所生,故生而平等;人类之尊严,即建于此种平等人格之上。我不必向列强乞怜,我更不受暴日支配。"③百岁老人,坚定不移地呼吁国人抗日,背后的精神支柱是弥足坚定的天主教信仰和爱国热忱。于右任颇为感慨地指出:"先生以稀世之高龄,犹能保持此少年精神,为国家民族努力者,与其宗教信仰,尤有深切之关系。盖人之精神,虽受物质条件之支配,而信道之笃,执德之坚,亦往往能转弱为强,回复青春时代之勇气。"④

---

① 《祝贺华封老人九旬大寿》,朱维铮主编:《马相伯集》,上海:复旦大学出版社 1996 年版,第 1054—1055 页。

② 《乐善堂纪闻·北京〈益世报〉祝贺马相伯九十寿特号》,朱维铮主编:《马相伯集》,上海:复旦大学出版社 1996 年版,第 1056 页。

③ 《国难言论集·为抵抗日本第二次进攻华北告国人书》,朱维铮主编:《马相伯集》,上海:复旦大学出版社 1996 年版,第 931 页。

④ 于右任:《百岁青年马相伯先生》,载《中央日报》1939 年 4 月 6 日。

第八章　爱国老人，精神永存

　　1894 年，甲午中日之战，中国海陆两军以惨败告终，这场战争深刻地影响了中国历史的进程，随后日本在朝鲜逐步确立了自己的优势，1910 年完全吞并朝鲜，此后，又在东北三省不断拓展势力范围。1931年 9 月 18 日，日本关东军突然炮击沈阳，并同时向吉林、黑龙江发起侵略战争，这就是中国近代历史上著名的九一八事变。此时，马相伯已 93岁，突然又遭遇如此深重国难，他不顾年迈，发表了一系列颇具号召力的抗日救国言论，唤醒人民的爱国热忱和同仇敌忾之精神，并积极组织抗日救亡团体，救助抗日爱国人士，号召大学教授当为社会之表率，鼓励青年学生承担起抗日救国之责。所谓"天下兴亡，匹夫有责"，这是马相伯不顾年迈体衰而呼吁抗日，组织抗日团体的内在精神动力。日本侵略者大举进攻时，马相伯虽已是耄耋之年，但奔走宣传抗日救亡，赢得朝野上下普遍的赞誉，被亲切地称为"百岁青年""爱国老人"。1939年 4 月，马相伯百岁寿辰之际，国民政府颁布褒奖令，中国共产党中央委员会以"国家之瑞 人类之光"寿辞电贺百龄吉庆。1939 年 11 月 4日，马相伯老人寿终于越南谅山，享年 100 岁。

一、呼吁团结抗日

　　九一八事变后第三天，马相伯恰好应当时一所民间学术团体——"日本研究社"的邀请，成为该社理事。他抑制不住一腔爱国之情，在《九一八事变后为日本研究社启事》一文中沉痛批评日本的侵华行为，呼吁国人共谋抗击侵略。他指出：今日本"以武力囊括我东北河山矣。噩耗传来，天地变色！国家危难至斯，诚达极巅！"。为了加强对日本的了解，更为了抗击日本的侵略，号召"今后宜更进一步研究，力求明彼国情，共谋抗御"，并坦言"虽自顾老迈，亦愿勉力负一部分责任"①。自此以往，他便不辞劳苦，在其居住的土山湾孤儿院"乐善堂"陆续接受记者采访，先后举行12次广播演说，发表催人奋进、鼓舞士气的系列抗日言论，"乐善堂"也成为上海文化界积极抗日的一个重要战斗堡垒。

近代以来，日本屡次侵犯中国，其吞并中国之野心可以说由来已久。马相伯指出，日本自从明治维新成功以后便"自负东亚大国民，东攘西夺，已非一日。其处心积虑，以谋占我东三省诸领域，兹近三十年，专家设计，秘密进行"，②此次日本侵略者"蹂躏东三省，真是很毒！当欧战开始，德兵向法境进攻，以威廉第二的强暴，在交战状态中，尚不敢妄杀一平民，这次日人屠杀东三省无抵抗民众"，在他看来，日本侵略者的这种惨无人道的野蛮行径，不仅可说"有强权而无公理"，"并可说有强权而无天理"。③ 面对日本"则不仅强占我土地，甚且对于男女老幼都视同草芥，以屠杀快意，枪射炮轰，不惜随处演出至极残酷之惨剧"的情况，马相伯指出称日本"为国际大盗无不殆当"。④

此时身处中华民族生死存亡的关键时刻，马相伯虽已是耄耋之年，仍积极呼吁全国人民共同抗日，同时也对国家孱弱的现实表达深深的忧虑，并抨击国民政府的不抵抗政策。1931年10月28日，马相伯接受上海《民力周刊》记者采访时坦言，日本侵略者之所以公然违背国际公约，侵占东三省，掠我国土，杀我国民，"说来说去，还是怪我们自己不争气；天演公例，优胜劣败，人家都向着优处走，我们偏向着劣处走。日人与苏俄接壤，不敢欺侮他，而独欺侮我，自然是中国有可欺之道。凡事

① 《乐善堂纪闻·九一八事变后为日本研究社启事》，朱维铮主编：《马相伯集》，上海：复旦大学出版社1996年版，第1023页。
② 《国难言论集·为日祸敬告国人书》，朱维铮主编：《马相伯集》，上海：复旦大学出版社，1996年，第901—902页。
③ 《国难言论集·上海〈民力周刊〉载马相伯先生谈话》，朱维铮主编：《马相伯集》，上海：复旦大学出版社1996年版，第903页。
④ 《国难言论集·泣告青年书》，朱维铮主编：《马相伯集》，上海：复旦大学出版社1996年版，第905页。

不要钱,不要命都有办法。这次日人升堂入室,就因一班军人要命,抱不抵抗主义,开门揖盗的缘故"。①

当时南京国民政府奉行不抵抗政策,引起社会各界的不满和批判,特别是青年学生更是情绪激昂,义愤填膺,屡次请愿抗日。对此,马相伯曾言:"学生诸君,赴京请愿,一而再,再而三,络绎而去,络绎而返,除照例听得'中央已有准备,已有最后决心,人民信任政府,拥护政府之教训'而外,东北失地,固犹是也!日寇猖獗,固犹是也!而国内之分崩角逐,亦仍犹是也!政府无能出兵,无暇出兵,无决心出兵,盖为显然之事实!"②面对学生请愿,政府亦只是含糊应付。此时国内各种势力还在相互争夺较量,全然无视日寇已然吞并东三省,这种情况怎叫人不愤慨!"日本只有中国的五分之一,五倍大的中国,碰到只有自己五分之一的日本侵略,竟不敢出来抵抗",马相伯把这种叫人哭笑不得的境况比作"缩头乌龟"。当然,这情愿做"缩头乌龟"的,是"政府而不是人民。人民要出头抵抗,政府还要压迫呢!日本人在天津已经压迫人民的爱国运动,我们政府也继续替日本人帮忙,压迫爱国运动"。面对政府的不抵抗,他虽近百岁,仍抑制不住内心的愤懑,直言"这样的政府,我们没有旁的话可以形容,我们中国政府实在是'帮凶'",并将批判的矛头直接指向当时国民政府的领导人蒋介石,他严厉地批评道:"委员长做了这么多年,失地也失得不少了,难道委他的人民不应该有所表示么?"最后大声呼吁:"我们人民不能再等待,只有起来抵抗。"③

当时国民政府对内"徒言镇静,高唱不抵抗",对外呢?马相伯指出:"亦徒乞怜于木偶之国联④,陈诉呼吁,捉襟见肘,穷态毕现。"为何如此说呢?这是因为在当时"国联之为物,本与日本同其臭味,同其实质,眼看日人之攫得我东北半壁山河,大好宝藏,其食指早已怦怦然动,早

---

①《国难言论集·上海〈民力周刊〉载马相伯先生谈话》,朱维铮主编:《马相伯集》,上海:复旦大学出版社 1996 年版,第 903 页。

②《国难言论集·泣告青年书》,朱维铮主编:《马相伯集》,上海:复旦大学出版社 1996 年版,第 906 页。

③《救国谈话》,朱维铮主编:《马相伯集》,上海:复旦大学出版社 1996 年版,第 596—597 页。

④ 国联,即国际联盟(League of Nations),简称国联。一战结束后,《凡尔赛条约》生效第一天即 1920 年 1 月 10 日,宣布成立国际联盟,以保障国际和平与促进国际合作作为宗旨。二战结束后,1946 年 4 月解散,被联合国所取代。

已有染指于鼎分一杯羹之打算。我与虎谋皮,问强权以公理安在? 是诚为世之大愚,是徒自取屈辱,自贻伊戚! 不求自助而求助于人,欲以此而侥幸立国;此种心理,诚为亡国之象征,诚为极可痛心之现象!"[1]于是,他对这份曾经递交给国联的《李顿报告书》极为不满,毫不隐讳地指出这份报告对于"日本早已公开之侵略事实,反讳言之! ……对于我方,越出调查范围,称抵制仇货为一国际法之问题;对于彼方,种种非法作战之举动,如用飞机轰炸大都市,施用达姆达姆弹,奸污妇女后又杀害之,俘虏加以凌迟等等,不胜枚举;破坏人道主义,影响人类恐惶,反认为不成问题,宁非所谓'不可思议',尚可称'调整'两字之报告乎?"。如此而来,这样一份明显有失公允而纵容日本侵略的报告书,不就是一份关于欧美诸列强枉顾中国主权完整,无视中国人民被侵略事实的鲜明写照吗? 继而愤然指出:"国联之权力,不过根据天理人情;其实施,只在运用盟约;今国联既不根据盟约制裁日本,在事实上已明证其坐观成败。而该团报告书,反建议要求'中国政府宣言,依照顾问会议所提办法,组织一种特殊制度,治理东三省'。异哉所谓特殊制度,不啻列强共管而实委日本治理。"可见此报告书的惟一价值,就是"欧美列强传统外交政策,共同协调,制成方案,非我所需要,亦非我所应接受也!",[2]将欧美列强姑息养奸、枉顾正义的嘴脸刻画得入木三分,极尽批评之能事。

国际上,国联不能主持正义,英美诸帝国主义亦不为中国争取正当权益,唯有号召国人"立息内争,共御外侮"。九一八事变后不久,马相伯便指出:"嗟我民国主权在民,所望真正民意,彻底充分表现,立息内争,共御外侮! ……惟最令痛心疾首者,我国今日,尚在勇于私斗,而怯于公忿之状态中耳! 希望今后国民之公意,对内绝对不多再费一枪弹;对外必要不许吝惜一枪弹;我国民其猛省,我国民其亟起。"[3]在此,他从"民国主权在民"的观念出发论证国难当头,国民的真

---

①《国难言论集·泣告青年书》,朱维铮主编:《马相伯集》,上海:复旦大学出版社 1996 年版,第 905—906 页。

②《国难言论集·关于李顿报告书意见》,载《大晚报》1932 年 10 月 17 日,朱维铮主编:《马相伯集》,上海:复旦大学出版社 1996 年版,第 938—939 页。

③《国难言论集·为日祸敬告国人书》,朱维铮主编:《马相伯集》,上海:复旦大学出版社 1996 年版,第 902 页。

正公意,应该是停止内乱,一致对外,而不应该是勇于私斗,不顾国家民族之危亡。

而作为"国家柱石"的国民之所以不念公义,不但"没有国家思想,更没有爱护国土的观念",反而"一有外患就想弃土而逃,绝无守土而抗的意思",①主要原因在于中国两千多年的专制帝王统治,在专制王权统治下,国民从未把自己看作是国家的主人,自然也很能难培养报国守土的责任。因此,他呼吁为唤起国民的爱国热情和抗日积极性,必须倡导"民治"。指出:"目前急务,莫切于民治。人民自治,即所以自卫,自卫必乐输财力,共抒国难。民不用命,当法古人,以兵法部勒子弟。盖习兵法,乃有探险冒险之精神,与运用体质之精力。士农工商,不废其业,而举国皆兵。我中华人民应奉'民胞物与'之训,一心一德,以抵抗天灾之洪水,与人祸之猛兽!"②既然抗日救亡"有赖于人民",那么鼓励和呼吁民众精诚团结,一致对外,就显得尤为关键。而要唤起人民保家卫国的热情和勇气,首先必须实施国民自治。而为贯彻民治主张,马相伯呼吁必须尽快结束国民党的训政而实行宪政,重新制定宪法,他指出新修订的"宪法草案",必须"明白规定对于人民、政治、土地三大原则"。同时,他也指出宪法草案必要保障人民的身体自由权、财产所有权、居住权、营业权、言论刊刻集会权、信仰"无邪法害人"之宗教权以及选举权与被选举权等,正是因为国民有如许权利,国民也有其应尽的义务,"男子,年十八至四十,有担任征兵之义务;十八岁后,或中学卒业后,有练习一年兵操之义务。女子,十八岁后,有练习护伤及……修理军用器之义务"。因此,马相伯总结道:"民治之成功,乃增加民国之力量,以此力量御侮,可;以此力量绥靖,亦可;以此力量救灾,亦可。此无他,民治为民主政治之结晶,而现代国家所由形成也。"③

针对"中国人最大的不幸就是不能合群,而不能合群的原因就在于

---

① 《六十年来之上海》(1932),李天纲编:《马相伯卷(中国近代思想家文库)》,北京:中国人民大学出版社 2014 年版,第 464 页。

② 《国难言论集·马相伯痛谈国事》,载朱维铮主编:《马相伯集》,上海:复旦大学出版社 1996 年版,第 920 页。

③ 《国难言论集·提议实施民治促成宪法以纾国难(附刍议)》,朱维铮主编:《马相伯集》,上海:复旦大学出版社 1996 年版,第 921 页。

两千年来的专制帝王的毒害太深,弄得人民只顾自己旦夕之安,不求人群社会久远的福利"这一困境,马相伯指出一个国家弄得人民束手束脚,钳口结舌,对于国家大事不能联合起来共负责任,任你政府少数人,有什么三头六臂,七手八脚,或是真像千手千眼的观世音那样,也无济于事,只有把国事败坏得不堪收拾。于是,他主张:"在任何贤明政府之下,任何时期,人民都应联合起来共同担负保卫疆土的责任,而政府之贤明与否,也就视乎它能否实行让人民尽量地结合起来共同担负这种责任。"①

综上所述,马相伯指出,处此国家兴废存亡之际,实施民治促成宪法,乃是根本之策,因为只有实施民治,政府才能真正以人民利益为重,真正做到"以德服人",也才能真正实现"为人民谋福利"的志向和目标。他指出:"为政之道,在于以德服人,而不在于以力威人……政府应培植民力,俾能自治。政府为人民之公仆,而不应塞人民之聪,掩人民之明,而强其视,强其听。能如是,政府乃真为人民之政府,真的人民自己的政府,乃真能为人民谋福利,而政府乃能博得人民之拥护与爱戴。反之而不能为人民谋福利,是断不为人民自己之政府,而与政府打成一片,是何能得? 故今日急应厉行民治,实行民主,俾民能自助自救。"②在此,他旗帜鲜明地指出,唯有"实行民治和民主"才能使政府真正成为"人民之政府","人民之政府"才会真正为"人民谋福利",唯有如此,才会获得人民的鼎力相助和诚心爱戴,也才能团结一致,共赴国难。此外,马相伯还通过对"国"字的独特解释,呼吁全体国民应该奋起抗日,他指出:"我们中国的'国'字,古写本作'囗',就是古代社会形成国家之始,各各划疆自守的意思,但到后来,国与国间,战争日多,遂发现保障国家,必须一口一戈,即人人皆须执戈以卫国也……于是就在'囗'字里头加上一个'或'字,意即一人一戈,用现代语言表之,即一人一枪也。必须一人一

① 马相伯口述,王瑞霖笔录:《一日一谈》,"说谎",王红军校注,桂林:漓江出版社 2014 年版,第 128 页。
②《双十节献词》,朱维铮主编:《马相伯集》,上海:复旦大学出版社 1996 年版,第 557 页。

枪而后国家可保,真正宪法始可产生……"①国家有难,每个人都有义务去保卫它。但遗憾的是,国难当头,当时"一部分人宴安逸乐,已不复知有国家兴亡之感"。② 为了形象地说明"国家"之为何物,他把"国家"比喻成"一个法人"或"一条性命",他指出:"一个国民受欺辱,就是整个国家受欺辱;整个国家遭国难,更是全体国民同遭难。"③国难当头,中国人应该明白国家是什么,应该奋起保卫自己生于斯、长于斯的国家。

再者,如能团结奋起,坚决抗日到底,马相伯号召国人必须克服和纠正如下三种不当心态,以积极、勇敢和决绝的态度,奋起担当抗日救亡之大业。第一条就是国内各路军事力量应该丢弃富贵自保的心态。他指出,今天国内南北军事领袖在亡国亡种之国难面前之所以按兵不动、相互观望,其心态"无非惴惴自保之一念;保富贵也,保名位也,保地盘也,保其子女玉帛之享乐耳"。但是在日本残暴进攻的情势下,军人只顾"自保"又怎么能避免日本的侵夺和攻击?而且不抵抗以保存自己军事实力的做法更会使自身的军队领导之威权"扫地无余"。于是,他指出:"为今之计,只有认定天命,克尽天责,暴日逆天理,灭人道,残杀我同胞妇孺无算,我军人应抵抗,义不容辞,责无旁贷,争回我同胞之天赋人权,不容暴日之惨无人道以亡我国,兼灭我种也!卫国而死,死得其所!"而如果军队将领和军人都能顽强抵抗、奋起抗日,怎么会得不到全国人民的竭力救援呢?为此,他呼吁全国各军事势力务必"及早为人道民族而作最后之抵抗"。④

第二便是告诫读书人应该克服和纠正苟且偷生的心理。马相伯对某些知识分子竟然主张"迁就事实,退让谋和者"的言论极为愤慨,他指出这种"苟安偷生"的读书人之所以这么没有骨气和担当,是深受中国

① 马相伯口述,王瑞霖笔录,王红军校注:《一日一谈》,"宪法问题",桂林:漓江出版社2014年版,第92页。
② 马相伯口述,王瑞霖笔录:《一日一谈》,"中国人应该知道国家是什么",王红军校注,桂林:漓江出版社2014年版,第165页。
③《国难言论集·第十二次广播:一国家、一法人、一性命》,朱维铮主编:《马相伯集》,上海:复旦大学出版社1996年版,第1000页。
④《国难言论集·为抵抗日本第二次进攻华北告国人书》,朱维铮主编:《马相伯集》,上海:复旦大学出版社1996年版,第930—931页。

数千年专制统治的毒害，以至于丧失了勇气和豪情，"此种苟且偷生之心理，若不根本铲除，则亡国之后，所谓学者，亦只自陷于元代'九儒十丐'之境地；然后始觉其非也！此数千年专制之遗毒！外族入王，文人学士，歌颂功德，仁王圣君，三跪九叩，毫不为耻！至今俘虏政府傀儡人物，尚有大唱其王道思想者"。[①] 面对读书人如此苟且偷安之面貌，他自然是十分痛心疾首。为此，他特别寄希望于大学教授们，期望他们在教授知识、答疑解惑的同时，能肩负起"为人师表"的责任，引导和教化人民，"增进信心，培养道德。"他指出："一个国家之所以形成，必须有两种人为之重心：一种是负政治上责任的，就是站在政府机关以内的官吏；一部分是负人民教育之责，为之师传的人。前一种人是用政治（包括行政权力、司法权力、军警武力等等）来统治人民；后一种人乃是用他们的文化工具使人民增进知识，发扬信心，培养道德。就国家社会之所以存立的根本言之，后一种人，即今之大学教授以下为人师表的人更重要。譬如人之一身：行政方面犹之四肢百体也，师者脑神筋也。"于是，马相伯在1935年11月27日接受记者采访时，对前两天在上海《申报》刊载蒋梦麟、胡适、傅斯年等教授的声明一事表示了赞许和肯定，他指出："北平各大学教师早就应该站出来说话，直到现今他们才说，已经是太晚；然而他们还敢说几句应当说的话，这在我们的现时中国教育界实在是'空谷足音'。"进而，马相伯指出在国难深重的艰难期间，不仅北平大学的教授们，全国大学教授们都应该团结奋起，做好国人的表率。为此，首要的一条便是"要对于他们的信仰（即他们所宣言的）生死以之"，他期望全国大学教授们在国破家亡之际真正做到能言能行，敢言敢行，言行一致，知行合一，而不只是"说了几句话摆架子"。其二，"要做中国的斐希特，不要中国的康德"，他虽对康德的哲学思想极为崇拜，却指责他"拜倒在异族的统治势力的脚下的人格，实在是一无足取"，而斐希特"在哲学方面虽然说是继承康德，但在行动方面却恰恰和康德相反。当法兵攻普鲁士，柏林已经在拿破仑第一的枪尖之下时，斐希特大声疾

① 《国难言论集·为抵抗日本第二次进攻华北告国人书》，朱维铮主编：《马相伯集》，上海：复旦大学出版社1996年版，第931页。

第八章　爱国老人，精神永存

呼,到各处演说,唤醒德国民众反抗外敌的自信力与敌忾,又抛却大学校长的地位到前线去宣讲"。因此,他热烈呼吁:"我们的教授们,起码要以斐希特为榜样,中国才有希望,他们也才可以对得起他们的天职,才可以俯仰无愧!"①

此外,在日本侵略者一步步妄图"颠覆我国家,灭亡我民族"的危急时刻,在 1932 年新年来临之际,马相伯发表《新年告青年书》,热情呼吁"青年诸君,为社会之中坚,国家之生命所托,肩头上所负荷之贵任,尤为难巨"。具体而言,呼吁青年诸君在此国家危亡时刻,应该致力做到如下三件事:一是抵制日货。中国向来为日本产品出口的最大市场,如能杜绝日货达 10 年之久,"在经济上足以促日本之动摇",倡议全国同胞务必身体力行,"而我青年诸君,当为社会之表率,尤应力求朴实,拒用日货,以为倡导";其二,以科学救国,以科学建国。他指出,近代以来,中国之所以衰弱的根本原因就在于科学的落后。为此,他呼吁青年学生"今日在校求学,必须手脑并用,研究与实验并重。能如是,然后乃能求得'真的知识'与'活的学问';必有'真的知识'与'活的学问',乃能实际应用,以科学救国,以科学建国,以科学创造全人类之福利";其三,唤醒民众对国家危亡的认知。因此,他指出:"寒假已届,诸君必多返里,际此时会对于日本问题与东北问题应加意研究,将国内外情势及暴日犯我东北之实况,详为乡民讲述大声疾呼,使全国民众奋起,共救国家之危亡。"②他希望青年学生务必趁此寒假回乡的机会主动参与国难的宣传活动。

当然,学生的本职工作是学习,马相伯也曾说:"现在学生两个字,要顾名思义才好,学然后可以生。不学,那就不可以生了!"③然而,当此国是日非、民族存亡之际,马相伯对于学生参与抗日游行宣传运动反而抱有极大认可。1935 年,12 月 9 日,北京大中学生数千人举行抗日救国示威游行,数日后有记者就曾专门就此事件采访过马相伯。当记者

① 马相伯口述,王瑞霖笔录:《一日一谈》,"中国各大学教授所应该做的事",王红军校注,桂林:漓江出版社 2014 年版,第 151—152 页。
②《国难言论集·新年告青年书》,朱维铮主编:《马相伯集》,上海:复旦大学出版社 1996 年版,第 912—913 页。
③《国难言论集·内政外交学风种种评论》,朱维铮主编:《马相伯集》,上海:复旦大学出版社 1996 年版,第 909 页。

说起,现在"青年们已不能再安心读书了,他们又回复到五四运动时代那种兴奋状态了,或则更超过五四运动时代的兴奋状态! 若果他们安心读书,我们应当感谢政府及教育当局,那末,现在他们不能安心读书,要从学校走到街头,抛却书本来干民众运动,那又当怎样呢?"面对这个提问,马相伯的回答相当机智,说:"那我们也要感谢我们的政府与教育当局,因为他们天天教青年们爱国,教他们要'忠',要'勇',孩子们看见国家到了'命在旦夕'的时候,出来呼告他们的父母兄弟,诸姑伯姊,赶快起来补救,这不是他们平时能以敬聆师长教训的结果吗? 饮水思源,不是我们政府教育当局的耳提面命,以身作则的功劳吗? 怎样不应该感谢他们呢?"接着这位记者又问道:"今日学生的请愿示威等行为,正是实验他们所受的教育,为什么军政警当局又严加干涉,甚至加以逮捕或施以各种压力呢?"对这个疑问,他采取不予回答的策略,说:"这个问题我却不能答复,因为连我也不懂! 敬以质之政府当局!"①言外之意,对当局充满了极大的失望,不回答明显就是对当局强有力的无言谴责。

此外,马相伯还指出国难当头,要引导国人摆正心态,要尽力纠正国人过于悲观或过于乐观的不当心理。近百年以来,各种天灾人祸不断,内忧外患相连,至此时日本大举进攻,便有人发出"中国无救"的悲观论调,甚至说"中国不亡,是无天理"。马相伯自然不能认同这种"长他人志气,灭自己威风"的论调,指出:"若遵天理,中国不亡!"而且指出今日当奋起抗日,决不能学战国时越王勾践"卧薪尝胆",徐图后来之雪耻,这些倡议"卧薪尝胆"言论者"殆不知古今亡国灭种之异趣也。越虽尝亡于吴,吴未灭其文化,灭其人种,灭其土地生存等权,故越得十年生聚教养,能复国而复仇也!",但是今天的情势与越王面对的情况是截然不同的,"日本之对待台湾,高丽,其惨史明明白白,写其亡国灭种之惨!"所以说:"目前不奋力抵抗自卫,而预期日后之复兴雪耻者,实痴人说梦之类耳!"为此,他认为今日面对日本的大举侵略,既不要过于悲

① 马相伯口述,王瑞霖笔录:《一日一谈》,"好学生",王红军校注,桂林:漓江出版社2014年版,第179—180页。

观，自动放弃反抗，又不能犹豫不定，以待后来，因为"过于悲观，其弊自馁；过于乐观，其弊自娱"，有鉴于此，指出："吾人执中，力图自救！国人自救，此其时矣！"①倡导此时唯有力图自救，共赴国难，才是抗击侵略、保家卫国的适中之道。因此，他对当时国人盲目寻求和平之论多有批判，指出："现在一般人高谈和平，实则今之所谓和平，乃奴隶与主人的和平，而不是平等自由的和平，因为和平是'增美'，而欲得真正的和平，必须先大刀阔斧地与和平之障碍魔鬼和蟊贼作殊死战，把他们消灭后，我们才可以'拨云雾而见青天'。在层层压迫或无耻的投降状态中谈和平，皆不知'释'与'增'之道者也，皆觍然人面，不知人间有羞耻事者也。"②

1938年，马相伯99岁，逃难桂林，发表《精诚团结一致对外》，再次呼吁全国团结一致，指出："现在国家是在风雨飘摇、存亡绝续的最后挣扎中，当前的急务，除了团结救亡、抵御外侮而外，再没有第二个更重大的问题。"他热切呼吁："各方面各团体的主张政见，容有不同，但是总必以保全国家独立、民族生存为前提"，因为"任何方面决不能超越国家而存在，任何主张决不能在亡国之后去实现，如果国家不保，还有什么方面可争？还有什么权利可夺？"譬如在欧美多党制的国家，平时各党彼此攻击，互相捣乱，原属常事，但是"一遇外侮发生，大家立刻便会放弃私见，联合一致，应付外急"，他指出："这一点正值得我们取法。"这是因为，今日中国的国难，"直是亘古未有，全国团结一致，犹恐不易渡过难关"，如果此时反而"放弃当前的外侮不顾，转向内部从事争夺，自戕国力，动摇军心"，这正是"中了敌人离间的毒策，走上自杀的道路"。进而他反问道："国家亡了之后，各方又岂能独存？"因此"目前从事争夺的人，无论他的主张如何，动机怎样，但其结果只有促成分化，破坏抗战，直接间接做了敌人的帮手，代他执行了离间的毒计，这不但是国家民族的罪人，也决不是忠于其论的党员"。最后他好言相劝："大敌深入、山河破碎的时候，绝对不是各方闹意见、争权利的时候，大家应该认清当前的国难，民族的危机，彼此消

---

① 《国难言论集·为抵抗日本第二次进攻华北告国人书》，朱维铮主编：《马相伯集》，上海：复旦大学出版社1996年版，第932页。

② 马相伯口述，王瑞霖笔录：《一日一谈》，"三论国家问题"，王红军校注，桂林：漓江出版社2014年版，第174页。

弭私见，联合一致，凝固成坚强的力量，向着唯一的敌人进攻，到了把敌人击退，国族复兴，那时国会开会，大家再来从事计议，岂不好呢？"①

马相伯曾在《国难言论集》出版《序》中说："余年八十后，厌闻时事……迨九一八事起……凡寝馈于旧道德或古新经者，阅世至此，心能不哀耶？"本来20年代十多年来，已不预闻时事，但谁知苍天无眼，不肯放过年近百龄的老人，风烛残年又逢此国难，睹此不堪之世事，怎不叫人心中悲哀？为抗击侵略，保卫家园，他不辞劳苦，唯一的希望就是"愿我国民全体，认定自助者天助……一手做工，一手拿剑，共赴国难"，②这是一位爱国老人发自内心的自然真实的心声。

二、组织抗日救亡团体

九一八事变后，马相伯虽已是耄耋衰弱之年，仍积极发表抗日演说，呼吁国人团结，奋起抵抗，更难得的是，他不顾年迈，积极组织和参与抗日进步团体，从事抗日救亡活动。

九一八事变后第一个圣诞节，马相伯便联合教内同志在他的寓所发起成立"江苏省国难救国会"，在上海的江苏社会各界名流如蒋竹庄、朱志尧等20余人参加。发起会上，马相伯慷慨陈词，指出："国难至此，我人出而救济，义不容辞；但救国须先自救，天主十诫，即是自救最好的信条！"接着他从军阀腐败讲到科学落后，最后呼吁在国难当头之际，希望国人"快快奋起救国，怕将来懊悔不及。国民人人秉着良心从事救国，国家方有希望"，演讲将近一个小时，他"态度激昂，听者感动"③。

1932年春，马相伯又和熊希龄、章太炎等人组织成立"中华民国国难救济会"，并致电蒋介石等中央政府首领，对东北沦陷表示极大悲愤以及对军人将领、中央政府之不抵抗表达不满，指出："最近暴日犯锦，

---

① 《精诚团结一致对外》(1938)，李天纲编：《马相伯卷（中国近代思想家文库）》，北京：中国人民大学出版社2014年版，第541页。
② 《国难言论集·序》，朱维铮主编：《马相伯集》，上海：复旦大学出版社1996年版，第899页。
③ 《国难言论集·马相伯先生讲救国信条》，朱维铮主编：《马相伯集》，上海：复旦大学出版社1996年版，第910—911页。

长驱深入,关外义勇军纷起杀敌,美国且严重抗议。而我守土大军,不战先撤,全国将领,猜贰自私。所谓中央政府,更若有若无。诸公均称党国首领,乃亦散处雍容,视同秦越,亡国现象,一时齐现,夫复何言!"①

1932年11月,马相伯再次发起成立另一抗日救亡组织——"不忍人会",并委托天津《益世报》代为筹募钱财物品,用来救助东北失陷区的同胞和前线作战的将士。"不忍人"出自《孟子》,而马相伯之所以发起成立"不忍人会",正在于:"此不忍人之心,实即为生命之活力,惟不忍故能爱人,亦惟不忍,乃能发扬其生命之伟力,以表示人类不甘为奴隶之心。今日我前线将士之所以出死入生,与强敌作艰苦之奋斗者,无他,亦即不忍我民族横遭蹂躏宰割之故;然则吾人宁独忍坐视前线将士艰苦奋斗而不予以援助乎?又宁独忍坐视民族遭受强寇之侵凌,而不奋起抗救乎?故国人今日在另一方面之工作,又应充分发挥其不忍人之心,以赴汤蹈火之精神,予前线将士以物质之补助与精神之安慰,以鼓励其为民族生存而奋斗之勇气。"②此倡议激荡起全国人民的爱国之情和慷慨之心,群众纷纷响应和支持,"不忍人会"成立后,不久"募得大批现款棉衣,悉数移交津市各界救国会"。③

与此同时,为了筹募更多的钱财物质,用来支持前线将士英勇抗日,马相伯倡议开展"一人一日一铜元"的义捐活动。"一人一日一铜元"的国民义务捐款的目的就在于:"第一表现全民合作,与义勇东北军共赴国难的精神;第二,证明我国势不可侮,因为一人一铜子,一天就有四万万七千万。若是拿同一的精神,努力自救;那么日本野心侵略最后只有失败!"④此外,他还建议开展如下颇具特色的募捐活动,并对每一种募捐活动作了细致的介绍:"一曰游艺捐,指在各种游艺会场者,自动捐助若干,或按抽娱乐税率办法亦可。二曰拒毒捐,指黑籍中人,努力

①《与熊希龄、章太炎等组织中华民国国难救济会通电》,朱维铮主编:《马相伯集》,上海:复旦大学出版社1996年版,第535页。
②《国难言论集·马相伯章太炎沈信卿通电》,朱维铮主编:《马相伯集》,上海:复旦大学出版社1996年版,第1014页。
③《国难言论集·谈"不忍人会"之发起》,朱维铮主编:《马相伯集》,上海:复旦大学出版社1996年版,第1011页。
④《国难言论集·第八次广播演说:全国通报拥助东北义勇军》,朱维铮主编:《马相伯集》,上海:复旦大学出版社1996年版,第990页。

自戒烟瘾;先从每日少吸一筒两简始;既利己,又利人,节费捐助,何乐不为? 三曰奢侈捐,指妇女少擦一次香粉,少用一瓶香水;青年学生少涂司丹康,少穿件洋服,即可多捐。四曰节省捐,家居少吃一两样菜;店家少扣点小账;略事节省,可捐不少。就是小学生小孩子,也可节省糖果饼费。五曰烟酒捐,每天少吸一枝纸烟,每回少喝一口老酒;烟酒朋友,谅也能可同情。六曰佛事捐,如此次宁波三北抬阁,闻所费洋百余万;稍事撙节,十万八万;若将全部,移作义捐,真所谓救苦救难,大慈大悲! 七曰经忏捐,民间少举行一次两次烧纸烧香等,或仿现行征收经忏捐办法亦可。八曰乐善捐,与其修福修心,给几个铜圆与游手好闲的乞食者,毋宁激发爱国的天良,慨捐以救济抗敌义军与难民。"这些募捐建议可谓操作简易直接,具体细致。此外,为了保证捐款不被挪用,真正用于前线抗战,马相伯请求有关组织将所得捐款集中后,须通过"国民公意表决此款用途:或源源接济抗敌……将士,或分拨拯救战地灾区同胞;即购置或制造飞机以充实我空防亦可"。[①] 正是在"不忍人会"的呼吁和推动下,国人纷纷捐款捐物,还有人奔赴抗日前线,参加抵抗日本的军事活动,甚至有医护人员前往前线,救死扶伤。此时,有一位已加入中国籍的比利时传教士雷鸣远亲自组织救护队,奔赴当时"平常人所不敢到"的喜峰口最前线。马相伯得知这个消息后,十分感动,并呼吁国人需以雷公为榜样,到抗战最需要的地方去。他说:"惜余年耄耋,能言不能行,老友雷鸣远神父,有鉴于前敌将士死伤喋血,乃实行表现'不忍人'之仁心,而组救护队,雷公为国际间极负盛誉之教士,故其亲赴前线,实行工作之举动,当胜于伦敦所倡和平军之纸上空谈,余亦纸上空谈。惟希望同胞效法雷公之实行耳!"[②]

"不忍人会"的成立、募捐活动以及雷鸣远教士的义举获得了社会各界的许多好评。隐居上海的曾任司法总长的徐谦专程致函马相伯,

---

① 《国难言论集·第七次广播演说:劝募中华义勇军,一人一日一铜元》,朱维铮主编:《马相伯集》,上海:复旦大学出版社 1996 年版,第 985—986 页。

② 《国难言论集·谈"不忍人会"之发起》,朱维铮主编:《马相伯集》,上海:复旦大学出版社 1996 年版,第 1011 页。

称:"阅报载不忍人会之发起,及雷鸣远先生之赴前方救护,令人感奋。"①冯玉祥将军当时进京共赴国难,也极为称赞"不忍人会"的成立乃一大义举,指出:"长者发起'不忍人会',以为天下倡,定能振聋发聩,使儒夫立,怯者勇,恢复民族精神,与日寇为持久之斗争",特别是对雷鸣远教士以外国人而热心于中国的民族解放,不顾个人安危而深入前方工作的大无畏的牺牲精神,表示"至为感佩"。②

1935 年,日本进一步加速对华北的侵略,意图实施"华北五省自治",国家民族陷入空前的危机。12 月 9 日,在中国共产党领导下,数千名北平学生涌向街头,高喊"停止内战,一致抗日""打倒日本帝国主义"等口号,从而引发全国性抗日救亡运动。不久,复旦大学的学生起而响应,抗日救亡。12 月 23 日,复旦大学的学生组织了"赴京请愿讨逆团",在上海火车站集合,准备赴南京请愿。蒋介石听闻这个消息后,急忙电令时任复旦大学校长的李登辉,命令他前往劝阻。李登辉到达车站后,见学生爱国救亡的热情异常高涨,便回电表示自己无能为力,并向校董会递交辞呈。12 月 27 日,马相伯得知情况后,特意致书复旦大学学生,一面称赞学生:"为国难而驰驱,餐风宿露,不遑宁处,余闻而大慰",但另一方面,他也颇为担心李校长辞职后将会影响复旦大学的发展和前途,便建议学生从长计议,指出:"为诸君计,与其呼吁政府,莫如开导人民,街头巷尾,茶寮酒肆,皆诸君为国宣劳处也。"③

为反对日本意图"华北五省自治",破坏中国领土完整,1935 年 12 月 12 日,马相伯与沈钧儒、邹韬奋、陶行知等 283 位文化界人士联合发表《上海文化界救国运动宣言》。该宣言声称,担负民族国家使命的文化界人士理应"站在民众的前面而领导救国运动",为此,提出 8 条具体建议:坚持领土和主权的完整,否认一切有损领土主权的条约和协定;坚决反对在中国领土内以任何名义成立由外力策动的特殊行政组织;

---

① 《国难言论集·谈"不忍人会"之发起》,朱维铮主编:《马相伯集》,上海:复旦大学出版社 1996 年版,第 1012 页。

② 《国难言论集·谈"不忍人会"之发起》,朱维铮主编:《马相伯集》,上海:复旦大学出版社 1996 年版,第 1013 页。

③ 《致复旦大学学生书》(1935),李天纲编:《马相伯卷(中国近代思想家文库)》,北京:中国人民大学出版社 2014 年版,第 518 页。

坚决反对以地方事件解决东北问题和华北问题——这是整个的中国领土主权问题;要求即日出兵讨伐冀东及东北伪组织;要求用全国的兵力财力反对敌人的侵略;严惩一切卖国贼并抄没其财产;要求人民结社、集会、言论、出版之自由;全国民众立刻自动组织起来,采取有效的手段,贯彻我们的救国主张。① 这份气势恢宏的宣言,体现了上海文化界人士抗击侵略,保卫国土的铮铮气魄和不屈风骨。12 月 27 日,"上海文化界救国会"在上海西藏路守波旅沪同乡会内正式成立。会上选举马相伯、沈钧儒、邹韬奋、陶行知等 30 余人为执行委员,通过争取自由、组织民众反抗帝国主义等重要议案,并发表《上海文化界救国运动第二次宣言》,要求停止一切内战,尽快建立民主抗日统一战线,罢免并严惩一切卖国的亲敌官吏,释放一切政治犯及被捕爱国学生等。此后,上海还相继成立"大学教授救国会""学生救国会""妇女救国会"等抗日救亡组织。1936 年 1 月 28 日,这些救国会组织联名成立"上海各界救国联合会",推选马相伯为主席团成员。1936 年 4 月 16 日,马相伯接受记者采访时明确表示:"须团结一切愿意为救祖国而奋斗之各党派、各团体,一致救亡,这是洗雪国耻惟一的道路。"②

　　1936 年 6 月 1 日,全国 60 多个救亡团体在上海正式成立"全国各界救国联合会",推举马相伯和宋庆龄、何香凝、蔡元培等人为执行委员,黄书光说:"这一联合会成立标志着全国抗日救亡统一战线初步形成。"③此时,马相伯已是 97 岁高龄,虽不能参加具体的领导工作,但他始终是"全国各界救国联合会"的灵魂式领袖,为了照顾马老年事已高,行动不便,"全国各界救国联合会"第二次执行委员会就在马相伯土山湾寓所中召开,马相伯特为执委会题赠对联,"耻莫大于亡国,战虽死亦犹生",在场委员们莫不深受鼓舞。④

　　活跃于上海的各类救国会活动激起了蒋介石政府的极大不安,

---

① 转引自齐卫平等著:《抗战时期的上海文化》,上海:上海人民出版社 2001 年版,第 98 页。

② 《苏联对中国毫无野心》(1936),李天纲编:《马相伯卷(中国近代思想家文库)》,北京:中国人民大学出版社 2014 年版,第 525 页。

③ 黄书光:《国家之光 人类之瑞——复旦公学校长马相伯》,济南:山东教育出版社 2004 年版,第 218 页。

④ 《题赠全救第二次执委会词》(1936),李天纲编:《马相伯卷(中国近代思想家文库)》,北京:中国人民大学出版社 2014 年版,第 527 页。

1936 年 11 月 23 日，上海国民党当局公然逮捕沈钧儒、邹韬奋、李公朴、章乃器、王造时等 7 名救国会同志，史称"七君子事件"。马相伯听闻此信息后，极为悲痛愤慨，特意致信冯玉祥将军，称："沈钧儒，律师首领，其血心爱国，人人钦仰，视东北义军有过之。国家兴亡，匹夫有责，杀一不义，虽得天下，文武不为。今则学生爱国，罪以共党；人民爱国，罪以共党；至沈君等数人以民胞物与心则有之，以苏俄为心，窃可以首领保其无也。"如果"幸我将军有以体恤之"，则是"国家幸甚！民族幸甚！"。①

1936 年底，马相伯应天主教南京教区主教于斌的邀请，离开上海前往南京。11 月 22 日早晨，马相伯离开居住了二十多年的徐家汇土山湾，前往南京，同行的有儿媳马邱任我、孙女马玉章②等数人。在南京期间，他仍一如既往地努力营救沈钧儒等被捕的"七君子"，1937 年 7 月31 日，被捕的七名救国会同志终于获释，8 月 6 日，他们一起前往南京

"七君子"出狱后在南京马相伯寓所内与马老合影

① 《致冯玉祥》(1936)，李天纲编：《马相伯卷（中国近代思想家文库）》，北京：中国人民大学出版社 2014年版，第 528 页。
② 马玉章(1914—2015)是马相伯儿子马君远的女儿，曾陪伴爷爷马相伯长达 25 年，亲历了这位"爱国老人"晚年的许多重大事件。

寓所看望马相伯，并与他合影留念，沈钧儒特书题"惟公马首是瞻"六字，表达同志们对马老的深厚敬意和爱戴之情。

20世纪30年代，国事不支，国难深重，马相伯已过鲐背之年，但为抗击侵略，为救国图存，他不顾年事已高，积极组织参加各种抗日救国团体，被时人亲切地称为"救国老人"。①

三、百岁寿诞，各界同祝

1931年九一八事变后，马相伯以"百岁青年"的形象积极发表抗日演说，组织抗日救亡团体，募捐钱物，支援前线……这腔浓郁强烈的爱国之情和勇敢无畏的担当精神，时刻激励着、鼓舞着国人团结、奋起抗日，成为中华民族坚贞不屈、英勇抗击外敌的民族精神代表，获得社会各界人士的拥戴和热爱。每逢他生日，社会各界便会自发地为他组织祝寿活动。

1937年5月16日，《中央日报》刊登《马相伯先生九十晋八大寿特刊》，许多著名学者及门人弟子纷纷撰祝寿文，表达对马相伯的崇敬和爱戴之情。蔡元培撰《相伯先生九十八荣庆》一文，称："松柏冬荣崧岳峻，蒲轮徵聘到闲云；中西学术探玄妙，坛坫才华静寇氛；绛县春秋忘百岁，河汾弟子半元勋；天开寿守称人瑞，觞晋彭箓酒未醮。"②于右任撰《为国民民族祝马先生寿》一文，称："马先生是一个世界学者，但马先生一生，则无时无刻不为国家民族努力。其从政佐幕时期，既自出其所学，以努力于国家民族。其创办学校时期，复传授其学，以教导吾人努力于国家民族。即在今日九十八岁之高年，亦尚在其老当益壮之精神，勉励吾人、领导吾人努力于国家民族。"③

1939年，马相伯百岁诞辰，此时他虽身在越南谅山，但全国各地有

---

① 邵力子：《救国老人马相伯先生》，转引自宗有恒、夏林根：《马相伯与复旦大学》，太原：山西教育出版社1996年版，第95—97页。

② 蔡元培：《相伯先生九十八荣庆》，载《中央日报》1939年5月16日。

③ 于右任：《为国民民族祝马先生寿》，转引自宗有恒、夏林根：《马相伯与复旦大学》，太原：山西教育出版社1996年版，第229页。

关团体仍积极举行形式多样的遥祝百龄的典礼活动。

1939 年 3 月,此时滞留"孤岛"上海的复旦同学会发起庆祝复旦大学创始人马相伯百岁寿辰活动,复旦校友、马相伯同乡故旧到会者近千人。马相伯闻讯,寄来亲笔信以致谢意,表示:"惟自战事发生以来,国无宁土,民不聊生。老朽何为,流离异域。正愧无德无功,每嫌多寿多辱。乃辱承祝我庆我,自觉难堪耳。"①寥寥数语,表露了他对祖国人民遭受莫大苦难的深切关心之情。

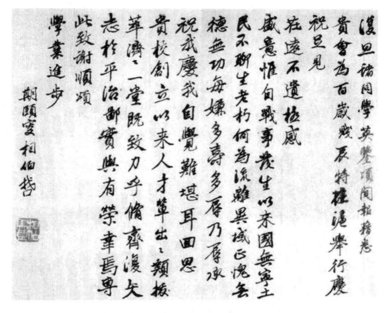

1939 年 4 月,马相伯为复旦师生书写的答谢辞

此外,庆贺马相伯百岁寿辰的纪念文章亦时常见于报端。1939 年 3 月,为组织马相伯百岁寿诞征文活动,钱智修撰《马相伯先生大寿征文启》,称:"先生名高旗翼,德并岳渊。仿鹅湖鹿洞之规,启虎观鸿都之盛。大扣小扣,既应时而能鸣。经师人师,复一身而兼备。是以时雨之化,深入乎身心。雅风所扬,别开夫宗派。计自先生先后创设震旦、复旦以来,及门何啻三千,纪年且逾一世,莫不一经北面,事以终身,奉若

---

① 转引自宗有恒、夏林根《马相伯与复旦大学》,太原:山西教育出版社 1996 年版,第 140 页。

神明,依如慈母。"①毛西壁撰《马相伯之言行》一文,称:"先生既为宗教、哲学、科学之大师,其智乃集现代文化之大成,而先生又为仁人,则仁者之寿,宜其与河山相映,绵绵延延,日进无疆。"②

1939 年 4 月 6 日,《新华日报》专程发表《马相伯先生百龄庆典》短评,高度赞扬他在文化、教育、政治诸方面的卓越贡献,指出马相伯能够"随着时代的激流而不断地进步着",特别是"近几年来,民族危机日益深重,马先生不辞老瘁,奔走抗日工作。对于全国抗日救亡运动的推动和抗日民族统一战线的形成和发展,都发生了重要的作用……从这一百年来马相伯先生的奋斗中,可以看出中华民族儿女的优秀的特质,可以看出中华民族光明灿烂的前途"。③ 为了表彰马相伯在文化教育、抗日救亡等事业上的卓越贡献,中国共产党中央委员会在《致马相伯百龄大庆贺电》中写道:"桂林新四军办事处探转马相伯先生尊鉴:兹值先生百龄大庆,国家之光,人类之瑞。谨率全体党员遥祝并致贺忱。"④

与此同时,国民党中央政府在 1939 年 4 月 6 日颁布《国府褒嘉令》,对马相伯的学问人品和爱国情操给予高度赞扬,称他:"学贯中西,名德夙著。中年以后,慨捐巨款,倡学海滨,乐育英材,赞覆匡复,为功尤巨。近自御侮军兴,入佐中枢,秉老当益壮之精神,参抗战建国之大计,忠忱顾望,宇内同钦。兹届转登百龄,襟怀豪迈,无减当年,匪惟民族之英,抑亦国家之瑞。载颁明令,特予褒嘉,以旌勋贤而资矜式。此令。"⑤

1939 年 4 月 6 日,《中央日报》刊登《马相伯先生百龄庆典特刊》,门生故旧隆重祝贺先生百岁寿辰,纷纷撰文表敬意和爱戴。邵力子撰《由益坚益壮到必胜必成——恭祝相伯夫子百岁大寿》称赞马相伯"即是承此种精神(按,'穷且益坚,老当益壮')且加以发扬光大的人",无论遭遇

① 钱智修:《马相伯先生大寿征文启》,转引自宗有恒、夏林根《马相伯与复旦大学》,太原:山西教育出版社 1996 年版,第 81 页。
② 毛西壁:《马先生之言行》,转引自宗有恒、夏林根《马相伯与复旦大学》,太原:山西教育出版社 1996 年版,第 75 页。
③《马相伯先生百龄庆典》,《新华日报》1939 年 4 月 6 日。
④《致马相伯百龄大庆贺电》,《新华日报》1939 年 4 月 7 日。
⑤《国府褒嘉令》,《中央日报》1939 年 4 月 6 日。

何种造次颠沛流离之苦和艰难险阻之难，都不能改变他对国家的浓厚热爱，指出："相伯先生的这种精神，正是我们中华民族的精神；有此精神，我民族必能永存。穷者且益坚，不穷者应当怎样？我们还能腐化贪污吗？老者且要益壮，未老者应当怎样？我们还能萎靡退缩吗？……相伯先生所以能享大年，中国所以永久存在于世界，都在此。由相伯先生的益坚益壮推而广之以及于全国，敢断言抗战建国的必胜必成。相伯先生万岁！中华民族万岁！"①程中行撰《马前校长先生百龄大庆寿言》，曰："综先生之生平，言为道范，行为世法，识先流俗，学究天人。自其服官退居，著书讲学，一归于国家民族之大本。百年以来，乾坤转易，世事沧桑，百年中之奇变大变，惟先生实亲示之。在此百变奇变大变中，有不变者焉，曰国家民族至上，曰人与群之仁爱，曰守其信以化民成俗，曰正义和平克制强暴。此四者，百年世界文明进化之规模；此四者，先生所以教其徒与启其国人者。"②于右任为自己的老师写下贺寿长文《百岁青年马相伯》，并手书贺联，曰："当全民族抗战之时，遥祝百龄，与将士同呼万岁；自新教育发萌而后，宏开复旦，论精神独有千秋"③，并撰"大邦人瑞，民族导师"八字表达自己对老师的敬仰。④陶行知撰《贺马相伯先生百岁寿联》，曰："寿上加寿，寿星要中国长寿。仁不违仁，仁者愿天下归仁。"⑤李登辉撰《马相伯老先生百龄大庆祝辞》，曰："先生领袖名流，风标儒雅，爱筹学府，熔铸宏才。"⑥

此时此刻，马相伯滞留越南谅山，得知国内举办众多活动祝贺自己的百岁寿诞，愧不能当，亲自撰文答谢各界对他的深情厚谊，并自言："救国重于祝寿，当团结御侮，愿拼老命和爱国人民一道抗日救亡"⑦，表

---

① 邵力子：《由益坚益壮到必胜必成——恭祝相伯夫子百岁大寿》，载《中央日报》1939 年 4 月 6 日。
② 程中行：《马前校长先生百龄大庆寿言》，载《中央日报》1939 年 4 月 6 日。
③ 转引自许有成、徐晓彬《于右任传》，上海：复旦大学出版社 1997 年版，第 49 页。
④《于右任与马相伯先生》，转引自方豪《方豪六十自定稿》下册，台北：台湾学生书局 1969 年版，第 1987 页。
⑤ 陶行知：《贺马相伯先生百岁寿联》，《陶行知全集(补遗一卷)》，成都：四川教育出版社 1991 年版，第 675 页。
⑥ 李登辉：《马相伯老先生百龄大庆祝辞》，转引自宗有恒、夏林根《马相伯与复旦大学》，太原：山西教育出版社 1996 年版，第 72 页。
⑦《先生》编写组：《先生》，北京：中信出版社 2012 年版，第 70 页。

达了自己誓与祖国同胞团结一致、同仇敌忾的坚定志愿。

四、哲人其萎,四海同悲

1937 年"八一三事变"爆发,不久上海沦陷,日本侵略大军逼近首都南京。是年 9 月,应冯玉祥、李宗仁的邀请,马相伯离开南京,移居广西桂林。历史的车轮仿佛又倒回九十多年前,马相伯刚出生不久,英法军舰沿着长江,一路开到南京,他被家人抱着躲进山中避难之时一般。此时战火再起,炮火隆隆,马相伯年近百龄,身躯已然衰老,却不得不再次踏上躲避战乱之途,最后客死异邦……

马相伯曾在自己居住的房门口书写一副对联,即"生有自来戚继光,死无遗憾范希文"[①]。这副对联表达了他虽身在大后方,却时刻不忘国家民族之安危存亡,以南宋抗金名将戚继光和北宋抗西夏儒将范仲淹自勉,念念不忘抗日救亡。可以说国家民族的存亡,无时无刻不牵动着他的心。

马相伯在桂林生活近一年,这一年也是抗日最艰苦卓绝的一年,首都南京陷落,日军惨无人性,实施南京大屠杀……他虽身在大后方,却始终关注着抗日前线的状况和国家民族的命运。1938 年 11 月,于右任以马相伯年老畏寒,特邀迁居昆明。18 日启程,27 日途经越南谅山,旅途颠簸劳顿,体力不支,因病滞留休养。1939 年 1 月 5 日,于斌主教亲至谅山,代教宗"颁赐圣象,并代致宗座降福",3 月 19 日,谅山本堂汉司铎"特在先生宅内,举行百岁寿辰谢主弥撒",7 月,罗马教廷驻华代表蔡宁总主教(Mario Zanin)亲临谅山慰问,备致崇敬。[②]

滞留越南期间,马相伯爱国心尤切,百岁寿诞之后,他"以前方将士浴血抗战劳苦为念",特意把社会各界赠送给他的寿仪全部捐献出来,以慰问前线伤兵。[③]

① 黎远明:《爱国老人马相伯先生在桂林》,载《新文化史料》1999 年第 3 期。
② 方豪:《马相伯先生在教事迹年表》,转引自张若谷《马相伯先生年谱》,上海:商务印书馆 1939 年版,第 231 页。
③《增谱》,转引自张若谷编《马相伯先生年谱》,上海:商务印书馆 1939 年版,第231 页。

他时刻牵挂国内战况，"国人有过谒者，相见无别语，惟殷殷询抗战情形及各地建设状况，反覆不已"。① 他曾对孙女马玉章说："九香，你听爷爷的话，我死后，你就到重庆去，找于右任伯伯，要求到前线去，为国家效力。"②当曾经的救国会成员胡愈之来访时，马相伯嘱托要以抗日救国为重，并无比沉痛地说："我是一只狗，只会叫，叫了 100 年，还没有把中国叫醒。"③10 月 20 日，当他得知湘北大捷的消息时（按，此信息有误），竟喜极而泣，以至于夜不能寝，病势愈重，11 月 3 日，弥留之际，言语已不易辨别，仅闻"消息消息"等含糊之音，次日零时，抱着神州未复的深深遗憾，黯然长逝。④

噩耗传来，举国悲痛。于右任听闻老师仙逝的消息，悲痛万分，并为自己的照顾不周抱恨不已，称："疏谬之罪，百口奚辞？悲乎！非先生圣灵启示，俾余略增其绵薄之力，于先生所生死不渝之中兴大业，循其天职，稍补涓埃矣，余又何以自赎于先生耶？"⑤

11 月 6 日《新华日报》发表短评，称马相伯"晚年目睹日寇侵略加紧，民族危机严重，为救国业奔走呼号，不遗余力……马先生是热心爱国家、爱民族的，是永远有着青年人奋斗精神的"⑥。11 月 6 日，《中央日报》刊发《敬悼马相伯先生》社论，称马相伯一生历经世变，然其"处变者有不变之数原则：一为国家之至上，一为人与群之仁爱，一为崇科学求进步，一为正义克制强权。此外，还对马先生毁家兴学给予特别敬意，称："先生的结晶，乃在教育"，认为马相伯的逝世不仅是"国丧元老"，更是"民丧师宗"，而且"不仅是中国国家的损失，乃是 20 世纪文明史上一件大事"⑦。11 月 10 日，毛泽东、朱德、彭德怀联名致电马相伯的家属，称："惊悉相伯先生于本月 4 日，遽归道山，老人星黯，薄海同悲。遗憾尚多，倭寇未殄。后死有责，誓复国仇。在天之灵，庶几稍慰。

① 《增谱》，转引自张若谷编《马相伯先生年谱》，上海：商务印书馆 1939 年版，第231页。
② 转引自宗有恒、夏林根《马相伯与复旦大学》，太原：山西教育出版社 1996 年版，第 57 页。
③ 张若谷：《苦斗了一百年的马相伯先生》，张若谷编：《马相伯先生年谱》附录一，上海：商务印书馆 1939 年版，第 234 页。
④ 《增谱》，转引自张若谷编《马相伯先生年谱》，上海：商务印书馆 1939 年版，第 231—232 页。
⑤ 于右任：《追念相伯夫子并略述其言行》，载《国民公报》1939 年 11 月 26 日。
⑥ 《悼马相伯先生》，载《新华日报》1939 年 11 月 6 日。
⑦ 《敬悼马相伯先生》，载《中央日报》1939 年 11 月 6 日。

特电驰唁,敬乞节哀。"①

　　11月14日,复旦大学在四川嘉陵江边举行追悼马相伯先生大会。时任复旦大学校长吴南轩在追悼会上深情怀念马相伯为震旦学院、复旦大学的创建和发展所作的贡献,称:"马老校长的生平是值得我们追念不忘的",指出马相伯是"举国鲜有的百岁老翁",是"廉洁奉公的,他不是为钱驱使而奔驰,他的一生,都在为国家民众打算",他"主张民主,施行宪政",他"支持下的复旦、震旦两校,培育了不少带革命思想和革命作风的人物,成了革命党人集会的处所。辛亥革命的成功,马老校长尽力不少",而且指出他"除对内希望民主外,对外是希望打倒侵略国家,尤其是日本帝国主义",因此称赞他"是前进的,积极的",不仅"弟子散满天下,在学术上成为一代宗师"。最后,从"物质的我,社会的我,精神的我"三个层面指出,"马老校长的物质的我虽逝了,但马老校长的社会的我,精神的我,却依然长存",呼吁:"我们今天在追悼他的时候,应本着他的精神的我和社会的我,而继续努力前进,使我们社会的、精神的马老校长永垂不朽。"②

　　11月26日,战时陪都重庆各界为马相伯举行了无比庄重的追悼会。追悼会由民国元老吴稚晖主持,他追怀马相伯不屈不挠的奋斗一生,从太平天国、甲午中日之战、八国联军侵华到目前正在进行的抗日战争,称他是亲历中国变化最多的100年,在这100年来,他始终为中国国民的觉醒而奋斗不止,最后勉励大家要"继承遗志,努力叫醒中国"。追悼会上,于斌主教向出席追悼会的人们介绍了他在谅山为马相伯举办的治丧事宜,并称马相伯的离世不仅是中国的损失,也是"世界的损失"。③ 于右任赠送的挽联,曰:"光荣归上帝,生死护中华"。蒋介石赠送的挽联是"毕生广造英才,化育百年尊绛帐;临死尚饶敌忾,精魂万古式黄炎"④,追述了马相伯在教书育人、奋起抗日方

①《新华日报》1939年11月10日。

②吴南轩:《在复旦大学追悼马相伯先生大会上的报告》,转引自宗有恒、夏林根:《马相伯与复旦大学》,太原:山西教育出版社1996年版,第103—104页。

③《追悼马相伯》,载《大公报》1939年11月27日。

④《追悼马相伯》,载《大公报》1939年11月27日。

面的卓越成就。

在追悼会上，于右任含泪宣读自撰的长篇悼词，称："呜呼吾师，今胡遽别？余将胡依？民胡矜式？……嗟师之生，忧患百年……报国之心，托于造士，笃志殚精，忘其暮齿……共和肇建，再起匡时。中山国父，丹徒国师……蒲轮就道，做宾上京，谋参密勿，礼尊老更。孰谓已老？心坚而贞，钢铁政策，播音铿铿。卢沟弄兵，妖胡内衅，何以御之？长期抗战……湖湘三捷，喜极而唏，声声'消息'，断续依稀……万心一力，应济艰屯，收京有日，再为告文。呜呼哀哉！尚飨！"①此篇悼文追述马相伯兴办教育、建立民国、呼吁抗日等人生人事，凸显马相伯一生的拳拳爱国之心。

马相伯的另一位弟子邵力子在追悼会上颂扬了马相伯的入世精神以及爱国救国之情，追述了其教育救国之事迹，称："先生的信仰是入世的，不是出世的。先生要使举国人有信仰，在使举国人知道爱国救国。先生一生专业，具体的表现在教育。先生一生三任大学校长，震旦、复旦是先生创造的。先生虽是宗教家，而教育的方法，重'有容'，他对青年，使他们由'知'而'信'，这是先生最伟大的地方，先生所以为大教育家，就在于此。教育是国家百年大计，一方面要使青年有信仰，同时要使青年由'知'而'信'，这样的信仰不是浮面的，不是被动的……先生精神学问的最高目标在救国。现当抗战已入后期，爱国国人，都应人人效法先生。"②

12月17日，桂林各界在在省政府礼堂也举行了隆重的追悼大会。会前经过各界商议，决定制作一枚纪念章分赠出席纪念会的各位来宾，任务就交给了当时的中央造币厂桂林造币分厂，即"百龄老人马相伯先生遗像纪念章"。纪念章正面外环一圈米字吉寿如意纹，上方篆体环刻"百龄老人马相伯先生遗像纪念章"字样，正中为马相伯先生正面半身遗像，矍铄有神，须发毕现，精致至极。

---

① 《于右任与马相伯先生》，转引自方豪《方豪先生六十日自定稿》下册，台北：台湾学生书局1969年版，第1990—1991页。

② 邵力子：《救国老人马相伯先生》，原载《新华日报》1939年11月25日，转引自宗有恒、夏林根：《马相伯与复旦大学》，太原：山西教育出版社1996年版，第96—97页。

抗战胜利后,1948年11月4日,丹阳举办马相伯逝世九周年追思大会,当时天主教南京教区总主教于斌前一天专程从南京乘火车到丹阳参加本次追思大会。于斌发言时,一再强调自己是以马相伯学生的身份来参加纪念会的,原来他20年代初曾经在震旦大学学习法语,马相伯时任校长,兼任法语课教师,曾给他授过课。[1]

1949年新中国成立后,时任上海市市长陈毅得知爱国老人马相伯的灵柩尚在越南谅山,决定将其迁回上海。1951年12月23日,陈毅市长派秘书和警卫员,陪同马相伯的儿媳马邱任我、孙女马玉章等一起前往谅山迎回灵柩。次年1月8日,扶柩回归上海故里,1月24日,马相伯弟子和故交在长乐路139号震旦大学礼堂举行"马相伯灵柩安葬纪念会",以告慰先生在天之灵。第二天,在震旦女子文理学院大礼堂举办了规模盛大的追悼大会,陈毅市长主持并致悼词。后将遗骨安葬于当时新泾区(今长宁区)息焉公墓。"文革"结束后,上海市成立马相伯迁墓筹备委员会,经与家属协商,决定在1984年,也即马相伯先生逝世45周年之际,将其墓迁至宋庆龄陵园名人区。

马相伯之墓(万国公墓)

① 吴宏厚口述,周松涛整理:《70年前马相伯追思大会》,载《丹阳日报》2016年12月28日。

1984 年 10 月 27 日，马相伯墓地迁至上海宋庆龄陵园（亦称万国公墓），上海市政协、各民主党派、市宗教局、市天主教爱国会、复旦大学、上海第二医学院的负责人和马相伯的亲属等各界人士在墓前举行隆重的迁墓仪式。时任上海市副市长的张承宗，发表讲话，追述马相伯一生事迹，指出："马相伯先生一生的光辉业绩及其高风亮节，值得我们永远纪念与景仰。他毁家兴学，创办震旦与复旦大学，培育英才，桃李成荫，对祖国文化教育事业做出卓越贡献。他在那种恶劣环境下，不畏强暴，奔走救国工作，对当时抗日救国运动的推进和抗日民族统一战线的形成与发展，都产生了重要的作用。"[1]

马相伯虽已去世，但他的精神一直活在一代代中国人心中，作为近代历史的同龄人，他曾自言在忧患中成长，满腔爱国之情随岁月增长愈来愈浓烈，晚年他亦曾自言"爱国实其天则"[2]，离会参政、毁家兴学、拥护共和、呼吁抗日，处处体现着他这份浓郁的爱国之心。斯人已往，而其精神长留天地间。

---

① 张承宗：《在马相伯先生迁墓仪式上的讲话》，转引自宗有恒、夏林根《马相伯与复旦大学》，太原：山西教育出版社 1996 年版，第 65 页。

② 《国难言论集·为抵抗日本第二次进攻华北告国人书》，朱维铮主编：《马相伯集》，上海：复旦大学出版社 1996 年版，第 932 页。

附　录

马相伯生平大事年表

1840 年(清道光二十年),1 岁

马相伯,名良,字相伯,以字行。4 月 7 日(17 日)农历三月初六(十八)出生在镇江丹徒。原籍镇江丹阳马家村。父松岩,母沈氏。家族世奉天主教,出生满月,即受洗为天主教徒。取教名若瑟,故又号若石。

原名志德,学名斯威,又名钦善、建常,后改为良,字相伯(又作湘伯或芗伯),晚号华封老人。

兄弟三人,长兄马建勋,原名志新,学名绍良,又名钦荣、建勋,字少良,弟马建忠,原名志民,学名斯才,又名钦良、建忠,后改名乾,字眉叔。

是年,鸦片战争爆发,英军攻陷宁波舟山。

1841 年(清道光二十一年),2 岁

英军占领虎门等炮台,又移军北上,攻陷厦门、宁海、镇海、宁波等地。

1842 年(清道光二十二年),3 岁

全家避难山中,不幸天花复发,幸赖姐姐细心看护而脱险。姐姐教名为玛尔大,后嫁原籍海门的上海朱姓天主教徒。

10 月,英军逼金陵,签订《中英南京条约》。

1843 年(清道光二十三年),4 岁

10 月,上海开埠。

1844 年(清道光二十四年),5 岁

入私塾读书。在家随母亲读教中经典,随塾师学四书五经。

清政府准许自由信仰天主教,在五个通商口岸建教堂。

1845 年(清道光二十五年),6 岁

弟马建忠生。

上海开辟租界。

1846 年(清道光二十六年),7 岁

清政府与英国签订割让舟山群岛条约。

清政府发放教堂产业。

1847 年(清道光二十七年),8 岁

仍在私塾读书,与学童嬉戏,喜欢排兵布阵。

1848 年(清道光二十八年),9 岁

喜观天象,想象力丰富。

1849 年(清道光二十九年),10 岁

仍在私塾读书,为学童领袖。

1850 年(清道光三十年),11 岁

上海依纳爵公学(后改为徐汇公学)成立。

1851 年(清咸丰元年),12 岁

孤身前往上海,入上海徐汇公学读书,深得教习耶稣会士晁德莅的
欣赏。

1852 年（清咸丰二年），13 岁

仍在徐汇公学读书。到南京参加江南乡试，落榜。

弟眉叔亦到徐汇公学读书，年仅 7 岁。

1853 年（清咸丰三年），14 岁

受聘兼任本校国文、经学助教。

太平军陷南京，时"红头"占领上海。

1854 年（清咸丰四年），15 岁

学习法文和拉丁文。

随老师参观上海银行。

1855 年（清咸丰五年），16 岁

诵读古文，欣赏苏轼其人其文。

2 月，"红头"退出上海。

徐汇公学学生人数增加。

1856 年（清咸丰六年），17 岁

太平军陷武昌，胡林翼率军收复。

广东亚罗船事件爆发，英舰攻陷广州，旋即退去。

1857 年（清咸丰七年），18 岁

获徐汇公学文科奖赏。上海法领事欲聘为秘书，坚辞不就。

英法联军合陷广州。

1858 年（清咸丰八年），19 岁

获徐汇公学圣学奖赏。"圣学"是研究天主教教义的课程，学习利玛窦所著《天主实义》。

是年，英法联军攻陷大沽，签订《天津条约》。

太平军声势日盛，全家转至上海避难。

"红头"复占上海。

1859 年（清咸丰九年），20 岁

又获徐汇公学圣学奖赏。

1860 年（清咸丰十年），21 岁

太平军攻陷丹阳、无锡、常熟，前锋开抵上海。

徐汇公学师生避难。

太平军忠王李秀成驻军徐汇天主堂，观其行祈祷礼。

英法联军入北京，咸丰帝避难热河，签订《北京条约》。

1861 年（清咸丰十一年），22 岁

清政府设立总理各国事务衙门。

1862 年（清同治元年），23 岁

5 月 29 日，入耶稣会初学院，为第一届修士。晁德莅担任院长。

6 月 11 日，京师同文馆正式开学。

夏，奉命去苏州、太仓等地救护难民。

1863 年（清同治二年），24 岁

耶稣会初学院第二年。

1864 年（清同治三年），25 岁

6 月 3 日，初学院修习期满，发初愿。

入大修院，学习中国文学及拉丁文学。

1865 年（清同治四年），26 岁

研习哲学。

1866 年(清同治五年),27 岁

继续研习哲学。

1867 年(清同治六年),28 岁

研习数学和神学。

1868 年(清同治七年),29 岁

研习神学第二年。

1869 年(清同治八年),30 岁

研习神学第三年。

1870 年(清同治九年),31 岁

5月8日,通过耶稣会士考试,成绩"特优",获神学博士学位,并被祝圣为司铎。

普法战争爆发,拿破仑三世被俘。

1871 年(清同治十年),32 岁

奉耶稣会会长之命,前往安徽宁国和江苏徐州等地传教。

后被派往南京圣玛利住院,研究科学。

1872 年(清同治十一年),33 岁

任徐汇公学校长,兼任教务。

1873 年(清同治十二年),34 岁

仍任徐汇公学校长,率学生应童子试。

1874 年(清同治十三年),35 岁

仍任徐汇公学校长。

任耶稣会编撰。

译《度数大全》120 卷,教会不予印行,后散佚。

耶稣会教士在徐家汇创立天文台。

1875 年(清光绪元年),36 岁

与徐家汇耶稣会冲突加剧,奉命专门研究天文学,因缺乏必要仪器,转而研究数学。

1876 年(清光绪二年),37 岁

调往南京,翻译数学著作。因与耶稣会矛盾加剧,退出教会。

是年,经长兄马建勋推荐,赴济南任山东布政使余紫垣幕僚,掌理文案。

娶山东女子王氏为妻。

清政府派遣出洋学生,弟眉叔以郎中派赴法国中国使馆,学习洋务。

1877 年(清光绪三年),38 岁

被余紫垣委任为潍县机械局总办,此时,"一心想做事业"。

清政府收回上海英商所建吴淞铁路,并销毁。

弟眉叔应试巴黎政治学院,获得优奖。

1878 年(清光绪四年),39 岁

奉李鸿章命,调查山东矿务,达半年之久。

弟眉叔仍在法国,成《出使学堂章程》。

1879 年(清光绪五年),40 岁

弟眉叔著《铁道论》《借款以开铁道说》。

是年,日本吞并琉球。

1880 年(清光绪六年),41 岁

清政府遣曾纪泽往俄罗斯索还伊犁。

1881 年(清光绪七年),42 岁

随黎庶昌出使日本,任东京中国使馆参赞,旋改任神户中国领事。约半年后,回国。

是年春,弟眉叔往来天津塘沽等地,考察地形,开矿采煤。

是年夏,弟眉叔奉李鸿章令,去南洋考察鸦片事务。

是年冬,北京、上海设立电报。弟眉叔条陈《电报章程》。

1882 年(清光绪八年),43 岁

奉李鸿章之命,赴朝鲜担任国王顾问,襄理新政,上《朝鲜国王条陈》。

3 月,朝鲜与美国订立通商条约,弟眉叔偕水师提督,至朝鲜莅盟。

6 月,高丽政变,弟眉叔偕丁汝昌率水师前往平乱。

清政府派遣吴长庆久驻高丽,时袁世凯在吴部下任分统。

1883 年(清光绪九年),44 岁

在朝鲜,劝闵妃送太子去欧美留学。

1884 年(清光绪十年),45 岁

4 月,回国,荐袁世凯为驻高丽商务委员。

时弟眉叔任轮船招商局总办。

奉李鸿章命,调查各地分局往来账目。

是年,中法战争爆发。

1885 年(清光绪十一年),46 岁

南下调查,在广州,建议时任两广总督张之洞将九龙半岛辟为商埠,未得采纳。

冬,离粤,经福建,途经厦门时,轮船触礁。

1886 年(清光绪十二年),47 岁

在厦门,应台湾刘铭传邀请,短期赴台,改革建议未获采纳。

回天津述职,上《改革招商局建议》,未获采纳。

中法议和,清政府拟派赴越南划界,辞不愿往。

中法订约时,列席会议,力主维持国家尊严。

奉李鸿章命,赴美借款建设海军,功败垂成。

是年,转道欧洲,考察英国商务,参观牛津、剑桥大学。

1887 年(清光绪十三年),48 岁

自伦敦赴巴黎,时拿破仑三世得子,题赠汉文。

与法国大商人一起参观公司、工厂。

向法国退伍军士询问拿破仑逸事。

到罗马拜见教皇宗良十三世。

由法国回国述职。

诸事无成,心情沉闷。

1888 年(清光绪十四年),49 岁

光绪帝亲政。

清政府任丁汝昌为北洋海军提督。

1889 年(清光绪十五年),50 岁

2 月,清政府派薛福成为出使英、法、意、比四国大臣。

1890 年(清光绪十六年),51 岁

2 月,光绪帝二十寿辰。

1891 年(清光绪十七年),52 岁

4 月,丹阳天主教堂被哥老会匪徒烧毁。

6 月,丁汝昌率兵舰,巡视日本长崎海港。

1892 年(清光绪十八年),53 岁

任长崎领事,旋改使馆参赞。

1893 年(清光绪十九年),54 岁

妻子王氏携幼子回山东探亲,因沉船,不幸双亡。

8月,薛福成奏请开放海禁。

1894 年(清光绪二十年),55 岁

6月,朝鲜内乱,日军占据朝鲜王宫,清政府赴援。

7月,中日宣战,中日甲午战争爆发,中国海军惨败。

1895 年(清光绪二十一年),56 岁

北洋海军全灭,丁汝昌自杀。

李鸿章赴日议和。

母亲沈太夫人去世,享年91岁。临终前,对两个儿子离开教会,始终不能释怀。

1896 年(清光绪二十二年),57 岁

上海《时务报》发刊,梁启超撰《变法通议》,向马相伯、马建忠兄弟学习拉丁文。

康有为询问吸收欧洲文化之捷径,答以派遣留日学生。

1897 年(清光绪二十三年),58 岁

重返教会,将一双儿女托付教会保育院,只身隐居徐家汇土山湾孤儿院。

撰《务农会条议》《枪不杀人》《炮台新制》等文。

与维新派人士汪康年书信往来,讨论"变法救民"。

撰《利玛窦遗像题词》《徐光启遗像题词》《汤若望遗像题词》《南怀仁遗像题词》。

1898 年(清光绪二十四年),59 岁

光绪皇帝信任康有为,锐意变法,诏定国是,开经济特科,开办京师大学堂。

梁启超请主持译学馆,建议设在上海。

7月,慈禧太后发动政变,废新法。

《马氏文通》成稿出版。

1899 年(清光绪二十五年),60 岁

李鸿章调任两广总督。

1900 年(清光绪二十六年),61 岁

义和团兴起,7月八国联军攻陷北京,慈禧太后逃亡西安。

立"捐献家产兴学字据",将大部分家产捐给耶稣会,以作兴办学校之用。

是年,马建忠去世,年仅 55 岁。

1901 年(清光绪二十七年),62 岁

主持徐家汇天文台事宜;撰《开铁路以图自强论》。

是年,清政府颁布"变法"上谕,下兴学诏。

1902 年(清光绪二十八年),63 岁

为蔡元培等人教授拉丁文。

于徐家汇天文台内创办震旦学院,自任监院(即校长),手订《震旦学院章程》,实行学生自治,文理并重,不谈教理。

是年,清政府出台"壬寅学制",但未及实施。

南洋公学学生全体罢课,创立爱国学社。

1903 年(清光绪二十九年),64 岁

2月27日,震旦学院正式开学。

撰《〈拉丁文通〉叙言》,介绍西罗马"首建议院,由议院而共和"以及法律等政教成就。《拉丁文通》是震旦学院时期教授拉丁文的讲义。

1904 年（清光绪三十年），65 岁

1 月 13 日，清政府颁布"癸卯学制"，中国近代第一个正式施行的学制。

是年，于右任入震旦学院。

1905 年（清光绪三十一年），66 岁

爆发"震旦学潮"，在上海吴淞创办复旦公学，亲订《复旦公学章程》。

9 月 2 日，袁世凯等奏请立停科举，推广学堂。清政府诏准自丙午（1906 年）科为始，停止科举考试。

9 月 14 日，复旦公学正式开学。被公推为校长，李登辉为教务长。

是年，丹阳设商会，被公推为名誉会长。

1906 年（清光绪三十二年），67 岁

应两江总督周馥邀请，赴南京演讲《君主民主政制之得失及宪法之真精神》。

留日学生发生学潮，奉命东渡，料理善后，发表演说，其中"爱国不忘读书，读书不忘爱国"一句流传至广，被张之洞誉为"中国第一演说家"。

为兴建"编辑、印刷、发行之书局"，与张謇等社会名流发起成立中国图书有限公司，亲撰《中国图书有限公司招股缘起启》。

1907 年（清光绪三十三年），68 岁

为英敛之《也是集》作序，强调"宪法亦能造国民"。

年末，应梁启超邀请，就任新成立的立宪团体政闻社总务员，发表就职演说《政党之必要及其责任》，阐发形我与神我之别，被章太炎称为"神我宪政说"。

1908 年（清光绪三十四年），69 岁

政闻社迁回上海，不久解散。

溥仪即位，年号宣统。

由耶稣会续办的震旦学院在卢家湾吕班路建新校舍,捐钱襄助。

为徐汇公学老同学李问渔编《墨井集》作序。

1909 年(清宣统元年),70 岁

清政府与日本签订《图们江中韩界务条款》。

春,为李问渔《古文拾级》作序。

夏,震旦学院行暑期礼,应邀莅院演讲。

冬,复任复旦公学校长。

1910 年(清宣统二年),71 岁

清政府诏定 8 月 20 召集资政院,并预颁钦选议员。

列名江苏省谘议局推选的民选议员名单。

夏,震旦学院举行暑假礼,再次莅院演讲。

1911 年(清宣统三年),72 岁

6 月 5 日,震旦学院行暑期礼,再次莅临演说。

8 月,武昌起义爆发。秋,复旦公学一度迁往无锡惠山,撰《复旦学院广告》,告知学生来无锡报考。

中华民国南京临时政府成立,孙中山接任临时大总统。

复旦公学被教育部批准可按大学办理。根据当时实际情况,经与同仁商定,仍按照 3 年制大学预科办理。

撰《〈求新厂出品图〉叙》,襄扬外甥朱志尧创办求新厂之业绩,呼吁"合群策以争制造之权"。

1912 年(民国元年),73 岁

5 月 11 日,复旦公学在上海爱而近路第三号举行"开校礼"。9 月 8 日,正式迁入徐家汇李鸿章祠堂内。致信孙中山,请其担任复旦公学校董。

9 月 3 日,教育部公布《学校系统令》,与次年颁布的各种学校令,合称"壬子癸丑学制"。

参与江苏都督府事务,任南京府尹(市长),旋任江苏都督府外交司长,并短期代理江苏都督。

撰《辛亥政见》,呼吁开国会,并提议财政、军国民等政策;撰《劝勿为盗布告》,呼吁保护公产。

为创建一所公教大学,撰《上教宗求为中国兴学书》。

1913 年(民国 2 年),74 岁

受蔡元培邀请北上担任北京大学校长,后任袁世凯总统府的高级顾问。

仿效法兰西学院,与蔡元培、严复等筹划"函夏考文苑",惜无果而终。

译《新史合编直讲》,由上海徐家汇土山湾印书馆出版。

1914 年(民国 3 年),75 岁

北京四年,先后兼任参议院参议、平政院平政等职。

因袁世凯行"祀孔"礼,撰《一国元首应兼主祭主事否》,阐述"信教自由",继而撰《信教自由》《宗教之在良心》《宗教之关系》等文。

1915 年(民国 4 年),76 岁

与英敛之在北京西山成立"辅仁社"。

9 月 15 日,新文化运动爆发。

10 月,孙女马玉章出生。

为英敛之重刊明末清初传教士利玛窦著《辩学遗牍》作序。

为英敛之重刊明末清初传教士汤若望著《主制群征》作序,阐述科学与宗教的关系。

1916 年(民国 5 年),77 岁

5 月 7 日,在北京中央公园作《〈圣经〉与人群之关系》演讲。

在宪法修订期间,连续撰《保持〈约法〉上人民自由权》《〈约法〉上信教自由解》《信教自由》等文,反对定孔教为国教,提倡信教自由。

撰《宪法向界》，阐述宪法三向界：国体、政体、国权与民权。

长子马君远去世，儿媳马邱任我终身未改嫁，照顾年迈公公和幼女。

1917 年(民国 6 年),78 岁

为陈垣《元也里可温教考》作序，称"君真余师也!"。

见时事不可为，抱憾南下返沪，隐居徐家汇土山湾。

1918 年(民国 7 年),79 岁

思考民国以来种种乱局，撰《民国民照心镜》，呼吁民国民反躬自省，批判武人政治，倡导地方自治。在《民治学会签名簿》题词。

为重刊清初卫匡国《真主灵性理证》作序。

为重刊明季《灵魂道体说》作序。

1919 年(民国 8 年),80 岁

5 月 4 日，五四运动爆发。

教宗本笃十五世派光总主教任中国教务视察员。撰《答问中国教务》，谋求中国教会自主权。

是年，在沪弟子在徐园为其祝寿。

为陈垣著《明李之藻传》作序。

1920 年(民国 9 年),81 岁

翻译出版罗马教皇"夫至大"通谕即《教宗本笃十五世通牒》，再次倡议天主教中国化。为争取天主教中国化，代拟《北京教友上教宗书》。

撰《跋〈造花园新法序〉》，再次阐述民治主张。

1921 年(民国 10 年),82 岁

仍居土山湾，与英敛之书信往来，讨论中国教务、兴学等事宜。

为重刊《忍字辑略》作序，阐述"忍之为德"。

1922 年（民国 11 年），83 岁

应《申报》五十年纪念征文，撰《五十年来之世界宗教》，阐述宗教与科学相融之见。

1923 年（民国 12 年），84 岁

居土山湾，名其居曰绿野堂。

撰《〈致知浅说〉付刊叙》与《〈致知浅说〉小引》，《致知浅说》亦是震旦学院时的讲授讲义。

1924 年（民国 13 年），85 岁

居绿野堂，足不出户，日临池练字。

撰《〈尤其反对基督教理由〉书后》，再次阐述宗教与科学的关系。

1925 年（民国 14 年），86 岁

北京公教大学成立，英敛之请任校长，以年老辞，但修书一封，讨论办学宗旨和课程设置等问题。

修订《美国本笃会士创设北京公教大学宣言书稿》，宣扬"会士为中国之会士，公教为中国之公教，大学为中国之大学"。

1926 年（民国 15 年），87 岁

北京公教大学改名为辅仁大学。

上海天主教教友创办《天民报》，任总主笔，撰《〈天民报〉发刊词》，阐述"天民之责任"，重申《民国民照心镜》中主张。

1927 年（民国 16 年），88 岁

与司铎徐允希合译《灵心小史》。

撰《问谋判专制与谋判共和其罪孰大》。

1928 年（民国 17 年），89 岁

5 月 6 日，蔡元培、于右任等弟子在徐家公学举行"马相伯九旬诞辰"预祝会,蔡称赞其提倡科学之功。

1927年,曾经的震旦老学生胡敦复的弟弟数学家胡明复去世。是年为《胡明复先生遗稿》作序,阐述"数理者不仅科学之魂,亦科学家之魂"。

1929年(民国18年),90岁

5月4日,蔡元培、于右任等门生故旧为其举行正式的"九秩诞辰"庆祝会。

撰《教廷使署志》,使署建立是天主教中国化的象征。

1930年(民国19年),91岁

为江苏省通志局拟"宗教门"稿。

撰《九一寿辰演说词》,再次谈及宗教与科学相容的观点,希望"科学教育发达"。

为徐景贤《〈孝经〉之研究》作序。

1931年(民国20年),92岁

九一八事变爆发,发表广播抗日救亡演说。

撰《九二老人病中语》,感叹自明末西方科学传入以来,三百多年,"政府不能用国货造国防,人民不按科学造实用所需。"

1932年(民国21年),93岁

一·二八事变爆发,发表《国难人民自救建议》,派门人携《提议实施民治,促成宪政,以纾国难案》参加蒋介石在洛阳召开的"国难会议"。

发起"江苏省国难会",后与熊希龄、章太炎等组织"中华民国国难救济会",后发起"不忍人会",加盟宋庆龄、蔡元培发起的"中国民权保障同盟"。

撰《六十年来之上海》,回忆六十年来上海以及中国时局之变。

1933年(民国22年),94岁

出版《马相伯先生国难言论集》。

撰《十诫序论》《宗教与文化》,阐述天主教教义。

撰《国货年献词》,倡导提倡国货。

1934 年(民国 23 年),95 岁

为纪念徐光启逝世 300 周年,撰《徐文定公逝世三百年纪念词》《徐文定公与中国科学》。

1935 年(民国 24 年),96 岁

撰《赞许章太炎讲学》,赞章为"朴学鸿儒,当今硕德"。

撰《联邦议》《民治私议》,再次阐述民治和联邦制的政治见解。

12 月 12 日,牵头发表《上海文化界救国运动宣言》,27 日"上海文化界救国会"成立。

1936 年(民国 25 年),97 岁

1 月 28 日,上海各界救国会联合会成立,被推选为主席团成员。

6 月 1 日,在上海成立"全国各界救国联合会",为执行委员,后沈钧儒等七名救国会同志被捕,竭力营救。

撰《题赠全救第二次执委会词》,宣称:"耻莫大于亡国,战虽死亦犹生。"

12 月,应天主教南京教区主教于斌邀请,离沪赴宁。

丹阳拟建"相伯图书馆",捐中西书籍近万卷,可惜未开箱就遭日本飞机炸毁。

1937 年(民国 26 年),98 岁

3 月,被任命为国民政府委员。

"七七事变"后,发表《钢铁政策》广播演说,呼吁全国抗日。

8 月 6 日,与获释后的国难七君子相聚,合影留念。

9 月,应冯玉祥、李宗仁邀请,移居广西桂林。

1938 年(民国 27 年),99 岁

11 月,于右任特邀迁居昆明,途中生病,滞留越南谅山。

撰《精诚团结一致对外》,号召全国团结一致抗日。

1939 年(民国 28 年),100 岁

4 月,全国各地举行遥祝马相伯百龄寿辰活动。国民政府为马老颁布奖令,中国共产党中央委员会以"国家之瑞,人类之光"寿辞电贺先生百岁寿辰。

7 月,罗马教廷驻华代表蔡宁总主教亲临越南谅山,问候致意。

11 月 4 日,在越南谅山逝世。

主要参考文献

(一) 中文著作

陈学恂主编:《中国近代教育史教学参考资料》下册,北京:人民教育出版社 1987 年版。

陈垣:《陈垣集》,北京:中国社会科学出版社 2000 年版。

《陈独秀著作选》第一卷,上海:上海人民出版社 1993 年版。

蔡元培:《北京大学国学研究所一览序》,中国蔡元培研究会编:《蔡元培全集》第 5 卷,杭州:浙江教育出版社 1998 年版。

丁文江、赵丰田编:《梁启超年谱长编》,上海:上海人民出版社 1983 年版。

方豪:《方豪先生六十日自定稿》下册,台北:台湾学生书局 1969 年版。

[法]沙白里:《中国基督教史》,耿昇、郑德第译,北京:中国社会科学出版社 1998 年版。

[法]史式徽:《江南传教史》(二卷),天主教上海教区史料译写组译,上海:上海译文出版社 1983 年版。

复旦大学校史编写组编:《复旦大学志第 1 卷(1905—1949)》,上海:复旦大学出版社 1985 年版。

顾卫民:《中国天主教编年史》,上海:上海书店出版社 2003 年版。

耿云志等:《西方民主在近代中国》,北京:中国青年出版社 2003 年版。

高平叔:《蔡元培年谱长编》第 1 卷,北京:人民教育出版社 1998 年版。

《胡适文存》第 2 集,台北:远东图书公司 1975 年版。

黄书光:《国家之光 人类之瑞——复旦公学校长马相伯》,济南:山东教育出版社 2004 年版。

黄书光:《中国教育哲学史·引言》第 4 卷,济南:山东教育出版社 2001 年版。

[加] 许美德等:《中外比较教育史》,朱维铮译,上海:上海人民出版社 1990 年版。

[加] 许美德:《中国大学——1895—1995 一个文化冲突的世纪》,许洁英主译,王嘉毅、陆永玲校,北京:教育科学出版社 2000 年版。

《康有为政论集》上册,北京:中华书局 1981 年版。

梁启超:《李鸿章传》,北京:商务印书馆 2019 年版。

梁启超:《中国历史研究法补编》,上海:商务印书馆 1930 年版。

李华兴等主编:《梁启超集》,上海:上海人民出版社 1984 年版。

罗家伦主编:《江浙铁路风潮》,台北:"中国国民党中央委员会"党史史料编纂委员会,1983 年。

李天纲编:《马相伯卷(中国近代思想家文库)》,北京:中国人民大学出版社 2014 年版。

李天纲:《心同东西》,上海:华东师范大学出版社 2001 年版。

罗光:《教廷与中国使节史》,北京:传记文学出版社 1969 年版。

刘志琴、罗检秋:《近代中国社会文化变迁录》,杭州:浙江人民出版社 1998 年版。

李楚材:《帝国主义侵华教育史料——教会教育·徐汇中学校史》,北京:教育科学出版社 1987 年版。

李书城:《辛亥革命回忆录》第 1 集,北京:文史资料出版社 1981 年版。

李剑农:《中国近百年政治史(1840—1926)》,上海:复旦大学出版社 2002 年版。

雷颐:《李鸿章与晚清四十年》,太原:山西出版集团 2017 年版。

马相伯口述,王瑞霖笔录:《一日一谈》,王红军校注,桂林:漓江出版社 2014 年版。

《马克思恩格斯选集》第1卷,北京:人民出版社1995年版。

马建忠:《适可斋记言·自记》,北京:中华书局1960年版。

马建忠:《马氏文通》,北京:商务印书馆2010年版。

马平安:《晚清大变局》,北京:新世界出版社2016年版。

[美]芮玛丽:《同治中兴:中国保守主义的最后抵抗(1862—1874)》,房德邻等译,北京:中国社会科学出版社2002年版。

[美]柯文:《在传统与现代性之间:王韬与晚清改革》,雷颐、罗检秋译,南京:江苏人民出版社2006年版。

[美]史华慈:《寻求富强:严复与西方》,叶美凤译,南京:江苏人民出版社1989年版。

[美]列文森:《儒教中国及其现代命运》,郑大华、任菁译,桂林:广西师范大学出版社2009年版。

[美]墨子刻:《摆脱困境:新儒家和演化中的中国政治文化》,颜世安、高华译,南京:江苏人民出版社1996年版。

[美]孔飞力:《叫魂——1768年中国妖术大恐慌》,陈兼、刘旭译,上海:上海三联书店1999年版。

[美]魏菲德:《洪业——清朝开国史》,陈苏镇、薄小莹等译,南京:江苏人民出版社1998年版。

彭裕文、许有成主编:《台湾复旦校友忆母校》,上海:复旦大学出版社2003年版。

齐卫平等:《抗战时期的上海文化》,上海:上海人民出版社2001年版。

阮仁泽、高振农主编:《上海宗教史》,上海:上海人民出版社1992年版。

上海市文史馆、上海市人民政府参事室文史资料工作委员会:《上海地方史资料(四)》,上海:上海社会科学院出版社1986年版。

淞隐居士:《立宪盛典文牍论说初编序》,《立宪盛典》,上海:上海文宜书局1906年版。

孙应祥、皮厚锋编:《〈严复集〉补编》,福州:福建人民出版社2004年版。

唐德刚:《晚清七十年》(全五册),台北:远流出版事业股份有限公司1998年版。

汤志钧:《章太炎政论选集》,北京:中华书局1971年版。

《陶行知全集(补遗一卷)》,成都:四川教育出版社1991年版。

王汎森:《中国近代思想与学术的系谱》,长春:吉林出版集团有限责任公司2011年版。

王韬:《弢园文新编》,李天纲编校,上海:中西书局2012年版。

王德威:《悬崖边的树》,南京:译林出版社2019年版。

吴其昌:《梁启超传》,北京:台海出版社2019年版。

《先生》编写组:《先生》,北京:中信出版社2012年版。

许有成、徐晓彬:《于右任传》,上海:复旦大学出版社1997年版。

徐宗泽:《中国天主教传教史概论》,上海:上海书店出版社1990年版。

薛玉琴、刘正伟:《(百年家族)马相伯 马建忠 马玉章》,石家庄:河北教育出版社2002年版。

萧超然等:《北京大学校史(1898—1949)》,上海:上海教育出版社1981年版。

夏东元:《洋务运动史》,上海:华东师范大学出版社1992年版。

谢彬:《民国政党史》,北京:中华书局2007年版。

夏东元:《盛宣怀传》,成都:四川人民出版社1988年版。

夏新华等:《近代中国宪政历程:史料荟萃》,北京:中国政法大学出版社2004年版。

(元)俞希鲁编纂:《至顺镇江志》下卷,杨积庆等点校,南京:江苏古籍出版社1999年版。

扬天石、曾景忠编:《宁调元集》,长沙:湖南人民出版社1988年版。

扬州师范学院历史系编:《辛亥革命江苏地区史料》,南京:江苏人民出版社1961年版。

张若谷:《马相伯先生年谱》,上海:商务印书馆1939年版。

朱维铮主编:《马相伯集》,上海:复旦大学出版社1996年版。

宗有恒、夏林根:《马相伯与复旦大学》,太原:山西教育出版社1996

年版。

张灏:《时代的探索》,台北:联经出版事业股份有限公司 2004年版。

张灏:《危机中的中国知识分子:寻求秩序与意义,1890—1911》,北京:中央编译出版社 2016 年版。

张西平、卓新平:《本色之探——20 世纪中国基督教文化学术论集》,北京:中国广播电视出版社 1999 年版。

朱有瓛、高时良主编:《中国近代学制史料》第 4 辑,上海:华东师范大学出版社 1993 年版。

朱维铮等:《马相伯传略(复旦大学校长传记系列)》,上海:复旦大学出版社 2005 年版。

赵尔巽等:《清史稿》,北京:中华书局 1977 年版。

中国科学院上海历史研究所筹备委员会编:《上海小刀会起义史料汇编》,上海:上海人民出版社 1958 年版。

《中国近代现代史论集》(第十六编),台北:台湾商务印书馆 1986 年版。

(二) 西文著作

Donald Paragon, *Ying Lien-Chih (1866—1926) and the Rise of Fu Jen – The Catholic University of Peking*, unpublished thesis for a Master's Degree, Faculty of Philosophy, Columbia University, 1957.

William Purviance Fenn, *Christian Higher Education in Changing China, 1880—1950*, *Grand Rapids*, Michigan: Wm. b. Eerdmans Publishing Company, 1976.

Ruth Hayhoe and Lu Yongling (eds), *Ma Xiangbo and the Mind of Modern*, New York: M. E. Sparpe, 1996.

(三) 报刊

陈独秀:《科学与基督教》,载《新青年》1917 年 8 月第三卷第六号和1918 年 1 月第四卷第一号。

陈独秀:《偶像破除论》,载《新青年》1918 年 8 月 15 日第五卷第二号。

柳和城:《〈马相伯先生年谱〉背后的故事》,载《世纪》2008 年第 6 期。

李云波:《1915 年国体讨论中的学理问题探析》,载《泰山学院学报》2015 年第 5 期。

康有为:《拟中华民国宪法草案》,载《不忍杂志》1913 年第 8 期。

圣心:《国本》,载《新中华》1916 年第 1 期 1 卷 4 号。

黎远明:《爱国老人马相伯先生在桂林》,载《新文化史料》1999 年第 3 期。

宛序:《马相伯与震旦复旦》,载《万象》1944 年第六期。

薛玉琴:《民国初年有关制宪问题的争论——以马相伯的经历为视角的考察》,载《复旦大学学报》(社会科学版)2012 年第 2 期。

薛玉琴:《马相伯与辛亥革命述论》,载《民国档案》2008 年第 3 期。

薛玉琴:《清末立宪时期马相伯的政治意识与政治参与》,载《史学月刊》2009 年第 2 期。

〔英〕毕葛德:《马良君与毕葛德君之宪法一夕谈》,载《宪法新闻》第 9 期。

于明:《政体、国体与建国——民初十年制宪史的再思考》,载《中外法学》2012 第 1 期。

严修:《〈马氏文通〉出版年代考》,载《中国语文》1996 年第 4 期。

《大公报》,1907 年 12 月 18 日、1939 年 11 月 27 日。

《丹阳日报》,2016 年 12 月 28 日。

《国民公报》,1939 年 11 月 26 日。

《嘉陵江日报》,1939 年 11 月 15 日。

《民立报》,1911 年 12 月 12 日。

《南方报》,1905 年 9 月 15 日。

《时报》,1904 年 10 月 10 日、10 月 20 日;1905 年 3 月 11 日、9 月 15 日;1906 年 9 月 18 日;1907 年 11 月 7 日;1908 年 2 月 12 日、2 月 17 日、3 月 5 日、3 月 9 日、7 月 13 日。

《神州日报》,1908 年 2 月 17 日。

《申报》1906 年 12 月 10 日;1907 年 11 月 18 日;1911 年 6 月 10

日;1912 年 1 月 10 日、2 月 24 日。

《新华日报》,1939 年 4 月 6 日、4 月 7 日、11 月 6 日、11 月 10 日、11 月 25 日。

《中外日报》,1905 年 3 月 20 日;1908 年 2 月 12 日、2 月 17 日。

《中央日报》,1937 年 5 月 16 日;1939 年 4 月 6 日、5 月 16 日。

后　记

　　本书虽属"命题作文",但实际做起来,却越发喜欢上这位"青年老者",越发被他的渊博学识、风趣言谈深深吸引。马相伯曾言:"我是一只狗,只会叫;叫了 100 年,还没有把中国叫醒。"他不仅是一位知名的教育家,而且是一位曾积极参与清末新政、中华民国建立等政治活动的政治家。更为难得的是,马相伯以其丰富深厚的学养和见识,在 20 世纪初期发表数十篇政论性文章,通过对人、国家、以德服人、本良心救国等问题的阐述,系统阐发"立国以人道为本"的政治理念,将古典式的关于人的理解,国家起源与自由、平等、民主等现代西方政治理念加以融合会通。这无疑是一份宝贵的政治思想财富,对仍处在"古今中西"时代思想处境下的我们,颇有借鉴意义。

　　我曾在复旦大学学习七年,如今毕业十余年,但复旦的一草一木、一花一树,特别是那些有趣而可爱的灵魂,时常在脑海浮现,心中常常涌现感激之念。于是,当"江苏历代文化名人传"系列丛书负责人姜建研究员询问我可有兴趣,我竟是毫不犹豫地选了《马相伯传》,虽然当时对老先生知之甚少,虽然我接受的学术训练在古代中国哲学。

　　2020 年于我而言,少了奔波,多了读书,《马相伯传》也在这期间重新开动,经数次修订增删,终得完成。首先感谢这条学术道路的"植树人",《马相伯集》的搜集整理者方豪、朱维铮、李天纲等,《马相伯年谱》的整理者张若谷等,马相伯研究者朱维铮、李天纲、黄书光、陆永玲、薛玉琴等。"前人栽树,后人乘凉",没有这些前辈的辛勤付出,《马相伯传》难以成行。其次感谢在写作过程中,给予我许多学术指导和思想指引的师友们,江苏省社科院胡发贵研究员、杭州师范大学薛玉琴教授等。特别感谢复旦大学李天纲教授、江苏开放大学钱旭初教授、东南大学樊和平教授在评审中对书稿提出的宝贵的修改建议,如没有他们的付出和教诲,本书将会失去进一步完善的机缘。更要感谢本书的责任编辑周晓阳老师,是她一次次的敦促和指正,使得本书的瑕疵越来越少。

2020 年 4 月 7 日,复旦大学为纪念创校校长马相伯先生 180 周年诞辰,特意在网上做了一个云展览,分 11 个板块展示老先生辉煌灿烂的一生。复旦人从未忘记我们的马老校长!

想长者有灵,知后来者从未忘记。吾书亦明此不敢忘之志也。

是为记!